Wort und Weisheit

Wort und Weisheit

Festschrift für Johannes von Lüpke zum 65. Geburtstag

Herausgegeben von David Kannemann
und Volker Stümke

EVANGELISCHE VERLAGSANSTALT
Leipzig

Abb. S. 183: »Der greise Simeon von Karl Thylmann«, aus Bernhard Martin: Karl Thylmann – Mensch und Werk © Bärenreiter-Verlag Karl Vötterle GmbH & Co. KG, Kassel

Bibliographische Information der Deutschen Nationalbibliothek
Die Deutsche Nationalbibliothek verzeichnet diese Publikation in der Deutschen Nationalbibliographie; detaillierte bibliographische Daten sind im Internet über http://dnb.dnb.de abrufbar.

Printed in Germany · H 8031

Das Buch wurde auf alterungsbeständigem Papier gedruckt.

Cover: Zacharias Bähring, Leipzig
Satz: David Kannemann und Anke Leopold, Wuppertal
Druck und Binden: Hubert & Co., Göttingen

ISBN 978-3-374-04520-4
www.eva-leipzig.de

Vorwort

»Wort und Weisheit«: mit dem Titel des vorliegenden Bandes werden zwei große Motive der theologischen Tradition des lateinischen Westens angeführt, die spätestens seit Augustin zu prägenden Leitbegriffen theologischen Denkens wurden. Schon darin liegt ein guter Grund, sie einer Festschrift für Johannes von Lüpke voranzustellen, der sein theologisches Denken immer wieder bewusst an der augustinisch-lutherischen Tradition ausrichtet und gegenüber einem allzu schnellen Einfordern eines »Fortschritts« in der Theologie die bleibende Bedeutung dieser Tradition betont.

Dabei ist es aber nicht die Freude an perennierendem Denken oder gar habitueller Traditionalismus, der seinen Zugang begründet. Vielmehr ist es die Entdeckung, dass der „Begriff der Weisheit [...] ein ebenso theologiekritischer wie vernunftkritischer Begriff“[1] ist, die das theologische Denken und das kirchliche Handeln Johannes von Lüpkes von Grund auf prägen. Diese Einsicht ist gewonnen aus der Theologiekritik Lessings und dessen Herausforderung an die Theologie seiner Zeit, unter dem beeindruckenden Pathos neugewonnener Rationalität den spezifischen Logos, von dem die Theologie herkommt, nicht aus dem Blick zu verlieren. In diesem Sinne hat Lessing der Weisheit einen programmatischen Ort gegeben, die »Nathan der Weise« auf den Punkt bringt: »So glaube jeder seinen Ring den echten«. Die Wahrheit des Glaubens ist nicht in einem äußeren prozeduralen Verfahren zu erweisen, sondern in der Treue zu seinem Quellgrund, der die einzelnen Zeugen dieser Wahrheit noch einmal über den Streit um den wahren Ring hinaus verweist.

Theologie als Weisheit weiß sich dementsprechend angeredet vom Wort Gottes, dem Logos, der in Jesus Christus Mensch geworden ist (Joh 1,14). Dass dieses Geschehen den Charakter einer Anrede hat, bleibt nicht ohne Folgen für die Sprache der Theologie. Ihr ist das erste von fünf Kapiteln dieser Festschrift gewidmet, in denen sich Freunde und Weggefährten Johannes von Lüpkes mit Themengebieten befassen, auf denen er nach einer Theologie als Weisheit fragt. Vom Verstehen der Sprache nicht zu trennen ist aus theologischer Perspektive die Frage der Schriftauslegung. Wie ist die Heilige Schrift

---

[1] Johannes von Lüpke, Wege der Weisheit. Studien zu Lessings Theologiekritik, GTA 41, Göttingen 1989, 12.

Alten und Neuen Testaments als Quelle und Norm evangelischer Theologie auszulegen im Bewusstsein um ihre menschliche Bedingtheit und ihre historische Verwurzelung? Von hier aus ergeben sich Fragen nach dem Verständnis des Menschen vor Gott und seinem Wort, nach der theologischen Anthropologie. Den Menschen vor Gott und sein Handeln in der Welt auf diese Weise in die Mitte theologischer Reflexion einzubeziehen, hält die Theologie immer wieder im Gespräch mit dem Denken der Aufklärung. Das Verständnis des Menschen ist dabei aber auch immer wieder Anlass zu Kritik. Dementsprechend wird diese Epoche überwiegend durch Beiträge zu Johann Georg Hamann und Gotthold Ephraim Lessing repräsentiert, denen Johannes von Lüpke die meisten seiner Forschungen gewidmet hat. Dass er dabei aus der Tradition reformatorischer Theologie schöpft, nicht zuletzt der Theologie Luthers, um deren Verstehen er sich im Rahmen der Luther-Akademie Sondershausen-Ratzeburg seit vielen Jahren verdient macht, dokumentiert das letzte Kapitel der Festschrift.

Insbesondere hier wird deutlich, wie sehr eine Theologie, die um Gottes Anrede als Quelle allen Glaubens weiß, ihr eigenes Reden in der Kirche und der Gesellschaft zu verantworten hat. Der Gewissheit, dass dies in Zeiten der Reformation ebenso gilt wie heute, hat Johannes von Lüpke durch sein Engagement im Dienst der Evangelischen Kirche im Rheinland und der Evangelischen Kirche von Westfalen Rechnung getragen.

Als Herausgeber danken wir daher der Luther Akademie Sondershausen-Ratzeburg e.V., der Evangelischen Kirche im Rheinland (EKiR) sowie der Evangelischen Kirche von Westfalen (EKvW), dass sie das Erscheinen dieser Festschrift mit namhaften Druckkostenzuschüssen ermöglicht haben. Der Evangelischen Verlagsanstalt Leipzig (EVA) danken wir für die Bereitschaft zur Aufnahme der Festschrift in ihr Verlagsprogramm und für die gute Zusammenarbeit. Für unverzichtbare Hilfe beim Erstellen der Druckvorlage danken wir Anke Leopold und Dorothee Schönau.

Mit allen Mitwirkenden, Autorinnen und Autoren gratulieren wir Johannes von Lüpke zu seinem 65. Geburtstag. Ad multos annos!

Wuppertal im Februar 2016

David Kannemann
Volker Stümke

Inhalt

Sprache und Poesie

Das Wort und die Wörter

Über das Verstehen

Johann Kreuzer

1) In einer Fußnote seiner *Aesthetica in nuce* bemerkt Johann Georg Hamann, dass Luther »sich durch Lesung des Augustins seinen Geschmack ein wenig verdorben haben soll (...)«. Voran geht dieser Bemerkung ein Wortspiel, bei dem die »Ars Pun-ica« (die Kunst des Wortspiels) mit dem »punischen Kirchenvater« (das ist ein Kalauer, der sozusagen naheliegt) in Beziehung gesetzt wird.[1] Hamann dürfte dieses Wortspiel aber wohl vor allem deshalb aufführen, um vor jener »lächerlichen Parallelstellen«-Zieherei zu warnen, als deren eine er die »punische Vergleichung zwischen Mahometh, dem Propheten und Augustin, dem Kirchenvater« zitiert. Der Vergleichungszwang sei eine Fertigkeit (eine »virtue«), die sehr effektiv »the End of good Fellowship« befördere und – hört man in »punisch« to punish mit – strafwürdig sei. Wozu erwähnt Hamann (politically incorrect) diesen Vergleich? Dass die Verglichenen »Bekenner der Providentz« gewesen seien, reicht als *tertium* – und zwar nicht allein, weil sich da theologisch vermintes Gelände auftut – nicht hin.[2] Eher hilft da der Hinweis auf die »punische [...] Vernunftlehre unserer heutigen Kabbalisten«: Die erwähnte ›punische Vergleichung‹ ist ein Beispiel für ein leichtfertiges Spiel mit Worten – eines, dem der in bester (bzw. in zahlenmystifizierender schlechtester) kabbalistischer Weise algorithmisierende Umgang mit Wörtern deshalb ›leicht‹ fällt, weil es mit dem, was Wörter als Geschichte transportieren wie zu verstehen geben, schnell ›fertig‹ ist. Das reiht sich in Hamanns Kritik an den Reduktionismen einer Aufklärung, die über sich selbst nicht aufgeklärt ist, sozusagen fraglos ein. Wozu aber wird hier der punische Kirchenvater erwähnt?

Die Abfuhr, die Augustin durch den von Hamann zitierten Michaelis erteilt wurde, ist hierfür kein zureichender Grund.[3] Einen solchen enthält vielleicht eher das Zitat, mit dem Hamann via Augustin die in Christus als exemplarisch geschehen geglaubte Fleischwerdung des göttlichen Logos in den

---

[1] Vgl. Johann Georg Hamann, Aesthetica in nuce, in: ders., Sokratische Denkwürdigkeiten. Aesthetica in nuce. Mit einem Komm. hg. v. Sven-Aage Jørgensen, Stuttgart 1968, 132–135.

[2] Vgl., ebd., 135.

[3] »Augustin und Mohammed« hätten »außer ihrer geringen Gelehrsamkeit, eine fast schwärmerische Phantasie und eine Neigung zur Poesie«, so Michaelis (vgl. ebd., 134).

Haupttext der *Aesthetica in nuce* einbezieht: Lese man die Bücher der Propheten ohne ihn, zeige sich nur »Fades und Albernes«. Werde ›Christus‹, d.h. die Fleischwerdung des Logos, aber darin verstanden, »dann schmeckt nicht allein, was du liest, sondern es berauscht auch.«[4] In diesem Verstehen teile sich in den Wörtern das Wort – das *verbum*, der *logos* als kreative Instanz[5] – mit. Das ist ein ebenso sprachimmanentes wie sprachkonstitutives Verständnis des Logos als ›Wort‹. Dafür nun lässt sich bei Augustin eine Referenz angeben – eine, die von der Sache her sowohl basal mit dem hamannschen Grundaxiom »Reden ist Übersetzen« zu tun hat wie auf die Frage antwortet, was das Wort mit den Wörtern und was beide, das Wort und die Wörter, damit verbindet, was Verstehen heißt.[6]

2) Die Referenz ist Augustins Theorem vom ›inneren Wort‹ (*verbum intimum* oder *verbum cordis*). Mit ihm wird in *De trinitate* jene Verstehensleistung beschrieben, die sich darin zeigt, wenn uns Wörter sinnvoll erscheinen – wenn es den Wörtern (uns als ihren Ins-Werk-Setzern) gelingt, etwas zu verstehen zu geben. Das ist etwas ganz Alltägliches. Gerade aber weil es etwas Alltägliches ist bzw. alltäglich erscheint, greift hier eine Bemerkung, die Augustin in dem von Hamann an besagter Stelle der *Aesthetica in nuce* zitierten Traktat zum Johannes-Evangelium trifft: Sie lautet, dass das Prinzip des Verstehens in der Sprache »wahrzunehmen leicht, zu erklären aber unmöglich ist«: »sentire facile est explicare impossibile est.«[7]

Was ist es, was in der Sprache ganz gewöhnlich wahrzunehmen ist, durch Sprache zu erläutern aber unmöglich erscheint, weil man dabei mit der Sprache aus der Sprache hinaus und einen Standpunkt außerhalb ihrer – außerhalb ihres »göttlichen Ursprungs«[8] – einnehmen müsste?

---

4 Vgl. ebd., 130–132 (vgl. Augustin, In Johannis Evangelium Tractatus 9.3; Übers. Sven-Aage Jørgensen). – Zu Augustins Auffassung des Glaubens an die Fleischwerdung des Logos in Christus vgl. z.B. Confessiones X.43,68; Enarratio in Ps. 70.II.10.

5 Vgl. Anm. 11.

6 Vgl. Hamann, Aesthetica in nuce (s. Anm. 1), 87. – Von daher ist es kein Zufall, dass Hamann – in einem Brief an Johann Gotthelf Lindner am 1. Juli 1759 (vgl. Hamann, Briefwechsel, hg. v. Walther Ziesemer u. Arthur Henkel, Bd. I, Frankfurt a.M. 1955, 333ff.) – unter Bezugnahme auf Augustin die für den Stil seiner Autorschaft signifikante Maxime formuliert: »Ich will lieber gar *nicht* als *unrecht* verstanden werden.«

7 »Ego ad aurem dixi ut audiretis, ad cor vestrum quis dixit ut intellegeretis? Sine dubio aliquis et ad cor vestrum aliquid dixit, ut non solum strepitus iste verborum percuteret aurem vestram, sed etiam in cor vestrum aliquid descenderet veritatis (...). Munus dei est intellegentia. (T)amen nescio quid incorporaliter et spiritaliter facit in nobis Deus, quod nec sonus est quod aurem percutiat, nec color qui oculis dicernatur (...); tamen aliquid est quod sentire facile est, explicare impossibile est.« (In Johannis Evangelium Tractatus 40.5, hg. v. Radbodus Willems, Turnhout 1954, 353.)

8 Auf ihn hat der Augustin-Leser Hamann unausgesetzt hingewiesen, vgl. z.B. nur: Des Ritters von Rosencreuz letzte Willensmeynung über den göttlichen und menschli-

Die folgenden Überlegungen sollen diese Frage unter Heranziehung des Theorems vom inneren Wort beantworten helfen. Es – das Wort – steht für das Verstehen, das sich durch die Wörter und in ihnen vollzieht. Die Wirklichkeit von Sprache – das was sie ›ist‹: was sich durch sie ebenso zeigt wie sich in ihr bezeugt – vollzieht sich im Zusammenspiel beider.

Leicht ist es, das Prinzip des Verstehens in der Sprache wahrzunehmen, es zu erklären aber sei unmöglich: so Augustin in seinem Traktat zum Johannes-Evangelium. Dass das mehr als ein Bonmot oder eine bloß geistreiche Sentenz ist, wird deutlich, wenn man sich die sprachphilosophischen Aspekte von Augustins Überlegungen zur Trinität – in *De trinitate* – ansieht.

3) Beginnen wir damit, dass er in diesem Zusammenhang festhält, dass das Verstehen eines Wortes wie eines Satzes ein Verstehen dessen bedeutet, was es bzw. er ›anzeigt‹.

Was heißt hier ›Anzeigen‹ (*indicare*)? – Und was heißt hier Wort? Wenn die Wörter nicht auf etwas außerhalb ihrer hinzeigen bzw. verweisen sollen – wäre dies so, ergäbe sich ein infiniter Regress: denn wodurch ließe sich wissen, worauf sie hinzeigen, wenn nicht durch Wörter? –, kann das ›Anzeigen‹ nur in den verlautenden Wörtern selbst geschehen. Wörter zeigen, so Augustins Folgerung, an, dass sie etwas anzeigen: »Wie nämlich das Wort etwas anzeigt, so zeigt es auch sich selbst an. Das Wort zeigt aber nur dadurch sich selbst an, daß es anzeigt, daß es etwas anzeigt.«[9] Ist ›das Wort‹ nun, von dem hier die Rede ist, nur ein Singularetantum – gar etwas, das in Differenz zu ›den Wörtern‹ jenseits von Raum und Zeit in der Phantasmagorie einer reinen Welt des Geistes angesiedelt sei? Manche Äußerungen von Augustin legen das nahe.[10] Oder reflektieren wir mit ihm jenes Prinzip, dass im sinnlichen Datum –

---

chen Ursprung der Sprache, in: Vom Magus im Norden und der Verwegenheit des Geistes. Ein Hamann-Brevier, hg. v. S. Majetschak, München 1988, 76 (und öfter); Neue Apologie des Buchstaben h; Neue Apologie des Buchstaben h von ihm selbst, in: Johann Georg Hamann, Schriften zur Sprache. Einl. u. Anm. v. J. Simon, Frankfurt a.M. 1967, 179–197. Vgl. dazu: Johannes von Lüpke, Die Wahrheit in einem Hauch oder von der Eitelkeit der Vernunft, in: Johann Georg Hamann. Insel-Almanach auf das Jahr 1988, Frankfurt a.M. 1987, insbes. 181–184.

9 »Sicut enim verbum indicat aliquid, indicat etiam se ipsum, sed non se verbum indicat nisi si aliquid indicare indicet.« (Augustinus, De trinitate VIII.8.12, zit. nach: De trinitate (Studienausgabe, Lat.-Dtsch.: Bücher VIII–XI, XIV–XV, Anhang: Buch V). Neu übers. u. mit einer Einl. hg. v. Johann Kreuzer, Hamburg 2001, 287.)

10 So spricht Augustin in *De trinitate* vom ›verbum verum‹, das keiner Sprache angehöre und als dem ›Wort‹, das wir, sähen wir eine Sache, ›inwendig‹ sprechen, vgl.: »(...) uerbum ante omnum sonum, ante omnem cogitationem soni. tunc enim est uerbum simillimum rei notae, (...) quod est uerbum linguae nullius, uerbum uerum de re uera (...), uerbum (...) uerum, id est de notis rebus exortum.« (De trin. XV.12.11, ebd., 306–308); De trin. XV.14.24: »uerbum autem nostrum, *illud quod non habet sonum* neque cogitationem soni, sed eius rei quam uidendo *intus dicimus* (Hervorhebung, JK), et ideo nullius linguae est (...)« (ebd., 312–314). – Zum logischen Unding einer (reinen) Spra-

im Polylog – der Wörter sich ebenso wohl zeigt wie schöpferisch wirksam bezeugt?

Für letztere Option, der Sprache eine schöpferische Instanz bedeutet, spricht der Rat, den Augustin an Hieronymus als Antwort auf die Frage gegeben hat, wie der *logos* im Beginn des Johannes-Evangeliums zu übersetzen sei: der »logos« von Joh 1,1 werde besser mit »verbum« übersetzt, weil das gesprochene, sinnlich sich zeigende ›Wort‹ eine »operativa potentia« bezeichne, eine schöpferische Instanz – im Gegensatz zur »ratio«, die unschöpferisch sei.[11] Wenn das so ist, dann kann man folgern: *Schöpferisch* zeigt sich ›das Wort‹ – das, was wir mit ihm als ›principium‹ denken – in ›den Wörtern‹, in denen es jeweils reflektiert erscheint.

Freilich stellt sich als nächste Frage, *wie* sich dieses ›Wort‹ schöpferisch zeigt. Will man hier kein separiertes ›Wort‹ neben – über oder hinter (oder welche räumliche Präpositionierung man hier immer bemühen mag) – ›den Wörtern‹ annehmen, dann wird der schöpferische *logos* – der logos von Joh 1,1 als schöpferisches Prinzip: als das, was »in principio« ist – seine Wirklichkeit wie Wirksamkeit nur in der Pluralität der Wörter, in der Pluralität, als die Sprache ›ist‹, haben können. Das ist der Grund, aus dem folgt – um zu Augustins Bestimmung zurückzukommen, dass die Wörter nicht etwas, sondern ihr ›Anzeigen anzeigen‹ –, dass die Wörter keine Bedeutung, sondern ihr Bedeuten anzeigen.

Allerdings muß man dieses Anzeigen jeweils verstehen *wollen*. Das Verstehen eines Wortes bzw. der verlautbarten Wörter setzt die Bereitschaft zum Verstehen des im Satz, d.h. in Wortgefügen jeweils ›indizierenden‹ Wortes voraus. Das Verstehen (in) der Sprache gründet in der Bereitschaft, im Geneigtsein zum Verstehen desjenigen, was in den Wörtern verstanden sein und sich mitteilen will. »Ein Wort ist folglich die mit Liebe verbundene Kenntnis.«[12] Der Singular steht hier für ein plurales, ein sich mitteilendes wie sich vervielfältigendes Geschehen. In ›den Wörtern‹ erscheint ›das Wort‹ wirklich. Genau dies läßt das ›innere Wort‹ zur Spur des schöpferisch gedachten logos

---

che vor der Sprache vgl. ebd. (Einleitung), XLVII–LI, sowie die folgenden Bemerkungen.

11 Vgl. Augustinus, De diversis quaestionibus LXXXIII, q. 63. – Der Rat, den Augustinus hier gibt, steht im Zusammenhang der Transformation von Platons Idee (und des lektón der Stoiker), die er vornimmt. Das ›innere Wort‹ bildet dabei die Grenzlinie (bzw. den Übergang) zwischen dem, was wir als göttlichen Ursprung der Sprache denken, und dem, was wir als ihre kreatürliche Erscheinung, als die raumzeitlich bestimmte Gestalt der *vocabula humana* wahrnehmen. – Seit dieser Transformation von Platons Idee in das Theorem vom inneren Wort ist dem mittelalterlichen Denken eine separate Sprachphilosophie fremd. Dies aber gerade deshalb, weil es seit Augustinus‹ Überlegungen zur Trinität – in deren Mitte das *verbum intimum* steht – vom Denken der Sprache, und zwar als eines schöpferischen Prinzips im Innersten, sit venia verbo, geprägt ist.

12 »uerbum est igitur (...) cum amore notitia.« (De trin. IX.10.15, aaO, 76/77.)

und damit zur Spur der Trinität in uns, in der Pluralität des endlichen Sprechens werden.

Die mit Liebe verbundene Kenntnis, als die das Wort in den Wörtern wirklich ist, vollzieht sich in keiner intellegiblen Parallelwelt zur Sprache, sondern in ihr: im Gespräch. Das führt auf eine weitere Bestimmung bzw. Entdeckung, die in folgender Beobachtung enthalten ist: »Niemand ist dieser Kenntnis gegenüber so träge, daß er nicht, wenn er ein unbekanntes Wort hört, wissen wollte, was es ist, und, wenn er kann, danach fragt, um es zu lernen. Wenn jemand so fragt, dann ist er sicherlich eifrig bemüht, zu lernen, und er scheint eine unbekannte Sache zu lieben. Dem ist aber nicht so. Denn jene Form berührt die Seele, die von ihr gekannt und gedacht wird, in welcher die Zierde gemeinschaftlich verbundener Seelen im Hören und Erwidern bekannter Lautzeichen aufleuchtet. Sie ist es, die jenen entzündet, der zwar in Eifer sucht, was er nicht weiß, aber die Form kennt, schaut und liebt, zu deren Bereich jenes Unbekannte gehört.«[13] Beschreibt, was Augustin hier ›Zierde im Hören und Erwidern bekannter Lautzeichen gemeinschaftlich verbundener Seelen‹ nennt, nicht präzise, was Sprache ist? – und beschreibt er damit nicht genau ihre irreduzibel sinnliche, weil kreatürliche ›Seite‹? *In den Wörtern* – im Geben, dem Hören und Erwidern sinnlich sich zeigender Zeichen: in der Sprache als Geschichte einer Verstehensgemeinschaft – zeigt sich *das Wort* schöpferisch.

Wie zeigt sich, was jeder Satz der Sprache verwirklicht und aktualisiert, für uns oder in uns? Wie zeigt sich, was Sprache ist? – in der ›Seele‹, im Geist, der nicht nur (sozusagen pausen- oder besinnungslos) ›spricht‹, sondern im Sprechen sich zu sich selbst wie sich zu diesem Sprechen zu verhalten vermag: im Geist, der nicht nur spricht, sondern auf sich und sein Sprechen hört? Augustins Antwort lautet: »wenn wir uns auf das innere Erinnern des Geistes beziehen, durch das er sich seiner erinnert (...), dann wird zwar der Anschein entstehen, als ob das Bild jener Dreiheit auch selbst wieder allein zur Erinnerung gehöre. Weil aber dort ein Wort nicht sein kann ohne Denken (wir denken nämlich alles, was wir sprechen, auch durch jenes innere Wort, das zur Sprache keines Volkes gehört), so wird dies Bild eher in den genannten drei Dingen erkannt, in der Erinnerung nämlich, in der Einsicht und im Willen.«[14]

---

[13] »nemo (...) desidiosus est huius notitiae qui non cum audierit incognitum uerbum uelit nosse, quid illud sit et si potest quaerat ad discat. quod dum quaerit utique in studio discendi est et uidetur amare rem incognitam, quod non ita est. species namque ille tangit animum quam nouit et cogitat *in qua elucet decus consociandorum animorum in uocibus notis audiendis atque reddendis* (Hervorhebung JK), eaque accendit studio quaerentem quidem quod ignorat, sed notam formam quo id pertineat intuentem et amantem.« (De trin. X.1.2, ebd., 92/93.)

[14] »nam si nos referamus ad interiorem mentis memoriam qua sui meminit (...), uidebitur quidem imago illius trinitatis et ad solam memoriam pertinere. sed quia ibi uerbum esse sine cogitatione non potest (cogitamus enim omne quod dicimus etiam illo interiore uerbo quod ad nullius gentis pertinet linguam), in tribus potius illis ima-

Das ›innere Wort‹, das hier als *interior mentis memoria* reflektiert erscheint, bedeutet ein Selbstverhältnis, das – will es als Selbstverhältnis zur Darstellung und (wenn man so will) zu einem Selbstverständnis kommen – der Äusserung, d.h. der sinnlichen Materialisation (bezogen auf Sprache: der Stimme bzw. der Schrift) bedarf.

Daraus ergibt sich so etwas wie die Logik des Verhältnisses zwischen dem (inneren) ›Wort‹ und den ›Wörtern‹. Allein logisch ist es ›vor‹ den Wörtern der verlautbarten Sprache, nicht aber chronologisch. Wäre es chronologisch ›vor‹ ihnen – als eine primäre, ›reine Sprache vor der Sprache‹ zum Beispiel –, wäre es von den verlautbarten Wörtern nicht unterschieden. Bei der äußeren Sinneswahrnehmung mag die ›Aufbewahrung‹ von Daten im Gedächtnis chronologisch früher sein als die Retention (ihres Erinnertwerdens). Bei dem Sich-auf-sich-selbst-Beziehen des Geistes, um das es bei der *interior mentis memoria* – und in grundlegender Weise im Hinblick darauf, was Geist als Tätigsein meint – geht, ist das »aber (...) nicht so«.[15] Hier handelt es sich um ein logisches Verhältnis, nicht um eine chronologische Abfolge. Was mit dem inneren Wort zu einem Gegenstand der Reflexion wird, vollzieht sich mit dem Verlauten der Wörter zugleich. ›Zugleich‹ aber heißt: Es geht im Verlauten der Wörter vorüber – ohne Laut und insofern wortlos. Denn hätte es – hätte das, was Platon das ›Gespräch der Seele mit sich selbst‹ genannt und Augustin mit seiner *interior mentis memoria* ausbuchstabiert hat – einen eigenen Laut, wäre es von den endlos vielen Wörtern nicht unterschieden.[16] Das Gespräch der Seele mit sich selbst aber hat keinen eigenen Laut, sondern vollzieht sich stillschweigend und allein im Verlauten der Wörter. Es will in den Wörtern ge- und sozusagen erhört werden. Ohne solches Hören ist sinnvolle Rede nicht möglich.

Wenn nun genau dieses Zusammenspiel von Artikulation und (schweigendem) Hören Sprache meint, dann folgt gleichsam zwanglos, dass das Verstehen eines Satzes der Sprache dem Verstehen eines musikalischen Gebildes gleicht. Dessen Rhythmus und die Schönheit seiner Melodie wird im äußerlichen Erklingen der Töne »ohne Zeit in einem gewissen verborgenen und hohen Stillschweigen erfaßt«.[17] Das innere Wort bedarf – wie die Melodie der

---

go ista cognoscitur, memoria scilicet, intellegentia, uoluntate.« (De trin. XIV.7.10, ebd., 202/203.)

15 »cognitione uero facta (...) posita in memoria (...) quis non videat priorem esse tempore in memoria retentionem quam in recordatione uisionem et huius utriusque tertia uoluntate iunctionem? porro autem in mente non sic est« (De trin. XIV.10.13, ebd., 212–215.)

16 Vgl. PLATON, Sophistes, 262d e–263d.

17 »Aut si alicuius artificiosi et musici soni per moras temporis transeuntis numerositas comprehendatur sine tempore stans in quodam secreto altoque silentio (...).« (De trin. XII.14.23, zit. nach: De trinitate, hg. v. W.J. MOUNTAIN, Turnhout, 1968, 377). – Der Augustin-Leser Wittgenstein hat das so in die Sprache der Gegenwart transformiert: »Das Verstehen eines Satzes der Sprache ist dem Verstehen eines Themas in der Musik viel verwandter, als man etwa glaubt. Ich meine es aber so: daß das Verstehen

Töne und der Rhythmus der Pausen – der erklingenden Wörter, weil es selbst ohne Laut ist. Das innere Wort lässt sich nicht sagen. Es bedarf der draußen ertönenden und verhallenden Wörter. Es will in dem, was gesagt, was geäußert erscheint, verstanden und erinnert werden. Wir sind dazu genötigt, als Sprache nicht nur den Lautklang, sondern gerade das, was ohne Laut verlautet, zu verstehen.[18]

Dieser Abgleich, das innere Gespräch des Verstehens, vollzieht sich weder vor noch jenseits, sondern in der Sprache: im »conloqui« und »conridere«, dem Zeichengeben ›durch den Mund, durch Stimme und Sprache, durch die Augen und tausend Gesten‹.[19] Sprache umfaßt, will man sich – mit Kant gesprochen – nicht bloß ›nach Begriffen‹ mitteilen, »Wort, Gebärde und Ton«.[20] Wenn das so ist, dann ist es mehr als absurd, wenn man gelingendes ›Sich-Mitteilen‹ noch eigens, außerhalb der Äußerungsformen der Sprache, mitteilen wollte oder meint, dies Gelingen von den Formen, in denen es geschieht, reinigen zu sollen.

4) Versuche, die gelingendes ›Sich-Mitteilen‹ von den Formen der Sprache reinigen wollen, sind aber mehr als nur absurd. Es sind zugleich Versuchungen, die einer Denkhaltung entsprechen, für die Geltung nur hat, was sich unter Kontrolle bringen – unter Gesetze subsumieren – lässt. Einher gehen diese Versuchungen der Vernunft mit dem Argwohn jener »Geistes-Freiheit« gegenüber, von der der Hamann-Leser Jean Paul gesprochen hat.[21] Sie gründet

---

des sprachlichen Satzes näher, als man denkt, dem liegt, was man gewöhnlich Verstehen des musikalischen Themas nennt (...).« (LUDWIG WITTGENSTEIN, Philosophische Untersuchungen, in: DERS., Werkausgabe, Frankfurt a.M. 1984, Bd. 1, 440.)

[18] »Vernimm mit Ohren, Herr, die Stimme meines Flehens. (...) Nicht, was in meinen Worten tönt, sondern woher meine Worte leben. Die übrigen Töne nämlich, die ohne Seele sind, können Geräusch genannt werden, nicht aber die Stimmen. Die Stimme ist dem Beseelten, Lebendigen eigen: *Percipe auribus, Domine, uocem deprecationis meae.* (...) Ceteri enim strepitus sine anima, soni dici possunt, uoces non possunt: uox proprie animatorum est, uiuorum est)« (Enarratio in Ps. 139.10, hg. v. ELIGIUS DEKKERS/JEAN FRAIPONT, Turnhout 1956, 2018.)

[19] Vgl. etwa Confessiones IV.8.13: «(H)is atque huius modi signis a corde amantium et redamantium procedentibus per os, per linguam, per oculos et mille motus gratissimos quasi fomitibus conflare animos et ex pluribus unum facere.« (Zit. nach: Augustinus, Confessiones, hg. von LUKAS VERHEIJEN, Turnhout 1981, 47). Zu ›Gestikulation und Modulation‹, die neben dem Artikulierten zum wirklichen Sprechen gehören (vgl. die folgende Anm.), vgl. auch Conf. VIII.8.19: «Dixi nescio qua talia (...). *Plus loquebantur animum meum frons, genae, oculi, color, modus uocis quam uerba* (Hervorhebung, JK), quae promebam.« (ebd., 125).

[20] Vgl IMMANUEL KANT, Kritik der Urteilskraft, B 204/05, hg. v. Wilhelm Weischedel, Frankfurt a.M. 1968, 422.

[21] Vgl. Jean Pauls Bemerkung zur »Geistes-Freiheit«, die sich in der Fähigkeit bezeugt, »den Blick von der Sache zu wenden gegen ihr Zeichen hin«, im § 52 der »Vor-

in jenem Prinzip, von dem es bei Augustin – wie eingangs dieser Überlegungen erwähnt[22] – heißt, dass es in der Sprache ›wahrzunehmen leicht, zu erklären aber unmöglich‹ sei. Die Geistesfreiheit, als die sich in der Sprache – in der lebendigen Vielfalt der Wörter – wirklich zeigt, was wir mit dem göttlichen Wort schöpferisch denken, hat freilich auch einen Preis. Sie bedeutet oder generiert eine Vielfalt, die sich unter gegebene Gesetze nicht subsumieren und sich mittels ihrer auch nicht stillstellen lässt. Das wird leicht als ›Mangel‹ empfunden und schlägt schnell in einen Argwohn gegen die Regellosigkeit der Sprache um. Solchen Umschlägen entwachsen die Versuchungen ›zu reinigen‹. Mögen sie nichts anderes im Sinn haben als die Reinheit des Wortes, so schneiden sie von ihm mit dieser ›Reinheit‹ doch gerade ab, was es zu einem schöpferischen und wodurch es Sinn macht: das aber ist die kreatürliche Wirklichkeit der Wörter.

Hamann hat den Reinigungstendenzen bzw. Versuchungen des Geistes, den göttlichen und menschlichen Ursprung der Sprache auseinander zu dividieren, unnachlässig die Erfahrungswirklichkeit der Sprache – das vielfältige Erscheinen des Wortes in den Wörtern – entgegengehalten. »Alles, was der Mensch am Anfang hörte, mit Augen sah, beschaute und seine Hände betasteten, war ein lebendiges Wort; denn Gott war das Wort. Mit diesem Worte im Mund und im Herzen war der Ursprung der Sprache so natürlich (...) wie ein Kinderspiel (...).«[23] Das ›Wort in den Wörtern‹ – das ist jenes ›innere Wort‹, das es nur in den äußeren Wörtern, ihrem Erscheinen (und solange dieses Erscheinen anhält) gibt. Freilich muss man dieses Wort in den Wörtern verstehen wollen. Die angesprochenen Versuchungen, die das Wort von den Wörtern reinigen wollen, tun das nicht. Sie setzen an die Stelle der Wirklichkeit der Sprache den Gegensatz von Wort und Wörtern und suchen ›das‹ Wort als ein Wort jenseits der Wörter. Diesen Versuchungen zu widerstehen ist kein Kunststück: es kommt alleine darauf an, im Gegebensein der Wörter zu erkennen, zu erhören oder zu erfahren, wie sie Sinn machen.

Der Weg von den Wörtern zum Wort besteht in nichts anderem als darin, dass man mit jedem Wort und damit immer von neuem zur schöpferischen Wirklichkeit, die als Sprache gegeben ist, zurückkehrt bzw. sich dessen entsinnt, was in den Wörtern Sinn macht. Genau dieses Sich-Entsinnen meint Verstehen.

---

schule der Ästhetik« (vgl. JEAN PAUL, Werke in zwölf Bänden, hg. v. N. MILLER, München 1975, Bd. 9, 194).

22 Vgl. Anm. 7.

23 JOHANN GEORG HAMANN, Des Ritters von Rosencreuz lezte Willensmeynung über den göttlichen und menschlichen Ursprung der Sprache, in: Vom Magus im Norden (s. Anm. 8), 82.

5) Das Wort im Gegebensein der Wörter zu erkennen, zu erhören und zu erfahren – im Verstehen der schöpferischen Wirklichkeit, die als Sprache gegeben ist, zu entsprechen –: Geht das und wie geht das?

Um darauf zu antworten, muss man nicht auf die Berauschung durch das sich in den Wörtern bewahrheitende Wort warten.[24] Es genügt, darauf zu achten, was mit der Sprache und ihrer Elementarfunktion, den Wörtern, geschieht. Wie Hamann, der – angesichts von Reinigungsbestrebungen, denen er sich gegenübersah – auf die Unverzichtbarkeit hingewiesen hat, sich des stummen Buchstabens h als Hauchs zu entsinnen.[25]

Versuchten die Sprachreiniger »von Böhmisch-Breda« den Buchstaben »h« zu tilgen, so erscheint das als eine Kleinigkeit angesichts der algorithmischen Reiter, die seit der Reduktion von Erfahrung auf digitale Codes Sprache als das sinnlich-kreatürliche Explanans von Erfahrung ihrer Gewalt zu unterstellen versuchen. Dem muss man entgegenhalten, dass Sprache »niemals nur menschliche Erfindung« ist.[26] Sie ist vielmehr das Geschehen, in dem wir erkennen, wem wir uns verdanken. »Rede, daß ich Dich sehe! – Dieser Wunsch wurde durch die Schöpfung erfüllt, die eine Rede an die Kreatur durch die Kreatur ist; denn ein Tag sagt‹s dem andern (...) und in jeder Mundart hört man ihre Stimme. (...) Reden ist Übersetzen – (...) Gedanken in Worte, – Sachen in Namen, – Bilder in Zeichen«.[27] Es ist das Wort, das in den Wörtern Sinn macht. Dies macht es freilich nur in ihnen. Sich dessen zu entsinnen: Das ist der Sinn des Verstehens.

---

24 Vgl. Anm. 4.

25 Vgl. JOHANN GEORG HAMANN, Neue Apologie des Buchstabens h, in: DERS., Schriften zur Sprache, hg. v. JOSEF SIMON, Frankfurt a.M. 1967, 179–197.

26 Vgl. VON LÜPKE, (s. Anm. 8), 181.

27 Vgl. HAMANN, Aesthetica in nuce (s. Anm. 1), 87; vgl. ebd., 133–136.

Sprich, und es geschieht …

Von des Wortes welterschaffender und weltzerstörender Kraft

Christoffer H. Grundmann

In seinem Beitrag zum Johann Georg Hamann gewidmeten Insel-Almanach auf das Jahr 1988[1] über *Die Wahrheit in einem Hauch oder Von der Eitelkeit der Vernunft* – Neue Apologie des Buchstabens h von ihm selbst konstatiert der mit dieser Festschrift Geehrte:

> »Sprache ist für Hamann niemals nur menschliche Erfindung. Gegenüber allen Versuchen, den Ursprung ebenso wie die Vervollkommnung der Sprache in den Kompetenzbereich der menschlichen Vernunft einzuholen, beharrt Hamann auf der Kreatürlichkeit der Sprache. Sie wird ins ›Daseyn‹ gerufen und erhalten von dem, der ›alle Dinge trägt mit seinem kräftigen Worte‹. Als Medium des göttlichen Wortes bleibt sie [sc. die Sprache] der menschlichen Vernunft uneinholbar vorgegeben.«[2]

Diese Beobachtung zeugt nicht nur von bemerkenswerter Sensibilität für jenen wahrlich nicht leicht zu interpretierenden Autor und dessen antiaufklärerische Plädoyers für die Vorgängigkeit des göttlichen Wortes vor der definierend bestimmenden *ratio*, der alles in ihre Begriffe zwingen wollenden Vernunft. Diese Beobachtung kann auch als Beitrag zur zeitgleich mit dem Erscheinen jenes Artikels in vollem Schwung befindlichen Diskussion um die Dekonstruktion und den »Derridadaismus« verstanden werden,[3] die der Jubilar durch seine historisch orientierte Fallstudie in origineller Weise zu bereichern suchte. Seine geschichtliche Miniatur stimuliert dazu, der »Kreatürlichkeit der Sprache« ein wenig weiter nachzuspüren, erlaubt doch diese Formulierung auch, Sprache daraufhin zu betrachten, was es mit dieser impliziten welterschaffenden, allzuoft leider aber auch weltzerstörenden Kraft auf sich hat.

---

[1] Oswald Bayer/Bernhard Gajek/Josef Simon (Hg.), Johann Georg Hamann. Insel-Almanach auf das Jahr 1988, Frankfurt a.M. 1987.

[2] Johannes von Lüpke, Die Wahrheit in einem Hauch oder von der Eitelkeit der Vernunft, in: Johann Georg Hamann. Insel-Almanach auf das Jahr 1988 (s. Anm. 1), 181f.

[3] So Jonathan Culler, Dekonstruktion. Derrida und die poststrukturalistische Literaturtheorie. Aus dem Amerikanischen von M. Momberger, Reinbek 1988, 28. Zur Diskussion Harold Bloom u.a., Deconstruction and Criticism, New York 1979; Eckhard Schumacher, Die Ironie der Unverständlichkeit, Frankfurt a.M. 2000, bes. 257–337.

Was befähigt Sprache dazu, Wirklichkeit zu schaffen, ohne selbst tätlich in das jeweilige Geschehen einzugreifen? Dazu hier aus gegebenen Anlass ein kleines Florilegium als Anstoß für weitere Studien.

1. Sprache und Weltschöpfung

Die welterschaffende Kraft des Wortes tritt am markantesten in verschiedenen Schöpfungsmythen hervor, namentlich so, aber keineswegs nur, in den biblischen. In einer Hymne aus dem 2. Jt. v.Chr. wird Atum, der Schöpfergott des alltägyptischen Heliopolis, als »Herr der Erkenntnis« angesprochen, »auf dessen Lippen das Schöpferwort ist.«[4] Ein wenig später heißt es vom Schöpfergott Thebens, Amun-Re, dass er erschuf, »indem er festsetzte [d.h. bildete], was aus seinem Munde hervorging.«[5] Was damit des Genaueren gemeint ist kann mit Hilfe eines späteren Textes aus Memphis vom 8. Jh. v.Chr. erschlossen werden, der davon spricht, dass »Path ... das Herz und die Zunge« der welterschaffenden Götterneunheit Memphis sei, der als »Zunge ... verkündet, was das Herz denkt.«[6] Memphis wird dadurch erschaffen und in seinem Bestand erhalten, dass sein Herrscher, Path, mittels der Zunge, d.h. durch Sprechen Befehle erteilt, die seine Beamten – die Glieder der sozialen wie politischen Körperschaft – auszuführen und deren Befolgung sie zu überwachen haben.[7]
Auch der priesterliche, den lokalen Horizont der ägyptischen Parallelen ins Universale weitende Schöpfungsbericht Gen 1,1–2,4a, ist diesem Schema verpflichtet, besonders deutlich an der inklusiven Rede V. 26 zu erkennen: נַעֲשֶׂה אָדָם בְּצַלְמֵנוּ כִּדְמוּתֵנוּ, wobei sich צלם und דמות auf die den Menschen verliehene Autorität bzw. Freiheit beziehen, die »Welt« dadurch in Besitz zu nehmen, dass sie über diese nach Belieben »verfügen« können (רדה ב). Der Jahwistische Schöpfungsbericht Gen 2,4b–24 zeigt dann auf, wie solche Besitznahme von »Welt« durch Menschen geschieht, nämlich durch Benennung (קרא) aller Dinge des Lebensraums (כל ... נפש חיה; Gen 2,19b). Des Menschen Lebenswelt entsteht erst als solche, wenn sie durch sprachliche Aneignung derselben eben als solche erkannt wird; »erst die Sprache« befähigt den Menschen dazu, »dasjenige Lebewesen zu sein, das er als Mensch ist.«[8] Das begründet die Würde der Sprache wie die des Menschen. Sprache ist hier bereits zu dieser frühen Zeit, wie Rüdiger Lux bemerkt, »in ihrer Performativi-

---

4 Aus den Hymnen an Amun-Re des pCairo CG 58038 (vormals pBoulaq 17), in: Texte aus der Umwelt des Alten Testaments II/6, hg. v. Jan Assmann u.a., Gütersloh 1991, 840.

5 Hymnus an Amun-Re, aufgezeichnet in den Steinbrüchen von Tura; ebd., 843.

6 Text bei Jan Assmann, Ägypten. Eine Sinngeschichte, München/Wien 1996, 383; zitiert in: Rüdiger Lux, Sprache und Schöpfung, Manuskript der Ringvorlesung ›Sprache‹ an der Universität Leipzig vom 12.12.2007, 7.

7 Ebd. 8.

8 Martin Heidegger, Unterwegs zur Sprache [1959], Pfullingen [8]1986, 11.

tät erkannt«; denn »aus dem sprachlich artikulierten Bewusstsein« geht die »Fülle des Seins hervor«, da Worte eben nicht nur Realität beschreiben, sondern diese auch bewirken und setzen.[9]

Doch nicht nur das von Göttern und Herrschern gesprochene Wort besitzt welterschaffende bzw. realitätssetzende Macht. Gleiches gilt für das Wort von Sehern, Propheten und Spruchheilern. Bei Letzteren mutiert das Wort allerdings zum magischen Mittel. Seine eigentlich mitteilende, kommunikative Funktion zwischen Menschen verlierend wird es in Zaubersprüchen, Volksheilkunde und Exorzismen in seinem je spezifischen Lautbestand kraftgeladenes Medium zur Manipulation nichtmenschlicher Mächte, wird Beschwörungsformel, geheimnisvolles Abracadabra.[10] Wer um das rechte Wort weiß, wer die genaue Formel kennt, hat Macht, das Geschehen *ad libitum* zu beeinflussen.

Um die Macht von Formeln zu wissen, ist keineswegs eine antiquierte Vorstellung, wenn man z.B. an mathematische oder chemische Formeln denkt, an die Algorithmen von Suchmaschinen oder die Rezepturen von Pharmaka, die multinationale Konzerne geschickt in klingende Münze umzuwandeln wissen.[11] Mit der Entschlüsselung des menschlichen Genoms, der Sequenzierung der DNA im Jahr 2000 bzw. 2004,[12] wurden die schier endlosen Buchstabenreihen von C (Cytosin), G (Guanin), A (Adenin) und T (Thymin) als »the language in which God created life« beschrieben.[13] Auch Francis Collins, der Leiter der internationalen Genom Forschergruppe, bemühte diese Metaphorik als er sagte »we have caught the first glimpse of our own [d.h. des Menschen] instruction book, previously known only to God« und betonte, dass nunmehr alles darauf ankomme »to speak the language of the genome fluently.«[14]

Doch zurück zur unverkümmerten Alltags- und Allgemeinsprache. Bekanntermaßen hat Goethes Faust, ausgehend vom Johannesprolog, die welterschaffende Kraft des Wortes in Frage gestellt: »Ich kann das Wort so hoch

---

9 Lux (s. Anm. 6), 9.

10 Dazu u.a. LUDWIG WOLFF, ›Die Merseburger Zaubersprüche‹, in: Die Wissenschaft von Deutscher Sprache und Dichtung. Festschrift für Friedrich Maurer, Stuttgart 1963, 305–319; EBERMUT RUDOLPH, Die geheimnisvollen Ärzte, Olten [2]1985; ABRACADABRA: The magic of medicine, London 1996; EDUARD HOFFMANN-KRAYER/HANNS BÄCHTOLD-STÄUBLI, (Hg.), Handwörterbuch des deutschen Aberglaubens, 10 Bde., Berlin 1927–1942, passim.

11 Siehe z.B. WIEBKE HOLLERSEN, Die Macht der Mathematik, in: Die Welt vom 7.9.2014 (Ausg. 36), 2.

12 Am 26.6.2000 fand die Bekanntgabe der vorläufigen (85%), am 20.10.2004 die Bekanntgabe der vollständigen Sequenzierung des menschlichen Genoms statt.

13 So Präsident Clinton anlässlich der öffentlichen Bekanntgabe der vorläufigen Ergebnisse des Human Genome Projects am 26.6.2000 im East Room des Weißen Hauses in Washington D.C.; Presseerklärung des Weißen Hauses, The East Room, June 6, 2000.

14 Ebd.

unmöglich schätzen, ich muss es anders übersetzen, wenn ich vom Geiste recht erleuchtet bin. ... Mir hilft der Geist! Auf einmal seh' ich Rat und schreibe getrost: Am Anfang war die Tat!«[15] Fausts Überlegung kann als ironische Selbstreflexion Goethes verstanden werden; denn sind es nicht gerade Dichter und Poeten, die mit ihrer Wortgewalt ganze Welten, fiktive wie reale, in der Imagination von Lesern und Hörern entstehen lassen? Diesen kreativen Aspekt dichterischer Wortkunst brachte Joseph von Eichendorff in seinem Vierzeiler *Wünschelrute* treffend zum Ausdruck:

> Schläft ein Lied in allen Dingen,
> die da träumen fort und fort,
> und die Welt hebt an zu singen,
> triffst du nur das Zauberwort.[16]

Einer verborgene Wasseradern aufspürenden Wünschelrute gleich findet dichterischer Genius – wie seinerzeit Ali Baba mit dem ›Sesam öffne dich!‹ – jene Zauberworte, die die Welt zum Klingen bringen, die Augen und Ohren öffnen und dadurch Weltwahrnehmung und -verstehen ermöglichen.

2. Die Multivalenz von Sprache

Das rechte, das treffende Wort finden um Weltverstehen und -begreifen zu ermöglichen, stellt keineswegs nur eine Herausforderung für Poeten und Dichter dar. Für das Gelingen zwischenmenschlicher Kommunikation im privaten wie im öffentlichen, im geschäftlichen wie im gesellschaftlichen Leben sind das treffende Wort und der rechte Ton der Sprache genauso wesentlich. Worte existieren ja nicht »an sich«, genauso wenig wie »Wirklichkeit«, die jene auf den Begriff zu bringen und zu artikulieren suchen. Worte sind Fäden im Gewebe (*textum*) der Sprache, das Wirklichkeit wie mit einem Mantel umkleidet. Das sprachliche Gewand von Wirklichkeit schützt und schmückt diese, verhüllt sie aber auch zugleich.[17] Texte, gesprochene wie geschriebene, sind Gewebe, deren Muster von einer Syntax bestimmt wird, in die immer auch die persönliche Kommunikation zwischen Menschen mit ihrem jeweiligen Weltverständnis und der akuten, geschichtlichen Lebenssituation eingewoben sind. Dieser kontingenten Komplexität verdanken Worte nicht nur ihre Macht; dieser Komplexität ist auch die Multivalenz der Worte geschuldet.

---

15 Johann Wolfgang von Goethe, Faust. Eine Tragödie, in: ders., Werke, hg. von Erich Trunz, Bd. 3, Hamburg 1959, 44.

16 Joseph von Eichendorff. Werke in sechs Bänden, Bd. 1 Gedichte. Versepen. hg. v. Hartwig Schultz, Frankfurt a.M. 1987, 328.

17 Vgl. dazu allgemein Paul Ricœr, The Conflict of Interpretations: Essays in Hermeneutics, Evanston 1969; Niklas Luhmann, Soziale Systeme: Grundriß einer allgemeinen Theorie, Frankfurt a.M. 1984.

Ohne selbst Tat zu sein bewirken Gesagtes wie Geschriebenes Handlungen und Aktionen, gute wie böse. Worte informieren, belehren und mahnen. Im Gespräch werden vergangene Ereignisse wachgerufen und nicht anwesende Personen, Dinge oder Ideen durch bloße Erwähnung gegenwärtig. Worte ermuntern und verschrecken. Worte erheitern und bekümmern, verletzen und trösten, verurteilen und versöhnen. Worte betören und verzaubern, benebeln und ernüchtern, schmeicheln, loben und kritisieren; kurz: Worte besitzen ein geradezu unheimliches Potential, das menschliches Verhalten und menschlichen Welt- bzw. Realitätsbezug nachhaltig beeinflusst und dies von Sprache zu Sprache in je verschiedener Weise.[18]

Kraft dieses multivalenten Potentials wird in vielen Traditionen seit alters zur Bedachtsamkeit beim Sprechen aufgefordert. »Rechte Rede« (*sammā-vācā*, सम्यग्वाच) ist ein Element des Edlen Achtfachen Pfades des Buddhismus.[19] Jüdische Tradition lehrt die Bewahrung der Zunge (שְׁמִירַת הַלָּשׁוֹן)[20], und im 1. Petrusbrief ergeht der Rat: »Wer das Leben liebt und gute Tage sehen will, der hüte seine Zunge, dass sie nichts Böses rede, und seine Lippen, dass sie nicht betrügen.« (παυσάτω τὴν γλῶσσαν ἀπὸ κακοῦ καὶ χείλη τοῦ μὴ λαλῆσαι δόλον; 3,10). Noch eindringlicher warnt der Jakobusbrief vor der Macht der Zunge, die »kein Mensch zähmen kann.« (τὴν δὲ γλῶσσαν οὐδεὶς δαμάσαι δύναται ἀνθρώπων; 3,8).

Worte, wenn sie erst einmal ausgesprochen sind, entfalten im komplexen Netzwerk persönlicher wie kontextueller und geschichtlicher Bezüge eine unabsehbare, oft nicht intendierte Wirkung, und zwar je nach Rezipientenkreis eine je andere. Es ist keineswegs sicher, dass das Gemeinte auch seitens der Hörer und Leser im gemeinten Sinne verstanden wird. Die Multivalenz von Sprache und Worten impliziert potentielle Missverständnisse und Fehlinterpretationen, und das, ohne Böswilligkeit unterstellen zu müssen; Sprache hat eben auch Anteil am Sündenfall.

Der Irreversibilität und Eigendynamik des einmal Geäußerten hat Hilde Domin in ihrem Gedicht *Unaufhaltsam* beklemmenden Ausdruck verliehen:

Das eigene Wort, wer holt es zurück,
das lebendige – eben noch ungesprochene Wort?
...
Du schickst andere Worte hinterdrein,
Worte mit bunten, weichen Federn.

Das Wort ist schneller,
das schwarze Wort.

---

18 »Wenn der Mensch durch seine Sprache im Anspruch des Seins wohnt, dann wohnen wir Europäer vermutlich in einem ganz anderen Haus als der ostasiatische Mensch.« (MARTIN HEIDEGGER, in: DERS., Unterwegs zur Sprache [s. Anm. 8], 90.)

19 Siehe dazu z.B. JONGMAE K.PARK, Die Lehren des Gautama Buddha, Wien 2006.

20 Siehe CHOFETZ CHAYIM, Sefer Shemirat Halashon, Brooklyn, New York 2006.

Es kommt immer an,
es hört nicht auf, an zu kommen.
...
Ein Messer trifft oft
am Herzen vorbei.

Nicht das Wort.

Am Ende ist das Wort,
immer
am Ende
das Wort.[21]

Ein einmal geäußertes Wort geht unaufhaltsam seinen Weg, es enteilt, kann nicht zurückgenommen werden. Wie ist es vor Missverstehen, vor Fehlinterpretationen zu schützen? Schutzlos dem Auf und Ab der Gezeiten ausgeliefert treibt es fort, versinkt in den Fluten, taucht gelegentlich an eher unerwarteter Stelle wieder auf, unaufhaltsam. Lässt sich das autopoietische Geschick des einmal Geäußerten lenken?

3. Sprache und Weltzerstörung

Die Kontrolle bzw. Normierung lebendiger Sprache, die erzwungene Eindeutigkeit durch Eliminierung des multivalenten Bedeutungsspektrums, die ja für das Funktionieren von Computer- und Maschinensprachen Grundvoraussetzung ist, ist immer schon eines der wichtigsten Machtmittel totalitärer Ideologien und Staaten gewesen. Victor Klemperer hat dieses Phänomen während der Zeit des Nationalsozialismus gezwungenermaßen studieren können und festgestellt, dass nicht die inszenierten Reden des Parteiführungskaders die nachhaltigste Wirkung auf die Bevölkerung ausübten. Vielmehr waren es »die Einzelworte, die Redewendungen, die Satzformen«, die der »Nazismus« der Menge »in millionenfachen Wiederholungen aufzwang und die [...] mechanisch und unbewußt übernommen wurden.«[22] Die »stärkste Wirkung wurde« also »durch nichts erzielt, was man mit bewußtem Denken oder bewußtem Fühlen in sich aufnehmen mußte.« Die Propaganda änderte lediglich »Wortwerte und Worthäufigkeiten«, beschlagnahmte »für die Partei, was früher Allgemeingut war« und durchtränkte »Worte und Wortgruppen und Satzformen mit ihrem Gift.« Das war »ihr stärkstes«, zugleich aber auch »ihr öffentlichstes und geheimstes Werbemittel.«[23]

---

21 Hilde Domin, Rückkehr der Schiffe. Gedichte, Frankfurt a.M. 1962, 19–20.

22 Victor Klemperer, LTI [Lingua Tertii Imperii] – Notizbuch eines Philologen, Berlin 1947, 21.

23 Ebd., 21–22.

Sprache kann toxisch werden und damit das gelingende menschliche und gesellschaftliche Miteinander tödlich gefährden. Kriegen gleich können Worte Welten zerstören und Leben vernichten, und das nicht nur durch höchstrichterlichen Urteilsspruch über Leben und Tod, sondern auch, und vor allem meist unbemerkt, im eher alltäglichen Sprachgebrauch. Sprache wird dabei durch verschleiernde Manipulation ihres kommunikativen Mitteilungscharakters beraubt und zu einem höchst wirkungsvollen Instrument umfunktioniert. Solche Manipulation im ideologischen, politischen oder auch ökonomischen Interesse benutzt Sprache gezielt, um einen kalkulierten Effekt zu erreichen, sei es, um die politische Macht zu festigen, sei es, um die Volksmeinung zu beherrschen, oder sei es auch nur deswegen, um ein weiteres, meist unnötiges Produkt einem konsumfreudigen Publikum zu verkaufen. In all diesen Situationen hat Sprache ihre personenbezogene Kommunikationsfunktion von lebendiger Rede und Gegenrede verloren, bei der die eigene personale Existenz im Angesprochenwerden seitens einer anderen, einer Fremdexistenz als solche zu Bewusstsein kommt und sich in ihrem Menschsein zu bewahrheiten hat. Dieser, der Sprache wesentliche Aspekt personaler zwischenmenschlicher Interaktion wird in deren persönlichkeitsverneinendem, manipulativem Gebrauch gezielt unterdrückt; denn das ließe ja Raum für gefürchtete, unkalkulierbare Kritik und unerwünschten Widerspruch.

Dem Missbrauch von Sprache ist Josef Pieper in seinem Beitrag *Vom Verderb des Wortes und die Macht – Platons Kampf gegen die Sophistik*, der 1964 in der Zeitschrift *Hochland* erschien, nachgegangen.[24] Platons Kritik an der Sophistik, die auch Hamann sicherlich aus vollem Herzen gesprochen ist, beruht nach Pieper darauf, dass die Sophistik »mit einer enormen Sensibilität für die sprachliche Nuance und mit einem Höchstmaß an formeller Intelligenz das Wort kultiviere, ja den Wortgebrauch zu einer Kunst vervollkommne und *eben darin, im Selben, zugleich* den Sinn und die Würde des Wortes verderbe.«[25] Die »Korrumpierung des Wortes« als Machtmittel geschehe durch ein Doppeltes, nämlich den verschleiernden »Verderb des Realitätsbezugs« und dem »Verderb« des »Mitteilungscharakters« der Sprache.[26] Allerdings sei es »äußerst schwierig, ja fast unmöglich ..., im konkreten Fall ... die Grenze überhaupt zu erkennen, an welcher mitteilende Wirklichkeitserhellung sich scheidet von der bloßen, auf den Erfolg kalkulierten Manipulation des Wortes.«[27] Denn der »wahre Sachverhalt« werde durch die Sophisten »mit Fälschungen zugestellt ..., wodurch ... die wirkliche Welt und der wirkliche Mensch nicht bloß unauffindbar werden, sondern unaufsuchbar. Nicht einmal die Frage danach kommt

---

24 JOSEF PIEPER, Vom Verderb des Wortes und die Macht. Platons Kampf gegen die Sophistig, in: Hochland 57, Jg. (1964), 1 (Oktober), 12–25.

25 Ebd., 15; Hervorhebung im Original.

26 Ebd.

27 Ebd., 20.

mehr auf – weil die Fiktion überzeugt und genügt, die perfekte Fiktion von Realität, durch absichtsvollen Mißbrauch der Sprache eigens hergestellt.«[28]

Wie zuvor schon Victor Klemperer, so weist auch der Münsteraner Philosoph auf die schleichende, kaum ins Bewusstsein tretende Gefährdung der Sprache durch deren vielfältigen manipulativen Missbrauch hin, namentlich so seitens politischer Propaganda, deren »Meisterschaft [...] eben darin« besteht, »die Drohung nicht nackt hervortreten zu lassen, sondern sie gerade zu verhüllen; zwar bleibt sie [sc. die Drohung] durchaus wahrnehmbar, aber zugleich wird es dem Bedrohten leicht gemacht [...], zu glauben, er tue, indem er sich einschüchtern läßt, in Wirklichkeit das an sich selbst Vernünftige und Richtige und übrigens auch das, was er selber ›eigentlich‹ sowieso will.«[29] Der nationalsozialistischen Propaganda gelang es auf diese perfide Art und Weise eine entsprechend manipulierte Volksmasse die ungeheuerliche Frage »Wollt ihr den totalen Krieg?« mit einem frenetischen »Ja!« beantworten zu lassen,[30] einem »Ja!« das die Welt ins Verderben stürzte und zur sinnlosen Vernichtung ungezählten menschlichen Lebens führte.

4. Wort des Lebens

Dem Missbrauch von Sprache, der im menschenverachtenden Gebrauch von Sprache begründet ist, kann nur durch eigene wahrhaftige Rede gewehrt werden, d.h. durch aufrichtiges eigenes Sprechen, in dem man sich nicht verstellt, sondern im Gesagten das ehrlich zum Ausdruck bringt, was man wirklich denkt, nichts von dem zurückhaltend, was man als Wahrheit erkannt hat, sei es als Bestätigung oder im Widerspruch zu Äußerungen anderer. »Nichts zurückhalten«, anderen »nichts verhehlen« – so die etymologische Grundbedeutung von ἀλήθεια[31] – macht angreifbar und verletztlich, da man sein Innerstes preisgibt. Wenn solche Preisgabe nicht exhibitionistisch motiviert ist, wird man dazu nur in einem auf gegenseitigem Vertrauen beruhendem Miteinander bereit sein, in dem stillschweigend vorausgesetzt wird, dass alle Gesprächspartner ehrlich um das Gemeinwohl besorgt sind. Zwar bewahrt solcher Vertrauensvorschuss nicht vor Fehlerlebnissen und Enttäuschungen, doch man hat keine andere Wahl. Immer wieder muss man es wagen, im Dialog miteinander um rechte Erkenntnis dessen zu ringen, was angesichts akuter Herausforderungen zu tun und zu lassen ist, um Leben zu erhalten. Wird solcher Dialog verweigert, dann ist die menschliche Bewältigung von Krisen in Gefahr, weil dann mechanische

---

28 Ebd., 21.

29 Ebd.

30 So Propagandminister J. Goebbels in der Berliner Sportpalast Rede vom 18.2.1943; Iring Fetscher, Joseph Goebbels im Berliner Sportpalast 1943 – »Wollt ihr den totalen Krieg?«, Hamburg 1998.

31 Siehe Hans Hübner, ἀλήθεια, in: H. Balz/G. Schneider (Hg.), Exegetisches Wörterbuch zum Neuen Testament, Bd. 1, Stuttgart 1980, 138–145.

Routine, blinder Hass und todbringende Rache das Sagen haben. In dem Maße aber, in dem die sprachliche Bewältigung von Welt verkümmert oder gar ganz erstirbt, sinkt Welt ins Chaos zurück.

Anlässlich der Verleihung des Friedenspreises des Deutschen Buchhandels in Frankfurt 1953, zur Zeit des das Vertrauen zwischen Ost- und Westmächten grundlegend zerrüttenden Kalten Krieges, sprach Martin Buber über das Thema: *Das echte Gespräch und die Möglichkeit des Friedens.*[32] Er drängte darauf, dass »in ihren menschlichen Menschen [...] die Völker ins Gespräch kommen« müssten;[33] denn der »Mensch in der Krisis« vertraue »seine Sache nicht mehr dem Gespräch« an, »weil ihm dessen Voraussetzung, das Vertrauen, verloren gegangen« sei. Durch Verweigerung des Gespräches aber, so Buber, versage man sich der Möglichkeit friedlicher Konfliktlösung, da einzig »das lebendige Wort zwischen Mensch und Mensch die Differenz der Interessen und Gesinnungen Mal um Mal« entgifte und nur so die einander widerstreitenden Überzeugungen vor der »Absurdität des Nichtmehr-weiter«, vor dem »Wahn des Krieg-führen-müssens« bewahrt werden.[34]

Die Konfliktlösung in akuten Krisenzeiten dem vorbehaltlosen Gespräch mit der Gegenseite anzuvertrauen um dadurch Spannungen in menschlicher Weise abzubauen, bedeutet ein Risiko einzugehen, das in der Welt der Realpolitik geradezu naiv anmuten muss, in der zur Deeskalation kritischer Konfrontationen neben diplomatischen Bemühungen immer auch mittels massiver Gewaltandrohung deutlich gemacht wird, wie ernst die Lage ist. Doch Krieg als *ultima ratio* bedeutet Kapitulation der *ratio*. Mag ein Waffengang als Reaktion auf wahrgenommene Bedrohungen auch verständlich sein, so bleibt ein solcher letztlich doch immer unvernünftig und verantwortungslos, da Kriege stets Vernichtung nicht nur menschlichen Lebens, sondern immer auch vitaler Lebensgrundlagen mit sich bringen. Kriege bewirken keine Konfliktlösungen; Kriege führen lediglich zu Verschiebungen labiler Machtverhältnisse inmitten einer – zumal in Zeiten des nuklearen wie chemischen Overkills – immer schon am Abgrund stehenden Menschheit.

Nur durch authentische interpersonale sprachliche Kommunikation über Wirklichkeit kommen Menschen zur Besinnung, d.h. nur in einem freien, rückhaltlos offen geführten Austausch ihrer je unterschiedlichen Auffassungen, Erkenntnisse und Einsichten. Oft wird dieser Diskurs mit viel sophistischer Schönrednerei, mit rational-intellektualistischer Wortakrobatik und eloquentem rhetorischem Getöse inszeniert, vor allem in akademischen Zirkeln. Doch ist authentische Rede aufgrund ihres persönlich-existentiellen Bezugs davor gefeit, sich davon blenden oder beirren zu lassen, geht es ihr ja

---

[32] MARTIN BUBER, Das echte Gespräch und die Möglichkeit des Friedens. Rede, gehalten anlässlich der Verleihung des Friedenspreises des deutschen Buchhandels 1953 in der Paulskirche zu Frankfurt a.M., Heidelberg 1953.

[33] Ebd., 8.

[34] Ebd., 11.

nicht um die Erörterung irgendwelcher Probleme, sondern um Verständigung darüber, was wahrhaft ist und wie sich die Dinge wirklich verhalten. Jeder authentische Gebrauch von Sprache bezeugt – unbekümmert um andere Interessen – erkannte Wahrheit als solche. Dies kann, wie die Evangelien zu berichten wissen, bis hin zur ultimativen Beglaubigung des Gesagten durch Aufgabe des eigenen Lebens führen – als Zeugnis für wahrhaftiges Leben. In solch letztmöglicher Authentisierung eigenen Sprechens ist das Wort aller Multivalenz und allem Missbrauch enthoben, ist Lebenszeugnis geworden, wahrhaftiger λόγος τῆς ζωῆς.

Wort Gottes und poetische Sprache

Zur Bedeutung der Poesie für die Theologie

Martin Leiner

Nach dem Freitod seines Freundes Vladimir Majakovskij schrieb Roman Jakobson einen seiner berühmtesten Texte: *Von einer Generation, die ihre Dichter vergeudet hat.*[1] Die folgenden Überlegungen gehen der Frage nach, wie es geschehen kann, dass die heutige Generation Theologen ihre Dichter nicht vergeudet. Dass man – anders als die Revolutionsjahre und der Stalinismus – den Dichtern Freiheit und das Leben nicht nimmt, sondern es ihnen lässt und sie in kleinen Auflagen das eine oder andere Bändchen publizieren, reicht noch lange nicht dazu, dass eine Generation ihre Dichter nicht vergeudet. Der Anspruch der Poesie ist größer und umfassender: Poesie ist die Muttersprache der Menschheit; sie deckt auf, bewahrt und erschließt.

1. Poesie deckt auf

Poetische Sprache ist ungewöhnliche Sprache. Was aber ist Poesie? Poesie kommt von *poiesis*, dem Herstellen. Poesie ist dadurch gekennzeichnet, dass sie Sprache ist, die etwas Neues herstellt. Sie schafft neue, unverbrauchte Metaphern, neue rhythmische Beziehungen, neue klangliche Erfahrungen, neue Gestalten, die zu neuen Wahrnehmungen führen. Poesie evoziert, sie »beschwört«, wie ein schönes, an Assoziation reiches Wort es zum Ausdruck bringt. Sie beschwört Stimmungen, Gegenstände, Personen, Reales und Irreales, das erst durch die Poesie existiert oder gegenwärtig wird. Mit ihren innovativen und semantisch anomalen Eigenschaften deckt Poesie auf, dass Sprache nicht normalisiert werden kann. Sprache ist etwas Wildes, etwas Ungeregeltes, etwas, das Überraschungen und Geheimnisse Ereignis werden lässt.

Poesie deckt auf, dass alle Versuche gesprochene Sprache zu normieren, das heißt in ein System mit klaren grammatischen und logischen Regeln und definierter, eindeutiger Terminologie zu verwandeln, zum Scheitern verurteilt sind. Teilsysteme von Sprache lassen sich mit Gewinn in solcher Eindeutigkeit normieren, das durchaus zu wissenschaftlichen, technischen, bürokratischen und »pädagogischen« (das Bimsen von Kommaregeln) Anwendungen

[1] Eine deutsche Übersetzung ist zugänglich in: Roman Jakobson, Poetik. Ausgewählte Aufsätze 1921–1971, Frankfurt a.M. 1979, 158–191.

führen kann. Der Umgang mit dieser »Sprache« kann, wenn er formalisierbar ist, weitgehend Computern überlassen werden. Die Auswertung von Messreihen, das Einfordern von Formularen, die Abfassung von Serienbriefen, die Korrektur der Rechtschreibung kann weitgehend von Maschinen übernommen werden. Das typisch menschliche, das analoge und kreative Denken, der Ausdruck für das intuitive Gespür für etwas, was nicht stimmt, das Eintreten in einen Dialog und die Bemühung um eine tiefere Interpretation einer opaken Situation sind gar nicht möglich, ohne auf die poetische Funktion der Sprache zurückzugreifen.[2] Eine paradoxe Entwicklung wird durch die Computertechnologie freigesetzt, die zu einer größeren Wertschätzung des spezifisch menschlichen, poetischen Sprechens und Denkens führen dürfte.

Ludwig Wittgensteins Weg zeigt die Aporie der Konstruktion einer normalisierten Idealsprache. Er begann mit einer extremen Position, die sich in den letzten Sätzen des *Tractatus* findet:

> »Die richtige Methode der Philosophie wäre eigentlich die: Nichts zu sagen, als was sich sagen läßt, also Sätze der Naturwissenschaft – also etwas, was mit Philosophie nichts zu tun hat –, und dann immer, wenn ein anderer etwas Metaphysisches sagen wollte, ihm nachweisen, dass er gewissen Zeichen in seinen Sätze keine Bedeutung gegeben hat.«[3]

> »Wovon man nicht sprechen kann, darüber muß man schweigen.«[4]

1945 schreibt Wittgenstein über den *Tractatus* im Vorwort zu den *Philosophischen Untersuchungen*:

> »Vor zwei Jahren aber hatte ich Veranlassung, mein erstes Buch (die ›Logisch-Philosophische Abhandlung‹) wieder zu lesen und seine Gedanken zu erklären. Da schien es mir plötzlich, dass ich jene alten Gedanken und die neuen zusammen veröffentlichen sollte: daß diese nur durch den Gegensatz und auf dem Hintergrund meiner älteren Denkweise ihre rechte Bedeutung erhalten könnten. Seit ich nämlich vor 16 Jahren mich wieder mit Philosophie zu beschäftigen anfing, mußte ich schwere Irrtümer in dem erkennen, was ich in jenem ersten Buche niedergelegt hatte.«[5]

Das Ideal einer Normierung der Sprache ist aufgegeben. Wittgenstein wendet sich den Sprachspielen der gesprochenen Sprache zu. Dabei wird etwa auch das Ideal einer exakten Definition preisgegeben:

---

[2] Vgl. dazu auch Douglas Hofstadter/Emmanuel Sander, Die Analogie: das Herz des Denkens, Stuttgart 2014.

[3] Ludwig Wittgenstein, Tractatus Logico-philosophicus, in: Werkausgabe, Bd. 1, Frankfurt a.M. 1984, 85 (Nr: 6.53).

[4] Ebd. (Nr. 7).

[5] Ludwig Wittgenstein, Philosophische Untersuchungen, in: Werkausgabe, Bd. 1, Frankfurt a.M. 1984, 232.

»Wenn Einer eine scharfe Grenze zöge, so könnte ich sie nicht als die anerkennen, die ich auch schon immer ziehen wollte, oder im Geiste gezogen habe. Denn ich wollte gar keine Grenze ziehen«.[6]

Auch Namen können ohne feste Bedeutung gebraucht werden. Selbst wissenschaftliche Definitionen ändern sich:

»Das Schwanken wissenschaftlicher Definitionen: Was heute als erfahrungsmäßige Begleiterscheinung des Phänomen A gilt, wird morgen zur Definition von ›A‹ benutzt«.[7]

Poesie erinnert dadurch, dass sie das Machen des Neuen in vielen Formen auf die Spitze treibt, daran, dass in jeder gesprochenen Sprache Innovationen stattfinden, die sich dem Festlegen von Terminologien widersetzen. Jeder Sprache eignet Poetizität. Jedes terminologisches System werdende Denken wie Scholastik, orthodoxer Kantianismus, Marxismus-Leninismus und einige Formen der analytischen Philosophie normieren Terminologien und stellen diese Normen als Ideal dar.

Poesie deckt die Ideologie der Normierung der Sprache auf. Sie tut dies nicht nur als Beschreibung, wie Wittgenstein dies in den Philosophischen Untersuchungen macht; Poesie sprengt aktiv die technisch normierte Sprache auf, indem sie den Normierungstendenzen des Sprachgebrauchs entgegenwirkt. Damit geht Poesie einen entscheidenden Schritt weiter. Sie richtet sich auch gegen den alltäglichen Sprachgebrauch, gegen die *ordinary language*, die Wittgenstein interessiert hatte. Der Sprachgebrauch der Alltagssprache ist, wie Wittgenstein gesehen hat, nicht fest definiert und normiert wie die wissenschaftliche Sprache, er hat aber die Tendenz, durch Gewohnheit Metaphern verblassen zu lassen, immer wieder dieselben Redensarten zu verwenden und so unlebendige, verbrauchte Sprache zu werden. Diese Alltagssprache ist nicht statisch und unveränderlich, sie zerfließt. Majakovskij hat dieses Fließen der Alltagssprache in folgende Zeilen gefasst:

»... Gesetze
Begriffe
Glauben
Granithaufen der Residenzen
Und der Sonne selbst unbeweglicher roter Schimmer
Alles scheint ein wenig fließend
Kriechend ein wenig
Ein wenig verdünnt.«[8]

---

6 A.a.O., 283.
7 A.a.O., 285.
8 Vladimir Majakovskij, zitiert in: Jakobson (s. Anm. 1), 164.

Diese Beschreibung der kriechenden Veränderung der Begriffe gehört bei Majakovskij in den Kontext der Kritik des konventionellen Alltags (byt). Die Verschiebungen (sdvigi), von denen Majakovskij spricht und die Jakobson beschreibt, entsprechen der alltäglichen Verschiebung der Bedeutungen in der Semiose, der kleinen, unbeschreibbaren Différance, die sich in jedem Sprechen allein schon dadurch notwendig ereignet, weil die Sprache stets Denotationen zu Konnotationen werden lässt. Solche Verschiebungen betreffen selbst die scholastischen Systeme. Im 14. Jh. dasselbe zu sagen wie im 12. Jh., ist zwar den Worten nach möglich, nicht jedoch kann man den Sinn von damals identisch reproduzieren. Wenn dieselben Worte schließlich im 19. Jh. gebraucht werden, ist der Sinn definitiv nicht mehr derselbe.

Majakovskijs Problem war die Alltagssprache. Ihm schwebte nicht die langsame Subversion durch die Différance vor, sondern eine radikale und bewusste Veränderung der Sprache durch Dichtung. Sein Futurismus strebt dazu, das Gefängnis des normierten Alltags zu sprengen. »Der revolutionäre Aufruf des Dichters wird an jeden gerichtet, ›dem es unerträglich und eng ist‹, ›der darüber weinte, daß die Schlingen der Mittage fest zugezogen waren‹. Das Ich des Dichters ist ein Rammbock, der in die versperrte Zukunft poltert, ein ›über die äußerste Grenze geschleuderter‹ Wille zur Verkörperung der Zukunft, zur absoluten Fülle des Lebens: › Man muß die Freude den kommenden Tagen entreißen.‹«[9]

Wir sind damit auf drei Formen von Sprache gestoßen, die wir systematisieren können:

Erstens ist eine *wissenschaftliche Normierung der Sprache* abgesehen von restriktiven Spezialsprachen nicht möglich. Bereits die Différance der Semiose macht dies unmöglich. Majakovski hat mit seiner Rede von den Verschiebungen (sdvigi) lange vor Derrida und Eco dieses Zerfließen der ursprünglichen Bedeutungen erfasst. Dass bei diesem Zerfließen auch kreativ Neues entsteht, war Majakovski noch wenig bewusst. Die Verschiebung ist für ihn ein Verfallssymptom, das mit einem Haus vergleichen wird, in dem sich Risse bilden und in das Wasser eindringt.

Zweitens: Die *Alltagssprache* ist diesen Verschiebungen ausgesetzt. Zudem enthält sie willkürliche, wilde und kreative Elemente. Alltagssprache ist beides: Verschiebung und Poiesis, Schaffung des Neuen. Ihr eignet Poetizität. Freilich sind die verflachenden Auswirkungen der Gewohnheit häufig stärker als die Poetizität der Sprache. Metaphern verblassen, wertvolle Teile des Wortschatzes werden immer seltener gebraucht, statt der genauen Bezeichnung nutzt man Klischees, stereotype Bezeichnungen. Im Laufe der Jahrhunderte vereinfachen sich grammatische Strukturen.

Drittens: *Poesie.* Weil die Alltagssprache viele solcher Schwächephänomene zeigt, weil das Haus der Sprache Risse hat und veraltet, tut die gepflegte Sprache der Poesie, das Fest, der Sonntag der Sprache not. Das Fest kann

---

9 JAKOBSON (s. Anm. 1), 163.

sogar so überwältigend sein, dass Stereotypen, Fremdwörter und einfache Grammatik dazu eingeladen werden können und eine Erneuerung erfahren.

In diesen drei Formen von Sprache sehen wir drei Bewegungen:

Erstens: die *Verschiebung von Sinn durch die der Semiose eigene Différance.* Sie bedeutet Verfall, aber auch kreative neue Möglichkeiten. Dieser Prozess betrifft alle drei Formen von Sprache.

Zweitens: *die Tendenz zur Normierung von Sprache.* Sie betrifft als aktive Konstruktion von Terminologien und Regeln die wissenschaftliche Sprache und sie betrifft durch die Macht der Gewohnheit die Alltagssprache. In der Poesie kann sie als poetische Konvention auch wirken, sie ist aber eigentlich dem auf Neues ausgerichteten Impuls der Poesie entgegengesetzt.

Drittens: die *kreative Tendenz zum Schaffen von Neuem.* Sie kann als konstruktive Leistung bei der Schaffung normierter Idealsprachen in der Wissenschaft eine Rolle spielen. Sie ist als Poetizität der Alltagssprache, die neue Begriffe schafft und neue stilistische Merkmale entwickelt, stets mehr oder weniger stark am Werk. In der Poesie hat sie ihren besonderen Ort.

Das kreative Neue ist zwar nicht immer das Gute. Die Normierung kann in Wissenschaftssprachen und technischen Anwendungen Vorteile haben, wie auch die Vereinfachung von Grammatik oder die Nutzung von Stereotypen und Fremdwörtern. Ohne Poetizität würde die Alltagssprache aber wie ein altes Haus zerfallen und ohne Poesie würde sie zunehmend ihre Schönheit, ihren gepflegten Zustand einbüßen. Alltagsgrau und zerfallend wie die Häuser in ärmeren Gegenden würde die Sprache ohne das Fest der Poesie beginnen erst wenige, dann immer mehr Menschen zu deprimieren.

Die Frage, ob die gegenwärtige Generation Theologen ihre Dichter vergeudet, hat viele Facetten. Eine besteht darin, dass es immer noch eine Trennung gibt zwischen Theologen, die poetisch schreiben und anderen, die sich um eine möglichst wissenschaftliche, unpoetische Sprache bemühen. Extreme Ansätze sind dabei nicht selten: hier Programme gesteigert poetischer, metaphernreicher Theologie, dort bewusst unpoetisch technische theologische Wissenschaft. Theologie, die ihre Dichter nicht vergeudet, sollte einen mittleren Weg finden. Eine allzu metaphernreiche Sprache tendiert dazu, die Unterschiede zwischen religiöser, dichterischer und wissenschaftlicher Sprache zu verwischen, Sinn leuchtet auf, wird aber nicht immer klar erfasst. Eine allzu unpoetische Sprache, etwa wenn sie auf unaufhörlich wiederholten Fachausdrücken der Semiotik oder der Systemtheorie beruht, bringt sich um viele Möglichkeiten, Neues zu sagen und den Kontakt zur religiösen Sprache zu halten. Zwischen dem Zuviel und dem Zuwenig an Poesie fehlt eine Theologie, die sich auch einmal von einer poetischen Formulierung anregen lässt, wie dies beispielsweise Rudolf Bultmann mit Rilke tat, oder die die Zeitbeschreibung eines Dichters aufgreift, wie Bonhoeffer Audens *Zeitalter der Angst* aufgenommen hat und sogar selbst Gedichte verfasst hat.

Einer theologischen Generation, die ihre Dichter nicht vergeudet, muss die poetische Qualität der eigenen Sprache am Herzen liegen. Sie muss innovative Eingriffe in die Sprache vollziehen, so wie es Hamann besonders für die Muttersprache fordert:

> »Wer in seiner Muttersprache schreibt, hat das Hausrecht des Ehmanns, falls er dessen mächtig ist. Ein Kopf, der auf seine eigene Kosten denkt, wird immer Eingriffe in die Sprache thun; ein Autor hingegen auf Rechnung einer Gesellschaft, läßt sich die ihm vorgeschriebene Worte wie ein Miethsdichter die Endreime (bout-rimés) gefallen, die ihn auf die Gleise derjenigen Gedanken und Meynungen bringen, so sich am besten schicken.«[10]

Die Verwendung keiner innovativen, aber auch die Verwendung schlechter Bilder ist ein Problem. So mag es etwa in einer naturwissenschaftlich geprägten Kultur einen gewissen Eindruck machen, wenn man naturwissenschaftliche Metaphern auf die Theologie überträgt. Wenn sie aber nicht passen, dann findet Poesie der Verwirrung und nicht Poesie der Erschließung statt. So hat man etwa die Laboratorium-Metapher auf alle möglichen Prozesse von der altkirchlichen Dogmenentwicklung bis hin zur Aufklärung angewandt. Die Metapher ist schräg, weil ein Laboratorium ein hierarchisch kontrollierter Ort der systematischen Überprüfung von Hypothesen an der Wirklichkeit ist, während die Alte Kirche und die Aufklärungszeit durch unkontrollierte Denkversuche in ein Unbegangenes, für das keine einfachen Prüfungen im Experiment möglich sind, gekennzeichnet sind. Das Hereinregieren staatlicher Gewalt und Zensur betraf Alte Kirche und Aufklärung in großem Umfang, es sollte aber in einem Laboratorium nicht stattfinden. Bei Licht gesehen bietet die Metapher vom Laboratorium also nichts, was irgendeine Erkenntnis erschlösse. Das Problem, das die gegenwärtige Theologie betrifft, ist dabei nicht vorrangig, dass jemand eine solche Metapher bildet, sondern, dass sie unbedacht eine solche Karriere machen konnte.

Ein anderes Problem ist, dass die Dichter kaum studiert werden und ihre Dichtung so selten in theologischen Texten aufgenommen wird. Es gibt zwar gute und sehr gute theologische Bücher über Dichtung, aber sehr wenig Aufnahme von Dichtung in theologischen Texten. Man muß nicht so weit gehen wie Johann Georg Hamann, der forderte: »Nicht Leyer! – noch Pinsel! – eine Wurfschaufel für meine Muse, die Tenne heiliger Literatur zu fegen!«[11] Ein paar Sätze, eine Metapher, eine dichterische Wendung würde theologische Texte erfrischen. Das meiste, was heute geschrieben wird, steht ja ach so unerfrischt auf dem Papier. Dabei hat die internationale Dichtung im 20. Jahr-

---

[10] Johann Georg Hamann, Versuch über eine akademische Frage; in: Johann Georg Hamann, Sämtliche Werke, Bd. 2, hg. v. Josef Nadler, Wien 1950 (ND Wuppertal 1999, künftig zitiert als »N«), 119–126, 126. Zugänglich auch in Martin Seils, Johann Georg Hamann. Eine Auswahl aus seinen Schriften. Entkleidung und Verklärung, Wuppertal ^{2}1987. Zitat steht auf S. 257.

[11] Johann Georg Hamann, Aestethetica in nuce, in: N II, 197–216, 197. Zugänglich auch in: Seils (s. Anm. 10), Zitat 317.

hundert so viele Wortschöpfungen erbracht, die auch hier und da, sparsam, aber treffend eingesetzt, einen theologischen Gedanken bereichern würden. Man braucht nur an Komposita denken wie: »Sprachgitter« (Paul Celan), »Blütenneid« (Kim Chi-ha), »Frühlingsschleier« (Rainer Maria Rilke), die »Glasglocke« (Sylvia Plath) oder das »Himmelsdunkel« (Tomas Tranströmer). Auch einzelnen Sätzen und Versen von Dichtern kann Theologie mit Gewinn nachdenken. Um ein paar zu nennen, die meines Wissens bisher noch nicht in theologischen Büchern zitiert wurden, zum Beispiel als Kritik eines Freiheitsverständnisses, das Freiheit auf kommunikativ zugesprochene Erlaubnis reduziert, kann man Mandelstams Formulierung zitieren:

> »Einer unerhörten Freiheit bei einer Kerze nachgedacht«.[12]

Oder über das Zeitgefühl in der säkularen Welt:

> »Wunder des Unglaubens sind ohne Zahl.
> Besteht ein Herz darauf, ein Herz zu sein?
> Träum, dass du rein bist, heb die Hand zum Schwur,
> träum dein Geschlecht, das dich besiegt, träum
> und wehr dennoch mystischer Abkehr im Protest.
> Mit einer andern Hand gelingen Zahlen
> und Analysen, die dich entzaubern.
> Was dich trennt, bist du. Verström,
> komm wissend wieder, in neuer Abschiedsgestalt.«[13]

Über Gottes Welterhaltung:

> »Immer wieder von uns aufgerissen, ist der Gott die Stelle, welche heilt. Wir sind Scharfe, denn wir wollen wissen, aber er ist heiter und verteilt«.[14]

Oder über die menschliche Vergänglichkeit:

> »Die Zeit entstellt alle Lebewesen. Ein Hund bellt. Er kann nicht lesen. Er kann nicht schreiben. Wir können nicht bleiben. Ich lache. Die Löcher sind die Hauptsache an einem Sieb. Ich habe dich so lieb«.[15]

---

[12] OSSIP MANDELSTAM (aus der Gedichtsammlung), Der Stein. Frühe Gedichte, zit. aus RALPH DUTLI, Mandelstam. Meine Zeit, mein Tier. Eine Biographie, Zürich 2003, 124.

[13] INGEBORG BACHMANN, Große Landschaft bei Wien, in: DIES., Werke Bd. 1 (hg. v. CHRISTINE KUSCHEL u.a.), München 1978, 59–61, 60.

[14] RAINER MARIA RILKE, »Die Sonette an Orpheus«. Nr. XVI, in: Die Gedichte, Frankfurt a.M. 1986, 705.

[15] JOACHIM RINGELNATZ, »Ich habe dich so lieb«, in: Gesammelte Gedichte, Berlin 1950, 207. Hund ist für Ringelnatz nach einer Interpretation ein Ausdruck für den Menschen.

2. Poesie bewahrt

Poesie kann freilich noch viel mehr. Poesie bewahrt die Unverfügbarkeit und das Geheimnis, von dem jede Theologie zu reden hat. So leicht wird Sprache über Gott zur verdinglichten Beschreibung, zur Eswelt (Martin Buber), in der das Geheimnis des Heiligen nicht mehr nachzittert, zu hin und hergeschobenen Leerformeln der bloß noch wissenschaftlichen Theologie, die keine Bedeutung mehr für Menschen hat, zu Metaphysik im schlechten Sinne des Wortes. Poesie bewahrt und erinnert an die ursprüngliche Begegnung. Dies ist deshalb besonders wertvoll, weil sie dem Wirklichkeitsverlust der Theologie entgegenwirkt. Theologie ist nicht wie ohne Fronterfahrung über den Krieg sprechen, sondern sie hat nur Tiefe und Bedeutung, wenn sie auf erlebter Begegnung mit dem heiligen Gott beruht und sich aus dieser Begegnung auch immer wieder stärken lässt.

Kann der Mensch ohne Poetizität der Sprache nicht einen Tag leben, so kann er ohne Poesie nicht lebendig leben. Dies meint wohl auch der Satz von Charles Baudelaire, der im Salon von 1846 dem »Bourgeois« schrieb: »Jeder gesunde Mensch kann drei Tage ohne Nahrung leben – ohne Poesie – niemals«.[16]

Poetische Sprache ist darum auch eng verwandt mit religiöser Sprache. Der australische Dichter Les Murray vertritt nahezu eine Identitätsthese:

»Poetry and Religion

Religions are poems. They concert/
Our daylight and dreaming mind, our/
Emotions, instinct, breath and native gesture

Into the only whole thinking: poetry. /
Nothing's said till it dreamed out in words/
And nothing's true that figures in words only.

A poem, compared with an arrayed religion, /
May be like a soldier's one short marriage night/
To die and live by. But that is a small religion.

Full religion is the large poem in loving repetition;/
Like any poem, it must be inexhaustible and complete/
With turns where we ask Now why did the poet do that?

You can't pray a lie, said Huckleberry Finn;/
You can't poe one either. It is the same mirror:/
Mobile, glancing, we call it poetry,

---

16 »Vous pouvez vivre trois jours sans pain, – sans poésie jamais.« Zitiert aus: Baudelaires Werke auf Google Books: https://books.google.de

Fixed centrally, we call it a religion,/
And God is the poetry caught in any religion./
Caught not imprisoned. Caught as a mirror

That he attracted, being in the world as poetry,/
Is in the poem, a law against its closure./
There'll always be religion around while there is poetry

Or a lack of it. Both are given, and intermittent,/
As the action of those birds – crested pigeon, rosella parrot -/
Who fly with wings shut,
Then beating, and again shut.«[17]

Der Unterschied zwischen Poesie und Religion ist nach Murray nicht ein Unterschied der Art, sondern der Quantität – Religionen sind größer als ein Gedicht – und der Stabilität – Religionen sind dauerhafter fixiert und zentriert. Ein solcher Religionsbegriff ist auf den ersten Blick unzureichend. Er scheint den Bezug zur Transzendenz, zum Unbedingten, zum Göttlichen zu übersehen. Genauer betrachtet vertritt Murray aber etwas anderes. Gott ist für ihn die Dichtung, die in jeder Religion eingefangen wird, so wie ein Spiegel etwas einfängt. Gott ist damit nicht der Gefangene einer Religion, sondern er spiegelt sich in der Religion als Dichtung. Dichtung, offenbar jede Dichtung, ist für Murray derselbe Spiegel, der Gott einfängt. Gedichte sind kleine Religionen.

Damit ist eine religionsphilosophische und dogmatische Frage gestellt. Wird man sagen können, dass jede Dichtung Gott widerspiegelt? Wird man von einer Offenbarung Gottes durch Dichtung sprechen können? Die Antwort auf diese Frage folgt der Sprachauffassung Johann Georg Hamanns und Walter Benjamins, die in diesem Feld bereits vorausgedacht haben.

3. Poesie erschliesst

Beide Autoren argumentieren ein Stück weit parallel, was damit zu tun hat, dass Benjamin Hamann aufnimmt. Wegen der Nähe der beiden Autoren können zunächst einige gemeinsame Grundgedanken erläutert werden um dann zu prüfen, welche Gegensätze im Grundansatz überhaupt bestehen. Hamann wie Benjamin gehen davon aus, dass auch die gewöhnliche Sprache offenbarenden Charakter hat. In seinem programmatischen Aufsatz *Über Sprache überhaupt und über die Sprache des Menschen* (1916) greift Walter Benjamin Hamanns berühmtes Wort auf: »Sprache, die Mutter der Vernunft und Offen-

---

17 Les Murray, zitiert aus: Joachim Sartorius (Hg.), Atlas der neuen Poesie, Reinbek 1995, 30f.

barung, ihr A und Ω«[18]. Benjamin erläutert dies dahingehend, dass jeder Erkenntnisprozess Offenbarung durch Sprache ist. Sprache ermöglicht es, das geistige Wesen eines Menschen, einer Sache, eines Prozesse oder welcher Realität auch immer zu erfassen. Sprechen erschließt alles, indem es, nach Benjamin die »kristallreine Elimination des Unsagbaren in der Sprache«[19] erlaubt. Es kann deshalb auch von Gott reden. Benjamin schreibt, dass selbst »das höchste geistige Wesen, wie es in der Religion erscheint, rein auf dem Menschen und der Sprache in ihm beruht«[20]. Hier scheint sich nun ein erster Gegensatz zu Hamann anzukündigen. Winfried Menninghaus versteht die zitierte Wendung Benjamins als »ketzerisch« und religionskritisch.[21] Die Rede von Sprachmagie scheint außerdem darauf hinzuweisen, dass menschliches Handeln sich Gottes in irgendeiner Weise bemächtigt. Bei Hamann sind die Verhältnisse klarer. Sprache ist für ihn wie die Geschichte eine menschliche und eine göttliche Realität, weil Gott durch Christus und die Bibel in beide eingegangen ist[22] und weil Gott der Ursprung von allem ist:

> »Wenn man Gott zum Ursprung aller Wirkungen im Großen und Kleinen, oder im Himmel und auf Erden, voraussetzt; so ist jedes gezählte Haar auf unserm Haupte eben so göttlich wie der Behemoth, jener Anfang der Wege Gottes. Der Geist der mosaischen Gesetze erstreckt sich daher bis auf die ekelsten Absonderungen des menschlichen Leichnams. Folglich ist alles göttlich [...] Alles Göttliche ist aber auch menschlich: weil der Mensch weder wirken noch leiden kann, als nach der Analogie seiner Natur, sie sey eine so einfache oder zusammengesetzte Maschine, als sie will. Diese communicatio göttlicher und menschlicher idiomatum ist ein Grundgesetz und der Hauptschlüssel aller unserer Erkenntniß und der ganzen sichtbaren Haushaltung.«[23]

Der Hinweis auf die *communicatio idiomatum* zeigt, dass die christologische Denkfigur im Hintergrund steht. Sie beruht bekanntlich auf der Lehre von Chalcedon, dass Christus in der göttlichen und in der menschlichen Natur unvermischt und ungetrennt erkannt wird. Die Lehre von der *communicatio* besagt dabei, dass Aussagen über die göttlichen Natur der menschlichen mitgeteilt werden und umgekehrt. Hamann überträgt dieses Prinzip im zitierten Abschnitt ausdrücklich auf die Sprache:

---

[18] WALTER BENJAMIN, Gesammelte Schriften, unter Mitwirkung von THEODOR W. ADORNO und GERSHOM SHOLEM hg. v. ROLF THIEDEMANN u. HERMANN SCHWEPPENHÄUSER, Bd. II (stw 932), Frankfurt a.M. 1991, 147.

[19] A.a.O., Bd. I, 27.

[20] A.a.O., Bd. II, 147.

[21] Vgl. WINFRIED MENNINGHAUS, Walter Benjamins Theorie der Sprachmagie, Frankfurt a.M. 1980, 22.

[22] Vgl. etwa HANNSJÖRG ALFRED SALMONY, Johann Georg Hamanns metakritische Philosophie, Bd. 1, Zürich 1958, 149.

[23] JOHANN GEORG HAMANN, Des Ritters von Rosencreuz letzte Willensmeynung, in: N II, 25–33, 27. Zugänglich auch in: SEILS (s. Anm. 10), Zitat S. 273.

»Weil die Werkzeuge der Sprache wenigstens ein Geschenk der alma mater Natur sind, (mit der unsere starke Geister eine abgeschmacktere und lästerlichere Abgötterey treiben, als der Pöbel des Heidenthums und Papstthums,) und weil, der höchsten philosophischen Wahrscheinlichkeit gemäs, der Schöpfer dieser künstlichen Werkzeuge auch ihren Gebrauch hat einsetzen wollen und müssen: so ist allerdings der Ursprung der menschlichen Sprache göttlich. Wenn aber ein höheres Wesen, oder ein Engel, wie bey Bileams Esel, durch unsere Zunge wirken will; so müssen alle solche Wirkungen, gleich den redenden Thieren in Aesops Fabeln, sich der menschlichen Natur analogisch äußern, und in dieser Beziehung kann der Ursprung der Sprache und noch weniger ihr Fortgang anders als menschlich seyn und scheinen. Daher hat bereits Protagoras den Menschen mensuram omnium rerum genannt.«[24]

Wenn auch nicht auf der klaren Lehre der *communicatio idiomatum* aufbauend, sieht auch Benjamin Sprache im Bezug zum Göttlichen. Bereits in seinem Brief an Martin Buber schreibt er: »Ich glaube nicht daran, daß das Wort dem Göttlichen irgendwo ferner stünde als das ›wirkliche‹ Handeln, als ist es auch nicht anders fähig ins Göttliche zu führen als durch sich selbst und seine eigene Reinheit.«[25]

Im Sprachaufsatz geht Benjamin von Gen 1–3 aus. Er betont, dass »die Bibel an dieser Stelle objektiv als offenbarte Wahrheit dem Nachdenken zugrunde gelegt«[26] wird. Im Paradies spricht der Mensch – Adam und Eva, die mit Gott sprechen – die göttliche Sprache. »Der Mensch ist der Erkennende derselben Sprache, in der Gott Schöpfer ist«,[27] es gibt eine »Gemeinschaft des Menschen mit dem schöpferischen Wort Gottes«.[28] Die paradiesische Sprache war »vollkommend erkennend«,[29] während mit dem Sündenfall der Zugang zu dieser Sprache verloren geht. Menschliche Sprache ist deshalb auch nicht mehr uneingeschränkt als offenbarend anzusehen. Menschliche Sprache ist beeinträchtigte, verletzte und beeinträchtigende, verletzende Sprache. »Der Sündenfall ist die Geburtsstunde des menschlichen Wortes, in dem der Name nicht mehr unverletzt lebt.«[30] Während Hamann vor allem mit der *communicatio idiomatum* argumentiert, ist Benjamins Sprachauffassung harmatiologisch geprägt.

Bei Benjamin ist dies ihr Verweis auf die eigentliche Sprache im Paradies, die wie verzerrt auch immer noch nachschwingt. Bei Hamann geht es um Teilhabe der Sprache an der Knechtsgestalt der Offenbarung, die sich durch das Wort Gottes und die Bibel mitteilt. Jede Sprache offenbart etwas, sie lässt

---

24 Ebd.

25 WALTER BENJAMIN, Briefe, hg. v. THEODOR W. ADORNO und GERSHOM SCHOLEM, Bd. I (edition suhrkamp 930), Frankfurt a.M. 1978, 127.

26 BENJAMIN Gesammelte Schriften II (s. Anm. 18), 147.

27 A.a.O., 149.

28 A.a.O., 150.

29 A.a.O., 152.

30 A.a.O., 153.

sehen, was sonst nicht sichtbar wäre. Beide, Benjamin und Hamann gehen von einer Unvollkommenheit und Beeinträchtigung der Alltagssprache und der poetischen Sprache aus.

Der Wert der Offenbarung durch Sprache allgemein oder Dichtung im Besonderen ist deshalb kritisch zu beschränken. Sprache und insbesondere Dichtung offenbart Unergründliches, Unbedingtes, sie spiegelt Gott; aber das Spiegelbild ist alles andere als klar, vollständig oder unverletzt.

Lebensmacht am Bühnenrand

Variationen der Weisheit in der neueren Literatur

Christiane Burbach

Es ist eine Besonderheit, dass in der Gegenwart wieder nach Weisheit gefragt wird. Das älteste Paradigma, das die Frage nach den Bedingungen nachhaltigen guten Lebens und Zusammenlebens stellt, in dem die jüdisch-christliche Religion wurzelt, das Verbindungen zu Fragen und Antworten auch der westlicheren Mittelmeerkultur der Antike wie auch zu alten Hochkulturen im Osten herstellt, hat immer wieder in der Geschichte neue Revivals erlebt. Heutige Sehnsucht nach Weisheit findet ihren Ausdruck z.B. in der von Wilhelm Schmid seit Jahren erfolgreich gestalteten Praktischen Philosophie der Lebenskunst.[1] Weitere Philosophen greifen das Thema in unterschiedlichen Facetten auf.[2] Auch die Kulturwissenschaften sind dem Thema auf der Spur.[3]

Kaum einer der vielen Beiträge zum Thema aber beschäftigt sich mit weisen Menschen. Wo jedoch von dem Weisen die Rede ist, stellt er einen Typus dar, der sich aus bestimmten Merkmalen des Denkens, Redens und Handelns ergibt.

Im Alten Ägypten z.B. steht der Weise im Gegensatz zum Toren. Ein weiser Mensch lernt aus dem generationenübergreifenden Wissen und aus den reflektierten Erfahrungen anderer. Ein törichter Mensch jedoch verweigert sich den Einsichten und Lehren der Ma´at. Ein weiteres, sich unmittelbar

---

1 Wilhelm Schmid, Philosophie der Lebenskunst. Eine Grundlegung, Frankfurt a.M. 1998; ders., Schönes Leben? Einführung in die Lebenskunst, Frankfurt a.M. 2000. Viele weitere Titel schließen sich seither an. Zuvor war es schon Gerd B. Achenbach, der sich unter dem Titel: Lebenskunst. Sieben Annäherungen an ein vergessenes Wissen, in: Aleida Assmann (Hg.), Weisheit. Archäologie der literarischen Kommunikation III, München 1991, 231–238 angenommen hatte. Vgl. dann auch Gerd B. Achenbach, Vom Richtigen im Falschen. Wege philosophischer Lebenskönnerschaft, Freiburg i.Br. 2003.

2 Vgl. z.B. Dieter Thomä, Lebenskunst und Lebenslust. Ein Lesebuch, München 1996; Andreas Urs Sommer, Lohnt es sich ein guter Mensch zu sein? Und andere philosophische Fragen, Frankfurt a.M. 2004; aber auch: Peter Bieri, Wie wollen wir leben?, München 2011.

3 Aleida Assmann (Hg.), Weisheit. Archäologie der literarischen Kommunikation III, München 1991.

erschließendes Begriffspaar ist das des »Schweigers« und des »Heißen«.[4] Der Schweiger ist selbstbeherrscht, verschwiegen, reflektiert, während der Heiße unbedacht seine Gedanken und Gefühle äußert, unbeherrscht und unreflektiert redet und handelt. Weisheit ist Solidarität, Mitmenschlichkeit, Verlässlichkeit und Altruismus; sie zeigt sich in Höflichkeit, Bescheidenheit und Demut.[5]

Das Alte Testament entwirft Weisheit in ähnlichen Denkstrukturen. Auch hier handelt es sich um pädagogische Anliegen, die, das Ziel gelingenden Lebens vor Augen, auf Beherrschung der Zunge und des Redens, auf Beherrschung der Affekte generell abzielt.[6]

Ist Zurück-Haltung auch heute das Hauptziel weisheitlichen Lebens? Oder sind hier andere Dynamiken gefragt? Die Psychologin und Ethnologin Ina Rösing plädiert entschieden dafür, dass Weisheit mit Leidenschaft gepaart sein muss.[7]

Ist aber ein Weiser über das Typologische,[8] das in jedem Fall eine Idealisierung darstellt, hinaus konkret? Lässt sich die für Weisheit typische Zurückhaltung paaren mit der Leidenschaft für das Leben? Ist es evtl. für die Modellhaftigkeit bedeutsam, dass eine Gestalt der Weisheit utopisch ist? In jedem Fall jedoch fällt es leichter, eine literarische Gestalt als Weisen zu bezeichnen als eine lebende.

Gotthold Ephraim Lessing war einer der deutschen Dichter, der seiner aufgeklärten Vorstellung von Weisheit u.a. im Nathan Gestalt und so nachhaltig poetische Realität verliehen hat. Weisheit umschreibt er u.a. als die Kraft »vor Gott und Menschen angenehm zu machen«,[9] die im Geheimen und in Freiheit wirkt.[10]

Im Folgenden werden heutige, meist literarische Gestalten vorgestellt, die z.B. in Rezensionen als weise apostrophiert werden, die auch unseres Erach-

---

4 Vgl.: Die Weisheitsbücher der Ägypter. Lehren für das Leben, eingeleitet, übersetzt und erläutert von Hellmut Brunner, Düsseldorf/Zürich 1988, 1998, 23ff. Vgl. auch Jan Assmann, Ma´at. Gerechtigkeit und Unsterblichkeit im Alten Ägypten, ²München 1995, 264 u.ö.

5 Vgl. Jan Assmann, a.a.O., 268f.

6 Vgl. Hermann von Lips, Weisheitliche Traditionen im Neuen Testament, Neukirchen-Vluyn 1990, 21ff.

7 Ina Rösing, Weisheit. Meterware, Maßschneiderung, Missbrauch, Kröningen 2006, 241ff.

8 Vgl. weitere Typisierungen: Aleida Assmann (s. Anm. 3), Polonius oder: Die väterliche Weisheit und ihre Variationen, Prospero oder: kosmische und magische Weisheit, Salomo oder: herrscherliche und richterliche Weisheit sowie Jacques oder: kritische und skeptische Weisheit.

9 Gotthold Ephraim Lessing, Nathan der Weise, Ringparabel, Dritter Aufzug, siebenter Auftritt.

10 Zur Gesamtheit der Auslegung des Lessing'schen Weisheitsbegriffs vgl. besonders: Johannes von Lüpke, Wege der Weisheit. Studien zu Lessings Theologiekritik, GTA 41, Göttingen 1989, bes. 153ff.

tens als aktuelle weisheitliche Modelle betrachtet werden können oder zumindest in unterschiedlichen Kontexten praktisch-theologische Bedeutung haben können. Ihnen zu begegnen ist nicht nur lehrreich, sondern teils anrührend, teils vergnüglich.

1. Der verborgene Förderer

Er, der Weise, ist nicht der Held des Romans *Geschenkt.*

Im Zentrum der Story Glattauers stehen Gerold Plassek, der Journalist einer Gratiszeitung und sein vierzehnjähriger Sohn Manuel, der jedoch nicht weiß, dass Gerold sein Vater ist. Von seiner Vaterschaft erfährt Gerold selbst zu Beginn des Romans. Manuels Mutter will ein halbes Jahr ins Ausland nach Somalia und ihr Sohn braucht eine Nachmittagsbetreuung, um seine Schulaufgaben zu machen. Da legt es sich nahe, dass Gerold nun die Lücke ausfüllt, diese Aufgabe übernimmt und auf diese Weise eine Beziehung zu seinem Sohn aufzubauen versucht. Das lässt sich schwierig an.

Manuel und Gerold sitzen sich seit zehn Tagen im kleinen Redaktionsbüro gegenüber, da geht Manuel in die Offensive. »Warum muss ich hier sein? Wo bin ich hier überhaupt? Wo bin ich da hineingeraten? Was ist das für ein Zimmer? Was ist das für eine peinliche Zeitung? Was sind das für komische Leute?« ... traktiert er seinen Inkognito-Vater. »Und du? Was ist denn mit dir los? Dir ist alles egal. Du sitzt nur da, schaust in den Bildschirm und tust nichts. Okay, ich tue auch nicht viel, aber ich bin noch jung. Außerdem, was soll ich hier schon machen?« ... setzt er seine Attacke fort. »Du hast immer die gleiche grüne Weste an. Und deine Schuhe! So was tragen Erwachsene nicht, so was tragen auch keine Jugendlichen, ich kenne überhaupt niemanden, der so was trägt. Außerdem stinkst du nach Alkohol. Mama hat gesagt, dass du ein cooler, netter Typ bist, mit dem man bestimmt viel Spaß haben kann. Aber du bist überhaupt kein cooler Typ, nett vielleicht, ein bisschen, aber überhaupt nicht cool. Du hast kein Auto und auch kein Motorrad. Wenn du wenigstens ein Fahrrad hättest, aber du hast nicht einmal ein Fahrrad. Und Spaß hatten wir auch noch nicht ein einziges Mal. Ich brauche eine halbe Stunde für die Hausaufgaben, die restliche Zeit sitze ich hier sinnlos herum und warte darauf, dass du vielleicht mal ...«[11]

Gerold ist ein Journalist, der sich nach mehreren gescheiterten Beziehungen und Dank in- und extensiver nächtlicher Besuche in Zoltan's Bar, die er als sein verlängertes Wohnzimmer betrachtet, kontinuierlich von angeseheneren Zeitungen in die Abteilung Soziales der Gratiszeitung *Tag für Tag* heruntergearbeitet hat.

Drive kommt in die Vater-Sohn-Beziehung, als eine anonyme Spende von 10 000,- € für eine Obdachlosen-Schlafstätte, über die Gerold unter der Rubrik

---

[11] Daniel Glattauer, Geschenkt, Wien 2014, 20f.

»*bunte Meldungen zum Tag*« berichtet hatte, mitsamt dem ausgeschnittenen Artikel bei der Zeitung eingeht. Gerold fühlt sich durch diesen Erfolg vom Traum von neuen beruflichen Perspektiven wie z.B. dem Wechsel zur sehr viel renommierteren Zeitung *Neuzeit* beflügelt. Nachdem eine weitere Spende in gleicher Höhe für die von der Schließung bedrohte Kindertagesstätte Kleeblatt bei der Redaktion eingegangen ist, wird er sogar zur Redaktionskonferenz eingeladen. Er fängt an, sich seriöser zu kleiden, die Haare schneiden zu lassen, das eine oder andere Bier weniger zu trinken und sich in seine Zahnärztin zu verlieben. Schließlich jedoch sieht sich der Vater von Manuel bedrängt, über seinen verschwundenen tschetschenischen Basketball-Mitspieler Machmut Pajew zu schreiben, der mit seiner Familie seit sechs Jahren in Wien wohnt und deren Asylantrag nun abgelehnt wurde. Nun arbeiten Vater und Sohn an dem Bericht, der nicht bei *Tag für Tag*, sondern bei *Neuzeit* erscheint. Es soll Folgestorys geben. Gerold und Manuel werden journalistische Partner: Manuel schreibt die Rohfassungen und Gerold bringt die Texte in die endgültige Form. Der anonyme Spender bleibt der Berichterstattung Gerolds auch bei der neuen Zeitung treu und setzt seine selbstlose Spendentätigkeit fort, was Gerold in den Augen Manuels großen Respekt einträgt. Die beiden werden ein Erfolgsteam für weitere Reportagen. Manuel entpuppt sich immer mehr als gewiefter Stratege, guter Rechercheur und sensibler Beobachter, der endlich aus der Belanglosigkeitsschleife seiner pubertären Existenz herauswächst und die Chance erhält und ergreift, seiner selbst, seiner Fähigkeiten inne zu werden und die Wirksamkeit seines Engagements zu erfahren. Auch Gerold erhält durch seine neuen Erfolge und die belebende Kooperation mit seinem Sohn einen Motivationsschub und arbeitet engagiert einerseits für *Neuzeit* und andererseits im Grunde für die sozialen Einzelfälle und Projekte, über die er berichtet. Er arbeitet nicht mehr nur für seine eigene Minimalexistenz. Gerold entwickelt sich in den Augen der Chefredakteurin von *Neuzeit* zum Erfolgsjournalisten,[12] in den Augen Manuels zum coolen Typen, in der Wahrnehmung früherer Freundinnen und seiner Tochter zum Mann und Vater, auf den man stolz sein kann und in den Augen einiger Passanten auf der Straße zu einer bekannten Institution, bei der man Aufmerksamkeit erregen möchte. Er entwickelt sich vom Antihelden selbstverschuldeter Bedeutungslosigkeit zum Protagonisten sozialer und familialer Verantwor-tung. Gerold und Manuel besuchen gemeinsam ein Kinderhospiz im Burgenland, sie besuchen eine junge autistische Künstlerin, um gemeinsam über die Arbeit berichten zu können. Besonders in der Begegnung mit der autistischen Ramona erweist sich Manuel als geschickter, empathischer Kommunikationspartner.

Am Ende sind es 12 Spenden à 10 000,- €, die an soziale Projekte, eine Familie und einzelne Menschen, die Unterstützung brauchen, eingehen. Die Idee der Spendenserie ist nicht erfunden, sondern beruht auf einer wahren Geschichte, die sich 2012 in Braunschweig zugetragen hat.

---

[12] A.a.O., 153ff.

Gerold und Manuel sind die Protagonisten des Romans. Sie sind umgeben von weiteren Charakteren, die ihre Lebenswelt bevölkern. Der Spender, der diese Entwicklung der beiden Protagonisten, ihre Beziehung zueinander, aber auch die Rettung und Entwicklung derer, die das Geld erhalten haben, ermöglicht, ist m.E. der moderne Weise in dieser Geschichte. Er bleibt ungenannt und unerkannt. Seine Identität wird nur angedeutet. Er scheint eine der nebensächlichsten Nebenfiguren zu sein. Er ist zumeist schweigend bei der Arbeit auf der Bühne. Einige Emails lässt er Gerold anonym zukommen. Am Ende eine, die seine Motivation zu den Geldspenden verrät:

> »Ich bin ein normaler mensch, einer wie sie, herr plassek. Ich habe einen job, der zwar hart ist, aber der mir großen spaß macht. Leider bleibt momentan keine Zeit für eine eigene Familie, aber man kann nicht alles haben. Ich bin kein millionär, aber ich habe ersparnisse (gehabt) ... Ich habe mir immer alles leisten können, was ich wollte, bei mir müssen es keine flugzeuge sein. ... Für mich ist geld zum ausgeben da und nicht zum aufheben. Was ich für die zukunft brauche, werde ich wieder verdienen, da habe ich keine angst. So denke ich eben. ...
> Wie es im september zur ersten geldgabe von 10 000 euro an die obdachlosen gekommen ist, und sich alle gefreut haben, habe ich mir gedacht, das mache ich jetzt auch...
> Zum schluss sage ich ihnen auch noch, warum ich wollte, dass die letzte geldgabe den alkoholikern zugutekommt: Damit mein schlechtes gewissen beruhigt wird, und ein bisschen auch wegen ihnen, herr plassek, lieber geri. Frohe weihnachten.«[13]

Der ungarische Name Zoltán leitet sich her aus dem alttürkischen soltan/sultan und bedeutet »Autorität« und »Macht«, später nimmt das Wort die Bedeutung von »König«, »Herrscher« und »Fürst« an.[14] Der König der Story ist der anonym bleiben wollende Wohltäter, der seine Freude an der Freude anderer hat. Der Mächtige, der in Lebensschicksale eingreift und zum Positiveren wendet, ist einer, der unerkannt bleiben will. Er ist nicht mächtig, indem er nimmt: Aufmerksamkeit, Verehrung, Interesse. Dieser Mächtige gibt: Lebensmöglichkeiten, Energie, Mittel, um überleben zu können, um Menschen die Chance zu geben, anderen Überleben zu ermöglichen. Er ist lebensmächtig und lebensermächtigend. Seine Weisheit geht nicht einher mit einem großen Überichideal an Humanität. Er empfindet sich in keiner Weise als perfekt, aber er ist mit seinem Leben zufrieden und einigermaßen im Reinen. Er erhebt keinen Anspruch auf Beispielhaftigkeit. Aber offenbar lebt in ihm eine elementare Mit-Menschlichkeit, die genährt wird von der Freude anderer, wenn etwas gelingt, jemand gerettet werden kann, Lebensmut entsteht. Leidenschaft für das Leben und Zurückhaltung sind hier in geradezu paradigmatischer Weise gepaart.

---

13 A.a.O., 332.

14 Vgl. Art. Zoltán, https://en.wikipedia.org/wiki/Zolt%C3%A1n.

2. DER DEESKALIERER

Schlaflosigkeit sucht die Vierzehnjährige heim, die nach einer Blinddarmoperation, bei der auch eine Geschwulst im Dünndarm entdeckt und entfernt wurde, Schonung genießt und ihre Sommertage hauptsächlich dösend in der Hängematte verbringt. Wie von Dämonen[15] gequält, ergreift jede Nacht die Vorstellung von ihr Besitz, das Schlimmste auszuprobieren – ohne allen Hass, ohne alle Rachegefühle – ihre kleine Schwester, die unter ihr im Etagenbett schläft, zu erwürgen. »Was mir blieb, das war, aufzustehen und mich aus diesem Zimmer und dem Haus zu entfernen.«[16] So geht sie Nacht für Nacht solange im Garten auf und ab, bis sie müde wird. Dann kehrt sie schnell zurück in das Zimmer, das sie mit ihrer kleinen Schwester teilt und legt sich schlafen.

Eines Nachts trifft sie auf der Terrasse auf ihren Vater. Er sitzt dort offenbar und wartet bis sie kommt.

> »›Probleme mit dem Schlafen?‹, fragte er.
> Mein erster Gedanke war, nein zu sagen, aber ich dachte an die Schwierigkeiten, zu erklären, warum ich einfach so herumlief, also sagte ich ja.
> Er sagte, das sei in Sommernächten oft der Fall.
> ›Man ist erschöpft, und dann, gerade denkt man, jetzt schlaf ich ein, ist man hellwach. So ist es doch?‹
> Ich sagte ja.
> ...
> Die Wahrheit kam mit nur wenigen Abstrichen heraus.
> ...
> Als ich von meiner kleinen Schwester sprach, sagte ich, dass ich Angst hatte, ihr weh zu tun ...
> Sie zu erwürgen.‹«[17]

Mit Spannung erwartet die Leserin oder der Leser, was nun passiert, wie der Vater darauf reagiert. Eine solche Eröffnung ist ja für ihn in seiner Rolle nicht banal.

> »›Tja.‹« sagt er.
> »›Menschen haben manchmal solche Gedanken.‹«[18]

Und er setzt ohne Beunruhigung und Erschrockenheit hinzu: es bestehe aber keine Gefahr, kein Grund zu Sorge. So etwas würde nicht passieren.

Die Protagonistin in Alice Munros Kurzgeschichte *Nacht* kommentiert die deeskalierende Haltung ihres Vaters folgendermaßen:

---

15 ALICE MUNRO, Nacht, Liebes Leben, Erzählungen, Frankfurt a.M. 2013, 324.

16 A.a.O., 322.

17 A.a.O, 327f.

18 A.a.O., 328.

> »Tatsächlich funktionierte das, was er tat, ... Es holte mich, und das ohne Spott oder Aufregung, herunter in die Welt, in der wir lebten.«

Von da an kann sie wieder schlafen.

Normalität kehrt ein durch die assertorisch wirkende Reklamation der Normalität. Die Ungeheuerlichkeit der Gedanken der Pubertierenden wird nicht gebannt durch die Evokation von Schuld und Scham. Die gefährlichen Gedanken werden neutralisiert durch die deeskalierende Präsenz des Vaters, die Appräsentation der gewohnten Lebenswelt. Der Vater begibt sich an die Grenze zwischen der Nacht-Welt, die bei seiner Tochter in Folge der Krankheit sich verselbstständigende destruktive Vorstellungen hervorgebracht hat und die Tag-Welt der familialen Normalität. Mit einem »guten Morgen«,[19] der eigentlich in der Familie als Begrüßung nicht üblich war, holt er die Tochter zurück in die Familien-Normalität. Damit ist der Ausnahmezustand der Krankheit und Rekonvaleszenz beendet und der Lebensstrom kann ungehindert wieder weiterfließen. Die Gefahr, dass die Tochter in eine deviante Entwicklung gerät, ist auf unspektakuläre Weise überwunden. Die Weisheit des einen richtig gewählten Satzes an der fraglichen Stelle, die Präsenz des Garanten des normalen Familienlebens reicht, wo sonst ganze Therapien notwendig werden.

3. Der Humanist

Anders als bei den vorangegangenen Beispielen weisheitlicher Romanfiguren ist Andreas Egger[20] die Hauptperson. Stille, Einsamkeit und Einfachheit, aber auch abgründiges Grauen und Brutalität durchweben sich in dieser Erzählung des Lebens eines von seinen Verwandten aufgenommenen unehelichen Waisenkindes im Tirol der Zwanziger Jahre des 20. Jahrhunderts. Brutalität wird repräsentiert durch den Onkel und Großbauern Hubert Kranzstocker. Andreas entwickelt sich zu seinem humanen Antipoden.

Andreas wird mit ca. 8 Jahren von seinem Ziehvater solange und heftig geschlagen, bis sein Bein gebrochen und verdreht ist, dass er hinkend durchs Leben gehen muss.[21] Heftige Milieu-, Kirchen- und Theologiekritik werden in dieser Züchtigungsszene laut:

> »Wie immer hatte der Bauer die Gerte im Wasser gebadet, um sie geschmeidig zu machen. Jetzt zischte sie kurz und hell durch die Luft, bevor sie mit einem seufzenden Geräusch auf Eggers Hinterteil landete. Egger schrie niemals, was den Bauern nur zu härteren Hieben anspornte. Der Mann wurde geformt und gehärtet

---

19 A.a.O., 326.

20 Robert Seethaler, Ein ganzes Leben, Berlin 2014.

21 Dieses Hinken scheint mir ein Gegenbild zu Gen 32, 22–32 zu sein. Jakobs Kampf am Jabbok, den er hinkend, aber mit dem Segen Gottes verlässt.

> von Gottes Hand, um sich die Erde und alles, was sich darauf tummelt, untertan zu machen. Der Mann vollzieht Gottes Willen und er spricht Gottes Wort. Der Mann erschafft Leben durch die Kraft seiner Lenden, und er nimmt das Leben durch die Kraft seiner Arme. Der Mann ist das Fleisch und er ist der Boden und er ist ein Bauer und heißt Hubert Kranzstocker. Wenn es ihm gefällt, gräbt er seinen Acker um, packt sich eine ausgewachsene Sau auf die Schultern, setzt ein Kind in die Welt oder hängt ein anderes über die Ochsenstange, denn er ist der Mann, das Wort und die Tat. ›Herrgottverzeih‹, sagte Kranzstocker und ließ die Gerte sausen. ›Herrgottverzeih.‹«[22]

Andreas Egger entwickelt sich sehr eigenständig, lässt sich nicht beeinflussen von der Missgunst und Brutalität des Kranzstockbauers. In einer weiteren Schüsselszene, in der Andreas ca. 18 Jahre alt ist und wieder geschlagen werden soll, widersetzt er sich dem Befehl, sich in die Züchtigungsposition (kopfüber mit nacktem Gesäß an der Ochsenstange hängend) zu begeben. »Egger verschränkte die Hände vor der Brust und schüttelt den Kopf. ›Da schau her, der Bankert will dem Bauern widersprechen‹, sagte der Kranzstocker. ›Ich will meine Ruhe, sonst nichts‹, sagte Egger.«[23] »›Wenn du mich schlagst, bring ich dich um!‹, sagte Egger und der Bauer verharrte mitten in der Bewegung.«[24]

Egger verlässt den Hof und geht seinen eigenen Weg. Dabei wird neben der Beschreibung eines vierschrötigen und starken jungen Mannes, der körperlich zupackend arbeiten kann, ein sensibler und aufmerksamer Mensch sichtbar. Egger fühlt auf seinem Nachtlager im frisch gemähten Gras die Berge atmen.[25] Man müsse vorsichtig gehen, damit die Landschaft, die gegen den klaren Himmel wie aus Porzellan aussieht, keinen Riss oder Sprung bekomme, äußert er seiner Braut gegenüber.[26]

Eine letzte Begegnung mit seinem Ziehvater findet nach langen Jahren statt. Kranzstocker ist ein alter und gebrechlicher Mann, der, nach einem misslungenen Suizidversuch wegen des Todes seiner beiden Söhne im zweiten Weltkrieg, vor seinem Haus auf einem Hocker sitzt und auf den Tod wartet. Egger kommt an seinem Haus vorbei und der Alte spricht ihn an, will ihn noch einmal ansehen. Da greift der Alte nach ihm und fordert ihn auf, ihn zu schlagen und zu töten. »›Jetzt kannst du mich schlagen! Schlag mich, hörst du? Ich bitt dich, schlag mich! Bitte schlag mich doch endlich tot!‹«[27] Egger jedoch reißt sich los, dreht sich um und geht. »Während er die Straße entlanglief, die kurz hinterm Dorf endete, hatte er ein eigentümliches Gefühl der Leere in der Magengegend. Tief in seinem Inneren tat ihm der alte Bauer leid.

---

22 A.a.O., 19.
23 A.a.O., 29.
24 Ebd.
25 A.a.O., 31.
26 A.a.O., 38.
27 A.a.O., 101.

Er dachte an den Mehlhocker und er wünschte ihm einen Stuhl und eine warme Decke, und gleichzeitig wünschte er ihm den Tod.«[28]

Während der greise Kranzstocker bis zum Letzten von Gewalttätigkeit, Rachegefühlen und zuletzt auch von Selbsthass vergiftet ist, geht Andreas Egger weiter seinen Weg in der ihm eigentümlichen Sensitivität. Das Wort, das Sprechen war nie seine Stärke. Aber in ihm regiert nicht die Rache, sondern der humane Wunsch, der frühere Widersacher und Peiniger möge Frieden in einem Sessel, aber auch ein Ende finden. Ob der letzte Wunsch der nach einem gnädigen Ende bedeutet oder bedeutet, dass der Ziehvater von Gottes Erdboden nun endlich verschwinden möge, bleibt offen. Genau in dieser Unbestimmtheit jedoch scheint die Weisheit der Figur Egger und dieses Momentes zu liegen. Jemandem den Tod zu wünschen, ist feindselig. Jemandem im Stillen den Tod zu wünschen, der ihn sich selbst wünscht, ist Ausdruck hoher Empathie und Souveränität. In der sehr gekonnten sprachlichen Formulierung schillert das innere Erleben Eggers zwischen Ambivalenz und Reinheit des Herzens. Angesichts der konflikthaften gemeinsamen Geschichte, scheint mir die Variante der Ambivalenz der Weisheit dieses Moments eine besondere, realistische Note zu geben, die diese innere Einstellung vor platter Naivität oder unglaubwürdigem, kitschigem Idealismus rettet.

4. DER FREMDE

Auch August Geiger ist die zentrale Person der Geschichte. Allerdings ist er keine Fiktion wie Egger, keine zur Erzählung erweiterte Illustration einer kleinen wahren Begebenheit wie Zoltán, sondern er ist bzw. war eine reale Person: der Vater des Erzählers, der an Alzheimer erkrankt ist und dessen Leben und Erleben seiner Umwelt der Sohn mit liebevollem Blick und in großer Empathie widergibt.[29]

Viele Dialoge lassen die Welt der Normalbürger im Spiegel der Wahrnehmung August Geigers durchaus als fragwürdig erscheinen. Z.B. wenn der Sohn seinen Vater ermahnt: »›Du sollst dich doch nur rasieren, damit du etwas gleichschaust‹.« »Er folgt zögernd. ›Wenn du dir etwas davon versprichst‹ ..., murmelt er ...«[30]

Manche Antworten gleichen Sentenzen eines Weisen:

> »Und einmal, als ich ihn frage, wie es ihm gehe, antwortet er:
> ›Es geschehen keine Wunder, aber Zeichen‹. ... ›Das Leben ist ohne Probleme auch nicht leichter.‹«[31]

---

[28] A.a.O., 102.
[29] ARNO GEIGER, Der alte König in seinem Exil, München 2011.
[30] A.a.O., 10.
[31] A.a.O., 11.

Es ist, als wenn August Geiger etwas von dem tiefen und unsagbaren Geheimnis des Lebens in Worte zu fassen versteht, das sich gesunden Menschen zu entziehen scheint.

Besonders anrührend sind die Dialoge zwischen Vater und Sohn über das Zuhause. Der Vater möchte »heimgehen«.[32] Menschen mit dieser Erkrankung fühlen sich im mittleren Stadium fremd im eigenen Haus, weil sie es nicht wiedererkennen und sich unsicher, ungeborgen fühlen. Der Wunsch nach Heimgehen durchzieht so die gesamte Erzählung. Der Sohn antwortet zunächst auf der Sachebene: er sei doch zuhause, er habe doch das Haus in den fünfziger Jahren gebaut und seither hier gewohnt. »Er verzieht das Gesicht. Die Informationen, die er gerade erhalten hat, scheinen ihn nicht zu befriedigen. Er kratzt sich im Nacken: ›Ich glaube es dir, aber mit Vorbehalt. Und jetzt will ich nach Hause.‹«

Sachebene und Gefühl passen hier nicht zusammen. Wahrscheinlich meint der Vater hier auch nicht nur das irdische verlorene Paradies, wie der Sohn zunächst annimmt, sondern will in sein endgültiges Zuhause.[33] Es ist sehr anrührend beim fortschreitenden Lesen dessen inne zu werden, dass der Sohn sich schließlich in seinen Vater einfühlen kann, indem er ihm bestätigt, er wolle mit ihm zusammen heimgehen, er möge nur noch eine halbe Stunde warten, bis er etwas zu Ende getippt habe.[34] Immer, wenn der Sohn verspricht, mit dem Vater zusammen nach Hause zu gehen, findet August Geiger Frieden. Dann ist es für ihn fast so, als sei er schon dort angekommen.

Die Symptome der Alzheimer-Krankheit und das generelle Lebensgefühl, hier »keine bleibende Stadt«[35] zu haben, verhalten sich wie die Teile eines Vexierbildes, bei dem bald die eine, bald die andere Deutung in den Vordergrund tritt. Der Zusammenhang beider Seiten lässt die Wahrheit des Fremd-Seins auf dieser Erde aufscheinen, die sich gesunden Menschen, denen nichts fehlt, kaum erschließt.

5. Vorläufiges Fazit

Versucht man die Signaturen dieser modernen Weisen zu entziffern, so fällt an allen die stille, eigenständige und intensive Leidenschaft für das Leben auf. Sie sind nicht die Heroen eines spektakulären Kampfes am vorderen Rand des Welttheaters, sondern Randfiguren, auch wenn sie die Hauptpersonen in ihrem Stück darstellen. Wahrscheinlich ist es kein großer Zufall, dass ihre Namen z.T. unbekannt sind oder nur verdeckt erscheinen. Weisheit ist auch in der literarischen Form kein Mainstreamphänomen.

---

32 A.a.O., 13.

33 Dass es sich um den Ort handelt, den Gläubige das Himmelreich nennen, erschließt sich später auch dem Sohn, vgl. S. 56.

34 A.a.O., 97f, vgl. auch 154.

35 Hebr 13,14.

Weisheit erscheint episodisch. Niemand ist von morgens bis abends oder lebenslänglich weise. Die Chance zu weisem Handeln und Reden taucht situativ auf. Ein Mensch wird von ihrer Möglichkeit inspiriert und ergreift kreativ die Gelegenheit einzugreifen oder sich zu verweigern. Danach geht das Leben wieder seinen Gang.

Schriftauslegung

Das alte Buch in neuer Zeit

Bibel und Zeitgenossenschaft[1]

Oswald Bayer

1. Zeitgenossenschaft

Als ich an der Waldenserfakultät in Rom studierte und dort mein homiletisches Seminar machte, hatte ich Eph 5,6–14 zu predigen und wollte der zum Seminargottesdienst versammelten Gemeinde zusprechen: »Ihr seid Kinder des Lichts!« Diesen Mittel- und Höhepunkt der Predigt in ihrer promissionalen Zuspitzung wollte ich verstärken durch die parallele Zusage: »Ihr seid Glückskinder!« Im Lexikon fand ich das italienische Äquivalent: »Nati con la camicia!« – »mit dem Hemd geboren«. Als ich dies an der für mich allerheiligsten Stelle der Predigt den Teilnehmern des Gottesdienstes zusprach, erntete ich ein donnerndes Gelächter, das mir auch nach mehr als einem halben Jahrhundert noch so gegenwärtig ist, als wäre es eben erst losgebrochen. Ich verstand die Welt nicht mehr. Was war geschehen? Ich hatte, ohne ihn zu kennen, den Werbespruch der größten italienischen Hemdenfirma gebraucht, die mit diesem Spruch regelmäßig im Fernsehen geworben hatte.

So geht es einem Prediger, der meint, ohne Teilnahme an der Zeitgenossenschaft biblische Texte predigen zu können: Er wird ausgelacht; wer zu asketisch das Fernsehen konsumiert, den bestrafen die Zeitgenossen. Und sage mir keiner, dass deren Spott irgendetwas zu tun hat mit der Verspottung und Verkennung des Heiligen Geistes, von dem die Pfingstgeschichte erzählt und von dem im Folgenden noch nachdrücklich die Rede sein muss.

Das war eine Erfahrung, die es in sich hat: *Der Gebrauch der Bibel als heiliger Schrift, die den Glauben zuspricht und gibt, kann nicht gelingen ohne eine intensive und extensive Wahrnehmung jeweiliger Zeitgenossenschaft.* Diese manifestiert sich zunächst in unendlich vielen Konkretionen eines Gemeingeistes des Selbstverständlichen im Alltäglichen etwa der Werbung und kurzatmiger Mode; »wer sich heute mit dem Zeitgeist verheiratet, wird morgen schon Witwer sein«[2]. Des Weiteren ist die Zeitgenossenschaft, diese synchro-

---

[1] Vortrag bei dem unter dem Gesamtthema »Zwischen Bibel und Zeitgeist. Gottesdienst im Spannungsfeld« stehenden Studientag der Fachschaft Evangelische Theologie am 3. Dezember 2015 in Tübingen.

[2] Ein Sören Kierkegaard zugeschriebenes Diktum, das sich aber im Werk Kierkegaards nicht verifizieren lässt.

nen Konkretionen umfassend und durchdringend, diachron bestimmt durch die langfristig wirksamen Grundtendenzen einer ganzen Epoche – für uns: der Neuzeit sowie der Postmoderne, zu deren Verständnis freilich nicht weniger als das Gedenken einer dreitausendjährigen Geschichte notwendig ist. »Wer nicht von dreitausend Jahren / Sich weiß Rechenschaft zu geben, / Bleib im Dunkeln unerfahren, / Mag von Tag zu Tage leben.«[3] Von den flüchtigen Manifestationen an der Oberfläche samt jener nachhaltigen Tiefenstruktur nochmals zu unterscheiden, weil beidem zugrundeliegend, sind schließlich die fundamentalanthropologischen Bestimmungen und Stimmungen der Zeitgenossen wie Freude und Angst, Sorge und Hoffnung, an denen, wer predigt, teilhat und bewusst teilnimmt. Kenntnis nicht nur, sondern eben Teilnahme an Freud und Leid derer, denen er bzw. sie predigt, kann wohl am intensivsten in einem gemeinsamen Raum und Ort, in dem man konkret zusammen lebt, geschehen.

2. DER »GARSTIGE BREITE GRABEN« UND SEINE ÜBERWINDUNG

Damit habe ich – freilich nur recht summarisch – drei Dimensionen unserer Gegenwart bezeichnet, die im Unterschied zum »alten« Buch, der Bibel, eine »neue« Zeit ist. Dabei ist »alt« und »neu« ganz und gar chronologisch verstanden, keineswegs qualifizierend. Im Sinne eines qualifizierenden Verständnisses ist für den Christen die aus der Bibel zu hörende Stimme – die Stimme des auferstandenen Gekreuzigten – unerhört neu. *Ostern wird nie mehr alt. Ostern ist ewig neu,* während unsere Gegenwart als vermeintlich »neue« Zeit im nächsten Augenblick schon wieder Vergangenheit, schon wieder »alt« geworden ist; »nichts ist so alt«, sagt man, »wie die Zeitung von gestern.« Ja: »Das Gras verdorrt, die Blume verwelkt [...]. Aber das Wort unseres Gottes bleibt in Ewigkeit!« (Jes 40,7f): »Verbum Dei manet in aeternum.«

Der – nun wieder chronologisch ins Auge zu fassende – Unterschied zwischen dem »alten Buch« und der »neuen Zeit« ist aber nicht etwa ein abstraktes Gegenüber oder gar ein abstrakter Gegensatz. Vielmehr ist die »neue Zeit«, unsere Zeitgenossenschaft, in vielfacher Weise kulturell geprägt durch das »alte Buch« und seine Texte, die allerdings auch Säkularisierungen, Umformungen, Verschiebungen und Verzerrungen erfahren haben. Man darf und muss diese Umformungen freilich nicht devot als »Schicksal«[4] hinnehmen,

---

3 JOHANN WOLFGANG VON GOETHE, Werke (Hamburger Ausgabe in 14 Bänden, hg. v. ERICH TRUNZ), Bd. 2, München [14]1989, 49 (West-östlicher Divan, Rendsch Nameh: Buch des Unmuts).

4 So EMANUEL HIRSCH, Die Umformung des christlichen Denkens in der Neuzeit. Ein Lesebuch, Tübingen 1938 (Nachdruck 1985, mit Nachwort und bibliographischen Anhang, hg. v. HANS MARTIN MÜLLER), V (Vorrede): »Das Tor zur christlichen Vergangenheit ist uns allen zugeschlagen, seitdem dies Schicksal über uns gekommen ist: nur in den Formen der Sehnsucht und des Selbstbetrugs ist für den, an dem die Refle-

muss ihnen vielmehr, wo es nötig ist, metakritisch widersprechen – konstruktiv widersprechen: als Zeitgenosse im Widerspruch, wie Johann Georg Hamann (1730-1788).[5] Um sich ein solches metakritisches Urteil zu bilden, studiert man Kirchen-, Theologie- und Philosophiegeschichte. Die »Unterscheidung der Geister« (1 Kor 12,10; 1 Joh 4,1) ist zunächst *innerhalb* des Hauses der Kirche und Theologie dringend nötig, dann freilich aber auch im Blick nach außen und von außen her, im Blick auf die Zeitgenossenschaft im weitesten Sinn, die gleichwohl nicht abstrakt »außen« ist, sondern immer auch, wenngleich in unterschiedlicher Weise, *innerhalb* des Hauses der Kirche und jedes einzelnen Christen.

Auch wenn das alte Buch und die neue Zeit einander nicht abstrakt gegenüber- oder gar entgegenstehen, sondern tausendfach miteinander verwoben sind, bleibt im Entscheidenden der »garstige breite Graben«, von dem Gotthold Ephraim Lessing sprach[6] – der Graben, der uns heute von der damals unter Pontius Pilatus geschehenen und erzählten Geschichte trennt. Die Nachrichten von Wundern, so argumentiert Lessing, sind selbst keine Wunder.[7] So stellt sich die Frage: Wie vergegenwärtigen sich biblische Texte? Wie, wodurch erlangen sie heute Bedeutung? Wie werden sie uns, wie werden wir ihnen gleichzeitig?[8] Etwa durch *unsere* Aneignung? Durch die je individuelle Aneignung, zu der die heutige Predigt die heutigen Hörerinnen und Hörer anregt und freisetzt? Ist es unsere eigene Deutungsaktivität und Rekonstruk-

---

xion der letzten Jahrhunderte ihr Werk getan hat, noch ein Verhältnis zur alten Gestalt christlichen Glaubens und Denkens möglich.« Vgl. ders., Geschichte der neuern evangelischen Theologie im Zusammenhang mit den allgemeinen Bewegungen des europäischen Denkens (1949), Gütersloh 1960, Bd. 5, 621–626.

5 Von Hirsch als »frommer Außenseiter« verkannt (Geschichte der neuern evangelischen Theologie ... [s.o. Anm. 4], Bd. 4, 2. Aufl. 1960, 174–181). Anders: Oswald Bayer, Zeitgenosse im Widerspruch. Johann Georg Hamann als radikaler Aufklärer, München 1988. Speziell zu Hamanns Bedeutung für die Homiletik: Wolfgang-Dieter Baur, Johann Georg Hamann als Publizist. Zum Verhältnis von Verkündigung und Öffentlichkeit (TBT 49), Berlin/New York 1991.

6 Gotthold Ephraim Lessing, Über den Beweis des Geistes und der Kraft (1777), in: ders., Werke in acht Bänden, hg. v. Herbert Göpfert, Bd. VIII (München 1979), (9–14) 13.

7 Lessing argumentiert, »daß Nachrichten von Wundern nicht Wunder sind. *Diese* [...], die vor meinen Augen geschehenen Wunder, wirken *unmittelbar*. *Jene* aber, die Nachrichten von [...] Wundern, sollen durch ein *Medium* wirken, das ihnen alle Kraft benimmt« (a.a.O., 10). Am Medium der Nachricht, an der Vermittlung durch die Erzählung »liegt es: daß dieser Beweis des Geistes und der Kraft jetzt weder Geist noch Kraft mehr hat; sondern zu menschlichen Zeugnissen von Geist und Kraft herabgesunken ist« (a.a.O.).

8 Zu dem im Denken Kierkegaards zentralen Begriff der »Gleichzeitigkeit«: Sören Kierkegaard, Philosophische Brocken (1844), 4. Kap. u.ö.; ders., Abschließende unwissenschaftliche Nachricht zu den Philosophischen Brocken (1846); ders., Einübung im Christentum (1850): GW hg. v. Emanuel Hirsch und Hayo Gerdes, 26. Abt., Gütersloh [2]1986, 13f (»Anrufung«) und 71–74.

tionskraft, die das alte Buch in der neuen Zeit wiederholt und zu neuem Leben bringt? Müssen die biblischen Texte sich denn nicht gefallen lassen, dass sie das sind, wie ich sie verstehen will?[9] Oder darf ich von der vor allem im Gottesdienst zur Heiligen Schrift werdenden Bibel erwarten, dass jene alten Nachrichten, Schrifttexte, an ihren heutigen Hörerinnen und Hörern heute dieselben Wunder tun wie die, die von diesen Texten berichtet werden? *Dann aber stellt sich das Verständnis dieser Texte als Glaube an das, was in diesen Texten gesagt ist und aus ihnen laut wird, durch nichts anderes ein als durch denselben Geist, der jene Wunder tat und die menschlichen Verfasser ihrer Erzählung bewegt hat.* Wenn diese berichteten Wunder auch an mir – wie an allen, die glauben – geschehen, »wo und wann Gott will« (CA 5), dann geschehen sie kraft desselben Geistes, der damals die berichteten Wunder tat – nicht nur diese Wunder *tat*, sondern auch die Schriftwerdung ihrer Erzählung betrieb. Der Text schafft sich seine inspirierte Hörerin, seinen inspirierten Hörer.[10]

3. CLARITAS INTERNA SCRIPTURAE

Wir treffen damit auf das eine der beiden Hauptmomente des Predigt- und Hörgeschehens: dass das Vertrauen auf das zugesprochene Wort, der Glaube, nicht von uns – weder von dem Prediger noch von dem Hörer – gemacht wird, ja gar nicht gemacht werden kann, sondern das alleinige Werk Gottes selber, das Werk des Heiligen Geistes ist. Entsprechend hält das Augsburger Bekenntnis (1530) in seinem eben kurz schon angesprochenen fünften Artikel fest, dass Gott, vermittelt durch die sakramentale Predigt, »den heiligen Geist gibt, der den Glauben wirkt, wo und wann er will, in denen, die das Evangelium hören« (»qui fidem efficit, ubi et quando visum est deo, in his, qui audiunt evangelium«).[11] Dieser Text des Augsburger Bekenntnisses (CA 5) stimmt ganz mit Luthers Rede von einer »zweifachen Klarheit der Schrift« (duplex claritas scripturae) in *De servo arbitrio* (1525) überein; Luther unterscheidet eine äußere von einer inneren Klarheit: »Die eine, äußere, ist in den Dienst des Wortes gesetzt (*in verbi ministerio posita*), die andere hat ihren Ort in der Erkenntnis des Herzens (*in cordis cognitione sita*). Wenn du von der inneren Klarheit redest, so nimmt kein Mensch auch nur ein Jota in den Schriften wahr, wenn

---

[9] Kommt es auf das an, was ich aus dem Text mache oder nicht vielmehr auf das, was der Text aus mir macht? »Beachte, daß die Kraft der Schrift die ist: sie wird nicht in den gewandelt, der sie studiert, sondern sie verwandelt den, der sie liebt, in sich und in ihre Kräfte hinein« (WA 3,397, 9–11; Dictata super Psalterium, 1513–1515, zu Ps 68,14, eigene Übersetzung).

[10] Zum gesamten Abschnitt ausführlicher: OSWALD BAYER, Neuer Geist in alten Buchstaben, in: DERS., Gott als Autor. Zu einer poietologischen Theologie, Tübingen 1999, 209–229. Vgl. ULRICH H.J. KÖRTNER, Der inspirierte Leser. Zentrale Aspekte biblischer Hermeneutik, Göttingen 1994.

[11] BSLK 58,4–7.

er nicht den Geist Gottes hat. Alle haben ein verfinstertes Herz [Röm 1,21], so daß sie, auch wenn sie alles, was in der Schrift steht, sagen und vorzubringen wissen, dennoch nichts davon wahrnehmen oder in Wahrheit erkennen, noch glauben sie Gott, weder daß sie Kreaturen Gottes sind noch etwas anderes, entsprechend jenem Psalmwort: ›Es sprach der Tor in seinem Herzen: Gott ist nicht [Ps 14,1].‹ Der [Heilige] Geist ist nämlich erforderlich zum Verstehen der ganzen Schrift und eines jeden beliebigen ihrer Teile.«[12]

Dieser radikalen Infragestellung menschlichen Hörvermögens, dieser Bezeugung soteriologischer Ohnmacht, die Luther mit dem Neuen – und Alten! – Testament teilt, müssen wir wegen ihrer Bedeutung für das, was von der Predigt zu erwarten ist, weiter nachgehen.

Ist der Glaube allein das Werk Gottes, dann kann die Predigerin, dann kann der Prediger *den Glauben beim Hörer nicht voraussetzen*, muss vielmehr damit rechnen, dass das Wort zwar gehört, aber nicht verstanden, sondern missverstanden, verkannt und abgelehnt, ja: gehasst und bekämpft wird – wie dies schon im Neuen Testament nicht nur von den Distanzierten, sondern selbst von den Jüngern erzählt wird.[13]

Exemplarisch deutlich werden mag dieser *Bruch*[14] und Skandal im Blick auf eines der johanneischen ›Ich-bin-Worte‹: »Ich bin das Brot des Lebens!« (Joh 6,35.48; vgl. 6,20): So sehr jeder Mensch den Lebenshunger und Lebensdurst kennt, so sehr also das Christuswort sich auf eine allgemeinmenschliche Erfahrung bezieht und an sie anknüpfen kann, so wenig leuchtet ein, dass der Lebenshunger und Lebensdurst nicht anders als durch den am Kreuz Erhöhten gestillt werden soll; dies steht gegen jedes Vorverständnis, jede mitgebrachte Auffassung, ist mithin ein Paradox. Der Widerspruch gegen dieses Paradox bleibt verständlicherweise nicht aus. »Viele seiner Jünger, die das hörten, sprachen: Das ist eine harte Rede; wer kann sie hören? [...] Von da an wandten sich viele seiner Jünger ab und gingen hinfort nicht mehr mit ihm« (Joh 6,60 und 66).

Dass das Christusbekenntnis nicht im Selbstbesitz des Glaubenden steht, dass niemand von sich aus, aus eigener Vernunft und Kraft, »an Jesus Christus, meinen Herrn, glauben oder zu ihm kommen kann«[15], ist, negativ formuliert, die Grunderfahrung des christlichen Glaubens. Auf das Christusbekenntnis des Petrus hin sagt Jesus: »Fleisch und Blut haben dir das nicht offenbart, sondern mein Vater im Himmel« (Mt 16,17). Und Paulus urteilt: »Niemand kann Jesus den Herrn nennen außer durch den Heiligen Geist« (1 Kor 12,3). Welcher vernünftige Mensch könnte je auf den Gedanken kommen, den Gekreuzigten als Gott zu bekennen? Das Wort vom Kreuz leuchtet

---

[12] WA 18,609,4–12 (De servo arbitrio, 1525).

[13] Vgl. nur Jes 6,9f; Mt 13,11–15; Joh 6,60–71; 12,39f; Apg 17,32 und 28,26f.

[14] Vgl. Roy A. Harrisville, Fracture. The Cross as Irreconcilable in the Language and Thought of Biblical writers, Grand Rapids 2006.

[15] BSLK 511,47–512,1 (Kleiner Katechismus; 1529).

Fleisch und Blut nicht ein, wird vielmehr als Eselei und Skandal (1 Kor 1,23) abgelehnt; ins Bild gesetzt ist diese Ablehnung von der ältesten Kreuzesdarstellung, einem römischen Graffito,[16] das den Gekreuzigten mit einem Eselskopf zeigt, dazuhin, mit erhobenen Händen, einen Beter und die Unterschrift: »Alexamenos verehrt seinen Gott«. Diese Verspottung der *μοριά τοῦ σταυροῦ* ist menschlich durchaus verständlich. Dafür steht Petrus, der Jesus vom Kreuz fernhalten will: »Das widerfahre dir nur nicht. Jesus aber wandte sich um und sprach zu Petrus: Geh weg von mir, Satan! Du bist mir ein Ärgernis; denn du meinst nicht, was göttlich, sondern was menschlich ist« (Mt 16,22f).

Geschieht aber das Wunder, dass kraft des Heiligen Geistes ein Hörer des Wortes vom Kreuz Jesus als seinen Herrn erkennt (2 Kor 4,6), anerkennt, bekennt und ihm vertraut, dann hat er in einer Tiefe gehört, in der die Zustimmung nicht aufgrund einer ihn überzeugenden Rede, also persuasiv, geschehen ist, sondern antipersuasiv: verbunden mit einem Bruch des anthropologischen Kontinuums in einer »Höllenfahrt der Selbsterkenntnis«[17]. Denn mit dem geistgewirkten *Verstehen* des Wortes vom Kreuz unlöslich verbunden ist eine die ganze Existenz betreffende *Veränderung*: eine Lebenswende, die den persuasiven Bereich des Logos und Ethos, des Wissens und Tuns durchbricht und in eine *vita passiva* führt. Der Sache nach in der Nachfolge Martin Luthers haben Johann Georg Hamann und Sören Kierkegaard der damit angesprochenen antipersuasiven Kommunikation des Evangeliums in ihrer Zeitgenossenschaft Raum zu schaffen versucht.[18]

Respektiert, wer predigt, mit der *interna claritas scripturae* Gottes *Freiheit*, dann empfängt er selbst eine Freiheit und Entlastung, die der nicht hat, der meint, die Glaubwürdigkeit des Evangeliums hinge an der Glaubwürdigkeit

---

16 Abgebildet z.B. bei: JOHANNES LEIPOLDT/WALTER GRUNDMANN, Umwelt des Urchristentums, Bd. 3: Bilder zum neutestamentlichen Zeitalter, Berlin ^{6}1987, Abb. 213.

17 JOHANN GEORG HAMANN, Chimärische Einfälle, in: DERS., Kreuzzüge des Philologen, 1762 (DERS., Sämtliche Werke, hg. v. JOSEF NADLER , Bd. II, Wien 1950, 164,18. »Glaube ist nicht jedermanns Ding [2Thes 3,2), und auch nicht communicable wie eine Ware, sondern das Himmelreich und die Hölle in uns« (an Friedrich Heinrich Jacobi am 30. April 1787; Johann Georg Hamann, Briefwechsel, hg. v. ARTHUR HENKEL, Frankfurt a.M.. 1979, Bd. VII, 176,6–8). Dazu eingehend: OSWALD BAYER, Kommunikabilität des Glaubens, in: DERS., Autorität und Kritik. Zu Hermeneutik und Wissenschaftstheorie, Tübingen 1991, 108–116. Luther hat die »Höllenfahrt der Selbsterkenntnis« in seinem Lied »Nun freut euch, lieben Christen g'mein ...« prägnant zur Sprache gebracht: EG 341, 2 und 3. Angesichts dieser Höllenfahrt kann Theologie nicht von einer universalen Offenheit auf Gott hin ausgehen. Denn in ihr wäre die universale Verschlossenheit, die Sünde, verkannt. Entsprechend ist die Rede vom »Dialog« kritisch zu sehen: OSWALD BAYER, Theologie, HST 1, Gütersloh 1994, 520.

18 Vgl. TIM HAGEMANN, Reden und Existieren. Kierkegaards antipersuasive Rhetorik, Berlin/Wien 2001; DERS., Art. Antipersuasive Rhetorik; in: Historisches Wörterbuch der Rhetorik, hg. v. GERT UEDING, Berlin 2012, Bd. 10, 45–51 (48: Gemeinsamkeit mit Hamann und Unterschied zu ihm). Weiter: ALBRECHT HAIZMANN. Indirekte Homiletik. Kierkegaards Predigtlehre in seinen Reden, Leipzig 2006.

und Authentizität seiner Person oder an der Aufrichtigkeit und Wahrhaftigkeit des Hörers,[19] oder gar meint, den Glauben des andern schaffen und ihn bekehren zu müssen – etwa durch den Ruf zur Entscheidung: »Komm Du zu Jesus!« Wer die *claritas interna* und mit ihr die Freiheit *Gottes* respektiert, lässt vielmehr zugleich dem *Hörer* Freiheit. Anerkennt er mit dem Josef der Genesis, dass »Auslegen«, streng genommen, »allein Gott zukommt« (Gen 40,8), und nimmt er den Ausspruch des einfältigen Schildknappen des Don Quichote »Gott versteht mich!« sozusagen als seine kurzgefasste Transzendentalphilosophie,[20] also als Nennung der Bedingung der Möglichkeit des Verstehens überhaupt, dann kann er die Hörerinnen und Hörer seiner Predigt nicht anders wahrnehmen denn als Hörer und Hörerinnen *im Verborgenen*, die Gott besser kennt und versteht als er. Darin liegt ihre Freiheit. Die sich mitteilende Wahrheit nötigt nicht; deshalb kann und will ihr Zeuge sie nicht erzwingen. Sie geschieht als Sache des inspirierten Hörers in Freiheit und ist das Majestätsrecht jenes inneren Predigers,[21] der im Geist und in der Wahrheit endgültig auslegt und urteilt.

Damit haben wir das Wunder des Glaubens und das dunkle Rätsel des gleichwohl verständlichen Unglaubens berührt und können uns nun dem anderen der beiden Hauptmomente des Predigt- und Hörgeschehens zuwenden: dem »leiblichen Wort«, ohne das sich kein Glaube bildet, ohne das kein Glaube geschieht. CA 5 redet von ihm[22] bzw., der Sache nach, von der *externa claritas scripturae, in verbi ministerio posita*: von der in das öffentliche Wortamt von Gott eingestifteten sinnlich hörbaren Aufklärungs- und Erhellungskraft, die wie die *interna claritas* göttlich und menschlich zugleich ist.

4. Claritas externa scripturae I: ex auditu (Röm 10,17)

Von der *claritas externa scripturae*, vom »leiblichen Wort« in seiner mündlichen wie schriftlichen Gestalt[23] gilt: »Alles, was auch immer in der Schrift steht, ist durch das Wort in ganz gewisses Licht gerückt und aller Welt bekannt gemacht«[24], ist konstitutiv universal und öffentlich. Diese Externität des

---

[19] Vgl. BSLK 65,37f (Anm. zu CA 10; Wittenberger Konkordie; 1536): »nec pendere ex dignitate ministri aut sumentis.« Dieser Antidonatismus gehört zum Kostbarsten der reformatorischen Theologie.

[20] Ausführlicher und mit Nachweisen: Oswald Bayer, Zeitgenosse im Widerspruch. Johann Georg Hamann als radikaler Aufklärer, München 1988, 24.59–61.83.

[21] Vgl. Augustinus, De magistro (im Bezug auf Eph 3,16), MPL 32,1193–1230; Der Lehrer (De magistro), übertragen von C.J. Perl [3]1974, bes. 89. Vgl. weiter: Jer 31,33f; Jes 54,13; 1 Thes 4,9; Joh 6,45; 1 Joh 2,27.

[22] BSLK 58, 22f.

[23] Auch die Schrift ist »leibliches Wort«: WA 36, 500, 21–501, 16, bes. 500,30: »das leibliche oder schriftliche Wort« (1 Kor 15, gepredigt am 11. August 1532).

[24] WA 18, 609, 13f (de servo arbitrio, 1525); eigene Übersetzung.

Glauben schaffenden Wortes betont Luther eindrucksvoll auch im Zuge seiner dreifachen Bestimmung der theologischen Existenz durch Oratio, Meditatio und Tentatio;[25] *meditatio* »ist: nicht allein im Herzen, sondern auch äußerlich die mündliche Rede und das buchstäbliche Wort im Buch immer treiben und reiben, lesen und wiederlesen, mit fleißigem Aufmerken und Nachdenken, was der Heilige Geist damit meint«[26].

Für Luther jedenfalls bindet sich der Heilige Geist – geradezu materialistisch, jedenfalls antispiritualistisch – an Laute und Buchstaben, an Geschriebenes und Mündliches – weshalb es selbstverständlich sein sollte, alle denkbaren wissenschaftlichen Methoden, die der Sprachwissenschaft Theologie dienen können, zu testen und zu gebrauchen; darauf ist noch zurückzukommen. *Das laut werdende, sinnlich hörbare Wort und seine wissenschaftliche Reflexion ist selbst eine Gestalt des Heiligen Geistes, seine äußere Gestalt.* Denn er wirkt nicht erst »innerlich durch den Glauben«, sondern schon »äußerlich« durch das leibliche, sakramentale Wort.[27] Das leibliche Wort bietet nicht etwa lediglich die *Möglichkeit* des Glaubens, der erst durch das innere Wirken des Heiligen Geistes zur *Wirklichkeit* würde. Vielmehr ist das äußere Wort selbst schon Ermächtigung zum Glauben – »δύναμις« (Röm 1,16) im Sinne einer Wirklichkeit setzenden Macht. Das Wort der Predigt ist wirksam, *verbum efficax* (Jes 55,10f; Ps 33,4).[28] *Es tut, was es sagt. Es ist wirksames, nicht etwa darstellendes Handeln.* Es ist nicht lediglich der Anlass zum Glauben, sondern dessen Grund: πίστις ἐξ ἀκοῆς (Röm 10,17): »So kommt der Glaube aus der Predigt, das Predigen aber aus dem Wort Christi.«

Dieser das reformatorische Verständnis der Predigt bestimmende Programmsatz muss freilich so wahrgenommen werden, dass mindestens fünf Bedeutungsdimensionen von »ἀκοή« beachtet werden:[29] ἀκοή meint (erstens) mein Gehör, meine leiblichen Ohren: das, wodurch gehört wird, die Hörfähigkeit, theologisch: die empfangene Hörfähigkeit, zu der ich ermächtigt bin, auf die hin ich angesprochen werde: »Höre!«, (zweitens) *dass* ich höre: den Akt des Hörens, (drittens) *wie* ich höre: den Modus des Hörens, (viertens) das, was gehört wird, was ich aufnehme, *rezipiere*, (fünftens) was gesagt, was zu Gehör gebracht wird. So sehr eine ausgeführte Homiletik alle diese Dimensionen von ἀκοή bedenken muss, so wenig kann dies jetzt geleistet werden; die schon gegebenen Hinweise müssen im Augenblick genügen. Doch lässt sich nicht darauf verzichten, wenigstens die fünfte Dimension über die auch zu ihr

---

25 WA 50, 658, 29 – 660,16 (Vorrede zum 1. Bd. der Wittenberger Ausgabe der deutschen Schriften, 1539). Dazu als eingehende Interpretation: BAYER, Theologie (s.o. Anm. 17), 55–106.

26 WA 50, 659,22–25.

27 WA 26, 506,7–12 (Vom Abendmahl Christi. Bekenntnis, 1528).

28 Wirksam ist es selbst noch im Unglauben: 2 Kor 2,15; 4,3f.

29 In freiem Anschluss an WALTER BAUER, Griechisch-deutsches Wörterbuch zu den Schriften des Neuen Testaments und der übrigen urchristlichen Literatur, Berlin [5]1958, 60f (Art. ἀκοή).

schon gegebenen Hinweise hinaus zu thematisieren. Die Frage lautet: *Wer redet zu wem was, wie, in welcher Absicht?*

5. claritas externa scripturae II: Präsentation des anwesenden Christus im Wort

Orientieren wir uns an der bewährten »Torgauer Formel«, die Luther mit seiner Predigt bei der Einweihung der ersten evangelischen Kirche, der Schloßkirche in Torgau, am 5. Oktober 1544 geprägt hat. Danach besteht der christliche Gottesdienst darin, »daß unser lieber Herr selbst mit uns rede[t] durch sein heiliges Wort und wir wiederum mit ihm reden durch Gebet und Lobgesang«[30]. Wenn der gesamte Gottesdienst in Gottes Dienst an uns durch sein anredendes Wort und in unserem Dienst als Antwort besteht, dann darf die Predigt, verstanden als besonderer Teil des Gottesdienstes, als eine spezielle Redegattung, dem Charakter des gesamten Gottesdienstes nicht widersprechen, sondern muss ihm entsprechen – auch wenn die Anrede ein weit größeres Gewicht und einen weit größeren Raum als die Antwort hat.

Das evangelische Verständnis des anredenden Predigtwortes bewahrt Luthers große hermeneutische Entdeckung, seine im strengen Sinn reformatorische Entdeckung. *Danach ist das sprachliche Zeichen selbst schon die Sache; es repräsentiert nicht eine abwesende, sondern präsentiert eine anwesende Sache:*[31] das Reich Gottes, real präsent in der Person Jesu Christi als der, mit Origenes geredet, »ἀυτοβασιλεία«[32] »mitten unter Euch« (Lk 17,20f). Luther machte diese Entdeckung 1518 zunächst in der durch das Ablassunwesen notwendig gewordenen Neubesinnung auf das Bußsakrament. Dass das Zeichen selbst schon die Sache ist, besagt im Blick auf die Absolution, dass der Satz: »Ego te absolvo ...«: »Ich spreche Dich los von Deinen Sünden – im Namen des Vaters und des Sohnes und des Heiligen Geistes!« kein Urteil ist, das nur aussagt, feststellt und darstellt, was schon ist, also eine innere, göttliche, eigentliche Absolution voraussetzt; der Satz ist weder Aussage noch Ausdruck oder Darstellung. Er ist als promissio vielmehr eine Sprachhandlung, die einen Tatverhalt erst herstellt, ein Verhältnis erst schafft – zwischen dem, in dessen Namen gesprochen wird, und dem, zu dem gesprochen wird und der der Zusage

---

30 WA 49, 588,17–18; 5. Oktober 1544. Vgl. WA 6, 516,30–32 (De captivitate Babylonica ecclesiae, 1520): »Neque enim deus [...] aliter cum hominibus unquam egit aut agit quam verbo promissionis. Rursus, nec nos cum deo unquam agere aliter possumus quam fide in verbum promissionis eius.«

31 »Signum philosophicum est nota absentis rei, signum theologicum est nota praesentis rei«: WA TR 4,666,8f (Nr. 5106; 1540).

32 Zitiert nach Karl Ludwig Schmidt, Art. ἀυτοβασιλεία, Theologisches Wörterbuch zum Neuen Testament, hg. v. Gerhard Kittel, Bd. I, 1933 (Nachdruck: Stuttgart 1957), 591, 23–25.

glaubt oder nicht glaubt. »Promissio« ist rechtskräftige Zusage mit sofortiger Wirkung.

6. WER REDET ZU WEM WAS, WIE, IN WELCHER ABSICHT?

Wir sind jetzt in der Lage, die Frage »Wer redet zu wem was, wie, in welcher Absicht?« zu beantworten. Wer redet? Der Vater durch den Sohn im Heiligen Geist, vollgültig vertreten durch die menschliche Stimme der Predigerin bzw. des Predigers. Zu wem redet er? Zum Sünder. Was redet er? Er sagt die Sündenvergebung zu. Wie redet er? Zornig im der Sünde überführenden Gesetz, barmherzig und gnädig aber im Sünden vergebenden – lossprechenden, befreienden – Wort des Evangeliums. Mit welcher Absicht redet er? Um im Kampf mit dem Bösen, der in jeder Predigt geschieht,[33] den rechten Glauben zu schaffen, zu stärken und zu bewahren zum ewigen Leben.[34]

Damit ist zugleich schon gesagt, worin die Bibel die maßgebende Heilige Schrift ist bzw. was sie, die ja auch - wenngleich gegen ihr Selbstverständnis – als Kulturdokument, als Weltliteratur gelesen werden kann, zur Heiligen Schrift macht. Heilige Schrift ist die Bibel, insofern nur aus ihr sich die Glauben schaffende *promissio* vernehmen lässt und die deshalb das Buch des ewigen Lebens ist. Die Bibel sagt nicht Dieses und Jenes; sie sagt uns z.B. nicht, wie ein Haus oder ein Auto zu bauen ist. Sie sagt nur das Eine, das sich paradigmatisch, modellhaft im Absolutionswort und im Gabewort des Herrenmahls vorstellt, das zwar nicht überall in den biblischen Schriften gleich prägnant gefunden werden kann, aber sehr wohl zum Kriterium und, wo nötig, auch zur Sachkritik taugt. Dieses Kriterium muss sich freilich im Umgang mit den verschiedensten biblischen Textsorten – mit Klage-, Dank- und Lobpsalmen, mit Gebotssammlungen, Erzählungen, Gleichnissen, Stammbäumen usw. – bewähren. Doch sorgt diese Vielfalt dafür, dass die Predigt lebendig bleibt. In verschiedenen Texten kommen verschiedene Hörerinnen und Hörer vor; sie stehen als solche schon im Text: »im Buch ist von mir geschrieben« (Ps 40,8). »Mutato nomine, de te fabula narratur«[35]: »Du brauchst nur den Namen zu

---

33 Die Predigt hat ihren letzten Ernst darin, dass in und mit ihr der eschatologischer Kampf zwischen Gott und dem Bösen geschieht, in dem es um das Heil bzw. Unheil eines jeden Einzelnen der Hörenden geht.

34 Dem entspricht genau die Theologiedefinition Königs: JOHANN FRIEDRICH KÖNIG, Theologia positiva acroamatica (Rostock 1664, hg. und übers. v. ANDREAS STEGMANN, Tübingen 2006, 24 (De Theologiae Praecognitis, § 54): »Theologia est habitus intellectus practicus, e verbo DEI scripto de vera religione haustus, ut eius opere [conj. statt opera] homo peccator per fidem ad vitam perducatur« (»Theologie ist eine aus dem geschriebenen Wort Gottes geschöpfte und sich auf die wahre Gottesverehrung beziehende praktische Fertigkeit des Erkennens, die dazu bestimmt ist, daß durch ihre Ausübung der sündige Mensch durch den Glauben zum [ewigen] Leben geführt werde«; eigene Übersetzung).

35 Horaz, Satiren I/1,69f.111

ändern und die Geschichte erzählt von dir!« So kann es einem Hörer, einer Hörerin geschehen, dass sie von der Gestalt einer bestimmten Geschichte berührt, getroffen, auch überwältigt, jedenfalls verändert wird – etwa durch David vor Nathan, der ihn im Namen Gottes entdeckt und überführt: »*Du* bist der Mann!« (2 Sam 12,7). Das kann ich mir nicht selber sagen; das muss mir, dem Verblendeten und Wahrheitsresistenten, von außen, von einem anderen, gesagt werden. Gleichwohl werde ich so überführt, dass ich, wie David vor Nathan, mir selbst das Urteil spreche. Das mir widerfahrende Gesetz überführt mich zugleich von innen heraus; seine Externität ist keine Heteronomie, der gegenüber ich selbst nur ein mechanisches Echo wäre – aber eben auch keine Selbsterkenntnis als Selbstbespiegelung, keine Selbstaufklärung, sondern, wie schon gesagt, eine mir widerfahrende und mich in diesem Widerfahrnis zu einem Einzelnen machende Höllenfahrt.

Anders das Evangelium: unerhörter Losspruch, bedingungsloser Freispruch. Ihm kann ich nicht, verständnisvoll von innen zustimmend, entgegengehen. Er kommt, mich – freilich in einem völlig anderen Sinn als in der Erfahrung des Gesetzes – ebenfalls zu einem Einzelnen machend, ganz von außen auf mich zu: als das, »was kein Auge gesehen und kein Ohr gehört hat und in keines Menschen Herz gekommen ist« (1 Kor 2,9). Zum Glauben kann die Hörerin, kann der Hörer nur inspiriert – durch den Heiligen Geist erweckt, ermächtigt und erleuchtet – werden; darin erweist sich die *claritas interna scripturae*.

Doch geschieht dies, wenn es geschieht, nie anders als durch das leibliche Wort, das *verbum vocale*, das *verbum externum* und seine *claritas*. Wenn Luther sagt, sie habe ihren Ort »in verbi ministerio«, im Wortamt, dann ist zunächst der Gottesdienst und ganz besonders die sakramentale Predigt im Blick, dann aber auch, aufs Engste damit verbunden, die Gottesdienstvorbereitung als menschliches Werk, als Handwerk, wie es die *meditatio* auch denkend, mit den Mitteln der Vernunft, also methodisch diszipliniert einübt: »nicht allein im Herzen, sondern auch äußerlich die mündliche Rede und das buchstäbliche Wort im [Bibel-]Buch immer reiben und treiben, lesen und wiederlesen, mit fleißigem Aufmerken und Nachdenken, was der heilige Geist damit meint«[36]. Wenn sich der Heilige Geist, wie schon herausgestellt, so sehr an Laute und Buchstaben bindet, dann ist es selbstverständlich und für den *minister verbi* nur ein Gewinn, ja: eine Freude, an der wissenschaftlichen Zeitgenossenschaft teilzuhaben und teilzunehmen, also philologische und rhetorische, historische und philosophische, strukturalistische und materialistische, soziologische und psychologische, pädagogische und nicht zuletzt: auf die Rolle der Geschlechter sich richtende Fragestellungen zu testen und zu gebrauchen[37] – freilich kri-

---

[36] S.o. Anm. 26.

[37] Ausführlich: Oswald Bayer, Wissenschaftliche Methoden in der theologischen Auslegung der Bibel; in: Lutherische Theologie und Kirche 35, 2011, 3–18.

tisch: »mit fleißigem Aufmerken und Nachdenken, was der heilige Geist damit meint«.

Nach dem bisher Ausgeführtem muss ich nicht besonders betonen, dass die genannten Fragestellungen sich nicht verabsolutieren und einem leer laufenden, eitlen und sterilen Wissenschaftsbetrieb ausgeliefert werden dürfen, dass sie als Momente der *meditatio* vielmehr nur im Zusammenhang mit der *oratio* und der *tentatio* – mit dem Gebet und der Anfechtung – *theologische* Fragestellungen sind. Notwendig sind sie, weil sie die Sache der Theologie regulieren, ohne sie konstituieren zu können; sie dienen der verantwortlichen Wahrnehmung der wissenschaftlichen Zeitgenossenschaft.

Zeitgenossenschaft muss freilich – das liegt auf der Hand – weiter und tiefer wahrgenommen werden, wenn in ihr dem Nächsten in Anknüpfung und Widerspruch das vom Gesetz unterschiedene Evangelium, die Christuspromissio, zu-gedient, zugespielt werden soll. Dazu braucht es des Gespürs für das, was an der Zeit ist (Koh 3,1–8) und durch keine wissenschaftliche Methode, sondern nur kraft der Erleuchtung durch den Heiligen Geist entdeckt werden kann.[38] Ist es Zeit zur Predigt des Gesetzes? Oder Zeit zur Predigt des Evangeliums?[39] Zeit zum Lachen, Zeit zum Weinen? Zeit zum Reden oder jene Zeit zum Schweigen, zu der die Freunde Hiobs fanden: »und saßen mit ihm auf der Erde sieben Tage und sieben Nächte und redeten nichts mit ihm; denn sie sahen, dass der Schmerz sehr groß war« (Hi 2,13). Es gilt, die Zeit, den Kairos, des *andern* zu entdecken und zu spüren, mit ihm das Glück und den Schmerz, die Klage und den Lobpreis zu teilen, sich mit den Fröhlichen zu freuen und mit den Weinenden zu weinen (Röm 12,15). Dazu braucht es Einfühlung, Intuition, Rücksichtnahme, Takt. *Predigt ist Seelsorge oder sie ist keine Predigt.* Predigt als Seelsorge aber kann nur geschehen *oratione, meditatione, tentatione*: in der Solidarität dessen, der, von der Anfechtung getrieben, betend in die Heilige Schrift hineingeht, um sie anderen Angefochtenen so zu predigen, dass auch sie betend in die Heilige Schrift hineingehen und von ihr ausgelegt werden – im geistgewirkten Glauben an die geistgewirkte Zusage der Gegenwart Gottes. Dies geschieht nicht losgelöst vom Kontext der Zeitgenossenschaft. Dazu gehört zu allererst, mit seinen Zeitgenossen den Alltag zu teilen – auch den *banalen* Alltag. Man sollte z.B. wissen, mit welchem Spruch eine Hemdenfirma wirbt.

---

38 Vgl. Luthers scharfe Provokation: »Kein Mensch ist auf Erden, der kann und weiß, das Evangelium und Gesetz recht zu unterscheiden [...] Allein der Heilige Geist kann diese Kunst. Dem Menschen Christus hat's auch gefehlt am Ölberge [...]«: WA TR II, 4, 7–16 (Nr. 1234, 1531). Vgl. WA TR VI, 142,26–30 (Nr. 6716).

39 Die Zeiterfahrung, die in Koh 3 zur Sprache kommt, hat Luther auf das *tempus legis* und das *tempus gratiae* hin zugespitzt: WA 40/I, 209,16–210,19 (zu Gal 2,14); 526,21–32 und 527,21–27 (zu Gal 3,23); 1531 bzw. 1535.

Das Wort Gottes in deutscher Sprache

Impressionen aus der gegenwärtigen Revision der Lutherübersetzung

Martin Karrer

Johannes von Lüpke, der Jubilar, befasste sich, nicht zuletzt aufgrund seiner langjährigen Hamannstudien, vielfältig mit der Sprache des Wortes Gottes. Der Austausch mit ihm gab mir wichtige Anregungen in der Arbeit an der Revision der Lutherübersetzung mit ihrer Wiedergabe des Wortes Gottes. Im Dank an den Jubilar greife ich diesen Faden auf und skizziere die Revisionsarbeit. Die Skizze hat, da die Arbeit noch nicht abgeschlossen ist,[1] notwendigerweise vorläufigen Charakter.

1. Leitlinien der Revision und die Sprachgeschichte

2006 gab der Rat der Evangelischen Kirche in Deutschland (EKD) Gutachten in Auftrag, die den Bedarf für eine Durchsicht der Lutherbibel sondieren sollten. Die Gutachten attestierten hohen Handlungsbedarf.[2] Allerdings stellte sich erst im Verlauf der späteren Arbeit heraus, wie recht die Gutachten hatten und wie umfangreiche Korrekturen erforderlich waren, noch größere selbst, als die Sondierung angenommen hatte. Der Rat der EKD ließ der Arbeit einigen Spielraum und legte 2010 nur die großen Richtungen fest, als er die

---

[1] Das Verfahren der Revision sieht die Durchsicht durch Bearbeiter/innen vor (im Neuen Testament durch eine Zweitdurchsicht, einen sog. Syzygos, begleitet), danach die Prüfung in der Gruppe, die Beschlussfassung im sog. Lenkungsausschuss (in dem zugleich das Gremium der drei Koordinatoren für Altes Testament, Apokryphen und Neues Testament aufgeht), einen Rücklauf zu Bearbeiter/inne/n (im Neuen Testament gegebenenfalls auch zu Teilgruppen oder der Gesamtgruppe) für Dissense, abschließende Beschlussfassung im Lenkungsausschuss und Weitergabe an der Rat der EKD. Derzeit (Herbst 2015) läuft die abschließende Redaktion und Beschlussfassung im Lenkungsausschuss (geleitet durch Christoph Kähler) mit der Klärung von Dissensen und Vereinheitlichungen. Die Gruppe für das Alte Testament wird durch Christoph Levin, die für die Apokryphen durch Martin Rösel, die für das Neue Testament seit 2012 durch den Autor dieses Beitrags geleitet (davor durch Jens Schröter).

[2] Für das Neue Testament waren Christine Gerber und Florian Wilk beteiligt, die später auch Mitglieder in der Revisionsarbeit wurden.

Durchsicht der Lutherübersetzung zum Reformationsjubiläum beschloss: *Exegetisch* sollte der Text auf den Stand der heutigen kritischen Editionen von Altem und Neuem Testament gebracht und vorsichtig neuen Erkenntnissen der Schriftauslegung angepasst werden. *Sprachlich* sollte der Klang der Lutherbibel erhalten werden, der bei der Revision von 1975/84 erheblich angetastet worden war.[3]

Diese Aufgabe gewann vor dem Hintergrund der langen Revisionsgeschichte der Lutherbibel schärfere Konturen.[4] Zunächst erfolgten solche Revisionen durch Verlage, ab der 2. Hälfte des 19. Jh. durch kirchliche Gremien. Deren Konsens war von Anfang an, Änderungen der Lutherbibel seien – jedenfalls in begrenztem Umfang – erlaubt und geboten.[5] Doch über die Gestaltung gab es ein stetes Ringen, sowohl in sprachlicher als auch in exegetischer Hinsicht. Vergegenwärtigen wir die wirksamsten Entscheidungen zunächst zur Sprache:

- 1863 konzedierte die Deutsche Evangelische Kirchenkonferenz nicht nur, exegetische *Änderungen* an der Lutherbibel seien an einzelnen Stellen erforderlich und legitim. Sie traf zugleich die Weichenstellung, alle Änderungen seien »möglichst *aus dem Sprachschatze der Lutherbibel* [...] herzustellen«.[6] Der »Sprachschatz« der Lutherbibel setzt seither jeder Revision eine gewisse Grenze.
- Vor und nach der großen Bearbeitung von 1912 folgte eine umfangreiche Diskussion über die Frage der »sog. *Archaismen* (veraltete und immer mehr veraltende Sprachformen)«.[7] Einerseits wurde es Konsens, diese Archaismen seien zu beseitigen, andererseits jedoch von Anfang an darauf hingewiesen, das »Kolorit« der Bibel sei zu schonen und es sei schwer »zu bestimmen, was als störender Archaismus anzusehen sei«.[8] So blieb in dieser Frage eine erhebliche Unklarheit. Der

---

[3] Vgl. die Skizze der Aufgabe durch den Vorsitzenden des Lenkungsausschusses: CHRISTOPH KÄHLER, Erneute Durchsicht der Lutherbibel. Probleme, Grundsätze, Ergebnisse und offene Fragen, in: MELANIE LANGE/MARTIN RÖSEL (Hg.), »Was Dolmetschen für Kunst und Arbeit sei«. Die Luther-Bibel und andere deutsche Bibelübersetzungen, Stuttgart 2014, 165–181, hier 171–174.

[4] Lit. bei KLAUS-DIETRICH FRICKE/SIEGFRIED MEURER (Hg.), Die Geschichte der Lutherrevision: Von den Anfängen um 1850 bis 1984, Stuttgart 2001, und KLAUS HAACKER, Das übersetzte »Wort Gottes« als Kulturgut im Wandel der Zeit. Programme und Probleme der Revision der Lutherbibel, KuD 60, 2014, 62–74.

[5] Das ist ein keinesfalls selbstverständlicher Konsens, wenn wir ihn mit der angelsächsischen Welt vergleichen, die sich entschied, die King James Version nicht anzutasten und die notwendige Modernisierung allein Neuübersetzungen zu überlassen.

[6] Wiedergabe der Beschlüsse von Eisenach 1863 in: Die Bibel oder die ganze Heilige Schrift des Alten und Neuen Testaments, nach der deutschen Übersetzung D. Martin Luthers [...] (Sogenannte Probebibel), Halle a.S. 1883, XXXIII (Zitat teilweise von mir hervorgehoben).

[7] Denkschrift des Deutschen Evangelischen Kirchenausschusses, betreffend Durchsicht des Bibeltextes von 1913, abgedruckt in: HERMANN STRATHMANN, Probe des Probetestaments. Kritik und Dank, Leipzig 1940, 86–95, Zitat 87 (Hervorhebung dort).

[8] Zitate aus der Denkschrift von 1913 (s. Anm. 7), 89 und 90.

Versuch, sie durch eine Orientierung an der Schulgrammatik der Gegenwart zu lösen, scheiterte bei den Revisionsbemühungen der 20er Jahre.[9]

- Eine Ferne der Lutherbibel zur Sprache der Gegenwart zeigte sich damit unbeschadet aller Teilmodernisierungen[10] als unüberwindbar. Hermann Strathmann, der die Revision des Neuen Testaments bis zu einem Konflikt 1954 wesentlich gestaltete, deutete 1940 eine mögliche Lösung an: Es sei schon Luthers Anliegen gewesen, nicht nur die deutsche Alltagssprache zu verwenden, sondern zugleich »die *Bibelsprache* durch eine leise Förmlichkeit *von der abgeschliffen-nachlässigen Sprache des Alltags abzusetzen.*«[11]
- Die beschleunigte Veränderung der deutschen Sprache in der zweiten Hälfte des 20. Jh. führte zur umstrittenen Revision des Neuen Testaments von 1975. Vor allem die Sprache wurde dort aktualisiert. Doch die Akzeptanz blieb aus. Die Rückrevision für die Lutherbibel 1984 machte bewusst, dass jede *Modernisierung* der Lutherbibel *Grenzen* hat.[12]

Im Vollzug der Revisionsarbeit ab 2010/2012 erhielt daraufhin die Vorgabe der EKD zur *Sprache* der Lutherübersetzung eine anfangs unerwartete, dann immer prägnantere Tendenz: Der Klang der Lutherbibel war, wie sich bei den Prüfungen zeigte, nicht nur 1975, sondern auch 1984 in erheblich größerem Umfang verändert worden, als um der Verständlichkeit des Textes willen erforderlich war. Zudem war im Alten und Neuen Testament unterschiedlich verfahren worden. Z.B. hatte man im Alten Testament die für Luthers Sprache kennzeichnende Konjunktion »auf dass« weithin beibehalten (Gen 12,13 bis Mal 3,10), im Neuen Testament dagegen bis auf das alttestamentliche Zitat in Eph 6,3 (Dtn 5,16) gänzlich eliminiert. Desgleichen hatte man Luthers zwischen temporalem und kausalem Sinn schwebendes »da« weitestgehend beseitigt. »Auf dass« und dieses schwebende »da« sind heute im Alltag nicht mehr üblich oder zumindest stark zurückgegangen, jedoch verständlich. Die gegenwärtige Revision optierte deshalb nach langen Diskussionen dafür, beides an vielen Stellen (wenn auch keinesfalls im alten Umfang) wieder einzuführen

---

9 Emanuel Hirsch, Luthers deutsche Bibel. Ein Beitrag zur Frage ihrer Durchsicht, München 1928, 4f., brachte das Dilemma auf den Gegensatz, es bedürfe entweder einer Modernisierung in allen Bereichen der Lutherbibel, oder der alte Text (von 1892) sei beizubehalten.

10 Um die bei der sog. Probebibel in den 20er und 30er Jahren weiter gerungen wurde: vgl. z.B. Paul Althaus/Theodor Knolle, Luther und das »Probetestament« von 1938, Gütersloh 1940.

11 Strathmann (s. Anm. 6), 96 (Hervorhebung dort).

12 S. Diskussionen in den Beiträgen zu Siegfried Meurer (Hg.), Verrat an Luther? Bilanz einer Bibelrevision, BIDW 17, Stuttgart 1977, und Eberhard Jüngel (Hg.), Das Neue Testament heute. Zur Frage der Revidierbarkeit von Luthers Übersetzung, ZThK.B 5, 1981.

(»auf dass« nach gegenwärtigem Stand von Mt 1,22 bis 1 Joh 4,17, temporal-schwebendes »da« in Lk 5,8 usw.[13]).

Allein diese beiden großflächigen Änderungen werden für einen altertümlicheren, dem Alltag enthobeneren Klang der Lutherbibel sorgen. Die Gruppe Neues Testament hielt dies für problematisch, setzte sich mit ihren Bedenken aber nicht insgesamt, sondern nur an einzelnen Stellen durch. Denn obwohl Luther[14] seine Bibel sprachlich keinesfalls so intensiv wie jetzt geschehend vom Alltag abheben wollte,[15] erhält seine Bibel heute unabdingbar einen fremden und hohen Sprachklang, wenn sie nicht vollständig modernisiert wird. Die Rückkehr zu Eigentümlichkeiten Luthers verstärkt ein von vornherein unausweichliches Gefälle und schafft es nicht neu. Sobald dann einmal dieser Weg eingeschlagen ist, ist es nur konsequent (um noch eine berühmte Stelle zu nennen), dass in 1 Kor 13,1–3 die Sprache der Poesie mit dem *Genitivus partitivus* wiederhergestellt wird und wir in Zukunft voraussichtlich wieder lesen »hätte der Liebe nicht«[16] (statt »hätte die Liebe nicht« 1984).

Übersehen wir freilich nicht die Konsequenz: Die Lutherbibel von 2016/17 gibt der religiösen Erfahrung, soziologisch gesehen, einen außeralltäglichen Klang.[17] Sprachliebhaber werden das der Außeralltäglichkeit Gottes angemessen finden, Kritiker dagegen die Ferne der Sprache beklagen[18] und fragen: Wie kommt die Gegenwart Gottes und Christi dann in den Alltag des Lebens?

---

[13] Meist verwendete Luther dieses »da« bei griechischen Partizipien, die grammatisch in unterschiedlichem Sinn aufgelöst werden können. Die Diskussion über markante Stellen wie Lk 10,31.32.33 (Barmherziger Samariter) läuft noch.

[14] Zu Luthers Sprache im Neuen Testament vgl. SEBASTIAN SEYFERTH, Sprachliche Varianzen in Martin Luthers Bibelübertragungen von 1522–1545: eine lexikalisch-syntaktische Untersuchung des Römerbriefs, Stuttgart 2003, zur Revisionsgeschichte REGINA FRETTLÖH, Die Revisionen der Lutherbibel in wortgeschichtlicher Sicht, Göppingen 1986, und CORINNA DAHLGRÜN/JÖRG HAUSTEIN (Hg.), Anmut und Sprachgewalt. Zur Zukunft der Lutherbibel. Beiträge der Jenaer Tagung 2012, Stuttgart 2013.

[15] Nennen wir noch ein Beispiel: »Sagen« und »sprechen« unterschieden sich im 16. Jh. nicht in der Sprachhöhe. Heute dagegen trägt die häufige Verwendung von »sprechen« zum besonderen Klang des Joh in der Lutherbibel bei. Die Gruppe NT erwog zahlreiche Ersetzungen von »sprechen« durch »sagen«, um die Sprachhöhe wieder der des 16. Jh. zu nähern. Aber das Ziel war nicht erreichbar, so dass sich die Korrekturen nicht durchsetzten.

[16] Die Textform, die auch JOHANN GEORG HAMANN zitierte: Briefwechsel I, hg. v. WALTHER ZIESEMER und ARTHUR HENKEL, Wiesbaden 1955, Nr. 163, 428, 11 (an Johann Gotthilf Lindner, 12.10.1759).

[17] Max Weber brachte diese Kategorie in die Religionssoziologie ein (bei ihm allerdings ausgehend von der charismatischen Herrschaft: MAX WEBER, Wirtschaft und Gesellschaft, 1921/22, [4]1956, Teil 1 III 4).

[18] Den Vorwurf der »Sprache Kanaans« sollten wir vermeiden: Hamann fand diesen Ausdruck einst durchaus positiv, wenn er die hebräische Sprache im Unterschied zum Griechischen meinte: s. *Aesthetica in Nuce* von 1759 (JOHANN GEORG HAMANN, Sokratische Denkwuerdigkeiten. Aesthetica in nuce, mit einem Komm. hg. v. SVEN-AAGE JØRGENSEN, Stuttgart 1968), Kap. 1.

2. EXEGETISCH UND TEXTKRITISCH BEDINGTE ÄNDERUNGEN

Das zweite große Feld der Korrekturen, das der sachlichen Berichtigungen, erfuhr eine andere Entwicklung. Es teilte sich früh in *exegetisch und textkritisch bedingte Änderungen*. Beide Kategorien begegneten Widerständen, so dass sie schon 1912/13 »grundsätzlich« (wie man sagte) *nicht vollständig vollzogen* wurden.[19]

Diese Widerstände setzten sich im 20. Jh. fort. Der erwähnte Konflikt mit dem Neutestamentler Strathmann 1954 etwa betraf Phil 4,7, wo Luther der Vulgata seiner Zeit (»custodiat«) statt dem griechischen Text gefolgt war (»Vnd der friede Gottes, welcher höher ist denn alle vernunfft, beware ewre hertzen vnd sinne in Christo Jhesu«; so die Fassung 1545). Die Exegese musste die Korrektur dieses Wortes, das zum Kanzelsegen geworden war, zum Futur verlangen (»der Friede Gottes [...] wird [...] bewahren«). Denn selbst in der Vulgata ist das Futur der ältere Text (s. »custodiet« in der kritischen Edition und der amtlichen Nova Vulgata). Strathmann setzte sich nicht durch.[20] Bis 1984 blieb der überholte Text stehen (mit Unterbrechung 1975).[21]

Der Auftrag der EKD von 2010 hingegen erlaubt die Änderung aus exegetischen und textkritischen Gründen. In unserem Fall kommt beides zusammen. Die gegenwärtige kritische Edition (im Neuen Testament wird Nestle-Aland[28] benützt) erhält das sachlich gebotene Gewicht. Luther 2017 wird also voraussichtlich Phil 4,7 berichtigen. Dieser berühmte Streitfall der Revisionsgeschichte wird bereinigt und theologisch die Zusage Gottes an unserer Schlüsselstelle des neutestamentlichen Segens größer geschrieben als der Segens-Wunsch; Gottes Friede »wird bewahren« heißt es nun; welche Verheißung!

Erleichtert wurde die Entscheidung in der Gruppe Neues Testament und im Lenkungsausschuss dadurch, dass liturgische Formeln ihre eigene Geschichte haben und nicht zwingend an den Schrifttext angepasst werden müssen. Die Entscheidung der Revision zu Phil 4,7 macht daher keine Vorgabe an die Liturgie.

Dies festzustellen, ist nicht müßig. Nicht nur 1954/56 beeinflusste nämlich die Liturgie die Revision. Mindestens ebenso – und, wie man sagen muss, fehlerhaft – war dies 1984 der Fall. Schon damals war klar, dass die Abwehr gegen textkritische Erneuerungen aus dem späten 19. und frühen 20. Jh. die Absicht der Reformation verfehlte, den ältesten und am besten überlieferten Text der Schrift zum Maßstab zu nehmen (damals daher im Neuen Testament

---

19 Denkschrift von 1913 (s. Anm. 7), Zitat 95 (dort hervorgehoben).

20 Vgl. HERMANN STRATHMANN, Eine verhängnisvolle Wendung: Grundstürzende neue Regeln der Bibelrevision, EvTh 14 (= NF 9), 1954, 125–131, und DERS., Art. Bibelrevision als kirchlich-theologisches Problem, in: RGG[3] I., 1957, 1219–1222, hier 1222.

21 Gerhard Barth versuchte damals von der Hochschule des Jubilars (Wuppertal) aus vergebens, das Futur zu retten: Nachweise bei HAACKER (s. Anm. 4), 72f.

die heute überholte Edition des Erasmus von 1516/19) ,[22] und folglich aufgegeben werden musste.

Ein zentrales Beispiel ergab sich in den paulinischen Abendmahlsworten.[23] 1 Kor 11,24a beschreibt, dass der Herr in der Nacht vor seiner Auslieferung das Brot »brach« (ἔκλασεν; dieser Bestandteil des Textes ist in den Handschriften eindeutig). Junge Handschriften bezogen das Deutewort in 11,24b unmittelbar darauf zurück und schrieben τοῦτό μού ἐστιν τὸ σῶμα τὸ ὑπὲρ ὑμῶν κλώμενον (»das ist mein Leib, der für euch gebrochen ist«); ἔκλασεν veranlasste die Ergänzung κλώμενον (so dann auch Korrektoren, aber nicht der Ausgangstext in den großen Codices ℵ, C und D). Die Liturgie folgte lange dieser Fassung (»für euch gebrochen«). In der 2. Hälfte des 20. Jh. wandten Liturgie und Gemeindegebrauch sich stattdessen der Formel »für euch gegeben« zu. Das berücksichtigte die Exegese, insofern sich nach der Textkritik zu 1 Kor 11,24a an keiner der neutestamentlichen Abendmahlsstellen noch κλώμενον im kritischen Text fand und ὑπὲρ ὑμῶν διδόμενον durch Lk 22,19 gesichert war.[24] Aber die Revision von 1984 übertrug die neue Formel auch auf 1 Kor 11,24. Sie eliminierte nicht nur das überholte κλώμενον, sondern vervollständigte den Text nunmehr zu »Das ist mein Leib, der für euch gegeben wird«. In der Sache trug sie damit ein διδόμενον ein, das in keiner relevanten griechischen Handschrift zur Stelle bezeugt ist. Der 1984er Text war im Ergebnis fehlerhafter als der aufgegebene Luthertext.

Solche Fehler sind durch den Auftrag der EKD in der gegenwärtigen Revision zu eliminieren. Dort wird dem Kurztext des kritischen griechischen Neuen Testaments gemäß zu lesen sein »Das ist mein Leib für euch«. Die Liturgie wird davon nicht betroffen; sie benützt seit alters einen Mischtext, und in diesem Mischtext ist die Beifügung »gegeben« unverändert durch Lk 22,19 legitimiert.

---

[22] Erasmus von Rotterdam, Novum Instrumentum [Basel 1516], Faksimile-Neudruck mit einer historischen, textkritischen und bibliographischen Einleitung von H. Holeczek, Stuttgart-Bad Cannstatt 1986; Berücksichtigung der Folgeauflagen bei A.J. Brown (ed.), Novum Testamentum ab Erasmo recognitum, Opera Omnia Desiderii Erasmi Roterodami ordo 6, LeidenI/II 2001, III 2004, IV 2013. Erasmus stand keine vormittelalterliche Handschrift zur Verfügung und nicht einmal ein Codex mit dem ganzen Neuen Testament (die umfangreichste ihm zugängliche Handschrift, der Codex Basiliensis min. 1 endete vor der Apk). Die Complutensische Polyglotte wurde erst 1522, nach Fertigstellung des Septembertestaments distribuiert.

[23] Dieses Beispiel sei auch wegen der Interessen des Jubilars an der Abendmahlsfeier gewählt: vgl. Johannes von Lüpke, Das Heilige Abendmahl und seine Bedeutung für das Leben der Kirche, LN 28, 2008, Heft 3, 8–25.

[24] Vgl. exemplarisch die Einsetzungsworte in der Agende für die Evangelische Landeskirche in Baden I Ordnung der Gottesdienste, Karlsruhe 1996, 29: »Unser Herr Jesus Christus [...] sprach: / Nehmet hin und esset / das ist mein Leib, der für euch gegeben wird. / Solches tut zu meinem Gedächtnis.«

Die beschriebene Dynamik wird dazu führen, dass die Revision von 2016/17 exegetisch erheblich genauer als die Revisionen von 1912, 1956 und 1984 verfahren wird. Viele Details werden ein neues Gesicht bekommen[25] und selbst sehr vertraute Texte einen fremden Klang. Z.B. war 2 Kor 12,9 noch 2012 in der herkömmlichen Fassung »... denn meine Kraft ist in den Schwachen mächtig« Jahreslosung. Der griechische Text (ἡ γὰρ δύναμις ἐν ἀσθενείᾳ τελεῖται) indessen zwingt zur Übersetzung »denn meine Kraft vollendet sich in der Schwachheit«. So lautet daher der gegenwärtige Vorschlag; die alte Übersetzung soll zusätzlich in einer Anmerkung geboten werden.

Stilistisch-sprachliche Ferne und exegetische Neuerungen werden mithin in der künftigen Lutherbibel in ein eigentümliches Zusammen- und Widerspiel treten. Das außeralltägliche Wort Gottes wird manchmal wie ein fremdes, überraschendes Gegenüber erscheinen. Theologisch ist das gut vertretbar. Denn das ›*verbum extra nos*‹ bekommt auf diese Weise hohes Gewicht. Ob die Gemeinden, Leserinnen und Leser die doppelte – stilistische und exegetische – Verfremdung gegenüber dem abgeschliffeneren Text von 1984 würdigen und sich durch sie werden fesseln lassen, bleibt freilich bei diesem kühnen Wagnis abzuwarten.

3. Komplexe Aspekte der Revisionsarbeit

Wie gezeigt, bemüht sich die gegenwärtige Revision um eine beträchtliche innere Stringenz: Stil und Sprache sollen Luther bewahren und dürfen altertümlich klingen (I); Textkritik und Exegese dagegen werden im gegenwärtigen Stand berücksichtigt und semantisch viele Korrekturen vorgenommen, darunter nicht selten solche, die schon bei den letzten Revisionen hätten berücksichtigt werden müssen (II). Komplikationen allerdings können beim umfangreichen und schwierigen Unterfangen der Revision nicht ausbleiben. Nennen wir ausgewählte:

1. Die *Sprache* hat sich seit Luther erheblich gewandelt. Aktualisierungen sind daher trotz aller Bemühungen unausweichlich und können auch vor zentralen Stellen nicht Halt machen. Z.B. bemerkte bereits Luther selbst, dass seine Übersetzung von εἰρηνοποιοί in Mt 5,9 mit »fried-fertig« etymologisch plausibel war (sie meint diejenigen, die den Frieden anfertigen), jedoch in der gesprochenen Sprache verblasste. Darum fügte er im Druck der Bibel von 1545 die Glosse ein »Die Friedfertigen sind mehr denn Friedsamen / nemlich / die den friede machen / fordern vnd erhalten [...]«. Diese Glosse entfiel in den Revisionen. 1984 musste man deshalb die Deutung »die Frieden stiften« in Fußnote angeben. 2016/17 wird das angesichts des beschleunigten Sprachwandels

[25] In Mt 10,29 ist wegen des Verbs πωλεῖται »verkauft« statt »kauft« vorzuschlagen u.v.a.

der letzten Jahrzehnte nach gegenwärtigem Stand zum Obertext werden müssen.

2. Der sprachliche und exegetische Wandel erreichte auch die *Stellen, an denen Luther seine eigene Übersetzungsweise besonders verdeutlichte*, die also zum Verständnis seines Übersetzens herausragende Bedeutung haben.

Im *Sendbrief vom Dolmetschen* (1530) griff Luther Lk 1,28 heraus: Die Anrede κεχαριτωμένη an Maria werde unter Einfluss der lateinischen Tradition (Vulgata »gratia plena«) völlig korrekt mit »(Maria) vol gnaden« übertragen. Aber zu fragen sei, »ob solchs auch gut deutsch sey?« Um der Zielsprache willen sei »Du holdselige« zu schreiben (im Sinne von »liebe Maria«).[26] Die Sprachgeschichte und die Exegese überholten das; das Wort »holdselig« veraltete, und das seltene Verb χαριτωμένη verweist beim zweiten neutestamentlichen Beleg Eph 1,6 eindeutig auf die Gnade Gottes (χάρις). Im Verlauf des 20. Jh. war daher die Korrektur unausweichlich. Die Revision von 1984 (»Sei gegrüßt, du Begnadete!«) nahm Luthers Vorschlag nicht einmal mehr in Fußnote auf. Exegetisch ging dadurch freilich eine Besonderheit unserer Stelle verloren; κεχαριτωμένη korrespondiert in ihr zum griechischen Gruß χαῖρε, »freue dich« über das, was göttlich begünstigt, schön und gut ist.[27] Darf daher Luthers Vorschlag ganz untergehen? Zum Obertext kann er wegen des Primats der exegetischen Erkenntnis nicht mehr werden; in Fußnote indes wird er 2016/17 voraussichtlich wieder angegeben werden.[28]

In den *Summarien über die Psalmen und Ursachen des Dolmetschens* (1531-1533) erläuterte Luther seine Freiheit gegen den Ausgangstext an Ps 91,9a: Dort stehe hebräisch und lateinisch eindeutig »meine zuversicht«. Der Kontext gebrauche jedoch stets die Anrede (s. »deine« auch in v.9b), und im Deutschen könne »man die plötzliche verenderung der personen im reden nicht wol [...] mercken«. Gegen »Meister klügling« sei die Wahrnehmung der Zielsprache vorrangig. Wenn »wir« sie präferieren, habe das »dem sinn nichts genomen«.[29]

---

[26] WA 30, 2, 638.

[27] Vom göttlich begünstigten Menschen spricht daher Sir 18,17 mit dem Verb χαριτόω. Die Freude über die schöne Zuwendung Gottes an Maria ist im Übrigen wirkungsgeschichtlich hoch relevant. Denn sie erklärt den Typus der schönen Maria in der Kunst, den Luthers Reformation (gegen die Bilderstürmer) nicht antastete; viele schöne Marien befinden sich bis heute an Häusern Nürnbergs, eines Hauptortes der Reformation.

[28] Textkritisch ist ein weiterer Sachverhalt bemerkenswert: Luther las noch den Langtext von Lk 1,28 mit dem Nachsatz εὐλογημένη σὺ ἐν γυναιξίν und übertrug den Vers daher mit »Gegrüsset seistu holdselige / der HERR ist mit dir / du Gebenedeiete vnter den Weibern« (1545). Mariologisch ist das aufschlussreich und kann doch heute nicht mehr dokumentiert werden.

[29] WA 38, 14 (alle Zitate). Der Plural »wir« verweist darauf, dass Luther sich bei vielen alttestamentlichen Übersetzungen und Revisionen mit anderen Gelehrten be-

Exegetisch stellt sich der Sachverhalt nicht so einfach dar. Vielmehr korrespondieren v. 9a und 2b (beide Male מַחְסִי); dem Psalm liegt am rhetorischen Spiel zwischen »ich« und »du«. Das spricht für eine Korrektur des v.9a gegen Luther 1545 zu »Denn du, HERR, bist meine Zuversicht«. Dann freilich ginge neben dem neutestamentlichen auch ein alttestamentliches Musterbeispiel Luthers für seine Übersetzungsarbeit verloren. Nach gegenwärtigem Stand wird deshalb der Obertext von 1545 im Psalm auch 2017 bewahrt werden, nun ergänzt um eine Fußnote mit der wörtlichen Übersetzung (»Wörtlich: Denn du, HERR, bist meine Zuversicht [...]«).

3. Die Maßgabe, dem Stand der *Textkritik* zu folgen, lässt sich nicht in allem stringent durchführen. Große Beschwernis bereitete im Neuen Testament ein überaus häufiger Sachverhalt: Die Partikeln, die den antiken griechischen Text gliederten (Satzzeichen im heutigen Sinn gab es noch nicht), änderten sich oft auf dem Weg von den ältesten Handschriften, die heute maßgeblich sind, zu den mittelalterlichen Handschriften, auf die Erasmus sich stützte. Wäre dies in der Revision abzubilden, entstünde eine Fülle von kleinen Korrekturen, die den Sprachfluss der Lutherübersetzung erheblich ändern würde. Die Diskussion verwies pro Änderungen darauf, dass griechische Partikeln sich im Sinn unterscheiden, contra Änderungen darauf, dass die Varianten der Partikeln als Stil- und nicht als semantische Varianten entstanden, so dass stilistisch Freiheit gegeben sei. Am Ende setzte sich durch, Korrekturen der Partikeln nur dort vorzunehmen, wo sie semantisch unabdingbar erschienen. Der Umfang, den diese Korrekturen erreichen würden, wird sich in Zukunft immerhin aus einer Sonderedition der Synoptiker ablesen lassen, die aus einem dritten Grunde erforderlich ist, wie wir noch sehen werden.

Bevor wir darauf kommen, ist ein zweiter textkritischer Sachverhalt anzusprechen, dass nämlich manche Texte zu vertraut sind, um sich leicht ändern zu lassen. Das markanteste Beispiel bildet der Satz der Weihnachtsgeschichte, dass Josef »sich schätzen ließe mit Maria, seinem vertrauten Weibe; die war schwanger« (Lk 2,5). Die an dieser Stelle einzig im Neuen Testament verbliebene Erwähnung des ansonsten veralteten und depravierten Wortes »Weib« ist von Erasmus wie so vieles aus der jüngeren Textentwicklung übernommen und textkritisch sekundär. Theologisch setzt sie zudem einen bedenklichen Akzent: Die Handschriften, die γυνή (»verheiratete Frau«) ab dem 5. Jh. eintragen, schlagen vor, Maria bei der Geburt Jesu nicht mehr als unverheiratet zu denken, wie das in Lk 1,27 beschrieben war. In der deutschen Zielsprache hat »Weib« jedoch den Sinn der ehrbaren, verheirateten Ehefrau verloren; die Leser/innen denken nicht an eine Ehefrau, sondern die Verlobte von 1,27 und würden eine Löschung des Wortes »Weib« als Zugeständnis an die Gegenwartssprache gegen die Intention Luthers interpretieren. Die Revision wird

---

riet. Bei unserer Stelle war das besonders wichtig. Denn 1524 übertrug er noch »HERR du bist meyne zuuersicht« (WA.DB 1,517).

angesichts der Verbreitung des alten Textes und des wahrscheinlichen Missverständnisses einer Änderung kaum anders verfahren können, als das sekundäre Wort »Weib« im Text zu belassen und in einer Fußnote auf den Sachverhalt hinzuweisen (Anmerkung zu 2,5: »Wörtlich: mit Maria, die ihm zur Ehe versprochen war«).

4. Manche *exegetischen Erkenntnisse* sind so komplex, dass ihre Durchführung nur unvollständig oder nicht möglich ist, und das betrifft keineswegs nur Einzelheiten; zwei Sachverhalte durchziehen zentrale Teile des Neuen Testaments oder sogar der ganzen Bibel:

Im 16. Jh. entstand die neuzeitliche hebräische Grammatik. Sie verstand schon damals das hebräische Perfekt als einen Aspekt des Rückblicks. Aber in prophetischen und psalmistischen Texten war eine Öffnung auf Gegenwart und Zukunft hin möglich. Luther machte davon umfangreich Gebrauch und setzte zahlreiche alttestamentliche Texte in aktualisierende Tempora. Bei der Überarbeitung des Septembertestaments übertrug er das daraufhin auf den prominentesten Psalm des Neuen Testaments, das Magnifikat. 1522 hatte er den Aorist in Lk 1,51-55 nach heutigem Verständnis korrekt mit dem Perfekt übersetzt »[...] Er hat die gewalltigen von dem stuel gestossen [...]«. Nun schuf er Wortlaut »51 Er vbet gewalt mit seinem Arm / Vnd zurstrewet die Hoffertig sind in jres hertzen sinn. 52 Er stösset die Gewaltigen vom stuel / Vnd erhebt die Elenden ...« (1545). Der aktualisierende Wortlaut besitzt solche Überzeugungskraft, dass Raum für weitere grammatische Diskussionen gelassen werden muss, so gewiss die derzeitigen Kommentare sich einig sind, das Präteritum sei nicht nur grammatisch, sondern auch sachlich geboten, weil es die Stärke Gottes an der geschehenen Geschichte verdeutlicht.[30] Als Kompromiss ergab sich, dass im Alten Testament viele – aber auch dort nicht vollständige – Korrekturen erfolgen und in Lk 1 eine Fußnote des Sinnes eingefügt wird, dass die Verse auch als Rückschau auf Gottes Heilshandeln gelesen werden können.

Im 19. Jh. setzte sich die Erkenntnis des literarischen Zusammenhangs der synoptischen Evangelien durch. Davor hatte man die Parallelen durchaus gleichfalls gesehen (s. die Kanontafeln seit Euseb), indessen nicht als Abhängigkeiten, sondern einander im Wirken des heiligen Geistes ergänzende Aussagen gelesen. Luther übersetzte, in dieser Tradition stehend, die bei Mt, Mk und Lk parallelen Worte oft unterschiedlich, um den Reichtum des Sinns zu erschließen. Seit dem 19. Jh. wäre umgekehrt eine gleiche Übersetzung der Worte erforderlich, um die Synopse (literarische Zusammenschau) herzustellen. Der Auftrag der EKD, die exegetischen Erkenntnisse zu berücksichtigen, spräche für letzteres Vorgehen, der nicht minder erteilte Auftrag, Luthersprache zu bewahren für ersteres. Als Lösung ergab sich der Vorschlag, die Lu-

---

[30] Präteritale Übertragung des Textes z.B. bei MICHAEL WOLTER, Das Lukasevangelium, HNT 5, Tübingen 2008, 95.

therbibel nicht synoptisch zu korrigieren und stattdessen zusätzlich eine Synopse auf Basis des Luthertextes zu erstellen. Diese Synopse ist in Arbeit und wird auch die erwähnten Änderungen seit dem 16. Jh. berücksichtigen können. Revidierte Lutherbibel und neue Synopse werden so höchst unterschiedliche Blicke auf Luther erlauben, erstere mehr dem Reichtum der sprachlichen Möglichkeiten, letztere mehr den literarischen Erkenntnissen der Exegese verpflichtet.[31]

Brechen wir ab.[32] Deutlich ist, dass sich die Revisorinnen und Revisoren sowohl in der Gesamtanlage der Revision als auch in den Problembereichen darum bemühen, die Spannung zwischen Ausgangstext und Zielsprache in der durchgesehenen Lutherbibel sorgfältig auszutarieren, auf dass[33] das Wort Gottes in deutscher Sprache klar zum Ausdruck komme. Ob ihr Lösungsweg überzeugt und dieses Ziel erreicht, steht offen. Menschlich gesagt, müssen Revisorinnen und Revisoren sich stets hinterfragen lassen; und theologisch gesagt, steht die Wirksamkeit des Wortes Gottes nicht in ihren Händen.

---

31 Federführend für die Synopse wird Florian Wilk sein, unter Mitarbeit von Martina Böhm und Matthias Konradt.

32 Vieles wäre zu ergänzen. Z.B. mussten die Apokryphen zu einem beträchtlichen Teil unter Anlehnung an Luthersprache neu übersetzt werden; dazu Martin Rösel, Die Durchsicht der Apokryphen in der Lutherbibel 2017, in: Lange/Rösel (s. Anm. 3), 247–266.

33 Dieses luthersche »auf dass« sei hier gestattet.

Predigt des Alten Testaments

Exegetische und hermeneutische Überlegungen zum Umgang mit alttestamentlichen Texten

Siegfried Kreuzer

1. Hinführung

Der folgende Beitrag geht davon aus, dass das Alte Testament zu den Grundlagen des christlichen Glaubens gehört bzw. dass es in Verbindung mit dem Neuen Testament die entscheidende Grundlage der Kirche und des christlichen Lebens ist. Das entspricht nicht nur den reformatorischen Bekenntnissen,[1] deren diesbezügliche Aussagen in der Regel unter dem etwas trockenen Begriff des Schriftprinzips zusammengefasst werden, sondern etwa auch der schönen Formulierung des Zweiten Vatikanischen Konzils vom Studium der Bibel als der »Seele der Theologie«.[2]

Diesem Schriftprinzip entspricht allerdings nicht immer die Praxis und auch nicht immer die Theorie. Die Vorschläge, auf das Alte Testament zu verzichten, die mit verschiedenen Ursachen und Begründungen im Lauf der Kirchengeschichte immer wieder einmal und auch neuerdings gemacht wurden, sind bekannt und brauchen hier nicht vertieft zu werden. Sie fordern aber immerhin dazu heraus, das Alte Testament nicht nur theoretisch zu verteidigen, sondern den konkreten Umgang damit zu bedenken.

Die folgenden Ausführungen möchten dazu einen kleinen Beitrag leisten, und zwar vorwiegend an Hand der Predigt über alttestamentliche Texte. Dass ich mit diesem Beitrag gerne meinen Freund und langjährigen Kollegen Johannes von Lüpke grüße, liegt nicht zuletzt daran, dass er ein Systematiker ist, der stets auch die biblischen, und das heißt für ihn: auch die alttestamentlichen, Grundlagen heranzieht und reflektiert.

---

[1] Zusammenfassend und ausführlich in der Konkordienformel, der Sache nach auch an vielen anderen Stellen; lange Zeit auch sichtbar ausgedrückt durch die heute (infolge meist überlanger und oft sehr subjektiver ›Hinführungen‹) weithin verloren gegangene Praxis, sich bei der Verlesung des Predigttextes zu erheben.

[2] Konzilsdekret Dei Verbum, Art. 24.

2. PROBLEMANZEIGE: DAS ALTE TESTAMENT IN DER HOMILETIK

Die Predigt ist, jedenfalls in den evangelischen Kirchen, ein zentraler Teil des Gottesdienstes und des kirchlichen Handelns. Die Predigt über alttestamentliche Texte steht damit exemplarisch für den Umgang mit dem Alten Testament auch in anderen Bereichen. In der derzeit noch gültigen Perikopenordnung ist etwa ein Fünftel der Texte aus dem Alten Testament, in der neuen Perikopenordnung ist es ein Drittel. Dass sich mit den Texten des Alten Testaments besondere hermeneutische Herausforderungen stellen, ergibt sich aus dessen vorchristlicher Entstehung, daraus dass es zugleich die Heilige Schrift des Judentums ist, und nicht zuletzt aus inhaltlichen Gründen.

Im Blick auf die Predigt alttestamentlicher Texte liegt es nahe, nach einschlägigen Erörterungen in der homiletischen Fachliteratur zu suchen. Interessanter Weise ist dazu jedoch nur wenig zu finden. Zwar werden wichtige Fragen der Homiletik erörtert, insbesondere die Person des Predigers, die Rolle der Hörer, die Sprache der Predigt, die Predigt als liturgischer Akt, die Erarbeitung von Predigten usw. Fragen der Exegese und des Inhalts spielen jedoch kaum eine Rolle bzw. bleiben sehr allgemein.

Forschungsgeschichtlich geht es um die sog. empirische Wende in der Homiletik, die jedoch in neuerer Zeit eng mit unterschiedlichen Varianten der Rezeptionsästhetik[3] verbunden und dabei weithin wieder sehr theoretisch und abstrakt wurde.

Markant für den seinerzeitigen Neuansatz war die von Ernst Lange geprägte Rede von der homiletischen Situation:

> »Zu fragen ist in diesem Zusammenhang nicht nach *der* Predigt als praedicatio verbi divini, als Ursprung der Kirche, nach ihrem Wesen und ihrer Verheißung, sondern nach dem konkreten homiletischen Akt, nach der wöchentlichen Predigtaufgabe und ihrer Lösung. Die praedicatio verbi divini ist Gegenstand systematisch-theologischer Erwägung, das heißt der Bemühung um die Verantwortung der christlichen Wahrheit im Horizont der Welterkenntnis und Welterfahrung der jeweiligen Gegenwart [...] Die Praktische Theologie aber, als das Nachdenken über die Vollzüge der gegenwärtigen Kirche und ihre verantwortliche Wahrnehmung fragt nach dem *Auftrag*, der diese Verheißung hat, und nach seiner verantwortlichen Erfüllung. [...]
>
> Der homiletische Akt ist eine Verständigungsbemühung. Gegenstand dieser Bemühung ist die christliche Überlieferung in ihrer Relevanz für die gegenwärtige Situation des Hörers und der Hörergemeinde.«[4]

---

[3] So programmatisch bei GERHARD MARCEL MARTIN, »Predigt als offenes Kunstwerk«? Zum Dialog zwischen Homiletik und Rezeptionsästhetik, EvTh 39 (1984), 46–58; siehe auch die leicht aktualisierte Fassung in: RUTH CONRAD/MARTIN WEBER (Hg.), Protestantische Predigtlehre. Eine Darstellung in Quellen, Tübingen 2012, 258–271.

[4] ERNST LANGE, Zur Theorie und Praxis der Predigtarbeit (Vortrag Esslingen, 1967); erschienen u.a. in: DERS., Predigen als Beruf. Aufsätze, hg. von RÜDIGER SCHLOZ, Stutt-

Bei dieser Frage nach der verantwortlichen Erfüllung hatten zunächst die Exegese und die Fragen der Hermeneutik noch ein gewisses Gewicht. Sukzessive verlagerte sich das Gewicht auf die Rhetorik[5] und z.B. auf soziologische und kommunikationstheoretische Fragen. Damit wurde zum Teil ein Nachholbedarf abgedeckt, zunehmend kam es aber auch zu einer erheblichen Veränderung. Die Bemühungen, die Situation wahrzunehmen, die Person und die Rolle des Predigers zu bedenken und die verschiedenen Bezugs- und Hilfswissenschaften für die große Aufgabe des Predigens fruchtbar zu machen,[6] haben ihre Bedeutung, aber es ist doch markant, wie sehr die inhaltlichen Fragen zurücktreten bzw. nur abstrakt und formal angesprochen werden.[7]

Wenn wir danach fragen, wie im Rahmen des »homiletischen Aktes« bzw. in der Reflexion dazu das Alte Testament wahrgenommen wird, so ist zunächst eine interessante Beobachtung zu machen: Wo überhaupt in der neueren Homiletik auf die Rolle der biblischen Texte Bezug genommen wird, wird meistens nicht zwischen alttestamentlichen und neutestamentlichen Texten unterschieden. Insbesondere in den rezeptionsästhetischen Konzepten wird praktisch immer nur vom Text oder vom Autor ganz allgemein gesprochen. Eine Differenzierung zwischen Altem und Neuem Testament wird kaum thematisiert. M.E. hat das zwei Ursachen: Zum einen das grundsätzlichen Konzept, d.h. die primäre Orientierung an der Rezeption. Die homiletische Situation gibt vor, welcher Text bzw. was am Text brauchbar und akzeptabel ist. Widerständiges muss nicht unbedingt rezipiert werden.[8]

Der andere Grund liegt wohl darin, dass in der Regel (nur) an die Predigttexte der Perikopenordnung gedacht wird. Diese Texte stellen faktisch eine Vorauswahl dar, und zwar von Texten, die sich relativ leicht aus christlicher Sicht

---

gart 1976, 9–51; zitiert nach der Wiedergabe in: CONRAD/WEBER (s. Anm. 3), 194–226: »II. Funktion und Struktur der homiletischen Aktes« (201–214): 201f.

5 So etwa bei GERT OTTO, Predigt als Rede. Über die Wechselwirkung von Homiletik und Rhetorik, Stuttgart 1976; und AXEL DENECKE, Persönlich Predigen. Anleitungen und Modelle für die Praxis, Gütersloh 1979.

6 Allerdings hatten auch die älteren Predigtlehren diese Fragen durchaus mit im Blick.

7 Die Umfangsbegrenzung erlaubt leider nicht, die hier skizzierte Entwicklung an Hand der einschlägigen Literatur genauer darzustellen.

8 Siehe dazu etwa die Formulierung bei WILHELM GRÄB, Predigtlehre. Über religiöse Rede, Göttingen 2013 (im Abschnitt: Die Bibel als Basis der Predigt, 92–107): »Ob wir die Bibel als Gottes Wort auffassen oder als kirchlich kanonisierte Sammlung derjenigen Schriften, die das symbolische Kapital der christlichen Religion bilden, stellt – homiletisch gesehen – einen komplementären Sachverhalt dar. Religiösen Sinn machen diese Texte immer erst dann, wenn sie auf die je eigenen Lebensfragen hin ausgelegt werden, bzw. sich zeigt, dass sie sich zum Stoff für die je eigene, von jedem selbst zu vollziehende religiöse Lebensdeutung eignen.« (95) – Diese Voraussetzung schließt schwierige und widerständige Texte nicht aus, legt ihre Heranziehung aber auch nicht gerade nahe.

aufnehmen lassen, oder Texte, die man gut allgemein anthropologisch bzw. existentiell[9] interpretieren kann.

Zudem sind die alttestamentlichen Texte in gewisser Entsprechung zum Thema und zu den neutestamentlichen Perikopen des jeweiligen Sonntags ausgesucht. Edzard Rohland weist darauf hin, dass dadurch gerade jene Bereiche, die man manchmal als den »Überschuss« des Alten Testament bezeichnet hat, ausfallen, wobei es sich um Texte handelt, die nicht nur durchaus gut zu predigen sind, sondern die auch – wie etwa Rechtstexte – in bestimmten Situationen plötzlich erstaunliche Aktualität erhalten.[10] Zudem ist nicht nur an die Predigt zu denken, sondern alttestamentliche Texte können auch in anderen Bereichen und Diskursen relevant werden.

Anders gelagert ist auch der Schriftgebrauch im Judentum: Um noch einmal auf den berühmten Rheinischen Synodalbeschluss zur Erneuerung der Verhältnisses von Christen und Juden zurückzukommen:[11] Die dort empfohlene gemeinsame Beschäftigung mit biblischen Texten führt – sofern sie überhaupt zustande kommt – rasch in ganz andere Bereiche. In der jüdischen »Bibellektüre« (und natürlich auch in der jüdischen Predigttradition)[12] stehen eher halachische Themen und entsprechende Texte im Vordergrund. Wenn man dabei über die rein historische Frage, was diese Texte zu ihrer Zeit bedeuteten, hinausgeht, stellt sich sehr bald die Frage, von welchen Faktoren und Argumenten der jüdische und der christliche Umgang mit dem Alten Testament geprägt sind. Dabei stehen sich de facto nicht originäres Verständnis des Alten Testaments und christliche Verfremdung gegenüber, sondern Neues Testament und rabbinische Traditionen.

Die Frage nach dem Umgang mit dem Alten Testament stellt sich aber auch in weiteren Zusammenhängen: Zunächst schon einfach innerchristlich bzw. innerkirchlich, sobald man sich jenseits der Perikopenordnung umsieht. Wie verhält es sich mit den Straf- und Vergeltungswünschen in vielen der Psalmen? Für die gottesdienstliche Verwendung werden sie weggelassen, ebenso

9 Gegen die häufig anzutreffende Vermischung sei hier erwähnt, dass existentiell und existential nicht dasselbe ist: Existentiell bedeutet: Wichtig für die menschlich Existenz; existential meint die existentialphilosophische Interpretation dieser Existenz.

10 Edzard Rohland, Response zu dem Vortrag von Klaus-Peter Hertzsch: »Christliche Predigt des Alten Testaments«, in: Wallace M. Alston/Christian Möller/Helmut Schwier (Hg.), Die Predigt des Alten Testaments, ATM 16, Münster 2003, 77–83: 77f.

11 Siehe dazu auch die Beiträge in: Siegfried Kreuzer/Frank Ueberschaer (Hg.), Gemeinsame Bibel – Gemeinsame Sendung. 25 Jahre Rheinischer Synodalbeschluss zur Erneuerung des Verhältnisses von Christen und Juden, VKHW.NF 9, Neukirchen-Vluyn 2006; darin: Siegfried Kreuzer, »Gemeinsam die Schrift lesen« - Aspekte jüdischer Schriftauslegung, 173–203.

12 Siehe dazu etwa: Jonathan Magonet, The Jewish Sermon, in: Alston/Möller/Schwier (s. Anm. 10), 85–96; Micha Brumlik, Problematik der Predigt im jüdischen Gottesdienst, in: a.a.O., 97–100.

wie z.B. die Strafwünsche des in der Konfirmandenarbeit so beliebt gewordenen Psalm 139. Warum und mit welchem Recht macht man das?[13]

Wenn man sich außerhalb des Gottesdienstes – etwa in Gesprächskreisen zur Bibel, die es erfreulicher Weise noch immer gibt – mit dem Alten Testament beschäftigt, wird man ebenfalls auf Texte stoßen, die man als »die dunklen Seiten des Alten Testaments« bezeichnen könnte. Kann man sie einfach als zeitbedingt und damit aus historischen Gründen als erledigt betrachten?[14] Warum gilt das dann aber nur für die dunklen Seiten und nicht auch für die hellen? Was ist das Kriterium?

Dazu kommen auch Anfragen von außen: So hat etwa Jan Assmann mit seiner These von der mosaischen Unterscheidung und der Gewalttätigkeit der monotheistischen Religionen[15] doch viele überzeugt bzw. ihnen Argumente für die Ablehnung auch des Christentums geliefert, auch wenn sich die These sowohl historisch-religionsgeschichtlich[16] als auch im Religionsvergleich[17] als unhaltbar erweist, und er sie auch selbst inzwischen im Wesentlichen zurückgenommen hat. Aber auch abgesehen davon: das Thema von gerade auch im Alten Testament begründeter Gewalt ist prinzipiell vorhanden und durchaus aktuell. Es stellt eine Herausforderung nicht nur für die alttestamentliche Exegese sondern für die Theologie insgesamt dar, wobei allerdings vor vorschnellen Urteilen zu warnen ist.

---

13 Ich meine, dass das zu Recht geschieht: Es macht einen Unterschied, ob ein Einzelner den Text meditiert und sich dabei seiner auch aggressiven Gedanken bewusst wird, oder ob der Pfarrer/die Pfarrerin als »Vorbeter« die Gemeinde im Gebet zu diesen Gedanken anleitet. In der Regel werden auch im jüdischen Gottesdienst diese Teile weggelassen. Allerdings mag es auch Situationen geben, in denen diese Sätze auch für eine ganze Gemeinschaft Sinn machen und berechtigt sind.

14 Die Diskussion zu den sog. »dunklen Seiten Gottes« bzw. zur Straf- und Vergeltungsthematik hat doch deutlich gemacht, dass nicht nur das biblische Gottesbild sondern eben auch die Realität des Lebens dunkle Seiten hat und die biblischen Texte und Gottesaussagen zur realistischen Einschätzung und Bewältigung des Lebens wichtig sind. Siehe dazu u.a.: Bernd Janowski, Ein Gott, der straft und tötet? Zwölf Fragen zum Gottesbild des Alten Testaments, Neukirchen-Vluyn 2013; Walter Dietrich/Christian Link, Die dunklen Seiten Gottes, Bd. 1: Willkür und Gewalt, Neukirchen-Vluyn [4]2015; Bd. 2: Allmacht und Ohnmacht, Neukirchen-Vluyn [6]2015.

15 Jan Assmann, Moses der Ägypter: Entzifferung einer Gedächtnisspur, München 1998; ders., Die Mosaische Unterscheidung oder der Preis des Monotheismus, München 2003.

16 Siehe dazu u.a.: Siegfried Kreuzer, Mose – Echnaton – Manetho und die 13 Jahre des Osarsiph. Beobachtungen zur »Mosaischen Unterscheidung« und zur »Entzifferung einer Gedächtnisspur«, in: Sören Asmus/Manfred Schulze, »Wir haben doch alle denselben Gott«. Eintracht, Zwietracht und Vielfalt der Religionen, FS Friedrich Huber, VKHW.NF 8, 2006, 25–37.

17 Siehe dazu u.a.: Henning Wrogemann, Dienen Religionen dem Frieden oder forcieren sie Gewalt? – Religionswissenschaftliche Beobachtungen, in: Martin Büscher/Siegfried Kreuzer/Theodora Beer (Hg.), Glaube und Politik. Evangelische Zugänge zur Mitgestaltung öffentlichen Lebens, Neukirchen-Vluyn 2015, 164–184.

3. ZUR HERMENEUTIK DES ALTEN TESTAMENTS: TRADITIONELLE VERHÄLTNISBESTIMMUNGEN

Die Frage nach dem theologisch-hermeneutischen Umgang mit dem Alten Testament für heute wird traditionell unter der Frage des Verhältnisses zwischen Altem und Neuem Testament thematisiert. Dabei werden Verhältnisbestimmungen aufgegriffen, die sich schon im Neuen Testament finden, etwa das Schema von Verheißung und Erfüllung oder die Typologie. Übersichtlich aufgelistet sind diese Möglichkeiten bei Horst Dietrich Preuß: Verheißung und Erfüllung, Antithese, Christologische Deutung, Theokratische Deutung, Universalgeschichtliche Auslegung, Typologie, Strukturanalogie.[18] Diese Verhältnisbestimmungen sind sehr schematisch und als solche leicht kritisierbar. Im Neuen Testament lassen sie sich zwar bestimmten Schwerpunkten zuordnen, z.B. Verheißung und Erfüllung den sog. Erfüllungszitaten bei Matthäus, oder die Antithese den sog. Antithesen in der Bergpredigt und dem Johannesevangelium. Aber inzwischen sind nicht nur die entsprechenden Etikettierungen der jeweiligen Texte exegetisch fraglich geworden, sondern die Dinge sind auch in sich zu differenzieren.[19] Nicht zuletzt haben die neutestamentlichen Autoren die verschiedenen Perspektiven durchaus flexibel gestaltet und miteinander verbunden.

Manche Verhältnisbestimmungen bzw. Formen von Aktualisierung sind zudem anders kaum möglich. Sofern die Betrachtung eines Textes nicht bloß eine historische Erklärung bleibt, sondern aktuelle Relevanz erhalten soll, kommt man um die Frage nach einer Situationsanalogie nicht umhin, ob man diese nun traditionell als Typologie oder modern als Strukturanalogie bezeichnet.[20] Solche Situationsanaloge findet sich z.B. schon bei Hosea, wenn dort eine neuerliche Zeit in der Wüste und eine neue Hineinführung in das Land angekündigt wird, oder bei Deuterojesaja, wenn er einen neuen Exodus ankündigt. Auch der typologische Hinweis auf Exodus und Wüstenwanderung in 1 Kor 10,1–6 ist eine solche aktualisierende Bezugnahme. Die Typologie bzw. Strukturanalogie kann, worauf auch Preuss hinweist, mit verschiedenen weiteren Verhältnisbestimmungen verbunden werden, und sie kann, aber sie muss keineswegs mit dem Gedanken der Überbietung verbunden sein. Im

---

[18] HORST DIETRICH PREUSS, Das Alte Testament in christlicher Predigt, Stuttgart 1984, dort unter: »I. Modelle christlicher Hermeneutik des Alten Testaments«, 61ff.

[19] So formuliert etwa Matthäus in seinen sog. Erfüllungs- (bzw. Reflexions-)zitaten durchaus differenziert: Z.B. wird bei der Ankündigung der Geburt Jesu der Bezug auf Jes 7,14 mit »das geschah damit erfüllt würde« formuliert; dagegen ist beim Kindermord des Herodes der Bezug auf Jer 31,15 eingeführt mit »Da wurde erfüllt«.

[20] Die bei PREUSS (s. Anm. 18), vorgenommene Gegenüberstellung und konträre Bewertung von Typologie (112–120) und Strukturanalogie (120–140) lebt hauptsächlich davon, dass die Darstellung der Typologie mit (seines Erachtens) problematischen Beispielen geschieht, während die Strukturanalogie positiv gefüllt wird.

Prinzip geht es bei der Typologie um die Analogie einer existentiellen Situation, wobei eine Situation die andere erhellt.

Die Typologie oder Strukturanalogie erlaubt es, die verglichenen Situationen in ihrem historischen Kontext und Abstand zu belassen (der Exodus aus Ägypten bleibt der Exodus aus Ägypten), andererseits wird das »Typische« deutlich und auch wiedererkennbar: Die Befreiung aus Babylon als neuer Exodus ist kein zufälliges Geschehen, sondern das typische und wiedererkennbare Handeln des Gottes Israels, der typischerweise rettet und befreit. Diese Frage nach dem »Typischen« lässt sich ebenso auf anthropologische Aspekte anwenden, wobei auch hier neben allen Analogien jeweils auch die Differenzen zu beachten sind. Die Frage nach der Strukturanalogie bzw. nach der Typologie ist m.E. zunächst eine heuristische Hilfe, die dann je nach Text und Situation zu bedenken und reflektiert zu füllen ist.[21]

> An dieser Stelle sei noch auf die Frage der Pluralität der Auslegungsmöglichkeiten eingegangen. Auf dem Hintergrund der Rezeptionsästhetik und im Blick auf die Predigt schreibt dazu Wilhelm Gräb: »Die biblischen Texte schaffen jeder neuen Predigt unendliche Möglichkeiten ihrer religionsproduktiven Auslegung, die die Chance in sich tragen, eigene Erfahrungen in einen religiösen Deutungszusammenhang überführen zu können.«[22] Dem wird man im Prinzip zustimmen können, zumal und sofern es hier um eine Interaktion geht, die an den Text zurückgekoppelt ist, und die dadurch auch mit der Frage nach berechtigter oder unberechtigter Aufnahme eines Textes verbunden bleibt.[23]

Wie auch die praktische Erfahrung zeigt, kann die Begegnung mit einem bestimmten biblischen Text durchaus unterschiedliche Reaktionen hervorrufen. Ein und dasselbe Wort kann in unterschiedlicher Weise situationserhellend und »religionsproduktiv« werden, traditionell ausgedrückt: den Leser bzw. die Leserin in unterschiedlicher Weise ansprechen und motivieren. Wenn es aber um gemeinsamen Glauben und gemeinsames Handeln geht, dann stellt sich doch die Frage nach dem richtigen, für die Gemeinschaft gültigen Verständnis der Texte.[24] Damit stellt sich die Frage nach dem ursprünglichen Sinn eines Textes und letztlich doch auch nach seiner Intention. – Im Grunde war genau dieser Vorgang der Anlass für die reformatorische und in weiterer Folge für die historisch-kritische Schriftauslegung, auch wenn in weiterer Folge deut-

---

[21] Michael Meyer-Blanck, Gottesdienstlehre, Tübingen 2011, kommt in seinen differenzierten Erörterungen zur »Predigt über alttestamentliche Texte« letztlich auch auf die Typologie und, ähnlich wie hier vertreten, auf die Bedeutung als heuristische Hilfe: »Die ›Typologie‹ ist dann sinnvoll, wenn sie zum Entdecken von Lesarten und Zusammenhängen führt.« (452).

[22] Gräb (s. Anm. 8), 57.

[23] Auch in der Rezeptionsästhetik werden Grenzen der Rezeption thematisiert.

[24] Im Grunde spiegelt sich hier die Komplementarität von *auctoritas causativa* und *auctoritas normativa*.

lich wurde, dass die Antworten immer nur in einer gewissen Bandbreite und in einem letztlich unabgeschlossen hermeneutischen Zirkel möglich sind.

4. Hermeneutik des Alten Testaments: Ein Modell sich erweiternder Kreise

Im Folgenden möchte ich die hermeneutische Aufgabe des Umgangs mit dem Alten Testament mit einem Modell sich erweiternder Kreise beschreiben. Darin geht es zunächst um den einzelnen Text im Rahmen des Alten Testaments, dann im Rahmen der aus Altem und Neuem Testament bestehenden christlichen Bibel und schließlich im Horizont aktueller Situationen und Fragestellungen.

1) Bei der Predigt aber auch bei anderen Formen der Vermittlung geht es in der Regel zunächst um einen konkreten, einzelnen Text. Allerdings sind die einzelnen Texte jeweils in einem größeren literarischen, historischen und theologischen Zusammenhang überliefert. Der einzelne Text ist Teil der Genesis, des Amosbuches, des Psalters oder des Sprüchebuches. Er hat seine Besonderheit und seine Bedeutung in sich, und zugleich doch auch nur in seinem Kontext.

Das gilt selbst für die Textgeschichte, und erst recht für die weiteren exegetischen Schritte: Literarische aber auch formgeschichtliche und traditionsgeschichtliche Aspekte sind aus dem Text zu entwickeln, sie erhalten ihr Profil aber erst in ihrem Zusammenhang: Sprachliche und literarische Beobachtungen erhalten ihre Bedeutung durch die Ähnlichkeit oder Differenz zu entsprechenden Gegebenheiten im Kontext, etwa dem Gebrauch bestimmter Wörter oder Wendungen. Die besondere Form eines Psalms oder eines Prophetenwortes wird nicht aus dem einzelnen Text für sich erkennbar, sondern im Vergleich mit anderen Texten bzw. der entsprechenden Gattung und Gattungsgeschichte. Die Rede von Umkehr oder vom Tag des Herrn erhält ihr Profil im Rahmen der entsprechenden Tradition und Traditionsgeschichte. Auch der Ort eines Textes, sei es der literarische Ort im Kontext einer Erzählung oder im Rahmen eines Prophetenbuches, oder sei es der anzunehmende historische oder sozialgeschichtliche Ort, wirft sein besonderes Licht auf den einzelnen Text.

Der so erarbeitete Text bzw. seine Aussage kann durchaus für sich stehen. Wenn es aber um die Frage der weiteren Relevanz geht, ist dieser Text im Kontext des ganzen Alten Testaments zu betrachten. Denn wenn der Kanon als verbindlich gilt, dann ist der einzelne Text als Teil des Kanons relevant. Dann geht es darum, welchen Ort und welche Bedeutung ein bestimmter Text im Rahmen und im Verhältnis zum Ganzen hat. Damit stellt sich die Frage nach dem Gesamtbild des Alten Testaments und nach Ort und Gewichtung der Themen bzw. auch die Frage nach einer grundlegenden Orientierung, m.a.W. nach der sog. Mitte des Alten Testaments.

Das Alte Testament umfasst Texte aus einem weiten Entstehungszeitraum sowie sehr unterschiedlicher Gattung und unterschiedlicher Intentionen. Zugleich sind diese so unterschiedlichen Schriften in einem Kanon zusammengefasst und in ihrer Gesamtheit als Grundlage des Glaubens verstanden. Die Verschiedenheit der Schriften zeigt sich schon in den großen Teilen des Kanons, ob man sie nun in der masoretischen Tradition mit Gesetz, Propheten und Schriften oder in der Tradition der Septuaginta als Geschichtsbücher, Lehrbücher und prophetische Bücher bezeichnet.[25] Auch innerhalb der einzelnen Schriften gibt es Texte unterschiedlicher Art und selbst scheinbar einheitliche Schriften wie die Psalmen oder die Weisheitsschriften bieten in sich unterschiedliche Sprach- und Denkformen.

Das Problem der Verschiedenheit und der Gemeinsamkeit wurde meistens unter dem Stichwort der Mitte des Alten Testaments abgehandelt und spiegelt sich im Aufbau der Bücher zur Theologie des Alten Testaments. Während oft versucht wurde, der Verschiedenheit durch eine Unterscheidung von Religionsgeschichte Israels und Theologie des Alten Testament Rechnung zu tragen,[26] versuchte Gerhard von Rad der Entwicklung durch eine – wenn auch sehr gelehrte – Nacherzählung der alttestamentlichen »Credenda« Rechnung zu tragen. Bekanntlich bestritt Gerhard von Rad eine Mitte des Alten Testaments bzw. er sah das Verbindende im stets neuen Wandel. Dementsprechend ist seine Darstellung eine Theologiegeschichte, an die er dann auch das Neue Testament anschließen konnte, wobei sich hier ein neuerlicher Wandel vollzog. Trotzdem sprach auch Gerhard von Rad vom Wagnis des Zusammendenkens, das schon im Alten Testament selbst zu erkennen sei.

Zwar gibt es auch Darstellungen der alttestamentlichen Theologie, die dieses Zusammendenken zum Programm haben und gerne als systematische

---

25 Übrigens sind wahrscheinlich beide Einteilungen ursprünglich jüdische Einteilungen: Ben Sira/Jesus Sirach 38,39b–39,1f. scheint die spätere Septuaginta-Einteilung zu spiegeln, die somit bereits um 180 v.Chr. in Jerusalem existierte. Der Enkel Ben Siras verwendet dagegen in seinem Prolog um 130 v.Chr. die spätere masoretische Einteilung (das bedeutet nicht, dass die spätere masoretische Einteilung erst um diese Zeit entstand, sondern nur, dass sich, wie auch in anderen Zusammenhängen, in der Makkabäer- bzw. Hasmonäerzeit protomasoretische Traditionen durchzusetzen begannen). Die Traditionen sind auch später nicht so einheitlich oder so klar getrennt, wie oft behauptet. So bietet das Lehrgedicht des Amphilochios (5. Jh.) für das Alte Testament den Umfang des hebräischen Kanons in der Reihenfolge der Septuaginta (siehe dazu Siegfried Kreuzer, Papyrus 967. – Bemerkungen zu seiner buchtechnischen, textgeschichtlichen und kanongeschichtlichen Bedeutung, WUNT 219, Tübingen 2008, 65–81). Für den hebräischen Text fällt auf, dass keine der bekannten mittelalterlichen Handschriften des Alten Testament die in der rabbinischen Tradition genannte Reihenfolge hat (die Ausgaben der Biblia Hebraica folgen in der Anordnung nicht dem Kodex Leningradensis sondern der rabbinischen Theorie).

26 Nicht wenige Autoren verfassten sowohl eine Religionsgeschichte Israels als auch eine Theologie des Alten Testaments. Im Prinzip findet sich das auch bei Gerhard von Rad, indem er den Ausführungen zur Theologie in Band 1 einen »Abriß der Geschichte des Jahweglaubens und der sakralen Institutionen in Israel« voranstellte.

Darstellung bezeichnet werden, aber die meisten der neueren Theologien des Alten Testaments – sofern sie sich überhaupt noch so nennen – bieten faktisch eine religionsgeschichtliche Darstellung oder reihen einfach die wichtigsten Themen aneinander.[27]

Trotzdem gibt es auch gewisse Grunderkenntnisse von bleibender Bedeutung. Eine solche ist insbesondere die Erkenntnis der grundlegenden und vorrangigen Bedeutung der Beziehung zwischen Jahwe und Israel, von wo aus für den alttestamentlichen Glauben die weiteren Lebensbereiche erschlossen und integriert wurden. Diese Erkenntnis hatte Walter Eichrodt in den drei Teilen seiner Theologie durch die Reihenfolge »Gott und Volk«, »Gott und Welt« und »Gott und Mensch« zum Ausdruck gebracht.[28] Gerhard von Rad hatte sie in seinem viel zitierten Aufsatz über *Das theologische Problem des alttestamentlichen Schöpfungsglaubens* übernommen.[29]

Rudolph Smend griff die schon von Julius Wellhausen herausgestellte, sogenannte Bundesformel »Jahwe, der Gott Israels – Israel, das Volk Jahwes« auf und betrachtete sie als die Mitte des Alten Testaments.[30] Es fällt auf, dass diese sog. Bundesformel den Begriff des Bundes nicht enthält (so übrigens auch die ebenfalls oft so genannte Bundesformel in Dtn 26,16–19), sondern die

---

[27] So z.B. GEORG FISCHER, Theologien des Alten Testaments, NSK.AT 31, 2012, der im Wesentlichen die Theologie der einzelnen Schriften bzw. Textgruppen darstellt. ERHARD GERSTENBERGER, Theologien im Alten Testament. Pluralität und Synkretismus alttestamentlichen Gottesglaubens, Stuttgart 2001, will, wie im Untertitel angedeutet, die Theologie der verschiedenen sozialen Gruppen darstellen.
Eine nur schwer durchführbare Kombination der verschiedenen Aspekte versucht das (posthum von Manfred Oeming herausgegebene) Werk von ANTONIUS H.J. GUNNEWEG, Biblische Theologie des Alten Testaments: eine Religionsgeschichte Israels in biblisch-theologischer Sicht, Stuttgart 1993.

[28] WALTER EICHRODT, Theologie des Alten Testaments, Teil 1, Gott und Volk, 1933 ([8]1968); Teil 2 und 3, Gott und Welt, Gott und Mensch, 1935 ([7]1974). M.E. ist diese Vorordnung der Beziehung Jahwe-Israel die eigentliche theologische Leistung bei Eichrodt. Die meist vorgebrachte Kritik an seiner Verwendung des Bundesbegriffs verkennt diese eigentliche Leistung und ist forschungsgeschichtlich gesehen anachronistisch.

[29] GERHARD VON RAD, Das theologische Problem des alttestamentlichen Schöpfungsglaubens, in: PAUL VOLZ/FRIEDRICH STUMMER (Hg.), Werden und Wesen des Alten Testaments, BZAW 66, Berlin 1936, 138–147. In seiner Theologie des Alten Testaments rekurriert er zwar auf diesen Aufsatz, in der Darstellung der Hexateuchtraditionen folgt er aber dann der erzählerischen Reihenfolge mit der Schöpfung an der Spitze.

[30] RUDOLF SMEND, Die Mitte des Alten Testaments, Theologische Studien 101, Zürich 1970; siehe auch den gleichnamigen Sammelband: RUDOLF SMEND, Die Mitte des Alten Testaments. Exegetische Aufsätze, BEvth 99, 1986. Im Vorwort des Nachdrucks von 2002 zitiert Smend zustimmend wieder die Bemerkung von WILHELM VISCHER (aus: Jahwe, der Gott Kains, 1929, 26, Anm. 20): »Es ist eine merkwürdige Wissenschaft, die ... den Satz, der das Wunder, welches das Alte Testament verkündet, am prägnantesten faßt: ›Jahwe der Gott Israels, und Israel, das Volk Jahwes‹, einen ›selbstverständlichen, also inhaltslosen Satz‹ nennt.«

Beziehung in anderer Weise zum Ausdruck bringt. Indem diese sog. Bundesformel nicht nur Gott nennt, sondern auch das Volk, bietet sie nicht nur den Bezugspunkt für die Theologie (im engeren Sinn), sondern auch für die Ethik.

Walther Zimmerli konzentrierte sich demgegenüber auf die Offenbarung des Gottesnamens Jahwe, den er als das Zentrum des Alten Testaments voranstellte.[31] Allerdings bedarf dieser offenbarte und zugleich seine Unverfügbarkeit wahrende »Name« doch auch der inhaltlichen Konkretion. Das geschieht de facto auch bei Zimmerli, und zwar in Form der anschließenden Darstellung der Pentateuchthemen, die mit »Jahwe, der Gott Israels von Ägypten her« beginnt, während die Vätergeschichten und die Schöpfung erst danach folgen.

Der Einsatz bei dieser grundlegenden Beziehung von Jahwe und Israel erlaubt nicht nur, die weiteren universalen (wie die Schöpfung, Natur) und individuellen Bereiche von dieser Mitte aus zu erschließen und zu integrieren, sondern bietet auch den geeigneten Ort für die besonderen Ämter und Dienste: Mose und Josua, aber auch die Könige, Priester und Propheten und die Weisheitslehrer erhalten so ihren theologischen Ort und ihre Rolle in der Beziehung zwischen Jahwe und Israel.

Rolf Rendtorff[32] versuchte den theologischen Rang der Darstellung durch den ausdrücklichen Bezug auf den Kanon und durch die Berücksichtigung der kanonischen Reihenfolge der Texte zu gewährleisten. Allerdings wird die Darstellung, ähnlich wie bei Brevard S. Childs, dem großen Vorbild des *canonical approach*, noch stärker als bei Gerhard von Rad zur Nacherzählung, die dann durch die Darbietung einzelner Themen in Form separater thematischer Längsschnitte ergänzt wird. Interessant ist vielleicht die (vermutlich unbeabsichtigte) Erfahrung, dass auch hier zwei unterschiedliche Zugänge nebeneinander gestellt werden müssen bzw. dass der prinzipielle (»kanonische«) Zugang durch eine zweite Form der Darbietung (einzelne thematische Darstellungen) ergänzt werden muss.[33] Auffallend ist die Konsequenz, dass die Schöpfungsthematik wieder an den Anfang rückt, einfach, weil auch das Alte Testament damit beginnt.

Die neueste (deutschsprachige) Darstellung der Theologie hat Jörg Jeremias[34] vorgelegt. Jeremias bietet einen gemischten Zugang, der zunächst historisch differenziert: Der erste Teil widmet sich der älteren, d.h. vorexilischen Phase. Für diese greift er das Stichwort der Denkformen auf, mit denen Paul Ricœur und Isaak

---

[31] Walther Zimmerli, Theologie des Alten Testaments, ThW 3, Stuttgart 1972; ^{7}1999. M.E. wollte Zimmerli der damals aufkommenden Kritik bzw. der Spätdatierung des Bundesbegriffs Rechnung tragen. Zudem gab es die Position, dass die eigentliche Mitte des Alten Testament nicht sozusagen im, sondern über dem Alten Testament liegt, eben in Gott. Das ist nicht falsch, verlangt aber trotzdem auch die Konkretion in den Texten und Themen.

[32] Rolf Rendtorff, Theologie des Alten Testaments. Ein kanonischer Entwurf, Bd. 1: Kanonische Grundlegung, Neukirchen-Vluyn 1999, Bd. 2: Thematische Entfaltung, Neukirchen-Vluyn 2011.

[33] Ähnlich auch bei Brevard S. Childs, auf dessen Bände hier nicht weiter eingegangen werden kann.

[34] Jörg Jeremias, Theologie des Alten Testaments, GAT 6, Göttingen 2015.

Leo Seligman in je unterschiedlicher Weise versuchten, die Fülle der alttestamentlichen Texte zu erfassen. Für Jeremias sind dies: A. Psalmen, B. Weisheit, C. Recht und Ethos, D. Ursprungstraditionen (mit den Unterthemen Erzvätererzählungen, Mose, David), E. die Prophetie (mit den wichtigsten Themen der Propheten von Elia bis Ezechiel). Der zweite Teil behandelt »die großen Neuentwürfe« (von Deuteronomium bis Deuterojesaja), der dritte erörtert »die tragenden Themen« (A. Gottes Zorn und seine Güte, B. Vergewisserungen, C. Orientierungen, D. Hoffnungen, E. Bohrende Fragen). Hier ist ein Zugang gewählt, der einerseits der derzeitigen (mitteleuropäischen) Forschungstendenz zur literarischen Spätdatierung der allermeisten Texte Rechnung trägt und der andererseits die unterschiedlichen Denkformen (bzw. Lebensbereiche) sowie die verschiedenen historischen Phasen und die wichtigsten Themen berücksichtigt.

Kurz erwähnt sei die Frage des unterschiedlichen Umfangs des alttestamentlichen Kanons. Während für das Judentum der hebräisch-masoretische Kanon die Grundlage ist, haben die römisch-katholische und die orthodoxe Kirche den umfangreicheren Kanon der Septuaginta (bzw. der Vulgata) übernommen (wenn auch mit gewissen internen Abstufungen). Die evangelische Kirche hat eine gewisse Zwischenstellung, indem sie den hebräischen Teil als im vollen Sinn kanonisch behandelte und den sog. Apokryphen bzw. alttestamentlichen Spätschriften einen abgestuften aber doch auch kanonischen Rang zubilligte.[35]

Dass sich der Umfang des Kanons auf die Darstellung der Theologie des Alten Testaments auswirkt, lässt sich schön an der Weisheit veranschaulichen: Protestantische Darstellungen enden häufig mit dem Blick auf Hiob und Prediger und mit dem Stichwort von der Krise der Weisheit. Nimmt man dagegen das Buch Jesus Sirach dazu, dann endet die Weisheitsthematik mit einer (beinahe) heilen Welt. Allerdings relativiert sich dieser Unterschied, wenn man die Entwicklung nicht nur literarhistorisch darstellt. Denn einerseits wird auch in den weisheitlich geprägten Psalmen mit dem Tun-Ergehen-Zusammenhang gerungen und andererseits wird auch in den Psalmen (und damit in hebräischen Kanon) die Überwindung dieser Krise bezeugt, wenn auch in anderer Weise als bei Ben Sira.

Die hier gegebene kurze Skizze zu einigen Grundfragen der alttestamentlichen Theologie versteht sich als Hilfe für die oben genannte Aufgabe der Einordnung einzelner Texte in das Ganze das Alten Testaments und insbesondere als Hinweis auf die zentrale Bedeutung der Beziehung Jahwe und Israel bzw. von Gott und Volk, von wo aus sich die einzelnen Themen erschließen und gewichten, und auf die hin sie sich orientieren. Die Erinnerung an diese

---

35 Das noch immer vertretene Bild, dass Luther bzw. die Lutherbibel und ähnlich dann Calvin bzw. die Zürcher Bibel die Apokryphen abgelehnt und weggelassen hätten, ist eine Rückprojektion der Situation des 19. Jh., wie sie um 1825 durch den sog. Apokryphenstreit mit der »Britischen und ausländischen Bibelgesellschaft« entstanden war. Sowohl die Lutherbibel als auch die Zürcher Bibel enthielten ursprünglich die Apokryphen. Andererseits wurden die Apokryphen in der vortridentinischen Zeit durchaus differenziert bewertet und gebraucht.

Grundbeziehung ist darüber hinaus auch die Erinnerung an die bleibende Beziehung zwischen dem Altem Testament und Israel und insofern auch eine wichtiger Aspekt für die Aufnahme und Auslegung des Alten Testaments in Christentum und Judentum.

2) Der zweite, größere Kreis ist der gesamtbiblische. Die intensive und bleibende Beziehung zum Alten Testament ergibt sich alleine schon aus den zahlreichen Zitaten und Anspielungen, die praktisch jede neutestamentliche Schrift durchgehend prägen. Die neutestamentlichen Schriften wollen das Heilshandeln Gottes durch Jesus, den Christus, und dessen Bedeutung für Israel und alle Menschen bezeugen. Damit tritt ein zweiter Brennpunkt neben den ersten. Der zweite, gesamtbiblische »Kreis« wird gewissermaßen zu einer Ellipse, dessen beide Brennpunkte von den neutestamentlichen Autoren in vielfacher Weise (etwa durch die Erfüllungsverweise, durch typologische Entsprechungen, durch die christologischen Hoheitstitel etc.) miteinander verknüpft werden. Die verschiedenen Formen der Verknüpfung folgen im Prinzip den Wegen und Möglichkeiten und auch den Voraussetzungen der frühjüdischen Schriftauslegung (etwa der auch in Qumran belegten Voraussetzung, dass die heiligen Schriften nicht nur Vergangenheits- sondern dass sie Gegenwartsbedeutung haben und ihre Erfüllung unmittelbar bevorsteht).

In den zahlreichen Studien zur biblischen Theologie wurde immer wieder deutlich, dass man zwar – etwa traditionsgeschichtlich und unter Berücksichtigung der frühjüdischen Auslegungstraditionen – ein hohes Maß an Verbindung zwischen Altem und Neuem Testament herstellen kann,[36] dass aber letzten Endes immer auch ein bekenntnishafter Aspekt dabei ist.

Die Frage nach Altem und Neuem konkretisiert sich in der Frage, was Jesus Neues brachte. Bekanntlich wurde hier zunehmend aufgezeigt, dass das Wirken und die Verkündigung Jesu weithin, wenn nicht gar vollständig aus dem Alten Testament ableitbar sind. Das ist ja auch das Anliegen der Evangelisten, die aber mit ihren Verweisen auf die Schrift doch auch noch mehr sagen wollen: Sie zitieren nicht nur die alten Texte und Erwartungen, sondern sie verweisen damit auf das Wirken Jesu. Freilich bleiben Schwierigkeiten, etwa die Frage, ob die dem sog. Doppelgebot der Liebe entsprechenden Zusammenstellungen in der rabbinischen Literatur wirklich älter oder zumin-

---

[36] So insbesondere bei Hartmut Gese; siehe dazu die Beiträge in: HARTMUT GESE, Vom Sinai zum Zion. Alttestamentliche Beiträge zur biblischen Theologie, BEvTh 64, München 1974; DERS., Zur biblischen Theologie (1976), Tübingen 1983. Ein interessantes Beispiel ist auch der frühjüdische Hintergrund der für Paulus so wichtigen Aussage, dass Gott Abraham berief und mit ihm den Bund schloss, als er noch Sünder war (Röm 4,5), die die frühjüdische Harmonisierung der Chronologie und damit die Verlegung des »Bundes zwischen den Stücken« (Gen 15) vor Gen 12 voraussetzt (siehe dazu SIEGFRIED KREUZER, »Der den Gottlosen rechtfertigt« (Röm 4,5) – Die frühjüdische Einordnung von Gen 15 als Hintergrund für das Abrahambild und die Rechtfertigungslehre des Paulus, ThBeitr 33 (2002), 208–219.

dest zeitgenössisch sind oder nicht doch erst Reaktionen auf die christliche Überlieferung. Wenn man die Position vertritt, dass im Alten Testament (und den frühjüdischen Schriften wie den Psalmen Salomos) schon alles vorhanden ist bzw. angekündigt wird, was Jesus tut und verkündigt und auch, was von ihm (einschließlich der ihm gegebenen Titel) gesagt wird, dann bleibt als das Neue die Person Jesu selbst, an der sich Zustimmung und Widerspruch vollziehen.

Wie auch immer man den Grad an Übereinstimmung bemisst, es bleiben doch auch Differenzen. Gewiss ist auch im Neuen Testament vom Gericht die Rede und vom bleibenden Vorrang Israels, aber sowohl dabei wie etwa auch beim kultischen Bereich (zu dem es allerdings auch schon im Alten Testament kritische Fragen gibt) gibt es nicht nur Fortsetzung sondern auch Änderungen und Brüche. – Darin setzen sich einerseits, wie es Gerhard von Rad aufgezeigt hat, die Veränderungen und Neuansätze fort, die es schon im Alten Testament gegeben hat, aber andererseits ist hier doch noch einmal etwas Neues, wie sich nicht zuletzt aus den zeitgenössischen Reaktionen und der Wirkungsgeschichte ergibt.

> Hier ist die These vom zweifachen Ausgang des Alten Testaments zu erwähnen, wie sie besonders von Rolf Rendtorff vertreten und im Titel *Die Hebräische Bibel und ihre zweifache Nachgeschichte*[37] der ihm gewidmeten Festschrift ihren Ausdruck gefunden hat. Dieses Bild stimmt in der großen Perspektive, und es hat nicht zuletzt das Anliegen, beiden Traditionen, der jüdischen wie der christlichen, gleichermaßen Berechtigung vom Alten Testament her einzuräumen. Im engeren zeitgenössischen Umfeld müsste man eigentlich von einer mehrfachen Nachgeschichte sprechen. Neben dem Jerusalemer Judentum stand das Samaritanische, das ebenfalls nicht nur im Heimatland, sondern auch in der Diaspora umfangreich vertreten war. Nicht unbedeutend ist, dass es in der frühjüdischen Zeit zumindest drei große Richtungen gab, die von Josephus als philosophische Strömungen im Judentum beschrieben wurden (Pharisäer, Sadduzäer und Essener). Nicht zuletzt unterschieden sich offensichtlich auch die westliche, von der Septuaginta mit geprägte, und die östliche, mesopotamische, Diaspora und hat es seine Konsequenz für die Entwicklung des Judentums, dass sich am Ende der Antike die talmudisch geprägte östliche Richtung durchsetzte.[38]

Auf dem Hintergrund der grundlegenden hermeneutischen Einsicht, dass Verstehen, auch das Verstehen historischer Texte, immer auch vom Standort des Betrachters und alleine schon von der Auswahl der Fragestellungen mit

---

37 ERHARD BLUM/CHRISTIAN MACHOLZ/EKKEHARD W. STEGEMANN (Hg.), Die Hebräische Bibel und ihre zweifache Nachgeschichte. Festschrift für Rolf Rendtorff zum 65. Geburtstag, Neukirchen-Vluyn 1990.

38 Interessant ist auch die nicht ganz neue aber nun auch explizit thematisierte Sicht, dass sich nicht nur das Christentum aus dem Judentum sondern (in manchen Aspekten) auch das Judentum aus dem Christentum entwickelte: PETER SCHÄFER, Die Geburt des Judentums aus dem Geist des Christentums. Fünf Vorlesungen zur Entstehung des rabbinischen Judentums, Tübingen 2010.

geprägt ist,[39] geht es letzten Endes darum, sich den eigenen Standpunkt und die daraus resultierenden Vorentscheidungen bewusst zu machen und sich im Sinn des hermeneutischen Zirkels dem gewählten Gegenstand möglichst angemessen anzunähern. Insofern ist ein »neutestamentlicher« Standpunkt für die Wahrnehmung des Alten Testaments ein durchaus legitimer, der die Chance hat, bestimmte Traditionen in besonderer Weise wahrzunehmen, so wie es die neutestamentlichen Autoren getan haben.

Allerdings ist es so, dass wir nicht zu neutestamentlichen Betrachtern werden, sondern wir nehmen diesen größeren Kreis bzw. diese Ellipse der biblischen Theologie von außen wahr, wir stellen ihn nach unseren Wahrnehmungen dar, und wir tragen unsere Fragen an die Texte heran.

Was diese hermeneutischen Perspektiven – zunächst für die Predigt aber darüber hinaus generell für den Umgang mit alttestamentlichen Texte und auch im Blick auf den heute erreichten Stand des christlich-jüdischen Gesprächs – bedeuten, hat Michael Meyer-Blanck schön zum Ausdruck gebracht: »Die Gotteserfahrung Israels erschließt sich uns in Christus, ohne dass diese Erfahrung im religionstheoretischen Sinn ‚besser' oder ‚höherwertiger' wäre... Die Gotteserfahrung in Christus ist aber auch nicht mit derjenigen Israels identisch. Sie ist vielmehr kontinuierlich und verbunden – aber sie ist eben auch von der Erfahrung Israels unterschieden. Die Wahrnehmung der Differenz muss nicht trennen, sondern kann gerade zur genaueren und achtsameren Wahrnehmung führen.«[40]

Zwischenbemerkung: Es wäre für die Praxis gewiss völlig unrealistisch, die hier dargestellten Erörterungen und Reflexionen und den noch folgenden dritten Schritt bei jedem Predigttext oder bei jeder anderen Beschäftigung mit alttestamentlichen Texten in voller Breite durchzuexerzieren. Andererseits geht es auch nicht ohne diese oder vergleichbare Reflexionen. Denn jeder Umgang mit biblischen und insbesondere auch mit alttestamentlichen Texten impliziert de facto Entscheidungen zu den hier angesprochenen Problemen. Auch fertige Predigt- oder Unterrichtskonzepte implizieren bestimmte exegetische und hermeneutische Entscheidungen. Der Rückgriff auf sie kann nicht die eigene Reflexion ersetzen.

Der primäre Ort für die hier angesprochenen Kenntnisse und Reflexionen, angefangen von alttestamentlicher Exegese und Theologie, ist die theologische Ausbildung. Im Studium der Theologie sind die nötigen Sachkenntnisse und hermeneutischen Überlegungen zu erwerben und in ersten Schritten einzuüben. Auf diesem Hintergrund wird dann viel des hier Erörterten in gewisser Weise intuitiv ablaufen, auch wenn die Praxis immer wieder von neuerlicher Vertiefung und Reflexion begleitet sein wird und muss.

---

39 Hans Georg Gadamer, Wahrheit und Methode. Grundzüge einer philosophischen Hermeneutik (1960), Tübingen [4]1975.
40 Meyer-Blanck (s. Anm. 21), 452.

3) Der dritte und äußere Kreis ist die gegenwärtige Wirklichkeit. Die Lebenswelt, in die hinein das biblische Wort zu vermitteln ist und aus der heraus Rückfragen an die biblischen Texte gestellt werden. Hier geht es dann nicht mehr nur um den historisch erhebbaren Sinn eines Textes, sondern um die existentielle Relevanz und Gültigkeit. Für diese existentielle Relevanz bedarf es der Vermittlung mit der jeweiligen Lebenswelt und damit einer reflektierten Umsetzung, die die Herausforderungen der Gegenwart bedenkt, aber auch deren Möglichkeiten und Begrenzungen. Ein Prediger/eine Predigerin sollte ein glaubwürdiger Zeuge sein für die existentielle Relevanz dessen, was er/sie auf der Grundlage des biblischen Textes vertritt, auch wenn die Frage, ob und wie das Gesagte dann auch für die Hörer relevant wird, nicht mehr in seiner/ihrer Verfügung steht.

Während es dagegen im Religionsunterricht zunächst »nur« um das Verstehen geht, so stellt sich doch auch dort die Frage nach der Sinnhaftigkeit und Relevanz für die gegenwärtige Lebenswelt und Weltdeutung. So wertvoll die Kenntnis biblischer Texte und Vorstellungen ist, so wichtig ist es, dass die darin enthaltenen Aussagen auch in der Gegenwart als sinnvoll und relevant zumindest wahrgenommen und verstanden werden können.

Bei dieser Weiterführung vom historischen Sinn zum Wirklichkeitssinn gibt es allerdings auch eine Gefahr, die gerade aus dem Schriftprinzip erwächst. Dieses Problem findet sich in Predigten aber auch in manchen Verlautbarungen insbesondere zu ethischen Themen und selbst in exegetischen Untersuchungen. Es geht um die Problematik, gegenwärtig Gewolltes oder Gewünschtes auch schon in der Bibel, nicht zuletzt im Alten Testament zu finden. – Wenn wir der Meinung sind, dass wir bestimmte Dinge heute anders sehen, bewerten und handhaben sollen oder wollen, dann sollen wir das sagen und offen die Gründe dafür anführen, seien es theologische, anthropologische, humanitäre oder andere. Aber wir sollen die biblischen Aussagen – auch dort wo sie (jedenfalls für uns heute) schwierig und problematisch sind - so stehen lassen, wie sie sind. Das gebietet die theologische Verantwortung und auch schlicht und einfach die intellektuelle Redlichkeit (und nicht zuletzt die Glaubwürdigkeit der Berufung auf die biblischen Texte).

Somit geht es in diesem dritten Kreis bzw. auf dieser dritten Ebene darum, die exegetisch erhobenen Aussagen in verantwortlicher Weise mit der gegenwärtigen Lebenswelt und Welterfahrung (z.B. auch naturwissenschaftlichen Erkenntnissen) in Verbindung zu bringen und sie – bei aller Unverfügbarkeit – glaubensproduktiv werden zu lassen.

Nicht nur und nicht erst hier, aber spätestens ab hier setzt die Aufgabe der Systematischen Theologie ein, und daher ist dieser Beitrag, der sich scheinbar nur mit Exegese und Homiletik beschäftigt, einem Systematiker gewidmet.

Der Körper des Auferstandenen in der wahren Fiktion der Evangelien

Oder: Das schöpferische Wort des Abwesenden

François Vouga

1. Die Auferstehung - ein Problem?

Wer glaubt noch an die Auferstehung?[1] An die Auferstehung der Toten überhaupt, natürlich? Aber auch an die Auferstehung Jesu, wie sie die Evangelien erzählen? Die moralische Autorität der Lehre Jesu genießt hohe Anerkennung, man denke an die Bergpredigt. Aber schon der mögliche Sinn seines Todes bleibt unklar. Wurde er an unserer Stelle geopfert, wie das Mittelalter es erklärt hat?

Diese Vorstellung ist in der gegenwärtigen Kultur unverständlich geworden. Die sehr verschiedenen Interpretationsmodelle des neutestamentlichen Kanons laden uns allerdings ein, sie zu vermeiden, und wir dürfen sie mit guten Gründen und mit Recht aufgeben.[2] Wie können aber Paulus und die Evangelien schreiben, dass Jesus »für uns« gestorben ist? Welchen vernünftigen Sinn und welche Aktualität kann diese zentrale Aussage noch haben? Was bringt uns denn dieser Tod?

Eine vernünftige, logische und nachvollziehbare Beantwortung dieser Frage setzt den Osterglauben voraus. Um es mit Paulus zu formulieren: Der Herr hat sich sehen lassen (1 Kor 9,1; 15,3–5); oder: den Gekreuzigten, den das Gesetz verfluchte (Gal 3,13 zitiert Dtn 21,23), hat Gott als seinen Sohn geoffenbart (Gal 1,12.16). Die grundlegenden Bekenntnisformeln des Neuen

---

[1] Lieber Johannes, dieser Beitrag ist in der Kontinuität unserer gemeinsamen Vorlesungen als dankbarer Dialog mit Dir gedacht und geschrieben. Anders als im Dialog, den Sebastien Castellion mit dem anderen Johannes – Calvin – führte und veröffentlichen wollte, werden aber Deine Antworten und Deine Fragen nicht regelmäßig und vollständig zitiert. Sie sind aber, dachte ich, ohne Schwierigkeit in Wilfried Joest/Johannes von Lüpke, Dogmatik I: Die Wirklichkeit Gottes, UTB 1336, Göttingen [5]2010, 244–256 zu lesen.

[2] Lieber Johannes, die exegetischen Begründungen kennst Du und könnte man finden in Martin Stiewe/François Vouga, Bedeutung und Deutungen des Todes Jesu im Neuen Testament. Ein theologischer Essay, NET 19, Tübingen 2011, oder in: François Vouga/Jean-François Favre, Pâques ou rien. La Résurrection au coeur du Nouveau Testament, Essais bibliques 45, Genève 2010.

Testaments verleihen der absoluten Singularität der Auferweckung – oder der Auferstehung – des Gekreuzigten den zentralen Platz, und die Verkündigung der Auferstehung des Gekreuzigten bildet den Grund des christlichen Glaubens. »Er ist wahrhaftig auferstanden!« So wird es Ostern immer noch verkündigt. Aber was bedeutet genau dieses Bekenntnis? Was meint genau, dass Christus »auferstanden« ist? Offensichtlich nicht einfach, dass er wiederbelebt worden wäre. Und auch nicht nur, dass er in der Erinnerung der Jünger lebhaft bleibt, wie jeder geliebte Mensch. Aber dann, warum »wahrhaftig«? Worin besteht genau der Wahrheitscharakter der Osterbotschaft?

2. Fiktion, Wahrheit und Wirklichkeit

Es wäre historisch und sachlich inexakt, zu schreiben, dass die Osterbotschaft für die Moderne und nach der Aufklärung an Plausibilität verloren habe. Paulus wusste von Anfang an, dass das Wort des Kreuzes, die befreiende Verkündigung der Auferstehung des Gekreuzigten, eine Torheit war, die den Rationalismus durch eine andere Rationalität in Schach setzten muss (1 Kor 1,18–3,4). Daher könnten wir vermuten, dass die Paradoxalität der Osterbotschaft vielmehr an Deutlichkeit für uns – oft – und sicher für unsere Zeitgenossen verloren hat. Als eine denkbare Erklärung schlage ich die Hypothese vor, dass unsere Schwierigkeit, sie zu verstehen, an einer typisch post-aufklärerischen, modernen Naivität des kritischen Geistes in Bezug auf die göttliche Gabe der menschlichen Fiktion und an einer doppelten Verwechslung von Fiktionalität und Nicht-Wahrheit einerseits und solidarisch dazu von Fiktionalität und Nicht-Wirklichkeit andererseits liegt. Gibt es etwas Wirklicheres als die menschliche Fiktion?

3. Die Körpersprache als schriftstellerisches Mittel der Dichtung der Evangelien

Was wollen die poetischen Schriftsteller schreiben, die die Evangelien verfasst haben, wenn sie die Osterszenen komponieren? Beim Lesen stößt man auf die erste Paradoxie, dass ihre dramatischen Darstellungen zwar intertextuell miteinander verbunden sind und literarisch nicht völlig unabhängig voneinander entstanden sein können, aber dass sie trotzdem vier verschiedene Geschichten, die sich manchmal direkt widersprechen, nach ihren jeweiligen Vorstellungen anbieten. Daraus können wir ableiten, dass ihre Erzählabsicht nicht darin bestand, einen historischen Bericht der *res gestae* des Ostertages zu überliefern, sondern vielmehr, eine freie Interpretation der Osterbotschaft in der erzählerischen und gedanklichen Kontinuität der Gesamtdarstellung des Evangeliums zu entwerfen. Daraus folgt, dass die erzählerische Komposition der Ostergeschichte jedes einzelnen Evangeliums für sich als literarisches Werk, das heißt auch als eine poetische Fiktion, die sich als Deutung des Gründungsereignisses vorstellt, gelesen werden und dass sie auch nach ihrer eigenen Aussage gefragt werden soll.

Dabei stößt man aber beim Lesen auf neue Paradoxien, die dieses Mal die Darstellung der Person des Auferstandenen innerhalb der logischen Kohärenz der einzelnen Dichtungen betreffen: Es fällt nämlich nicht nur auf, dass die vier kanonischen Evangelien das Osterereignis voraussetzen und verkündigen, aber nicht erzählen, sondern auch, dass sie die Erscheinungen des Auferstandenen inszenieren, ohne die verschiedenen Vorstellungen der literarischen Fiktion zu vereinheitlichen. Wo und wer ist Jesus an Ostern? Wo und wie ist er präsent? Wie gibt er sich zu sehen und wo ist sein Körper? Er erscheint durch verschlossene Türen und er verschwindet beim Brotbrechen, aber ist kein Geist und hat Knochen und Fleisch. Die beiden Jünger erkennen ihn nicht wieder, Maria darf ihn nicht anfassen, »noli me tangere«, weil er zum Vater zurückkehrt, aber er lädt Thomas ein, seine Finger in seine Wunden zu legen. Widersprüche herrschen in dieser Körpersprache. Wie ist also die evangelische Körpersprache des Auferstandenen zu verstehen?[3]

3.1 Die poetische Fiktion des Markusevangeliums: Jesus ist nicht mehr da – wegen eines Termins mit ihren Lesern

Markus löst paradox das Problem der Realpräsenz des Auferstandenen durch seine körperliche Abwesenheit: Die Ostergeschichte stellt sich – zusammen mit der Passionsgeschichte des Täufers (Mk 6,14–29) – als die einzige Episode des Markusevangeliums dar, in der Jesus nicht erscheint. Diese Abwesenheit des Auferstandenen ist auch kein Nebenthema der Erzählung, die diese erste Biographie des Auferstandenen abschließt. Denn das Osterereignis besteht in der körperlichen Präsenz eines anonymen jungen Mannes und in seiner Verkündigung. Wer ist er? Auf jeden Fall eine Figur des Vertrauens, zu welchem das ganze Evangelium einlädt: »Habt Vertrauen in Gott« (Mk 11,22). Muss er ein anderer sein als der junge Mann, der in Mk 14,51–52 nackt geflohen war, und den der Dichter jetzt weiß bekleidet hätte? Nicht unbedingt. Der Leser braucht sich nicht zu entscheiden. Die Aussage ist klar: Das Objektivierbare Faktum, das der Anfang des neuen Tages (Mk 16,2, cf. Mk 1,1!) und das Wunder des gerollten Steines (Mk 16,4) ankündigen, sind nicht die Aufer-

---

[3] In der Einleitung in die neutestamentlichen Osterberichte liest Du und definierst Du diese Erzählungen als die »Berichte der Erscheinungswiderfahrnisse in den Evangelien« (Joest/von Lüpke [s. Anm. 1], 246), während ich lieber von der literarischen Fiktion rede, die verschiedene Schriftsteller komponiert haben. Wenn ich Dein Anliegen richtig verstehe, möchtest Du zunächst auf einen historischen Hintergrund der Erzählungen verweisen, der ihnen ihren Wahrheitsgehalt verleiht, während ich die Logik des kritischen Denkens, das in den vier Evangelien seine literarische Form annimmt, als das Wort verstehen möchte, worauf das christliche Vertrauen – der Glaube – gründet. Scheint Dir diese hermeneutische Haltung zu skeptisch? Die Fiktionalität ändert aber nichts, wie wir beide wissen, an der Wahrheit und an der Veränderungskraft des Wortes.

stehung und die Präsenz Jesu, sondern die im jungen Mann personifizierte Präsenz und das subjektive Bekenntnis des Vertrauens (Mk 16,5–7):

(5) Und
    als sie in das Grab hineingegangen waren,
sahen sie einen jungen Mann
    – rechts sitzend
    – mit einem weißen Gewand bekleidet,
und sie erschraken.

(6) Er sagt zu ihnen:
    »Erschrekt nicht!
    Jesus sucht ihr
        – den Nazarener
        – den Gekreuzigten.
    Er ist auferweckt worden,
        er ist nicht da.
            Sieht den Ort,
                wo sie ihn hinlegten.
    (7) Aber geht hin,
    sagt seinen Jüngern und Petrus,
        dass er euch nach Galiläa vorangeht.
    Dort werdet ihr ihn sehen,
        wie er euch gesagt hat.«

Die Botschaft des Vertrauens deutet zunächst den Gang der Frauen zum leeren Grab um: Sie kamen, um die Geschichte Jesu sauber mit einer ordentlichen Salbung abzuschließen, und der junge Mann erklärt ihnen jetzt, dass sie Jesus den Gekreuzigten suchen: den geliebten Sohn, der seine Seele nicht retten wollte (Mk 8,34–38), indem er vom Kreuz nicht herabgestiegen ist (Mk 15,29–32), sondern sein Vertrauen geoffenbart hat, indem er sie dahin gegeben hat (Mk 10,45). Die Form im Perfekt ist die gleiche wie in 1 Kor 2,2: Das doppelte Ereignis des Todes und der Osterbotschaft hat ihn zum Gekreuzigten des christlichen Bekenntnisses gemacht.

Als Korollarium folgt nun, dass er nicht mehr da sein kann, wo er auf die Bitte von Joseph von Arimathea hingelegt wurde, weil er den Termin wahrnimmt, den er mit seinen Jüngern vereinbart hatte: Ihnen in Galiläa voranzugehen (Mk 14,28), um mit ihnen zusammen und mit dem Leser den neuen Wein zu trinken (Mk 14,25). Der Leser hat nämlich verstanden, dass die Prolepse, die auf Galiläa verweist, die Bedeutung eines *Da Capo* hat: Die Realpräsenz des Auferstandenen nimmt die literarische Form des Anfangs, die in seiner markinischen Biographie vergegenwärtigt wird.

These 1

Der Personenwechsel, der durch die Körpersprache des markinischen Osterevangeliums inszeniert wird – die Frauen laufen zum Körper Jesu und finden das Bekenntnis und die an sie gerichtete Verkündigung des vertrauenden jungen Mannes – verweist auf den intersubjektiven Charakter der Realpräsenz: Die Realpräsenz des Auferstandenen existiert nicht als feststellbares Faktum oder in Gegenständen, sondern entsteht im Vertrauen.

3.2 Die poetische Fiktion des Lukasevangeliums: Der Auferstandenen hat keinen anderen Körper als der historische Jesus

Die Reflexion über den hermeneutischen Umgang mit der Körpersprache des Auferstandenen findet sich mitten in den lukanischen Ostererzählungen.

Lukas 24,1–11

Lukas lenkt sofort die Aufmerksamkeit des Lesers auf das Problem des Körpers hin. Er führt sehr schnell die Frauen in das Grab hinein, und, ohne den Spannungsbogen der markinischen Erzählung dort angekommen, werden sie sofort auf die Paradoxie der körperlichen Abwesenheit hingewiesen: Was entdecken nämlich seine Frauen im Grab? Die Abwesenheit des Körpers (Lk 24,2–3). Lukas weiß spätestens vom Matthäusevangelium (Mt 28,11–15), dass das leere Grab keinen Beweis[4] für die Auferstehung liefern kann. Das Anliegen des Schriftstellers ist also ein anderes. Die Körpersprache des lukanischen Auferstandenen findet ihre Kohärenz in einer hermeneutischen Wahrheit: Zu den notwendigen Voraussetzungen der Verkündigung der universalen Realpräsenz des Auferstandenen gehört, dass er weder Körper noch Leichnam hat. Der Körper Jesu muss weg sein, damit er präsent sein kann, und ein Leichnam würde seine Gegenwart in Relikten vergegenständlichen.

Als Begründung für die Notwendigkeit der Abwesenheit des Körpers des universal präsenten Auferstandenen gibt das Evangelium eine allerdings noch definitionsbedürftige Gegenüberstellung der Begriffe des Lebens und des Todes an (Lk 24,2–7):

(2) Sie fanden aber den Stein weggewälzt vom Grab.
(3) Aber,
    hineingegangen
fanden sie den Körper des Herrn Jesus nicht.
(4) Und es geschah, während sie ratlos dastanden,
und siehe,
zwei Männer in blitzendem Gewand standen vor ihnen.
    (5) Sie von Furcht ergriffen
    und das Gesicht zur Erde neigend,

---

[4] Zu der Beobachtung, dass das leere Grab kein Beweis der Auferweckung wäre, fügst Du, lieber Johannes, mit Recht hinzu dass »das *nicht* leere Grab Jesu [ebenso wenig] ein Beweis gegen seine Auferweckung« wäre (Joest/von Lüpke [s. Anm. 1], 250). Diese Abkoppelung der - nur subjektiv durch Vertrauen oder Unglauben beantwortbaren – Frage der Wahrheit der Osterbotschaft von der hypothetischen Gegebenheit eines objektiv leeren oder nicht leeren Grabes gibt den Evangelien die Möglichkeit, das leere Grab als literarisches Motiv der Reflexion über die Bedeutung von Ostern zu verwenden.

sagten die Männer zu ihnen:
Was sucht ihr den Lebenden bei den Toten?
(6) Er ist nicht hier,
sondern er ist auferweckt worden.
erinnert euch,
wie er zu euch gesagt hat, als er noch in Galiläa war:
(7) Der Menschensohn muss
– in Hände sündiger Menschen ausgeliefert werden
– und gekreuzigt werden
– und am dritten Tag auferstehen.

Die erste Erklärung der Gegenüberstellung zwischen dem Lebenden und den Toten besteht in der Anamnese dessen, was der historische Jesus in Galiläa angekündigt hatte: Er sollte ausgeliefert und gekreuzigt werden (passiv), um dann aufzustehen (aktiv). Präzise in dem Augenblick, an dem die Fiktion des Markusevangeliums eine wahrheitsgründende Identität des österlichen Jesus, der bereits nach Galiläa unterwegs war, mit dem Gekreuzigten herstellte, baut die Fiktion des Lukasevangeliums eine sinngebende Diskontinuität zwischen dem gestorbenen, in seinem Körper lokalisierten Jesus, und dem »Lebenden«.

These 2
Das Lukasevangelium setzt zunächst die Körpersprache des Auferstandenen als Stilmittel ein, um die Diskontinuität und die Identität zwischen der vergangenen Geschichte des historischen Jesu und der Universalität der transzendenten Realpräsenz des »Herrn« miteinander zu verbinden.

Lukas 24,13–32
Die lukanische Geschichte geht aber weiter: Die Körpersprache spielt wiederum eine entscheidende Rolle in der lukanischen Emmauslegende, die unmittelbar folgt. Zwei auffällige szenische Anweisungen, die die Novelle umrahmen, erklären die Logik, die ich in der dramatischen Dialektik des Nicht-Wiedererkennens und des Erkennens oder, vom Körper her gesehen, der Unsichtbarkeit und der Sichtbarkeit offenbart: Die Augen der beiden Jünger werden festgehalten (passiv), damit sie Jesus nicht erkennen oder wiedererkennen können, so lange er körperlich anwesend bleibt (Lk 24,15–16), und sie werden dann aufgemacht, damit bzw. sodass sie seine Präsenz erkennen und bekennen, sobald er als körperliche Präsenz verschwunden ist (Lk 24,30–32):

(15) Und es begab sich,
während sie redeten und miteinander disputierten,
näherte sich Jesus selbst und wanderte mit ihnen.
(16) Und ihre Augen waren festgehalten,
damit sie ihn nicht erkennen.
[...]
(30) Und es geschah,
als er mit ihnen sich zu Tische niedergelassen hatte,
nehmend das Brot

dankte er
und,
nachdem er es gebrochen hatte,
verteilte er es ihnen.
(31) Ihre Augen wurden aufgemacht,
und sie erkannten ihn.
Und er selbst verschwand vor ihnen.
(32) Und sie sprachen zueinander:
» Brannte nicht unser Herz in uns,
als er zu uns auf dem Weg redete,
wie er uns die Schriften erschloss?«

Die Zusammenfassung der Szene im zweiten Schluss des Markusevangeliums sucht die Plausibilität der Nicht-Wiedererkennung in der Veränderung der Physionomie des Auferstandenen (Mk 16,9–20). Der lukanischen Fiktion ist aber eine solche prosaische und rationalistische Erklärung völlig fremd. Mit Fantasie hat sie vielmehr eine intelligente literarische Lösung gefunden, um die Transzendenz der universalen Realpräsenz des Auferstandenen erzählen zu können. Das rein literarische Motiv der notwendigen Unsichtbarkeit des Körpers variiert das Bekenntnis seiner Abwesenheit. Sie offenbart nämlich die qualitative Diskontinuität zwischen der vergangenen Zeit, in der Jesus die Kraft Gottes in seinem Körper ausübte (Lk 5,17!), und der neuen Epoche der Universalität des Geistes, die jetzt anfängt: Das Ostervertrauen versteht sich weder als Kontinuität einer Spielverlängerung – am besten würden dann die beiden Emmausjünger ein Bier mit Jesus trinken gehen: »Wo warst Du denn die ganze Zeit?« – noch als Reliquienkult: Er ist der Lebendige und soll nicht unter den Toten gesucht werden.

Lukas 24,36–43
Nachdem die lukanische Erzählung die universale Realpräsenz des Auferstandenen von der lokalen und zeitlichen Kontingenz der Geschichte des historischen Jesus, der Auslieferung, der Kreuzigung und des Grabes mit den literarischen Motiven der Abwesenheit des Körpers und der Unsichtbarkeit des Auferstandenen unterschieden hat, stellt sich die Frage seiner Identität mit der historischen Person Jesu von Nazareth. Um sie zu beantworten setzt das Lukasevangelium wiederum – und notwendigerweise – die Körpersprache ein, denn die Identität der Person mit sich selbst ist mit ihrem Körper verbunden und ist als ihr Körper erkennbar. Die lukanische Fiktion tut es, indem sie dieses Mal die Materialität des Körpers des Auferstandenen betont: Der Auferstandene ist kein bloßer Geist, sondern weil er mit dem historischen Jesus, den die Jünger kannten, identisch bleibt, muss er Hände, Füße, Fleisch und Knochen haben und ein anfassbarer und funktionsfähiger Körper sein. Um es zu beweisen, nimmt er am gastronomischen Abendmahl der elf Jünger teil und isst vor ihnen die Delikatesse – den Fisch mit Honig –, den sie ihm anbieten (Lk 24,36–43):

(36) Während sie noch darüber redeten, trat er selbst in ihre Mitte.
(37) In Angst und Schrecken geraten, meinten sie, einen Geist zu sehen.
(38) Und er sagte zu ihnen:
»Was seid ihr so erschüttert,
und warum steigen solche Auseinandersetzungen in euren Herzen auf?
(39) Seht meine Hände und Füße, dass ich selbst es bin!
Fasst mich an und seht,
dass ein Geist kein Fleisch und keine Knochen hat,
wie ihr seht, dass ich es habe«.
(41) Da sie aber aus Freude noch kein Vertrauen hatten und staunten, sagte er zu ihnen:
»Habt ihr etwas zu essen hier?«
(42) Da gaben sie ihm einen Teil gebratenen Fisches und von Bienenhonig;
(43) und, nehmend, aß er vor ihnen.

These 3
Die Logik und die Kohärenz der Körpersprache innerhalb der literarischen Fiktion der Evangelien befindet sich weder in der Einheitlichkeit der Vorstellungen noch in der Kompatibilität der Bilder, sondern in der Nicht-Widersprüchlichkeit der Aussagen, die sie formulieren.[5]

Für Markus war klar, dass der Auferstandene, der den Leser nach Galiläa zum neuen Wein einlud, mit dem Gekreuzigten identisch war, der seine Seele nicht hatte retten wollen, sondern durch sein Vertrauen die Wahrheit der menschlichen Existenz geoffenbart hatte. Den Dichter interessierte dagegen überhaupt nicht, ob Jesus mit oder ohne Körper nach Galiläa unterwegs war und wo genau der Körper gelandet war, den man ins Grab gelegt hatte.

Und der Sinn der lukanischen Erzählung war, denke ich, zu verdeutlichen, dass die frohe Botschaft der Auferstehung präzise deswegen keine bloße Zugabe der vergangenen Zeiten sein konnte, weil der Auferstandene mit dem Erlöser identisch war, der in Bethlehem geboren wurde (Lk 2,1–21; 2,25–35). Deswegen konnte auch innerhalb ihrer Komposition der zunächst verschwundene und dann unsichtbare Körper sein Fleisch und seine Knochen zeigen, und der plötzlich abwesende Begleiter Fisch mit Honig – eine Delikatesse der antiken Gastronomie – essen.

---

[5] Du siehst auch diese verschiedenen Widersprüche in und zwischen den Ostererzählungen und sprichst von einer sachlichen Spannung innerhalb der Osterberichte, die die Frage der Leiblichkeit betrifft (vgl. Joest/von Lüpke [s. Anm. 1], 246). Unsere Erklärungsmodelle sind aber konträr: Du erklärst nämlich diese gewissen Kontraste durch die verschiedenen Traditionen, die die Evangelien rezipiert haben, Du vermutest, dass ihre Redaktoren keine Widersprüche gesehen haben, und dass die Unterschiede in der Darstellung des Wie der Erscheinungswiderfahrnisse auf das Geheimnis des Geschehens hindeuten könnte. Ich sehe kein Geheimnis, sondern vielmehr die kreative Arbeit von Denkern, die mit literarischen Mitteln versuchen, die Bedeutung von Ostern klar zu verstehen und zu vermitteln.

3.3 Die poetische Fiktion des Johannesevangeliums: Die Fleischwerdung des Logos

Der durch die lukanische Fiktion aufgebaute Kontrast zwischen der Abwesenheit des Körpers des Auferstandenen oder seiner Unwiedererkennbarkeit und Unsichtbarkeit einerseits (Lk 24,1–32) und, auf der anderen Seite, seiner Fleischlichkeit (Lk 24,36–43) findet eine erste Radikalisierung in den Osterszenen des Johannesevangeliums. Der Dichter, der die schlechthinnige Paradoxie des Fleisch gewordenen Logos erfunden hatte (Joh 1,14), gestaltet entsprechend die beiden Dialoge Jesu mit Maria Magdalena, in dem er auf seine Einheit mit dem Vater hinweist (Joh 20,14–18), und dann mit Thomas, in dem er die Identität des himmlischen Gottessohnes mit dem Gekreuzigten und dadurch die Körperlichkeit seines Menschgewordenseins zur Falsifikation anbietet (Joh 20,26–29).

Johannes 20,14–18

(14) Als sie dies gesagt hatte,
wandte sie sich um und beobachtete Jesus dastehend,
und sie wusste nicht, dass es Jesus ist.
(15) Jesus sagt zu ihr:
»Frau, warum weinst du? Wen suchst du?«
Sie, meinend, dass er der Gärtner war, sagt zu ihm:
»Herr, wenn du ihn weggetragen hast,
sage mir, wo du ihn hingelegt hast, und ich werde ihn holen«
(16) Jesus sagt zu ihr:
»Maria«
Sie wendet sich um und sagt zu ihm auf Hebräisch:
»Rabbuni«, das heißt: Meister!
(17) Jesus sagt zu ihr:
»Rühre mich nicht an,
denn ich bin zum Vater noch nicht aufgestiegen.
Geh zu meinen Brüdern und sage ihnen:
Ich steige auf
zu meinem Vater und eurem Vater
und meinem Gott und eurem Gott.«
(18) Maria Magdalena geht,
den Jüngern verkündigend,
dass ich den Herrn gesehen habe
und dass er ihr dies gesagt hatte.

Das literarische Motiv der Nichtwiedererkennbarkeit des Körpers des Auferstandenen hat Johannes von Lukasevangelium. Diese erste Idee hat er aber in der Durchführung des Dialogs systematisch in eine christologische Bestimmung weiterentwickelt. Der Dichter verbietet nämlich Maria Magdalena, den Auferstandenen zu berühren, und als Grund dafür gibt er an, dass er noch nicht zum himmlischen Vater aufgestiegen ist. »Noch nicht« ist weder zeitlich noch räumlich gemeint, als ob Jesus gerade unterwegs unterwegs wäre, sondern, wie es Fra Angelico wunderbar gesehen hat, dieses »Noch nicht« definiert seine Identität: Er ist der vom Himmel herabgestiegene Gottessohn, der seit Joh 13,1 zum Vater erhöht wird (Joh 3,14; 8,28; 12,42) und zum Vater zurückkehrt (Joh 7,33–36; 8,21–22; 13,31–33).

Johannes 20,26–29

Aber das Wort, das bei Gott und zu Gott hin und Gott selbst war, wurde Fleisch, wohnte unter uns, und wir sahen seine Herrlichkeit (Joh 1,1–18). Er offenbarte sich nicht in einem Mythos, sondern in einer singulären Person, und die Transzendenz des Vaters vergegenwärtigte sich in der Singularität des Körpers, so dass der Auferstandene Thomas, der im Johannesevangelium die gerechtfertigten Zweifel des kritisch denkenden Menschen verkörpert, problemlos einladen kann, seine Identität mit den Fingern zu überprüfen (Joh 20,26–29):

(26) Und nach acht Tagen
waren seine Jünger wieder drinnen,
und Thomas war mit ihnen.
Jesus kommt,
während die Türen verschlossen sind,
und trat in die Mitte und sprach:
»Euch Friede!«
(27) Dann sagt er zu Thomas:
»Trage deinen Finger hierher
und siehe meine Hände,
und trage deine Hand und werfe sie in meine Seite,
und werde nicht ungläubig, sondern gläubig!«
(28) Thomas antwortete und sprach zu ihm:
»Mein Herr und mein Gott!«
(29) Jesus sagt zu ihm:
»Weil du mich gesehen hast,
hast du geglaubt.
Selig die,
die, nicht sehend, geglaubt haben.«

These 4

Das johanneischen Osterszenen radikalisieren die paradoxe Körpersprache des Lukas. Der Körper des Auferstandenen offenbart sich als unberührbar, weil seine Person nicht zu dieser Welt gehört, sondern zum absoluten Anders-Sein des himmlischen Vaters. Aber gleichzeitig offenbart sich die Realpräsenz des Vaters – die Wahrheit der Transzendenz, auf der die Wirklichkeit der Wirklichkeit gründet –, in keiner allgemeinen Theorie (Religion, Moral, Politik, Ideologie, Philosophie), sondern in der universalen Singularität der historischen und körperlichen Person Jesus von Nazareth.

4. Fiktion – ein Problem?

Die poetische Fiktion des Markusevangeliums hat den Grund der hermeneutischen Reflexion gelegt, indem sie die absolute Singularität des Ostermorgens als den Augenblick eines Bekenntnisses und einer Aufforderung zur existentiellen Haltung des Vertrauens darstellt. Die Dichtung schafft ein Faktum und dieses Faktum besteht in der Einladung des Lesers zum neuen Wein nach Galiläa. Die markinische Einladung des Lesers zum Vertrauen ist aber die Form der literarische Fiktion, die der Dichter seinem eigenen Bekenntnis gegeben hat, und dieses Bekenntnis ist genauso ein Faktum wie das Bekenntnis des Apostels, der den Korinthern und der ganzen Christenheit schreibt (1 Kor 1,1–2), dass er den Herrn gesehen hat (1 Kor 9,1; 15,1–11).[6]

These 5

Die Frage: ›Wer glaubt noch an die Auferstehung?‹ sollten also die Leser der Paulusbriefe und der Evangelien präziser formulieren: Wer vertraut auf die Realpräsenz des abwesenden Gekreuzigten aufgrund des Vertrauens und der Einladung zum Vertrauen, das uns als Präsenzwiderfahrnis in den Bekenntnissen der Apostelbriefe und der literarischen Komposition der Evangelien mitgeteilt wird? Das Wahrheitskriterium ihrer Botschaft liefert auch kein anderes Faktum als die Tatsache, dass sie bekennen, die Präsenz des Abwesenden erfahren zu haben, und dass die literarische und fiktionale Form ihres Bekenntnisses dem Leser Anlass geben kann, um mit Søren Kierkegaard zu reden, die Gegenwart des neuen Weins in Galiläa zu erfahren.

---

[6] Du stellst gegenüber, lieber Johannes, das tatsächliche Geschehen der Erscheinungserlebnisse und die Tradition des leeren Grabes, die »vielfach als legendär beurteilt wird«. (Joest/von Lüpke [s. Anm. 1], 245). Aber bildet der Begriff der Legende einen Gegensatz zur »Tatsache«, oder beschreibt er eine Art der Vermittlung? Paulus verrät uns übrigens auch nicht, was die ersten Zeugen und er selbst »gesehen« haben.

Die Mehrdimensionalität der Abraham- und Sara-Verheissungen

Jesu Verheißung der Tischgemeinschaft mit Jakob-Israel, Hagar-Ismael und allen Völkern (Mt 8,11f)

Bertold Klappert

Der vorliegende Beitrag ist meinem langjährigen Kollegen Johannes von Lüpke gewidmet.

Wir, lieber Johannes, haben in den langen Jahren der Zusammenarbeit in der Systematischen Theologie nicht nur verständnisvoll, ja sogar friedfertig und freundschaftlich miteinander gearbeitet, was nicht zuletzt ein Proprium unserer Kirchlichen Hochschule Wuppertal-Bethel ist. Wir haben uns auch in unseren Fächern und Schwerpunkten der Forschung gut ergänzt. Du warst und bist, um nur ein Beispiel zu nennen, in der Akademie Bonn-Bad Godesberg besonders im Themenschwerpunkt »Theologie und Naturwissenschaft«, ich bin ebenfalls dort im Themenschwerpunkt »christlich-jüdischer und christlich-islamischer Dialog« vertreten.

Aber wir haben nicht nur parallel und jeder für sich verschiedene Forschungsschwerpunkte bearbeitet, sondern wir haben auch in der Systematischen Sozietät eng zusammengearbeitet. Wir haben zwar von verschiedenen Traditionen und Voraussetzungen her argumentiert, waren uns aber doch im Grundverständnis einer gesamtbiblischen Grundlegung der Theologie, der Orientierung an der Reformation und ihrer Auslegung in der *Barmer Theologischen Erklärung* einerseits und im Verständnis eines von Luther und Calvin her gelesenen Karl Barth und umgekehrt andererseits einig.

Ja wir haben sogar, was tieferes kollegiales und menschliches Vertrauen voraussetzt, die von Dir in verdienstvoller und uneigennütziger Weise völlig neu überarbeitete Dogmatik von Wilfried Joest und die von mir besonders geschätzte Systematische Theologie meines Freundes Hans-Joachim Kraus in der Sozietät verglichen, kontrovers diskutiert und gewertet.

Ich werde Dich auf dem Gelände des heute mit dem Kürzel »ThZW« benannten sog. »Heiligen Berges«, der früher einmal mit »Kirchliche Hochschule« beschildert war, als Mensch und Fachkollegen vermissen.

GOTT mache Deinen weiteren WEG persönlich, familiär und wissenschaftlich gut! GOTT wird es auch tun.

Dein Bertold

Wie durch eine Türschwelle tritt man mit dem ersten und grundlegenden Satz des Matthäusevangeliums in das Neue Testament ein: »Genealogie des Messias Jesus, der Sohn Davids, der Sohn Abrahams« (Mt 1,1). Es folgt eine Genealogie von dreimal 14 Generationen, die von Abraham bis Joseph, dem genealogischen Vater Jesu, dreimal die Davidszeit[1] verheißungsgeschichtlich abschreitet.

1. Jesus – Davidsohn und Siegel der Propheten

Jesus – der Sohn Davids: Der jüdische Neutestamentler David Flusser hat darauf hingewiesen, dass es, wie archäologische Funde zeigen, im letzten Jahrhundert des Zweiten Tempels jüdische Familien gab, die ihren Stammbaum auf David zurückführen konnten.[2] Dabei präfigurieren die in dem Stammbaum Mt 1,1–17 genannten und aus den Völkern stammenden Frauen (Thamar, Rahab, Ruth, Baatseba) nicht die Völkerwallfahrt zum Zion, sie weisen auch nicht auf den Plan JHWHs hin, »das Gottesvolk aus Israeliten und Nichtisraeliten zu schaffen«,[3] wie Walter Grundmann, Leiter des Eisenacher Institutes zur Entjudung der Bibel während der Nazi-Diktatur in altbekannter antijüdischer Tradition behauptete. Sondern sie erzählen von dem Eintritt von Proselytinnen in das Volk Israel, der diese im Vollsinn zu Jüdinnen und zu einem Teil des Volkes Israel macht, aber nicht »zum Gottesvolk« aus Juden und Heiden, wie Grundmann wollte. Auch haben, wie Flusser weiter berichtet, die römischen Herrscher Vespasian, Domitian und Trajan noch im ersten Jahrhundert n.Chr. »die davidische Königsfamilie so gründlich verfolgt, daß kein einziger Nachfahre mehr übrigbleiben sollte«.[4] So kann angenommen werden, dass auch die Jesus-Genealogie nicht einfach frei erfunden wurde, sondern historisch glaubhaft ist. Genealogische Aussagen sind für die Bibel nicht beliebig, dürfen in ihrer Bedeutung nicht minimiert oder generalisiert werden, wie in der theologisch-antijüdischen Tradition durchgängig geschehen ist und bis heute geschieht. Die israelitisch-jüdische Genealogie in der Hebräischen Bibel, im Judentum und im Neuen Testament ist nicht alles (Röm 2,28f), wie die Berufungsgeschichte des Messias Jesus, seine Berufung durch den Heiligen Geist JHWHs zeigt. Aber ohne Genealogie wird die Geschichte des Messias Jesus für Israel und alle Völker generalisiert. Denn der Logos wurde nicht abstrakt »Mensch«, sondern »jüdisches Fleisch«.[5]

Auch Flusser schreibt in seinem frühere Thesen korrigierenden Vorwort zur russischen Übersetzung seines Buches *Jesus* (1990): »Wenn es stimmen sollte, dass Jesus ein Nachkomme des König Davids gewesen ist, dann war er

---

1 דוד hat den Zahlenwert 14.

2 Vgl. David Flusser, Familien vom ›Haus Davids‹ in der Zeit Jesu, in: ders., Entdeckungen im Neuen Testament, Bd. 2: Jesus – Qumran – Urchristentum, hg. v. Martin Majer, Neukirchen-Vluyn 1999, 179–184.

3 Walter Grundmann, Das Evangelium nach Matthäus, THKNT 1, Berlin 1971, 62.

4 Flusser (s. Anm. 2), 182.

5 Karl Barth, KD IV/1, 161. Vgl. Jochen Denker, Das Wort wurde messianischer Mensch. Die Theologie Karl Barths und die Theologie des Johannesprologs, Neukirchen-Vluyn 2002.

darin kein weißer Rabe«, also kein Einzelner. Es ist dabei nach Ps 72,17-19 die Bestimmung des David-Sohnes Salomo, den Segen Abrahams in die Völkerwelt zu bringen: »In ihm/durch ihn sollen gesegnet werden und sich glücklich preisen alle Völker«. Das ist ein Hinweis auf Gen 12,3f. Daher ist es auch nach dem Neuen Testament die Bestimmung des David-Sohnes Jesus, den Segen Abrahams zu allen Völkern zu bringen (Mt 3,17; 28,18.19; Lk 1,26.37.73).

Der jüdische Jesus ist zugleich das Siegel der Propheten: Wiederum hat Flusser in mehreren noch unveröffentlichten Aufsätzen über das »messianische Selbstbewußtsein Jesu« (1980/1986) darauf hingewiesen, dass Jesus sich »als die Krone und das Siegel der Prophetie« verstanden hat. Das hat zuerst der Kirchenvater Tertullian so formuliert, indem er Jesus als »Siegel der Propheten« bekannte.[6] Nach der Wiedereinweihung des Tempels (Chanukka) durch die Makkabäer »verwahrten sie die Steine beim Tempelberg, *bis ein Prophet kommen* und verkündigen würde, was man damit tun solle« (1 Makk 4,46). Das ist *Flusser zufolge* eine Parallele zu Mt 11,13–14. Dort sagt Jesus, dass »alle Propheten und die Tora bis zur Zeit Johannes (des Täufers) prophezeit haben«. Mit dem Kommen Jesu als Siegel der Propheten bricht das »Königtum Gottes« im Sinne der »sich realisierenden Eschatologie« anfangsweise durch*: Jesus »ist der einzige uns bekannte antike Jude, der nicht nur verkündet hat, daß man am Rande der Endzeit steht, sondern gleichzeitig, daß die neue Zeit des Heils schon begonnen hat.«*[7]

2. Der Anfang der Realisierung der Abraham-Verheissung

In einer prophetischen Vision verkündigt Jesus:

> »Viele werden kommen von Osten und Westen und mit Abraham, mit Isaak und Jakob zu Tische liegen. Aber die Söhne des Reiches werden ausgeschlossen werden« (Mt 8,11f).

Die Tischgemeinschaft gehört zentral zur Verkündigung Jesu, zu seinem Pessachmahl wie zu den Mahlen des Auferstandenen mit seinen Jüngern und Jüngerinnen.[8] Damit greift Jesus auf die prophetische Verheißung der Völker-

---

[6] Vgl. Carsten Colpe, Das Siegel der Propheten. Historische Beziehungen zwischen Judentum, Judenchristentum, Heidentum und frühem Islam, ANTZ 3, Berlin ^{2}2007, 20ff. Diese neutestamentlichen und frühkirchlichen Bekenntnistraditionen hat Muhammad gekannt und dann auf sich selbst als den »letzten Propheten« übertragen.

[7] David Flusser, Jesus. In Selbstzeugnissen und Bilddokumenten, Reinbek 1968, 87.

[8] Vgl. Otfried Hofius, Jesu Tischgemeinschaft mit den Sündern, Stuttgart 1967; Joachim Jeremias, Die Abendmahlsworte Jesu, Göttigen ^{4}1967; Franz Mussner, »Das Wesen des Christentums ist gemeinsam essen«, in: ders., Dieses Geschlecht wird nicht vergehen. Judentum und Kirche, Freiburg i.Br. 1991, 131–145.

wallfahrt »aller Völker« (Jes 4,2f; Mi 4,1f; Gen 12,3) zum Zion (Jes 2; Mi 4), aber auch auf die eschatologische Tischgemeinschaft der Versöhnung »aller Völker« mit Israel, das JHWH erwählt hat und das »Nachkomme Abrahams, meines [JHWHs] Freundes« (Jes 41,8) ist, auf dem Berg Zion (Jes 25,6-8; Gen 12,3) zurück. Dieses von Jesus erwartete *messianische Mahl* wird aber entscheidend eine Tischgemeinschaft mit Abraham und Sara sein.

Damit greift Jesus noch hinter die Mose-Tora auf die Ethik Abrahams zurück: Abraham lud die drei Boten Gottes zu sich, um sie mit Sara zu bewirten (Gen 18,3). Nach jüdischer und muslimischer Tradition hatten Abraham und Sara ihr Zelt nach allen vier Seiten auf, um den durstig und hungrig Vorüberziehenden Wasser zu geben und sie mit Speise zu bewirten. Auch nach dem Hebräerbrief werden die aus Rom geflohenen und vom römischen Kaiser verfolgten Christen aufgefordert, wie Abraham und Sara den Verfolgten und Fremden Gastfreundschaft zu gewähren: »Die Liebe zu denen, die euch *Fremde* sind, vergeßt nicht; denn so haben manche, ohne es zu wissen, Engel beherbergt« (Hebr 13,2 vgl. Gen 18,1–16). Nach Gen 18,25 übt Abraham Widerstand sogar gegen JHWH selbst, protestiert gegen GOTTes Absicht, unschuldiges Menschenleben in Sodom zu vernichten, er protestiert also, um einzelne Menschen in Sodom zu retten, indem er an JHWH die kritische Frage stellt: »Der Richter der ganzen Erde, sollte der nicht selbst Recht üben?« So folgt Abraham einer umfassenden *Weisung der Tora noch vor der Tora-Gabe JHWHs durch Mose am Sinai*: Israel und die Völker der Welt sollen um Abrahams willen gesegnet werden, »weil Abraham auf meine Stimme gehört und gehalten hat, was ich ihn halten hieß: meine Vorschriften, meine Gebote, Satzungen und Weisungen« (Gen 26,5). *An diesem Maß der Tora Abrahams noch vor der Sinai-Tora in der Richtung auf Liebe und Gerechtigkeit, auf Gastreundschaft für die Fremden und Ernährung der Hungernden und schließlich auf das Kämpfen mit Gott um die Rettung eines einzelnen Menschenlebens werden alle Nachkommen Abrahams auch von Jesus, dem messianischen Abraham-Sohn, gemessen werden.*

Tischgemeinschaft mit Abraham und Sara ist auch im Blick auf eine andere, heute ebenfalls brennende Frage sehr konkret. Die verheißene Tischgemeinschaft mit Abraham schließt nämlich immer auch *die Landfrage* ein. Wie verhält sich die Verheißung und Gabe des Landes an Israel, von der die Bibel schon in den Abraham-Verheißungen spricht, zu dem Recht der bereits im Lande lebenden Stämme und der umliegenden Völker, zusammen mit Israel in Nachbarschaft, Gerechtigkeit und Frieden zu leben? So erzählt die Genesis davon, dass Abraham mit dem Amoriter Mamre und seinen Brüdern Eschkol und Aner in einer Bundespartnerschaft lebte: »Diese waren Abrams Bundesgenossen« (Gen 14,13).[9] Das Buch Genesis erzählt weiter, dass Abraham Sara

---

[9] Vgl. Frank Crüsemann in seinem den Satz von Dabru Emet »Christen können den Anspruch des jüdischen Volkes auf das Land Israel respektieren«, 2000, noch ver-

an den Harem Abimelechs preisgibt, um sein eigenes Leben zu retten. Abraham ist dann überrascht und muss von der Gottesfurcht, dem Mordverbot und der humanen Sexualethik des Philisterkönigs Abimelech von Gerar lernen, indem er bekennt: »Ich dachte: Sicher gibt es keine Gottesfurcht an diesem Ort, und so werden sie mich um meiner Frau willen umbringen. Und Abimelech sprach: Sieh, mein Land steht dir offen. Wo es dir gefällt, da lass dich nieder. Da tat Abram Fürbitte bei Gott und Gott heilte Abimelech, seine Frau und seine Mägde« (Gen 20,11.15.17).

Die Segensgeschichte der Völker mit Abraham, aber auch umgekehrt und genauso wichtig Abrahams mit den umliegenden Völkern, kommt schließlich erst da zu ihren Ziel, wo nun auch Abimelech – wie Abraham von dessen *noachidischer Ethik* – von der Verheißungs- und *Segensgeschichte Abrahams* und seiner Nachkommen lernt (vgl. Gen 26,27–29).

Weiter ist in der Landfrage zu bedenken: Nach den Richter- und Josua-Büchern hat JHWH, der GOTT, den 12 Stämmen Israels das Land gegeben. Aber in der Negativ-Liste von Ri 1 sind die 12 Stämme Israels noch nicht im »Besitz des Landes«, das de facto durch andere Völker bewohnt wird. Der Satz »Gott hat *Israel* das Land gegeben« ist richtig, aber man kann ihn verschieden lesen und missbrauchen. Was aber heißt das? Ich kann den Satz »Gott hat Israel das Land gegeben« *(a)* so lesen: »Gott hat *Israel* exklusiv und keinem anderen Volk das Land gegeben«. So werde ich diesen Satz nur fundamentalistisch missverstehen können und zelotisch und militärisch exekutieren. Aber das will JHWH nicht! Denn JHWH, der GOTT Israels, ist ein *Gott auch »aller Völker«* und als solcher ein GOTT der Gerechtigkeit und Liebe. Deshalb muss man den Satz auch *(b)* wie folgt lesen: »Gott hat Israel das Land als Lehen *gegeben*«. Er kann diesem Volk, davon erzählt das Richterbuch, aber auch besonders das Deuteronomistische Geschichtswerk (noch während der Exilszeit 560f) und die Klagelieder des Jeremia (unmittelbar nach 587), ja die ganze Hebräische Bibel, das Land *wieder nehmen – wenn auch wegen der nicht zuletzt vom Messias Jesus (Mt 5,5) und im Neuen Testament (Mt 2,20; 19,28; Hebr 11,9) bestätigten Landverheißung nicht endgültig*. Und er tut es dann, wenn es Israel an Gottesliebe, Völkerliebe, Menschenliebe, dazu an Gerechtigkeit und Recht mangeln lässt (Jes 1,21-27). Der entscheidende Grund ist aber *(c)* noch höher, nämlich theozentrisch, zu verankern. JHWH ist nämlich nicht exklusiv der Gott Abrahams, Isaaks und Jakobs (Ex 3,14f), sondern er ist auch und gleichwesentlich der Gott der Hagar, des Ismael und aller Völker (Gen 12,3; 16; 17; 25). Deshalb muss der Satz entscheidend so gelesen werden: »GOTT, der Gott Israels, Ismaels und der Völker gibt und hat Israel das Land gegeben«.

Für Jesu Verheißung der Tischgemeinschaft mit Abraham und Sara (Mt 8,11f) ist darüber hinaus hervorzuheben: Jesus prophezeit *(a)* zunächst

---

schärfenden Aufsatz, in: HUBERT FRANKEMÖLLE (Hg.), Juden und Christen im Gespräch über »Dabru emet – Redet Wahrheit«, Frankfurt a.M. 2005, 155–180.

die messianische Erneuerung des Zwölf-Stämme-Volkes Israel-Judentum, die in Jesu Tischgemeinschaft mit Zöllnern und Sündern beginnt (Mt 9,10–13), die aber intentional auch die Sammlung der Diaspora Israels mitumfasst (Mt 24,31; 19,28). Jesus meint aber von der Abraham-und Sara-Verheißung her auch die Völker des »Ostens«, die »kommen werden« (Mt 11,5), und damit *(b)* auch die Erfüllung der umfassenden Verheißungen für Hagar und Ismael und für das Zwölf-Stämme-Volk der Ismaeliten (Gen 16,10f; 17,20; 25,12–18). Die Abraham-Verheißung ergeht *(c)* darüber hinaus an »alle Völker« (Gen 12,3; Mt 28,19). *Die Abraham- und Sara-Verheißung ist folglich dreifach: Sie meint die Verheißung einer Nachbarschaft verschiedener von JHWH-GOTT erwählter und gesegneter Religionen in versöhnter Verschiedenheit. Deshalb kann sie nur in diesen drei Dimensionen überhaupt verstanden werden: Sie umfasst »das Abraham-Sara-Isaak-Jakob-Zwölf-Stämmevolk« Israel-Judentum bis heute. Sie umfasst ebenso eindeutig und nicht weniger bedeutungsvoll »das Hagar-Ismael-Zwölf-Stämme-Volk der Muslime« bis heute. Und sie umfasst schließlich die Verheißung für das »Ökumenische Gottesvolk aus allen Völkern« und die Völker der Welt und ihre Religionen bis heute.*

Diese dreifache Unterscheidung der Dimensionen innerhalb der Abraham-Verheißung wird auch im Neuen Testament beibehalten: *(a)* Jesus ist als »Sohn Abrahams« der messianische Repräsentant des Volkes Israel (Mt 1,1), was sich auch darin zeigt, dass Jesus nach seiner Berufung zum messianischen Propheten (Mt 3,17) sofort zwölf Jünger als Repräsentanten und Regenten der messianischen Wiederherstellung *ganz Israels* beruft (Mt 4,18–22; 19,28). Man kann Jesus, den Sohn Davids und endzeitlichen Propheten, nicht ohne Israel-Judentum haben. *(b)* Jesus wird in seiner Berufung zum messianischen Propheten zugleich zum Knecht JHWHs berufen: »Siehe, mein Knecht/Diener, den ICH halte/stütze, mein Erwählter, an dem meine Seele (Wohl-)Gefallen hat. Ich habe meinen Geist (bleibend) auf ihn gelegt, damit er das Recht zu den Völkern hinausträgt« (Jes 42,1f; Mt 3,16f; 11,4: 12,15-21). Der weitere Zusammenhang dieser Weisung und Verheißung Jes 42,1–12 hat auch Kedar im Blick: »Juble Wüste und ihr Bewohner von Kedar. Die Felsenbewohner sollen/werden jubeln« (Jes 42,11). Kedar ist der zweitgeborene Sohn Ismaels (Gen 25,13b). Kedariter siedeln im nordwestlichen Arabien.[10] In der Septuaginta werden die »Felsenbewohner« mit »Petra«, der Hauptstadt der Nabatäer, identifiziert.[11] Mit dem Namen *»Nabatäer«* wird, auch der rabbinischen Tradition zufolge, auf Nebajoth, den erstgeborenen Sohn Ismaels

10 Vgl. Wolfgang Zwickel, Art. Kedar, in: CBL Bd. 1, ^{2}2006, 726.

11 Vgl. Otto Betz, Art. Paulus I, in: CBL (s. Anm. 10), Bd. 2, 1020: »Die Araber (= Nabatäer) waren nach Gen 25,13 (vgl. 28,9) Nachkommen des erstgeborenen Abrahamsohnes Ismael [...] und somit die nächsten Verwandten Israels, dazu auch geographisch Nachbarn der Juden in Palästina; sie sollten wieder zum Gott Israels zurückfinden (vgl. Jer 12,14–17).« Walther Zimmerli, Ezechiel, BKAT XIII, Neukirchen-Vluyn 1979, 655f.

(Gen 25,13a), verwiesen. Das Nabatäerreich erreichte in der Zeit Jesu unter König Aretas IV (9 v.Chr – 40 n.Chr.) eine Ausdehnung bis nach Hegra im Süden (vgl. Gal 4,25) und Aufsicht über Damaskus im Norden (2 Kor 11,32). Jesus ist den Weg zu den arabischen Nabatäern, der infolge seiner durch die Abraham-Verheißung von Gen 12ff und die Prophetie von Jes 42,11 bestimmten Berufung (Mt 3,17) offen gewesen wäre, *de facto* nicht gegangen. Jesus verheißt aber nach Mt 11,5, dass die Völker »kommen werden von Osten, um mit Abraham und Sara zu Tische zu sitzen«. Wer ist damit wohl anders gemeint als die östlichen Nabatäer?[12] Erst Paulus, der »Knecht des Messias Jesus« (Röm 1,1), ist diesen Weg in die nabatäische »Arabia« (Gal 1,17f) gegangen (vgl. 2 Kor 11,32). Jesu Sendung ist schließlich von der mehrdimensionalen Abraham-Sara-Verheißung her nicht nur auf das Israel-Volk und das Israel-Land begrenzt und auch nicht nur verheißungsgeschichtlich auf die Ismael-Nachkommen der Nabatäer und Kedariter bezogen. Denn *(c)* Jesus überschreitet bei der Begegnung mit der syrophönizischen Frau (Mt 15,21–27) die Grenze des »Landes der Verheißung« (Mt 2,12; Hebr. 11,9) in das Land Phönizien mit den Städten Tyrus und Sidon, die in neutestamentlicher Zeit zur römischen Provinz Syrien gehörten.[13] Jesus überschreitet also, wie Elia (1. Kön 17,9) und dem Weg der Abraham-Verheißung folgend, die jüdisch-israelitischen Grenzen hin zu den Völkern der Welt.

Im Gespräch Jesu mit der syrophönizischen Frau geht es dabei nicht darum, dass Jesus durch diese Begegnung erst für andere Völker jenseits eines angeblich exklusiv-heilsegoistischen Judentums geöffnet werden müsste. Diese Offenheit auf die Völker hin besaß Jesus nicht nur als Jude und als Glied seines in seiner Partikularität universal auf die Völker bezogenen Judentums.[14] Diese inklusive Offenheit hatte Jesus schon durch seine prophetische Berufung erhalten (Mt 3,17). Der bei der Berufungsstimme angespielte Text Jes 42,1-4 bezieht sich nämlich auch und zentral auf die Aufgabe des Knechtes JHWHs, »das Recht JHWHs in die Völkerwelt zu tragen«, worauf Baeck in seinem weitgehend vergessenen Werk *Das Evangelium Jesu als Urkunde der jüdischen Glaubensgeschichte* 1938 (!) aufmerksam gemacht hat.[15] Jesus geht es in seiner Weigerung gegenüber der syrophönizischen Frau, der Bitte um die Heilung ihrer Tochter nachzukommen, zunächst darum, der Frau aus der

---

[12] Vgl. zu dem Themenkreis der Ismaeliten über den Kommentar von Claus Westermann, Genesis 12–36, BK.AT I/2, Neukirchen-Vluyn 1981, hinaus den Aufsatz von Gregor Geiger, Ismael. Diachroner Versuch einer Lokalisierung, in: Stefan Jakob Wimmer/Georg Gafus (Hg.), »Vom Leben umfangen«. Ägypten, das Alte Testament und das Gespräch mit den Religionen, Gedenkschrift für Manfred Görg, Münster 2014, 59–73.

[13] Otto Betz, Art. Syrophönizien, in: CBL (s. Anm. 10), Bd. 2, 1312.

[14] Vgl. Leo Baeck, The Task of Progressive Judaisme in the Post-War-World; in: ders., Werke, Bd. 5, hg. v. Albert H. Friedlander und Bertold Klappert, Gütersloh 2006, 65–71.

[15] Vgl. Leo Baeck, Das Evangelium als Urkunde der jüdischen Glaubensgeschichte (1938), in: ders., Werke (s. Anm. 13), Bd. 4, 401–473.

Welt der Völker die durch die Abraham- und Sara-Verheißung aufgegebene Unterscheidung zwischen Juden und Völkern, präziser: den Unterschied zwischen der JHWH-Offenbarung an das ersterwählte Israel-Jakob-Volk einerseits und der Einbeziehung auch der von Israel unterschiedenen Völker andererseits deutlich zu machen (Mt 15,24; Mk 7,27). Beide, Israel und die Völker, sollen durch die Abraham-Verheißung gesegnet werden. Beide sind aufeinander bezogen, beide sind aber zu unterscheiden und in ihrer Unterschiedenheit nicht zu nivellieren oder zu generalisieren.

Was in der Begegnung Jesu mit der syrophönizischen Frau beginnt und sich andeutet, erfolgt erst recht *seit Jesu Auferweckung.* Nun überschreitet der Messias Jesus ben David mit dem sog. »Missionsbefehl« (Mt 28,19) das Israel-Land in Richtung auf »das Volk aus aller Welt Zungen« (Luther, eg 125,1) für Seinen NAMEN (vgl. Apg 15,14). Deshalb muss präziser gesagt werden: *Die Weisung zur Sendung, d.h. »der Jünger- und Lehrbefehl« des auferweckten Messias Jesus, muss immer in dieser dreifachen Dimension verstanden und* dialogisch differenzierend *ausgeführt werden.* Jesu doppelte Weisung hat innerhalb des Judentums ihre Parallele in dem doppelten Auftrag der *Sprüche der Väter*: »Stellt viele *Schüler* auf und zieht einen Zaun um die *Tora*« (mAv 1,1). Diese Weisung bezieht sich jetzt durch den Auftrag des messianischen Menschensohnes Jesus auch auf den Bereich »aller Völker« (Mt 28,16-20; Gen 12,3).

Auch *Paulus* ist in seinem WEG gemäß der dreidimensionalen Abraham-Verheißung *(a)* zunächst und zuerst, wie die Apostelgeschichte berichtet, immer in die Synagogen zu seinem Volk Israel gegangen (Apg 13,14; 14,1; 17,1 u.ö.). *(b)* Danach ging Paulus in die Arabia zu den Nabatäern (Gal 1,17f). Dazu hat ihn die verheißungsgeschichtliche Weisung des mehrfachen Abraham-Segens geführt.[16] Von der zu Shavuoth-Pfingsten von Petrus gepredigten Joel-Verheißung der »Ausgießung des Geistes auf alles Fleisch« (Apg 2,17) her muss die Entstehung des Islam im 7. Jh. als *ein* »Zeichen des Geistes«[17] und Muhammad als *ein* Prophet[18] verstanden werden. *(c)* Schließlich geht Paulus wiederum der Abraham-Verheißung entsprechend zu den Völkern der Welt. Er streitet im Römerbrief für »allen Samen« Abrahams (Röm 4,16a). Er ergänzt, dass Abraham »unser *aller* Vater« ist, also sowohl der Vater Israels als auch der Vater der Menschen aus den Weltvölkern (Röm 4,16b). Dabei ist der mündliche Hinweis von Joachim Jeremias wichtig, dass כל oft mit »alle beide«, also differenzierend übersetzt werden muss. Das ist für das Verstehen der Theologie des Römerbriefs und des dort zugrundliegenden Duals »Israel und alle Völker« von entscheidender Bedeutung.

---

[16] Vgl. Otto Betz, Art. Paulus I (s. Anm. 11), 1020.

[17] Karl Josef Kuschel, Juden, Christen, Muslime. Herkunft und Zukunft, Düsseldorf 2007.

[18] Vgl. Walther Zimmerli, Der Prophet im Alten Testament und im Islam, in: ders., Studien zur alttestamentlichen Theologie und Prophetie, Gesammelte Aufsätze II, TB 51, München 1974, 284–310.

Paulus verweist mit Gen 17,5 darauf, dass Abraham »Vater vieler Weltvölker« ist (Röm 4,17). Er kämpft mit Röm 4 – nach dem sprachlich immer wiederholten »nicht nur, sondern auch« und also nach dem Motto »nicht nur für die Juden, sondern auch für die Völker der Welt« – gegen eine exklusiv-fundamentalistische Abraham-Exegese in judaistischen Kreisen des damaligen Judentums.[19] Damit ist die Unterscheidung von ›genealogisch‹ und ›spirituell‹ auch für den Paulus des Römerbriefes selbstverständlich mitgesetzt. Die Abraham gegebene mehrdimensionale Verheißung lenkt den Weg des Paulus, den er zunächst und immer wieder in die Synagogen des Judentums und danach zuerst in die nabatäische Arabia geht, um dann konsequenter- und verheißungsgeschichtlicherweise über Rom bis nach Spanien an die damaligen »Grenzen der (Völker-)Welt« (Röm 15,24) gehen zu wollen. Paulus folgt damit nicht nur dem Drohspruch Johannes des Täufers gegen den judaistischen Exklusivismus, JHWH könne sich auch aus den Steinen der Wüste spirituelle Nachkommen Abrahams und der Sara erwecken (Mt 3,9), sondern er bezieht sich in Röm 4,17 auch auf die zweite Beracha der Amida »Geburoth, Machttaten«, derzufolge Gott mächtig ist, »Tote zum Leben zu erwecken« und deshalb auch mächtig ist, aus den Völkern »spirituelle Abrahamsöhne und spirituelle Sara-Töchter« zu erschaffen. Daraus folgt aber: Auch Paulus hat sich in seinen Wegen an die mehrfachen Dimensionen und Sequenzen der Abraham- und Jesaja-Verheißung (Apg 26,17f = Jes 42,6–8) gehalten.[20]

Was wir bei Paulus zu lernen haben, gilt auch im Hinblick auf die Erwähnung der *»Kreter und Araber«* in der Pfingstgeschichte nach Apg 2,11. Hier werden die zum Shavuoth-Pfingstfest nach Jerusalem kommenden Völker der jüdischen Diaspora noch einmal zusammengefasst. Damit wird erneut nicht nur an die alle Weltvölker einbeziehende Universalität der von Petrus zitierten Joel-Verheißung (Apg 2,17f), sondern auch an die konkrete Dreidimensionalität der Abraham- und Sara-Verheißung (Apg 3,13) erinnert. Kommen Araber als jüdische Proselyten zum Shavuoth-Fest, dem Fest des Gedenkens an die Gabe der Sinai-Tora, nach Jerusalem, dann sind sie, die als Araber bereits unter der Hagar und Ismael gegebenen *Segensverheißung* stehen, durch die Proselytentaufe nun auch in den Bereich der Abraham- und Isaak-*Erwählung* getreten. Als solche konnten sie eine Brücke zwischen Israel einerseits und den Arabern der Wüste anderseits bilden. Eine ähnliche Brückenfunktion zwischen den Juden im Staat Israel und den arabischen Palästinensern der Westbank leuchtet heute in der Gestalt der arabischen Israelis und der arabischen Christen in Israel wieder als Möglichkeit auf, wofür der arabische Israeli,

---

[19] Vgl. Franz Mussner, Thema Abraham, in: ders., Die Kraft der Wurzel. Judentum – Jesus – Kirche, Freiburg i.Br. 1987, 32ff, 32, vgl. 59ff.

[20] Vgl. Martin Hengel/Anna-Maria Schwemer, Paulus zwischen Damaskus und Jerusalem. Die unbekannten Jahre des Apostels, Tübingen 1998; Otto Betz, Art. Paulus I (s. Anm. 11).

Pfarrer in Nazareth und Dozent am Bible College in Bethlehem, Dr. Yohanna Katanacho, jüngst wieder plädiert hat.[21]

3. ZUR GENEALOGISCHEN UND SPIRITUELLEN ABRAHAM- UND SARA-GEMEINSCHAFT

Es gibt *eine weltweite genealogische und spirituelle Abraham-Hagar-Ismael-Gemeinde der islamischen Umma* wie es auch eine weltweite genealogische und spirituelle Abraham-Sara-Isaak-Gemeinde gibt.

a) Die hier im Anschluss an Martin Hengel und Otto Betz vertretene These wird aber gern, besonders im Blick auf den Islam, mit folgenden Argumenten bestritten: Gegen eine verheißungsgeschichtliche Sicht der Araber, speziell der arabischen Nabatäer und Kedariter in der arabischen Wüste, spreche z.B. die Art und Weise, wie Paulus in Gal 4,21ff argumentiere. Dort werde die am Sinai, in Arabien erlassene Tora (Gal 4,25) mit Blick auf Hegra/Hagar niedriger gewertet als die Sara gegebene Verheißung. Die Entstehung des Islam im 7. Jh. gerade in Arabien und also auch der Islam wären nach den theologischen Kriterien des Paulus also negativ zu beurteilen.

Demgegenüber ist aber festzuhalten: Paulus geht *nach* seiner Sendung zu Israel, d.h. zu den synagogalen Juden in Damaskus, Gal 1,17f zufolge nicht sogleich zu den Weltvölkern, sondern in die nabatäische Arabia. Dort scheitert schließlich seine Sendung (vgl. 2 Kor 11,32f). Nur von diesem schlussendlichen Scheitern der nabatäischen Araber-Sendung des Paulus her sind seine einseitig negativen Aussagen in Gal 4,21ff allererst zu verstehen und auch in ihrer theologischen Begrenzung zu bewerten, was in den einschlägigen Kommentaren zur Stelle meistens übersehen wird. Gal 4,21ff spiegelt nämlich des Paulus *negative* Erfahrungen im nabatäischen Petra und in der an der Grenze des Nabatäerreiches liegenden arabischen Stadt Hegra. Soche negativen Aussagen hat Paulus im Blick auf die entsprechenden Auseinandersetzungen mit dem judaistischen Zelotismus nicht zurückgenommen, wie seine scharfe Abrechnung in Phil 3,5–8 nicht mit dem Judentum, dessen Stamm Benjamin sich Paulus selbst zurechnet, sondern mit dem judaistischen Zelotismus zeigt. Dennoch bleiben trotz dieser negativen Erfahrungen im Blick auf Israel die übergreifenden positiven Verheißungen bestehen, wie die Kapitel Röm 9–11 eindeutig zeigen.

b) Gegen die hier vorgetragene These der bleibenden Geltung der biblischen Hagar- und Ismael-Verheißungen für die ökumenische Umma der Muslime von Nordafrika und Afrika bis nach Indonesien wird weiter eingewandt: Was hat denn der Islam mit Ismael und der ihm und Hagar im Alten Testament geltenden Verheißungen zu tun? Die meisten islamischen Völker, die Arabisch sprechen oder sich auf Muhammad in Afrika und Asien berufen,

---

[21] YOHANNA KATANACHO, The Land of Christ. A Palestinian Cry, Nazareth 2012.

seien doch nur zu einem geringen Teil genealogische Nachkommen des Wüstenvolkes der Araber und damit Muhammads und seines Clans. Nachkommen des Wüstenvolkes der Araber seien die afrikanischen und die indonesischen Muslime genealogisch überhaupt nicht.

Demgegenüber ist wiederum festzuhalten, dass es neben der *genealogischen* Nachkommenschaft Abrahams und Muhammads auch eine *spirituelle* gab und gibt, auf die sich die afrikanischen und asiatischen Völker berufen und derzufolge sie auch ethisch dem Koran entsprechend handeln. Will man wirklich den ca. 200 Millionen Muslimen in Indonesien erklären, dass sie sich illegitim auf die Verheißungen an Hagar und Ismael und illegitim auf Muhammad und den Koran beriefen? Und wie will man umgekehrt dann weiterhin mit Paulus bekennen, dass wir als ChristInnen uns durch den Messias Jesus auf die Abraham-Isaak-Verheißungslinie beziehen dürfen und auf dieser Linie auch ethisch handeln sollen? Obwohl wir genealogisch keine Juden sind und durch die Taufe auch nicht werden, sind wir dennoch Paulus zufolge spirituelle Abraham-, Sara- und Isaak-Nachkommen (Gal 3,28f; Röm 4), bzw. wir sollen das nach dem Holocaust erst wieder glaubwürdig werden.

Alle genealogisch bestimmte Abraham- und Sara-Gemeinschaft muss ihrer Bestimmung nach durch den Geist GOTTes auch spirituell geprägt sein. Und eine Beschneidung am Fleisch, was für Israel und den Islam nach Gen 17 gilt, muss der prophetischen Botschaft zufolge (Ez 36,26f) immer durch eine Beschneidung am Herzen durch den Geist charakterisiert sein und ethisch in menschenfreundlichem Tun bezeugt werden. Demgegenüber ist die spirituell gelebte und durch die Proselyten- wie Christen-Taufe erlangte Abraham- und Sara-Gemeinschaft nicht genealogisch bestimmt und steht dennoch in der Segensgeschichte Abrahams, wie Paulus in Röm 4 im Blick auf die Völkerwelt ausgeführt hat. Umgekehrt gilt aber auch: Das ökumenische Gottesvolk aus allen Völkern, das durch den Abraham-Sohn und Messias Jesus mit der Abraham-, Sara- und Isaak-Verheißung verbunden ist (Mt 1,1), darf sich gegenüber der auch genealogisch bestimmten Geschichte des jüdischen Volkes und der islamischen Umma nicht gleichgültig, ja diese verleugnend oder, weil angeblich primitiv und vorneuzeitlich, verachtend verhalten. Denn man kann den Christus Jesus der Völker ohne den auch genealogisch verorteten davidischen Messias Jesus aus und für Israel nicht haben oder behalten wollen, wie der genealogische Stammbaum Jesu (Mt 1,1–17) einerseits am Anfang und die Sendung an die Völkerwelt (Mt 28,16–20) am Ende des Evangeliums andererseits deutlich machen.

c) Meine Ausführungen sind in ihrer gesamtbiblischen Argumentation nicht biblizistisch-fundamentalistisch misszuverstehen. Verheißungen, wie hier die biblischen Abraham- und Sara-Verheißungen, werden schon im Alten Testament nicht zeitlos verstanden, sondern bekommen besonders während und nach dem Exil eine neue und aktuelle Bedeutung. Sie werden im Neuen Testament, dann in der Reformation und heute besonders im Zeitalter der Ökumene und des Dialoges der Religionen aktuell. Diese Verheißungen wandern in neue Situationen und Kontexte ein und erschließen auch für die HörerInnen im Kontext ihrer neuen Erfahrungen neue Dimensionen und Horizonte. Das hat Leo Baeck nach den Leidenserfahrungen des Holocaust in dem in seinem Todesjahr 1956 geschrieben Aufsatz *Judentum, Christentum und Islam* mit seinem Plädoyer für eine versöhnte Verschiedenheit und verschiedene Sendung der drei Religionen an die Welt der Völker überaus eindrücklich geschildert und den Abrahamitischen Religionen für die Zukunft zur Aufgabe gemacht.[22]

Diese Erschließung neuer Horizonte einerseits und die Verschmelzung mit den Erfahrungen der jeweiligen HörerInnen andererseits hat Hans-Georg Gadamer 1960 in seinem bahnbrechenden Werk *Wahrheit und Methode* als Horizontverschmelzung bezeichnet. Eine Horizontverschmelzung rechnet mit einem Erfahrungsgewinn von Traditionen in neuen Kontexten und angesichts neuer Herausforderungen in der Geschichte.[23] Eine solche beginnt bereits inneralttestamentlich, setzt sich rabbinisch und innerneutestamentlich besonders bei Jesus und Paulus fort und wiederholt sich schließlich im 7. Jh. mit der Berufung Muhammads und der Muslime auf Abraham, Hagar und Ismael.

Sie wird heute im ökumenischen Zeitalter in der Wiederentdeckung der Mehrdimensionalität der Abraham- und Sara-Verheißung neu relevant. In neuen Herausforderungen (*challenge*) werden neue Dimensionen der alten Verheißungen erkannt (*response*). Darin dokumentiert sich, dass Abraham nach Mt 8,11 eine Gestalt nicht nur der Vergangenheit, sondern der verheißenen Zukunft weltweiter und versöhnter Tischgemeinschaft Israels und der Völker mit ihm und Sara ist: »Sie werden kommen von Osten und Westen und mit Abraham und Sara zu Tische sitzen«. Darin spiegelt sich aber entscheidend die Lebendigkeit des in neue Zeiten und Horizonte mitwandernden »lebendigen Gottes«[24], des Gottes Abrahams, Saras, Isaaks, Hagars und Ismaels.

4. Die fundamentalistische Preisgabe der Abraham-Sara-Verheissung

Man kann und wird sich von der Abraham-Verheißung und ihrem umfassenden Segen immer dann ausschließen, wenn man die dreifache Segensverheißung an Abraham und Sara bestreitet. *(a)* Matthäus hat trotz des theologisch gewichtigen genealogischen Stammbaums Jesu dennoch die Abraham-Kindschaft nicht exklusiv auf das genealogische Volk Israel-Judentum beschränkt. Denn durch die

---

22 Leo Baeck, Judentum, Christentum und Islam (1956), in: ders., Werke (s. Anm. 13), Bd. 5, 472–489.

23 Hans-Georg Gadamer, Wahrheit und Methode, Tübingen 1960.

24 Vgl. Hans-Joachim Kraus, Systematische Theologie im Kontext biblischer Geschichte und Eschatologie, Neukirchen-Vluyn 1983; Siegried Kreuzer, Der lebendige Gott. Bedeutung, Herkunft und Entwicklung einer alttestamentlichen Gottesvorstellung, BWANT 116, Stuttgart 1983.

aus den Völkern stammenden Großmütter wie Baatseba, Ruth und Rahab kündigt sich bereits geheimnisvoll das Hinzukommen aller Völker in die Abraham- und David-Geneaologie an. Deshalb überliefert Matthäus von Johannes dem Täufer den Gerichtsspruch an die zelotischen oder exklusiv denkenden und handelnden Fundamentalisten: »Meint nicht, ihr könntet sagen, wir haben Abraham zum Vater. Denn ich sage euch: GOTT kann dem Abraham aus diesen Steinen Kinder erwecken« (Mt 3,9; Joh 8,37-39).

Wie Johannes der Täufer, so hat auch Jesus in der *Verheißung der universalen Tischgemeinschaft »aller Völker« mit Abraham* (Gen 12,3; Mt 8,11) die exklusiv denkende und gewaltsam handelnde Zeloten-Gruppe mit der Selbstbezeichnung »Söhne des Reiches« (Mt 8,12) von der Teilhabe an dieser Abraham-Verheißung ausgeschlossen. Der damaligen zelotischen Richtung des *›Judaismus‹* innerhalb des Judentums entsprechen heute z.B. die »Bene Berak«, deren Mitglieder sich exklusiv als die einzigen Erben der Abraham-Verheißung missverstehen, oder die gefährlich mit dem Feuer spielenden »Getreuen des Tempelberges«, die, selbst durch »einen messianischen Aktivismus verführt«, andere »zu einem messianischen Aktivismus verführen« und damit die Warnung der Weisen Israels vergessen: »Bedrängt nicht das Ende!«[25] Jesus sagt über sie alle: »Aber die Söhne des Reiches wird JHWH, der GOTT, in die äußerste Finsternis hinauswerfen«.

Solange dieser ›judaistische Fundamentalismus‹ die bleibende Erwählung des Judentums so exklusiv missversteht, solange er heute durch illegale Landenteignungen Straftaten gegen internationales Völkerrecht in der Westbank verübt und auch durch die militärische Überreaktion im Gaza-Krieg gewalttätig handelt, bleibt er von der Segensverheißung Abrahams und der Sara ausgeschlossen. Zu diesem Missverständnis, sich exklusiv als die einzigen Abraham-Erben zu verstehen, ist die radikale Kritik und Selbst-Kritik am »Judaismus« (nicht am Judentum!) schon damals durch Paulus zu vergleichen (Gal 1,14; Phil 3,2ff; Röm 4). Dass es sich in Mt 8,12 um eine radikale Kritik Jesu nicht am Judentum als solchem, sondern nur an einem zelotischen Judaismus innerhalb des Judentums handelt, ist immer wieder bestritten worden. So lautet das Urteil Walter Grundmanns: Die Söhne des Reichs oder des Königtums Gottes, die von Jesus in die äußerste Finsternis befördert werden, »sind die Israeliten; sie hat sich Gott zum Bundesvolk erwählt«.[26] Das Gerichtswort Jesu meine also das ganze Bundesvolk Israel natürlich mit Ausnahme der in Mt 8,11 genannten Väter Israels: Abraham, Isaak und Jakob. Denn nur »[m]it den Vätern Israels werden die Glaubenden aus allen Völkern vereint«. Grundmanns Fazit lautet: »Die Härte des Drohwortes (Jesu) hat keine Parallele [...]; Kein Rabbi und kein Apokalyptiker hat eine solche Aussage

---

25 Shalom Ben-Chorin, Theologia Judaica II, hg. v. Verena Lenzen, Tübingen 1992, 159–162.

26 Grundmann (s. Anm. 3), 253.

gewagt«,[27] das jüdische Volk als Ganzes vom ›Endheil‹ auszuschließen. Dabei übersieht Grundmann in antijüdischer Tradition weiter, dass die Tradition der Völkerwallfahrt zum Zion (Jes 49,12; Mi 4,1–7, Mal 1,11) in der prophetischen Botschaft immer mit der Wiederherstellung ganz Israels (Jes 49,6) verbunden ist. Deshalb meint auch das von Jesus angesagte Mahl mit den Vätern nicht nur ein »Völkermahl«, sondern zuerst ein »Israelmahl«, d.h. auch die in Jes 25,6–9 angekündigte Verheißung eines Mahles der Versöhnung der Völker mit Israel. *(b)* Auch der Islam verfällt dem ›*Islamismus*‹, solange seine Anhänger den Dschihad nicht als den inneren Weg des Herzens zum barmherzigen Gott[28], sondern »dschihadistisch« missverstehen, terroristisch praktizieren und sich dadurch von der umfassenden Segensverheißung für das Ismael-Volk ausschließen. Der Islam schließt sich auch solange von der weitausgreifenden Hagar- und Ismael-Verheißung in Gen 16,10 und 17,20 aus, als er z.B. in seiner Auslegung der Abraham-Verheißung in Sure 3,65–67 Abraham exklusiv für den ersten Muslim und nicht als Gestalt umfassender Verheißung *vor* und *für* Judentum, Christentum und Islam würdigt[29] und damit als kritischen Maßstab für alle drei Abraham-NachfolgerInnen nicht bestehen lässt, sondern beseitigt. So handeln Muslime in Palästina ›islamistisch‹, solange die Hamas wie im letzten Gaza-Krieg die Bevölkerung Israels mit mehr als 3.000 Raketen beschießt, in Gaza die Wohnungen nicht der reichen Funktionäre, sondern der armen Bevölkerung mit Raketen gegen Israel bestückt und damit nicht nur die Bevölkerung Israels, sondern auch die eigene Bevölkerung terrorisiert. Deutliches Kennzeichen eines solchen ›Islamismus‹ ist auch, wenn in Berlin gegen den Gaza-Krieg Israels demonstrierende Muslime rufen: »Hamas, Hamas – Juden ins Gas!« *(c)* Auch das »Christentum aus allen Völkern«, das »ökumenische Gottesvolk aus allen Völkern«, verkommt zum ›*Christianismus*‹ und schließt sich damit von der Segensverheißung an Abraham für alle Völker aus, solange es z.B. den Glauben Abrahams auf die reformatorische Erkenntnis der »*iustificatio impii sola fide*«, der Gerechtmachung allein im Glauben, reduziert und damit Abraham zum ersten protestantischen Christen erklärt. Das hat nicht nur Luther damals so getan, sondern das ist bis in die sog. »Fachexegese« des 20. Jh. so behauptet worden. Nach Günter Kleins Exegese hat Paulus »den Abbau der jüdischerseits prätendierten Abrahamssohnschaft

---

[27] Ebd.

[28] MOUHANAD KHORCHIDE, Sharia – der missverstandene Gott. Der Weg zu einer modernen islamischen Ethik, Freiburg i.Br. 2013.

[29] Vgl. für diese verheißungsgeschichtliche Sicht Abrahams KUSCHEL (s. Anm. 17); HORST KANNEMANN, Biblisch-theologische Grundlagen für das Gespräch mit dem Islam, in: DERS., »Lasst uns festhalten am Bekenntnis der Hoffnung und nicht wanken, denn er ist treu, der sie verheißen hat« (Hebr 10,23). Aufsätze und Predigten, hg. v. DAVID KANNEMANN und DIRK CHR. SIEDLER, Knesebeck 2010, 15–55; DERS., Verheißung für den Anderen. Theologische Gesichtspunkte des Miteinanders von Juden, Christen und Muslimen, in: DIRK CHR. SIEDLER u.a. (Hg.), (K)eine Chance für den Dialog? Christen und Muslime in der pluralen Gesellschaft, Berlin 2007, 55–78.

und die Reklamation Abrahams als des ausschließlichen [!] Anherrn der Christen zum Ziel«. Für Paulus soll damit gelten, »daß es außerhalb der christlichen Gemeinde keine Abrahamssohnschaft gibt«[30]. Wird Paulus auf diese Weise zum ersten reformatorischen Christen, so wird damit gleichzeitig das Judentum auf einen im Kern sog. ›gesetzlichen Judaismus‹ und der Islam auf einen im Kern sog. ›terroristischen Islamismus‹ reduziert; Judentum und Islam werden von der dreidimensionalen Abraham-Verheißung beider Testamente ausgeschlossen.

Dennoch bleibt festzuhalten: Alle drei Formen der religiösen Pervertierung stehen mit den drei genannten Religionen jeweils auch in einem nicht zu leugnenden Zusammenhang: *Zelotischer ›Judaismus‹ hängt mit dem Judentum genauso zusammen wie imperialer ›Christianismus‹ mit dem Christentum und terroristischer ›Islamismus‹ mit dem Islam.* Natürlich ist es innerhalb der verschiedenen Religionen für die Glaubenden schmerzhaft, sich dem fundamentalistisch-terroristischen Potential ihrer Religionen zu stellen und nach den Gründen für deren illegitime Funktionalisierung zu forschen.

Solange sich die drei Religionen von der Abraham- und Sara-Verheißung (Gen 12–25) her *genealogisch und geistig-spirituell* verstehen und von daher auch *praktisch-ethisch* in der Welt für mehr Gerechtigkeit, Freiheit, Frieden und Bewahrung der Schöpfung gemeinsam handeln,[31] werden solche fundamentalistischen Fehlentwicklungen nicht den Kern der jeweiligen Geschwisterreligionen bestimmen. Dieser Zusammenhang genealogischer, geistig-spiritueller und ethischer Identität äußert sich auch in Lessings Drama *Nathan der Weise*, wie Johannes von Lüpke in seinen Interpretationen herausgestellt hat.[32] Darin wird dem fundamentalistischen Missbrauch der religiösen Traditionen gewehrt, wie es der endzeitlich-messianische Prophet und Messias Jesus nach Mt 8,11f in seiner für »alle Völker« (Gen 12,1–3) segensreichen Prophetie von der endzeitlichen messianischen Tischgemeinschaft mit Abraham uns, den drei Religionen Judentum, Christentum und Islam, aber auch allen anderen Religionen der Völkerwelt mitgegeben und aufgegeben hat.

---

[30] Günter Klein, Rekonstruktion und Interpretation, BEvTh 50, München 1969, 203.

[31] Vgl. als jüngste Beispiele: Navid Kermani, Über die Grenzen – Jaques Mourad und die Liebe in Syrien. Rede anlässlich der Verleihung des Friedenspreises des deutschen Buchhandels 2015, (www.friedenspreis-des-deutschen-buchhandels.de/819312/); ders., Rede zur Feierstunde »65 Jahre Grundgesetz« 2014(www.bundestag.de/dokumente/textarchiv/2014/-/280688); ders., Wer ist wir? Deutschland und seine Muslime, München 2009.

[32] Vgl. Johannes von Lüpke, Wege der Weisheit. Studien zu Lessings Theologiekritik, GTA 41, 140–162; ders., »So glaube jeder seinen Ring den echten«. Einheit und Vielfalt der Religionen nach Lessings Ringparabel, in: Glauben und Lernen 18 (2003), 101–114.

Anthropologie

»KINDER DES TAGES«

Gedanken zu einer nüchternen Spiritualität[1]

Corinna Dahlgrün

1. GRUNDLEGUNGEN

Spiritualität ist gelebter Glaube und sollte theologisch verantwortet sein. Sie entsteht und entwickelt sich im Gespräch zwischen Lebenspraxis und theologischer Theorie. Letztere gründet bei mir auf geistlichen Texten sowie Ausdrucksformen geistlichen Lebens verschiedener Epochen[2] und gewinnt ihr Profil an der Theologie Martin Luthers. Für das Folgende beziehe ich mich vor allem auf die Unterscheidung von *Deus absconditus* und *revelatus*:[3]

Ausgehend von Ez 33,11, Gott habe keinen Gefallen am Tod des Sünders, und Erasmus' kritischer Frage, inwiefern Gott etwas bedauern könne, das er selbst durch sein Gesetz herbeiführe, entwickelt Luther die Unterscheidung zwischen der gepredigten Barmherzigkeit und dem verborgenen »furchtbaren Willen« Gottes. »Diesen Willen soll man nicht erforschen. Man soll ihn vielmehr in Ehrfurcht anbeten. Er ist das große, ehrfurchtgebietende Geheimnis des erhabenen Gottes, das ihm allein vorbehalten, uns aber verwehrt ist [...]. Soweit demnach Gott sich verbirgt und von uns nicht erkannt sein will, geht er uns nichts an. [... D]er gepredigte Gott geht darauf aus, Sünde und Tod zu vertreiben und die Menschen selig zu machen. [...] Der in seiner Erhabenheit verborgene Gott aber trauert weder, noch vertreibt er den Tod, sondern er

---

[1] Diese Gedanken (ein Vortrag vor der »Gesellschaft der Freunde christlicher Mystik«, Mai 2014, für die Veröffentlichung gekürzt) gründen in der Praxis der geistlichen Gemeinschaft, der ich angehöre; ihr sind sie darum gewidmet. Die Verbindung zu Johannes von Lüpke ist natürlich vor allem im Rekurs auf Luther zu sehen. Allerdings glaube ich, dass der sehr geschätzte Kollege aus der Systematischen Theologie der Idee, dass christliche Spiritualität nüchtern sein möge, etwas abgewinnen könnte.

[2] V.a. Dorotheus von Gaza, Benedikt von Nursia, Bernhard von Clairvaux, Paul Gerhard, Johann Sebastian Bach, Franz von Sales (mit Einschränkungen), Kathy Galloway und Manfred Josuttis.

[3] Vgl. MARTIN LUTHER, De servo arbitrio (1525), WA 18, 684f.; deutsch: MARTIN LUTHER, Vom unfreien Willen. Eine Kampfschrift gegen den Mythus aller Zeiten aus dem Jahre 1525. Nach dem Urtext neu verdeutscht von OTTO SCHUMACHER, Göttingen 1937, 107f. Ebenso fließen Luthers Auslegung des ersten Gebots, seine Zusammenfassung theologischer Existenz als *oratio, meditatio* und *tentatio* und die unterscheidenden Zuordnungen von Gesetz und Evangelium sowie Rechtfertigung und Heiligung in die Ausführungen ein.

wirkt beides, Leben und Tod. [...] Er hat sich nicht durch sein Wort festgelegt, sondern er hat sich freie Verfügung über alles vorbehalten.« Also ist zwischen Gottes Wort und Gott selbst zu unterscheiden. »Gott tut vieles, was er uns nicht durch sein Wort zeigt. Er will auch vieles, ohne uns durch sein Wort zu zeigen, daß er es will. [...] Wir sollen sein Wort anschauen und seinen unerforschlichen Willen lassen, wie er ist.«

Luther betont in diesen Ausführungen Gottes unverfügbare Freiheit und entlastet den Menschen (teilweise) von der Verantwortung für die Erfahrung der Gottesferne.[4] Außerhalb seines Offenbarungshandelns bleibt Gott – auch wenn er kein anderer ist als der Offenbare – für den Menschen auf dieser Welt ein Geheimnis. Das schützt den Menschen, denn der verborgene Gott sprengt das menschliche Aufnahmevermögen, seine Größe umgreift alles, auch das Erschreckende und Unvorstellbare. Erst im Reich Gottes »werde ich erkennen, wie ich erkannt bin« (1 Kor 13,12), erst wenn wir Gott gleich geworden sind, »werden wir ihn sehen, wie er ist« (1 Joh 3,2).

Ich folgere daraus, dass Momente einer über das offenbarte Wort hinausgehenden Gotteserkenntnis zwar vorkommen mögen, soweit Gott dies zulässt oder gewährt, und dass sie heilend wirken mögen, für den Menschen, der sie erfährt, wie für die Welt, in die er sie einträgt. Aber ebenso ist es möglich, dass ein solches Widerfahrnis, gar eine Erfahrung der *unio mystica*, für den Menschen nicht nur nicht fassbar, sondern letztlich auch nicht zu verarbeiten ist. Die verstörte Sprachlosigkeit, das Zeichnen dunkler Bilder und Analogien nach mancher mystischen, zwischen *tremendum* und *faszinosum* angesiedelten Erfahrung und ebenso die Unfähigkeit mancher ihrer Empfänger, in den Alltag zurückzufinden, sprechen dafür. Es gibt solche Erfahrungen, seien es Reisen in den dritten Himmel (2 Kor 12,2) oder in die Tiefen der Gottheit (1 Kor 2,10), und sie können schön und bereichernd sein. Doch ebenso übersteigen sie das Verstehen, sie sind potentiell gefährlich. Fraglich ist also, ob sie zu wünschen sind. Keinesfalls sind sie höher zu bewerten als eine eher bodenständige *praxis pietatis*.[5]

Ich folge Luther, wenn er mahnt, diese Art von Erfahrung Gottes in allen Aspekten und Dimensionen des Heiligen von mir aus nicht anzustreben, sondern mich, soweit es bei mir liegt, an den gepredigten Gott, an sein offenbartes Wort zu halten. In diesem Wort begegnet der lebendige Gott. Er begegnet ganz, und er begegnet dem ganzen Menschen, in Geist, Seele und Leib – durchaus inklusive der Möglichkeit, von dieser Begegnung aufgestört zu werden, emporgerissen aus der Eingesponnenheit in das eigene Ich, körperlich

[4] Sie resultiert danach nicht zuerst und nicht zwingend aus menschlicher Sündhaftigkeit oder göttlicher Erziehungsabsicht.

[5] Dies bedeutet keine Abwertung kontemplativer Mystik, wo sie denn von Gott gegeben wird.

spürbar befreit von Last zu sein, zu Tränen bewegt, beladen mit einem fremden Gewicht, dem des Kreuzes, oder beglückt und mit Zuversicht beschenkt.[6]

Gott begegnet jedem Menschen, der zu hören bereit ist, in seinem Wort, er begegnet darin als der Lebendige, und er begegnet immer neu, immer anders, zu immer neuer Erkenntnis führend. Die Heilige Schrift begegnet in jeder Phase des Lebens neu und anders, sie hat an jedem Tag etwas Neues zu sagen, nämlich das je Notwendige, das zum Leben Erforderliche. Gott begegnet in seinem Wort, und dieses Wort ist nie ausgeschöpft (was Sprachlosigkeit vor seinem Wort, eine wort- und bildlose Kontemplation, ausdrücklich einschließt). Doch ist mit dem Wort Gottes nicht allein die Heilige Schrift gemeint. Denn: Jesus von Nazareth ist das Fleisch gewordene Wort Gottes. Er ist das Wort Gottes, das für uns von einer Frau geboren wurde; das Wort, das unter uns wohnte und mit uns lebte; das uns liebte und immer weiter liebt; das uns nahekommt und unsere Liebe wünscht; das für uns starb und von Gott aus dem Tod auferweckt wurde; das wiederkommen wird, zu richten die Lebenden und die Toten. Inkarnation, Ostermysterium und das kommende Gottesreich, wie sie von den biblischen Texten vermittelt werden, sind somit die theologischen Eckpfeiler meiner Überlegungen.

Das hat Konsequenzen für meine Rede vom Menschen: Weil Gott wahrer Mensch wurde, sollen auch wir ganz Mensch sein, leben mit Leib, Geist und Seele, mit allen Sinnen, in aller Alltäglichkeit, in Durststrecken und Hoch-Zeiten, ganz auf dieser Erde, die Gottes gute Schöpfung ist und von ihm erlöst werden wird, gemeinsam mit uns und aller Kreatur (Röm 8,18ff.). Wir sind aus Gottes Gnade durch Christi Sterben und Auferstehen ganz gerecht gemacht, zum Leben gerufen, vor und nach dem Tod, und wir sind zugleich immer auch Sünder, angefochten von der Sünde und gelegentlich – trotz aller Bemühungen um Heiligung – mit der Neigung ausgestattet, zur Sünde Ja zu sagen. Wir leben aus der Begegnung mit Gott, manchmal in seiner spürbaren Nähe, manchmal auf uns selbst geworfen, einem dunklen Schweigen gegenüber. Wir sind der Freude fähig und dem Leiden immer wieder ausgeliefert, wir leben ganz in der Hoffnung auf Gottes Gnade, im Licht des kommenden Tages, den Gott heraufführen wird. Was heißt das nun für den Alltag, für das Leben in der Welt?

---

6 Damit wende ich mich gegen jede wertende Hierarchisierung der Formen des Erlebens Gottes. Vgl. BERNHARD FRALING, der im Anschluss an Karl Rahner Mystik als Begegnungsgeschehen bestimmt und ihren »antiesoterischen Charakter« betont, indem er von einer »naturale[n] Grundstruktur« ausgeht, »die den Menschen [sc. d.h. *jeden* Menschen!] der Mystik befähigt« (Mystik und Theologie – eine schwierige Verhältnisbestimmung, in: DIETLIND LANGNER/MARCO A. SORACE/PETER ZIMMERLING [Hg.], Gottesfreundschaft. Christliche Mystik im Zeitgespräch [FS Gotthard Fuchs; Studien zur christlichen Religions- und Kulturgeschichte 9], Fribourg/Stuttgart 2008, 13–27, hier: 19 und 18). Besondere mystische Erlebnisse seien vorstellbar, doch: »Sollen Glaube und mystischer Erfahrung in einer letzten Einheit begründet sein, ist diese in den ‚normalen' Vollzügen des Glaubens auszumachen.« (Ebd.)

2. EINE GESTALT GELEBTER SPIRITUALITÄT

Evangelische Christen versuchen, Gott in ihrem jeweiligen Alltag nahe zu sein. Sie berufen sich dabei auf Luther,[7] der betont, dass alle Ausformungen des Lebens eines Christen die gleiche Gottnähe ermöglichen, weil alle Getauften als Priester anzusehen sind und durch Taufe und Glauben Anteil haben an Christi königlichen und hohepriesterlichen Ämtern[8]. Jeder Mensch ist ohne die Mittlerschaft eines anderen und auch außerhalb des Raumes der Kirche imstande und gerufen, seinen Glauben zu leben. Weiterhin gilt für Luther, dass alle Werke, die im Gehorsam gegen Gottes Gebot im je gegebenen Stand getan werden, gleichermaßen heilig sind.[9] Der Gehorsam gegen Gottes Gebot macht Menschen zu »lebendigen Heiligen«, unabhängig davon, in welchem konkreten Tun sich dieser Gehorsam äußert, ob im Waschen der Wäsche, im liturgischen Gebet vor dem Altar, im Befolgen eines elterlichen Befehls oder im Führen der Buchhaltung. Das Verhalten des Menschen in seinem Alltag ist für Luther von den göttlichen Geboten geregelt, nicht in dem Sinne, dass sich das weltliche Handeln der Christen unmittelbar an bestimmten biblischen Forderungen orientierte, sondern vielmehr so, dass es in der Verantwortung des Einzelnen liegt, die Nächstenliebe unter den Bedingungen einer sündigen Welt zu gestalten. Christen sollen den Alltag geistlich leben, als Getaufte in dieser Welt und in der Kirche Jesu Christi Priester sein, also Gott lieben und den Nächsten wie sich selbst. Für Luther ist das keine idealistische Wunschvorstellung, sondern nüchterner Realismus. Der Mensch muss in jedem Fall wählen, er muss seine Priorität selbst setzen, denn er kann immer nur einem Herren dienen (Mt 6,24). Dass dies einer Überforderung gleichkommt, dass es dem Menschen nicht in allen Situationen gleichermaßen gelingt, die rechte Wahl zu treffen, ist Luther bewusst – der gerechtfertigte Mensch bleibt Sünder. Darum bindet er den hohen Anspruch an den Menschen zusammen mit der Verheißung der immer neuen Gnade, auf die der Mensch bleibend angewiesen ist. Konkret bedeutet das, wie es im vierten Hauptstück des *Kleinen Katechismus* heißt, »daß der alte Adam in uns durch tägliche Reu und Buße soll ersäuft werden und sterben mit allen Sunden und bösen Lüsten, und wiederumb täglich erauskommen und auferstehen ein neuer Mensch, der in Gerechtigkeit und Reinigkeit vor Gott ewiglich lebe.«[10]

---

7 Vgl. ausführlich CORINNA DAHLGRÜN, Christliche Spiritualität. Formen und Traditionen der Suche nach Gott. Mit einem Nachwort von Ludwig Mödl, Berlin/New York 2009, 68–75, 80–82.

8 Vgl. MARTIN LUTHER, De captivitate Babylonica ecclesiae, Praeludium (1520), WA 6, 564, 6f.

9 Vgl. MARTIN LUTHER, Vom Abendmahl Christi. Bekenntnis (1528), WA 26, 504, 30–505, 10f.

10 Die Bekenntnisschriften der evangelisch-lutherischen Kirche (BSLK), hg. von dem DEUTSCHEN EVANGELISCHEN KIRCHENAUSSCHUSS im Gedenkjahr der Augsburgischen Konfession 1930, Göttingen 1930, 516f.

Der Gott, vor dem der Mensch seinen Alltag lebt, ist der trinitarische, der dem Menschen auf vielerlei Weise nahe kommt und alles durchdringt, auch das Alltägliche. Er erscheint als ein persönlicher Gott, der mich, den je einzelnen Menschen, anspricht, mich beruft, von mir fordert, der mich durch sein Menschwerden, durch sein Leiden und Sterben in Christus erlöst, der mich frei macht und begleitet mit seinem Geist. Ein Mensch zu sein vor diesem Gott bedeutet, gesehen zu sein, angesprochen, gerufen in die rechte Gottesbeziehung in jedem Moment des Lebens. Es bedeutet, sich des Abstandes zwischen Mensch und Gott bleibend bewusst zu sein, sich als Sünder vor diesem heiligen Gott zu wissen, doch zugleich als gerecht gemacht ohne eigenes Zutun. Es bedeutet, den eigenen hohen Wert zu wissen und immer neu zugesprochen zu bekommen in der Vergewisserung des *Christus pro nobis* – darauf gründet meine Hoffnung auf Gottes Gnade im Gericht und auf das ewige Leben. Der Weg, den der Mensch geht, um dieser Gnade dankbar zu entsprechen, ist ein Leben der täglichen Hingabe an die Berufung, die dem einzelnen zuteil geworden ist, worauf immer sie sich richtet. Zugleich bedeutet diese Hingabe, aus der Gnade gegenüber dem immer auftretenden – bereuten – Versagen auf diesem Weg zu leben. Denn immer wieder geschieht es im konkreten Lebensvollzug, dass sich der Mensch, oft ganz zufrieden, an das Leben in der Welt verliert. Wie ist dem zu begegnen? Konkret gehören für mich sieben Aspekte, Haltungen, Tätigkeiten dazu:

1. *Den Weg bereiten:* Immer wieder von neuem wird sich der Mensch auf die Begegnung mit Gott einzustellen haben, ob diese im Gottesdienst erfolgen soll, bei der Lektüre der Bibel, in Gebet oder Meditation. Damit ist, wie jeder im geistlichen Leben Erfahrene weiß, zunächst die Präparation vor jeder Hinwendung zu Gott gemeint, das bewusste Loslassen des Alltagsgeschäfts, das Beiseitelegen von Gedanken, die um die eigenen Belange, Ziele, Sorgen kreisen, das Entleeren des Geistes, damit er neu gefüllt werden kann. Auf einer grundsätzlicheren Ebene gehören zum ›Bereiten‹ für viele Menschen notwendige (mit fachkundiger Hilfe vollzogene) Klärungen innerhalb der eigenen Psyche, damit die Nähe Christi allererst wahrgenommen werden kann. Anderenfalls könnten dieser Wahrnehmung unreflektierte Wünsche, unerreichbare Idealbilder, unaufgearbeitete Erfahrungen, Traumata, Verzerrungen durch übernommene Gottesbilder oder anderes im Wege stehen. Wenn mir Gott beispielsweise vor allem als strenger Richter und unerbittlicher Fronherr vermittelt wurde, werden mich Mitteilungen seiner Gnade und Liebe allenfalls gebrochen erreichen, und sie können in meinem Leben kaum wirksam werden. Hier muss zunächst wahrgenommen werden, welche Bilder in mir niedergelegt sind, von wem sie mir mit welcher Autorität übermittelt wurden, welche persönlichen Auswirkungen damit verbunden sind, wie sie meine Realitätswahrnehmung trüben. Es sind also grundlegende psychologische Klärungen erforderlich, die nach meiner Überzeugung zur Unterscheidung der Geister und zu geistlicher Beratung hinzugehören. Auch deren gelegentliche

Auffrischung kann vonnöten sein, damit ein Leben in der Freiheit des Geistes möglich wird.

2. *Im Raum der Heiligen Schrift leben*: Wir sollen »wachsen in der Erkenntnis Gottes und gestärkt werden mit aller Kraft durch seine herrliche Macht zu aller Geduld und Langmut« (Kol 1,10f.). Dazu brauchen wir einen geschützten Raum,[11] und wir brauchen die richtige Nahrung, etwas, in dem die *fides adventitia*, der zu uns kommende, der auf uns zukommende Glaube, uns erreichen kann. Beides finden wir in der Bibel. In ihr lässt Gott sich sehen und ergreifen. Sie ist eine Sprachwelt, in der Menschen beheimatet sein können, in der sie sich bewegen und von der sie in ihrer Einstellung geprägt und bestimmt werden. Dazu hilft weniger eine wissenschaftliche Auseinandersetzung mit den biblischen Texten; auch die sparsame Ration der Losungen wird kaum genügend prägend wirken. Nötig ist ein Leben mit und in den Texten, eine regelmäßige, am besten tägliche Lektüre, die schließlich das eigene Denken durchdringt und bestimmt, die auch die eigene Sprache zunehmend formt und in uns »leibliches Wort« wird.[12]

3. *Hörend beten*: Beten als Lob und Ergebung in Gottes Willen, als Dank, Bitte und Klage, sogar ein immerwährendes Beten ist uns aufgetragen, ebenso die Fürbitte für andere. Dabei dürfen wir gewiss sein, dass der lebendige Gott uns hört, und wir dürfen darauf vertrauen, dass unser Gebet etwas bewirkt.[13] Dazu sollte unser Beten ein hörendes Beten sein, das heißt: ein Beten, das um Einsicht bittet, um das Sprechen des Heiligen Geistes dort, wo uns die Worte versagen, und ein Beten, das um Wahrnehmen der jeweils möglichen und notwendigen Bitten bemüht ist. Wenn mir zum Beispiel die Fürbitte für einen auf den Tod erkrankten Menschen angetragen wird, kann es – wenn ich mein Denken und Wünschen außen vorlasse – sein, dass sich im Gebet die Bitte um neue Gesundheit formt; es kann aber ebenso sein, dass diese Bitte nicht gesprochen werden will, dass es statt dessen das »selige Ende« ist, für das ich bete. Nun kann ich auf dem Weg der Bereitung meines Geistes zwar versuchen, meine Subjektivität um der Möglichkeit des hörenden Betens willen möglichst auszuschalten, doch wird mir das nie vollständig gelingen. Damit wird eine Überprüfung des von mir Gehörten notwendig, mit einem geistlichen Ratgeber, in einer geistlichen Gemeinschaft.

4. *Leben teilen*: Die kritische, die *diakritische* Betrachtung des Gehörten erfolgt im Dialog innerhalb der geistlichen Gemeinschaft nach den in der christlichen Tradition immer wieder zusammengestellten Kriterien der Unterschei-

---

11 Die folgenden Ausführungen zur Heiligen Schrift als Raum sind eng angelehnt an Oswald Bayer, Kämpfender Glaube, in: Langner/Sorace/Zimmerling (Hg.), Gottesfreundschaft (s. Anm. 6), 55–71, hier: 61.

12 So Martin Luther, Predigt über 1 Kor 15 von 1532, WA 36, 500, 28–30.

13 Ich meine nicht nur die Wirkung im Beter oder die Stärkung dessen, für den gebetet wird, die eintritt, sobald er darum weiß – diese psychologischen Erklärungen sind nicht falsch, doch sie rechnen mir nicht genug mit dem Da-Sein des lebendigen Gottes.

dung der Geister:[14] Steht das Gehörte im Zusammenhang des Glaubens an Christus? Stimmt es mit dem Doppelgebot der Liebe überein? Fördert es die christliche Gemeinschaft? Zeigen sich Auswirkungen im weiteren Leben wie Demut, Liebe, Freude, Ruhe, Gesprächsbereitschaft, das Maßhalten, d.h. keine Übertreibung im Verhalten hinsichtlich Strenge oder Rigorismus, wachsende Christusförmigkeit? Wie steht es mit dem Modus der Erfahrung (handelt es sich eher um einen Befehl als um eine Behauptung) und mit der Approbation durch die Gemeinschaft? Und fördert es, im Sinne einer inkarnatorisch begründeten Frömmigkeit, das Ankommen im Leben, mit Geist, Seele und Leib?

Die Gemeinschaft, die sich mit diesen Fragen auseinandersetzt, muss nicht als Kommunität leben, doch ihre Mitglieder werden einander im Gebet begleiten und durch regelmäßiges Erzählen Anteil geben an ihrem je eigenen Leben. In besonderer Weise erfolgt die Anteilgabe gegenüber dem geistlichen Ratgeber, denn jeder Mensch braucht es, mindestens einem anderen Menschen gegenüber uneingeschränkt offen zu sein, auch wenn er das nicht immer als angenehm empfinden mag. Dieser andere muss von eigenen Interessen weitgehend frei und generell für diese Aufgabe geeignet sein;[15] er oder sie sollte aufmerksam und liebevoll hören, möglichst nicht ohne Humor, und das Gehörte ebenso geistlich wie psychologisch einordnen und nötigenfalls bewerten können (nicht allerdings moralisch bewerten im Sinne einer restriktiven, Leben hindernden oder lebensfeindlichen Zurechtweisung des Gegenübers, unter keinen Umständen jedenfalls, solange nicht eindeutig ethisch zu verurteilende Sachverhalte vorliegen). Dies hilft besonnen zu sein, geerdet, nüchtern zum Gebet (1 Petr 4,7). Was wir empfangen haben, geben wir weiter, in Seelsorge oder geistlicher Beratung. Das ist keine bloße Option, es ist unser Auftrag; denn Selbstgenügsamkeit gehört nicht zum gelebten Glauben.

5. *Die Welt wahrnehmen*: Ein solcher Auftrag bedeutet Verantwortung. Er setzt die Bereitschaft voraus, Verantwortung zu übernehmen, zunächst für mich selbst (was keinesfalls selbstverständlich ist und keinesfalls bequem – das Abgeben der Verantwortung zugunsten eines mehr oder weniger blinden Gehorsams kann einfacher sein), dann in durch die Freiheit des anderen begrenzter Weise für andere, die es selbst nicht können. Dazu ist zunächst genaues Wahrnehmen erforderlich, meiner selbst und der anderen, ob es sich um einen einzelnen Menschen, eine Gruppe, Tiere oder die Schöpfung insgesamt handelt. Ihr Zustand und ihre wirklichen Bedürfnisse (die mit den Wünschen nicht übereinstimmen müssen) sind zu erkennen. Immer ist als nächster Schritt die Bereitschaft erforderlich, die anderen ins Gebet zu nehmen, sie

---

[14] S. dazu Corinna Dahlgrün, Die Gabe, die Geister zu unterscheiden. Von den Kriterien christlicher Spiritualität, in: Ralph Kunz/Claudia Kohli Reichenbach (Hg.), Spiritualität im Diskurs. Spiritualitätsforschung in theologischer Perspektive (Praktische Theologie im reformierten Kontext 4), Zürich 2012, 81–97.

[15] Vgl. ebd.

im Gebet zu begleiten. Manchmal ist überdies unser konkretes diakonisches oder politisches Handeln gefragt.[16]

6. *Im Raum der Musik leben*: Für Luther ist die Musik eine der wichtigsten Gottesgaben, ein Geschenk Gottes von großer Macht.[17] Sie macht fröhlich, hält negative Impulse im Zaum und verjagt den Teufel. Sie ist ein Mittel, die Ordnung der Welt gegen alle Kräfte der Zerstörung aufrechtzuerhalten. Sie weckt und stärkt den Glauben. Und sie ist ein Vorschein der Ewigkeit. So ist es einleuchtend, wenn für Luther ein geistliches Leben ohne Musik, ohne Singen, Musizieren oder wenigstens aktives Hören nicht denkbar ist. Über Luther hinaus ist zu ergänzen, dass Musik gleichzeitig in mehreren Schichten zu uns sprechen kann. Musik schafft nicht nur einen akustischen, sondern zugleich auch einen seelischen Raum, in dem viele Dinge gleichzeitig gegenwärtig sind: Mitgebrachtes und neu Gehörtes, Töne und mit ihnen verbundene Emotionen, Vertrautes und Fremdes, Texte als Ganzes oder in Fragmenten. Und: Wo die Fähigkeit der Formulierung im Wort endet, stehen der Musik noch ungeahnte Räume zur Verfügung. Musik kann Ambivalenzen ausdrücken und offenhalten, ohne sie in die eine oder andere unwahre Eindeutigkeit vorschnell aufzulösen. Ebenso kann sie Eindeutigkeit schaffen, indem sie große Gefühle in machtvolle Klänge übersetzt. Sie kann noch dort trösten, wo Worte versagen. Und zu ihr gehört wesentlich die Pause, die Stille. In diesem allen ist Musik eine Gestalt geistlichen Lebens.

7. *Geschehen lassen und vertrauen*: Wir leben auf dieser Erde, in unserem manchmal schönen, friedvollen, lustigen und leichten, manchmal schweren, grauen oder leiderfüllten Alltag, in der Gemeinschaft, die uns geschenkt ist. Wir dürfen dieses Leben genießen im Bewusstsein unserer Sterblichkeit. Das heißt gerade nicht, dass wir hier nur für das kommende Leben sorgen sollten, das hat Gott schon getan. Und wir können auch nicht in der Vorschau auf dieses kommende Leben unseren Alltag gestalten, denn wir wissen nicht, wie es aussehen wird. Aber wir wissen, dass Gottes Reich uns entgegenkommt, individuell und für seine ganze Schöpfung am Ende der Erdenzeit. Die Bibel mahnt an vielen Stellen, dieser Verheißung eingedenk, zu Wachsamkeit und Nüchternheit, da wir die Stunde nicht wüssten. Doch ebenso sind wir gerufen, im Heute zu leben, an diesem Tag, denn es ist der einzige, den wir haben. Das Morgen können wir im Vertrauen auf Gott auf uns zukommen lassen, die Sorge Gott überlassen (Mt 6,34).

---

16 Vgl. die Grundsätze und die Praxis der Kommunität von Iona, in: DAHLGRÜN, Christliche Spiritualität (s. Anm. 7), 334–341.

17 Vgl. CORINNA DAHLGRÜN, Die Botschaft des Evangeliums und die Sprache der Töne. Theologische Überlegungen zur Musik im Gottesdienst, in: LJ 56 (2006), 158–180.

3. Fazit

Nüchterne Spiritualität, das heißt für mich: Ein aufgeräumter Geist. Eine hörende, wache Seele. Ein achtsamer, doch nicht rigider Umgang mit dem Leib. Eine Weggemeinschaft, die mich stärkt und zurechtbringt. Die kritische Überprüfung des Erfahrenen, handle es sich um Erfahrung der Nähe oder der Ferne Gottes (denn beides kann sich aus meiner eigenen Seele heraus- und in meine Wahrnehmung drängen und ist darum mit den Kriterien der Unterscheidung der Geister ins Gespräch zu bringen). Die Bereitschaft, weiterzugeben, was ich empfangen habe. Die Bereitschaft, Verantwortung zu übernehmen, unbedingt für mich selbst, dazu dort, wo es not tut. Die Bereitschaft, zu wachsen, Veränderung zuzulassen, unterwegs zu sein mit dem wandernden Gottesvolk, das hier keine bleibende Stadt besitzt. Die Einsicht, nicht zu wissen, was der nächste Tag bringt und von mir fordert, sei es die Freude am Erreichten und das Weiterbauen daran, sei es das Weitertragen einer alten Last, sei es eine neue Ausrichtung, ein Aufbruch aus Altgewohntem. Die Bereitschaft, das Gott zu überlassen, und im Heute zu leben. Nüchterne Spiritualität ist eine Spiritualität für jeden Tag, für *diesen* Tag, für den Alltag, für ein Leben ganz auf dieser Erde, doch *coram Deo*, ganz in der Gegenwart, doch zugleich ganz im Licht des kommenden Tages, wie es Paulus im ersten Brief an die Thessalonicher formuliert:

> »Ihr seid allzumal Kinder des Lichtes und Kinder des Tages. Wir sind nicht von der Nacht noch von der Finsternis. So lasset uns nun nicht schlafen wie die andern, sondern lasset uns wachen und nüchtern sein [...], angetan mit dem Panzer des Glaubens und der Liebe und mit dem Helm der Hoffnung zur Seligkeit.«[18]

---

18 1 Thess 5,5f.8b in der Übersetzung der Lutherbibel von 1912.

DIE BEFREIUNG DES HOMO OECONOMICUS

Das Ende der Einsamkeit einer wirkungsmächtigen Kunstfigur

Martin Büscher

1. EINFÜHRUNG: DER HOMO OECONOMICUS NUR EINE KUNSTFIGUR?

Die Kunstfigur des *homo oeconomicus* ist in den Wirtschaftswissenschaften eine der grundlegenden Kategorien für die Ausrichtung ökonomischer Vernunft. Diese Figur wurde immer wieder infrage gestellt, verteidigt oder in Nuancen des Verhaltens Änderungen unterworfen. Dieser Beitrag möchte diese Entwicklungen darstellen und ein Potential dafür entfalten, wie mit einer kontextuell orientierten theologischen Anthropologie die normativen Rudimente dieser Kunstfigur eingebettet und aufklärerisch entfaltet werden können: Der *homo oeconomicus* wird aus seiner selbstverschuldeten Unmündigkeit befreit. Ausgangspunkt ist der Grundgedanke theologischer Anthropologie, dass menschliche Erkenntnis »um das ›Stückwerk‹ ihrer Erkenntnis weiß.« Anthropologische Erkenntnis kann »über ›Zweifel‹ und ›Einfälle‹ nicht hinausgelangen«[1] und steht jeder Einengung und Festlegung des menschlichen Wesens entgegen. Der Mensch ist um seiner selbst willen, in seiner Würde zu achten. Im Feld der Ökonomie und der ihre eigenen Rationalität herrscht Zweckrationalität vor. Zweck-Mittel-Relationen wie Leistung, Effizienz oder Kosten sind dominante Grundkategorien ökonomischer Anthropologie.[2]

Zunächst wird die gegenwärtige Diskussion um den *homo oeconomicus* dargestellt und werden verschiedene Begründungsformen innerhalb der Wirtschaftswissenschaften kenntlich gemacht. Die Ansätze, die sich um eine wirtschaftsethische Erweiterung bemühen, werden dazu ebenso berücksichtigt wie Strömungen innerhalb der Wirtschaftswissenschaften, die diese Denkform

---

1 JOHANNES VON LÜPKE, Anthropologische Einfälle. Zum Verständnis der »ganzen Existenz« bei Johann Georg Hamann, in: NZSTh 30, 1988, 267. Vgl. DERS., Menschlich und göttlich zugleich. Johann Georg Hamanns Beiträge zu einer theologischen Lehre vom Menschen im Gespräch mit Goethe und Nietzsche, Habilitationsschrift (masch.) Tübingen 1992, 1f., 31ff.

2 JOHANNES VON LÜPKE, Wie effizient darf und muß diakonische Leistung sein? (vorgegebene Fragestellung), in: EGBERT KAHLE (Hg.), Wertedefizite im Management – Effizienzdefizite in der Diakonie? Bericht vom Symposion der Diakonischen Heime in Kästorf e.V. am 16. und 17.02.1996 (= Arbeitsbericht Nr. 167, Universität Lüneburg, Fachbereich Wirtschafts- und Sozialwissenschaften), Lüneburg 1996, 21f.

dialektisch oder in geistesgeschichtlichem Kontext eingebettet gesehen haben. Die Auseinandersetzung mit theologischem Denken und die Potentiale der Überwindung des »narrow dangerous conventionalism« (Thieme) scheinen bisher unausgeschöpft und sollen in diesem Beitrag mit theologischen Berührungspunkten weiterentwickelt werden.

2. Genese der Wirtschaftsanthropologie

Der *homo oeconomicus* konzentriert sich auf sein Eigeninteresse und Vorteilsdenken. Das ökonomische Prinzip (Maximin-Prinzip) liegt zugrunde, nämlich ein gegebenes Ziel mit möglichst geringem Aufwand bzw. mit gegebenen Mitteln ein Maximalziel zu erreichen. Das Denken im effizienten Erreichen von Eigeninteressen ist das Leitmotiv des *homo oeconomicus*. Diese formalisierte Bestimmung des *homo oeconomicus* ist immer wieder kritisiert worden.[3] Das eigentliche Ziel wirtschaftlichen Handelns sei dabei außer Acht gelassen worden, nämlich die Befriedigung der materiellen Bedürfnisse des Menschen und die Lebensdienlichkeit des Wirtschaftens.[4] Die Kritik am Modell des *homo oeconomicus* zielt zugleich auf das formale, mechanistische, auf Annahmesystemen beruhende ökonomische Denken, das als Ökonomismus bezeichnet wird.

Diese Kritik wird häufig mit dem Argument zurückgewiesen, dass der *homo oeconomicus* nur als ein heuristisches Prinzip, als Modell, nicht aber als Abbild realen ökonomischen Verhaltens einzustufen sei. Das Modell sei nicht reduktionistisch, da es nicht den Anspruch habe, dass das reale Verhalten von Menschen durch die Unterstellung einer konsistenten Präferenzordnung umfassend beschrieben werden könne.[5] Unterschätzt wird dabei der reale Einfluss, den diese Denkform auf die Analyse von Wirklichkeit und auf die Prägung des wirtschaftlichen Denkens ausübt. Generationen von Studierenden der Wirtschaftswissenschaften und die wirtschaftspolitische Expertise und Praxis in ihren späteren Berufsfeldern sind von diesem Denken geprägt. Für die Relativierung dieses Denkens erforderliche Kompetenz in Dogmengeschichte, Methodenlehre oder Wirtschaftsgeschichte kommen in den Curricula nicht oder nicht mehr vor. Nicht ganz zufällig sind es heute studentische Initiativen, die von ihrer wirtschaftswissenschaftlichen Ausbildung mehr Pluralismus und mehr Realitätsnähe fordern.[6] Gleichzeitig aber ist festzustellen,

---

[3] Vgl. Eike Bohlken, Wirtschaften nach dem Maß des Menschen – konstitutive Aspekte der Wirtschaftsanthropologie aus philosophischer Sicht, in: Claus Dierksmeier/Ulrich Hemel/Jürgen Mannemann (Hg.), Wirtschaftsanthropologie, Baden-Baden 2015, 57ff. und die übrigen Beiträge in diesem Band.

[4] Vgl. Peter Ulrich, Integrative Wirtschaftsethik – Grundlagen einer lebensdienlichen Ökonomie, Bern/Stuttgart/Wien 2001, 204f.

[5] Vgl. Andreas Suchanek, Ökonomische Ethik, Tübingen ^{2}2007, 181f.

[6] www.res.org.uk Economics as a pluralist liberal education, Cambridge Society for Pluralism in Economics www.cambridgepluralism.org, International Student Initiative

dass sich solche Initiativen derzeit noch weit außerhalb des Mainstreams der Lehre bewegen, wenn auch an vielen wirtschaftswissenschaftlichen Fakultäten in Deutschland diese Studierendengruppen sich Gehör zu schaffen begonnen haben.[7]

Die Beschäftigung mit den eigenen Wurzeln ist für die Ökonomie konstitutiv, weil sie methodisch und normativ weichenstellend ist. Das Eigeninteresse des Menschen und die Figur des *homo oeconomicus* wurden mit der liberalen Philosophie salonfähig, während es vorher eine theologische oder religiöse Domestizierung des Eigeninteresses zu verzeichnen gab. Das Eigeninteresse des Menschen wurde moralisch grundlegend für das Verständnis von Wirtschaft und Wirtschaftswissenschaft. Adam Smith (1723–1790), anglikanisch getaufter Schotte, Begründer der modernen Nationalökonomie, ist in seinem Denken mit dem englischen Deismus verwoben. Der zentrale Satz seines ökonomischen Hauptwerkes *Vom Wohlstand der Nationen* bezieht sich auf das Eigeninteresse und Vorteilsdenken der Menschen:

> »Nicht vom Wohlwollen des Metzgers, Brauers oder Bäckers erwarten wir das, was wir zum Essen brauchen, sondern davon, dass sie ihre eigenen Interessen wahrnehmen.
> Wir sprechen nicht von ihrer Pflicht, sondern von ihrem Vorteil«.

Gesamtwirtschaftlich betrachtet entstand daraus die Gleichsetzung »Private vices – public benefits«: Das Verfolgen der Einzelinteressen (*private vices*) fördert das Gemeinwohl (*public benefits*). Das garantiert im Denken von Adam Smith die »invisible hand«. Für ihn bedeutete das liberale Axiom des »laisser-faire/laisser passer«, nicht *in Gottes Schöpfung* einzugreifen. Die moderne ökonomische Lesart ist allerdings, dass »laisser-faire« bedeuten muss, nicht in das Marktgeschehen, seine Sachgesetze und Selbstheilungskräfte einzugreifen. Adam Smith war in einem theologisch-ethischen Denken verwurzelt, das die Welt als Schöpfung Gottes wahrnahm, der, einem Uhrmacher gleich, die Welt erbaut und diese dann wie ein Uhrwerk laufen lässt. Dieser Zugang, verwurzelt im englischen Deismus und stoischem Gedankengut, wird von seinen Schülern und Epigonen – und das ist im Blick auf die freie, den ökonomischen Gesetzen folgende Marktwirtschaft nahezu die gesamte Fachwelt – nicht oder nicht mehr wahrgenommen. Die »invisible hand« wird in der modernen Ökonomie als das segensreiche Funktionieren des Marktmechanismus verstanden. Bei Adam Smith existiert gedanklich eine ordnende Hand im Hintergrund. Die Idee des *laisser-faire/laisser-passer* bedeutet für ihn die Wahrung der göttlichen Schöpfung: »Die Welt ist eine Maschine, die von dem göttlichen Ingenieur zum Wohle des höchststehenden Geschöpfes, des Menschen, in

---

for Pluralist Economics (www.isipe.net), Netzwerk Plurale Ökonomik e.V. (www.plurale-oekonomik.de), jeweils letzter Zugriff am 6. Oktober 2015.

7 Vgl. die Initiative 5 May 2015 - Global Action Day for Pluralism, www.isipe.net (letzter Zugriff am 6. Oktober 2015).

Gang gesetzt wurde. [...] Die Räder einer Uhr sind alle wunderbar dem Zwecke angepasst, für den diese gefertigt wurde. Alle ihre verschiedenen Bewegungen wirken in der genauesten Weise zusammen, um diese Wirkung hervorzubringen. [...] So oft wir durch natürliche Triebe dazu bestimmt werden, jene Zwecke zu fördern, die eine verfeinerte und aufgeklärte Vernunft uns anempfehlen würde, dann sind wir sehr geneigt, jener Vernunft als der wirkenden Ursache die Gefühle und Handlungen zuzurechnen, durch die wir jene Zwecke befördern, und uns einzubilden, dasjenige sei die Weisheit des Menschen, was in Wirklichkeit die Weisheit Gottes ist.« Das ökonomische Denken von Adam Smith hat eine wirtschaftstheologische Verwurzelung.[8]

Ohne diese theologische Rückbindung und Sinnbestimmung wird aus dem wohlverstandenen Eigeninteresse im Menschenbild des Gründervaters der Wirtschaftswissenschaften ein funktionaler Mechanismus. Das integrative Denken von Adam Smith erlaubt grundlegende theologische Zugänge zur Ökonomie. Adam Smith provoziert die Frage nach einer modernen protestantischen Wirtschaftstheologie.[9] Diese kann interdisziplinäre, fachübergreifende Bezüge wieder aufgreifen. Mit Adam Smith kann eine moderne Integration von Theologie und Ökonomie vermittelt werden, die Sinnfragen des Wirtschaftens als ökonomische Dimension wieder aufnimmt. Vergleichbare Tiefenstrukturen gibt es im deutschen Modell der Sozialen Marktwirtschaft.

Das Konzept der Sozialen Marktwirtschaft – von den geistigen Vätern als Dritter Weg zwischen Plan- und Marktwirtschaft gedacht – ist nach dem Zweiten Weltkrieg als ein Wirtschaftsmodell entworfen worden, das Lebensordnung und Wirtschaftsordnung miteinander verbindet. Walter Eucken, einer der Hauptvertreter der Freiburger Schule des Ordoliberalismus, spricht von der »Interdependenz der Ordnungen« und meint damit die Verbindung von Staatsordnung, Rechtsordnung, Wirtschaftsordnung, Sozialordnung und kultureller Ordnung. Spezifische zeitgeschichtliche Einflüsse haben die Interdependenz der Ordnungen und das ordo-liberale Denken geprägt. Die deutliche Abkehr von totalitären staatlichen Regelungen, die Konzentration auf die Freiheit und Verantwortung des Individuums, die Situation der Mangelversorgung nach dem Krieg und zugleich »ethische Rahmenbedingungen«, d.h. (nach Alexander Rüstow) »eine Menge Dinge, die menschliche Eigenwerte sind«: Kultur, Erziehung, Bildung, moralische und soziale Leitbilder, die Prinzipien von Subsidiarität und Solidarität, ein christliches Menschenbild schlechthin. »Es ist der eigentliche Zweck der Wirtschaft, diesen überwirtschaftlichen Werten zu dienen.« Wilhelm Röpke pointiert die christliche Ori-

---

8 Vgl. Martin Büscher, Marktwirtschaft und kontextuelle Ökonomie. Wirtschaftsethische Grundlagen zur Weiterentwicklung der Ordnungspolitik, Wiesbaden 2000, 68ff.

9 Der Begriff »Wirtschaftstheologie« wird gebraucht bei Alexander Rüstow, Das Versagen des Wirtschaftsliberalismus als religionsgeschichtliches Problem, Istanbul/New York 1945, 12ff.

entierung durch seine Aussage »Das Maß der Wirtschaft ist der Mensch. Das Maß des Menschen ist sein Verhältnis zu Gott«.[10]

Die geistigen Väter der Sozialen Marktwirtschaft legen ein dialektisches Menschenbild zugrunde. Es beschreibt den Menschen als geistiges und soziales/materielles Wesen zugleich. Dadurch gelingt die Überwindung einer monistischen Anthropologie wie in der Modellform des *homo oeconomicus*. Ein paralleler Monismus in der Anthropologie wird unter Betonung des soziologischen Aspektes von Karl Marx und in vielen anderen Variationen im 19. Jahrhundert oder andererseits in idealistischen, den Geist herausstellenden Positionen vertreten. Dieser Monismus ist von der philosophischen Anthropologie nach v. Üexküll, Plessner, Scheler oder Sombart insofern durchbrochen, als der Mensch seine Einheit von geistigem und biologischem Wesen in seiner Geschichtlichkeit erfährt. Jenseits der Utopie einer rein geistigen oder rein materiellen Existenz realisiert der Mensch sein Dasein als ein geschichtliches in der Bindung an eine konkrete Lebenssituation. Das Menschenbild wird bei Alfred Müller-Armack in die gesellschaftliche Gesamtordnung eingebunden: »In die Struktur der Sozialen Marktwirtschaft sind die Ansätze dieser beiden Wissenschaftsepochen (der idealistischen und der naturalistischen Epochen [Marx, Darwin, Anm. d. Vf.]) in der philosophischen Anthropologie insofern eingegangen, als wir der ersten die Einsicht in die Notwendigkeit, in Gesamtordnungen zu denken, verdanken, und der zweiten die Einsicht, dass wir alle menschliche Gestaltung *im Doppelaspekt seiner ökonomischen wie geistigen Lebensform* [Hervorhebung d. Vf.] zu sehen haben.«[11]

Die Wiederankoppelung der wissenschaftlichen Ökonomie an die Lebenswelt wurde in einem Paradigmenentwurf grundlegend von Peter Ulrich entwickelt.[12] Es geht dabei um eine »Praktische Sozialökonomie«, die die Einbettung ökonomischen Denkens im doppelten Sinne anstrebt: als Abwendung von einem szientistischen Wissenschaftsverständnis einer rein theoretischen Ökonomik zu einer sowohl pragmatischen als auch kritisch-normativen Handlungsorientierung. Die methodische Wiederankoppelung des wirtschaftswissenschaftlichen Denkens und seiner normativen Grundlagen an die lebenspraktischen Bedürfnisse der beteiligten und betroffenen Menschen wird zum Thema gemacht.[13]

---

[10] Vgl. ausführlich Büscher (s. Anm. 8), 92ff.

[11] Alfred Müller-Armack, Genealogie der Sozialen Marktwirtschaft – Frühschriften und weiterführende Konzepte, Bern/Stuttgart 1974, 250. Alfred Müller Armack war unter Ludwig Erhard Staatssekretär im Bundeswirtschaftsministerium. Für seinen geistigen Horizont als wirtschaftspolitisch Verantwortlicher steht z.B. eine Monographie wie: ders., Das Jahrhundert ohne Gott. Zur Kultursoziologie unserer Zeit, Regensburg/Münster 1948; vgl. zur Herleitung Büscher (s. Anm. 8), 104ff.

[12] Vgl. Peter Ulrich, Transformation der ökonomischen Vernunft. Fortschrittsperspektiven der modernen Industriegesellschaft, Bern/Stuttgart/Wien 1987, 341ff.

[13] Ebd., 342.

Hier ist nun nicht weiter zu diskutieren, welche Folgerungen aus diesem Paradigmenentwurf für das Verständnis von Ökonomik als wertfreier Wissenschaft zu ziehen sind. Interessanter ist die Frage, inwieweit für ein realistisches Verständnis von Wirtschaft hermeneutische Fragen zu berücksichtigen sind. Wenn es richtig ist, dass paradigmatisch geprägte Rationalitäten und ihre anthropologischen Konstrukte wie der *homo oeconomicus* nicht nur Methoden, Heuristiken und Instrumente einer wissenschaftlichen Disziplin repräsentieren, sondern Ausdruck ihrer tieferliegenden Sinnstrukturen sind, ergibt sich ein geistesgeschichtlicher Gesamtblick auf ökonomische Phänomene.

Im wirtschaftswissenschaftlichen Methodenstreit zum Ende des vorletzten Jahrhunderts haben sich die Protagonisten ähnlich gestritten wie heute die integrative Wirtschaftsethik oder pluralistische Ansätze mit der neo-klassischen, annahmegeprägten Ökonomik. Ökonomismuskritik war Kernmotiv ähnlich wie im Streit zwischen der induktiven, historisch-ethischen Ökonomie mit Gustav von Schmoller als dem Protagonisten und dem deduktiven, an vermeintlich universalen Sachgesetzen orientierten Ökonomik von Carl Menger als Protagonisten. Es geht nicht um ethische Fragen allein, sondern im integrativen Ansatz um den Kern der ökonomischen Sache. Die integrative Wirtschaftsethik ist das Sammelbecken für alle ökonomischen Ansätze, die über den Mainstream hinausgehen wollen, für alle Ansätze, die über ceteris-paribus-Klauseln und den *homo oeconomicus* hinaus normative Dimensionen ansprechen wollen: in ethischer Hinsicht, wenn es um Grundfragen des guten, erfüllten Lebens, um verantwortliches Handeln und um gerechtes Zusammenleben geht. Dazu gehören die lebensweltlichen, sozialen, ökologischen, politischen oder die kulturellen Dimensionen. In der Lehre umfasst dann Wirtschaftsethik all das inzwischen weitgehend Vergessene, der Verflüssigung der ökonomischen Sache anheim Gegebene: Methodenlehre, Dogmengeschichte, Wirtschaftsgeschichte, Politische Ökonomie, Systemvergleich, Umweltökonomie, Sozialökonomie, Wissenschaftstheorie.

3. Plurale Rationalitäten in der Wirtschaftsanthropologie

Innerhalb der Wirtschaftswissenschaften wird die Frage nach methodischen und normbildenden, gar sinnhaften Kontexten nicht gestellt. Aufgabe der Wissenschaft sei es aufzuzeigen, »welche Konsequenzen gezogen werden müssten, wenn Zustände erreicht werden sollten, die bestimmten Werturteilen bzw. Wertkonzeptionen entsprechen«.[14] In der wirtschaftsanthropologi-

---

14 Gebhard Kirchgässner, Wertfreiheit und Objektivität in den Wirtschaftswissenschaften: Mythos oder Realität, in: Gerhard Zecha (Hg.), Werte in den Wissenschaften – 100 Jahre nach Max Weber, Tübingen 2006, 138.

schen Diskussion geht es nicht nur um das Menschenbild im engeren Sinne. Die anthropologische Diskussion steht für das Aufeinandertreffen verschiedener Rationalitäten bzw. verschiedener Sinnsysteme. Diese Fragestellung wird in der jüngeren betriebswirtschaftlichen Diskussion durch den Begriff des multi-rationalen Managements aufgegriffen.[15] Die bisherige wirtschaftsanthropologische Diskussion konzentrierte sich auf das kritische Hinterfragen oder methodische Verteidigen dieser Kunstfigur und verblieb damit im gegebenen Horizont einer Denkform.

Die Wahrnehmung dieser Perspektiven als Ausdruck von *Multi-Rationalität* geht einen Schritt weiter: Es geht nicht nur um die disziplinäre Wahrnehmung einer (akademischen) Ausprägung menschlichen Denkens, sondern um die diese bestimmenden Sinnstrukturen. Rationalität ist »das Ergebnis aus fortwährend ablaufenden Prozessen der Interaktion zwischen Mitgliedern einer Sinngemeinschaft, gleichzeitig aber auch eine Konstruktionslogik für die gruppenspezifische Interpretation von Situationen«.[16] In organisationstheoretischer Hinsicht geht es darum, verschiedene widersprüchliche Rationalitäten, Professionen oder Kompetenzen in einer Organisation zu verbinden. Anthropologisch betrachtet, geht es darum, die anzutreffenden Denkformen nicht nur als kognitive Phänomene wahrzunehmen, sondern deren Einbettung in individuelle, fachliche, soziale oder auch kulturelle Sinnstrukturen wahrzunehmen. Archetypen von Rationalität werden im Konzept des multirationalen Management in technischer, ökonomischer, sozialer, juristischer und politischer Rationalität identifiziert. Als Archetypen können auch Ordnungsformen wie die Familie, Religion, Staat/Nation, Markt, Unternehmung oder Profession dienen. Multi-Rationalität zeigt sich in der Relativierung der je eigenen Position und Perspektive.[17] Rationalitäten sind wie Kulturen Teil einer gelebten Praxis und Sinnstruktur. Für die Analyse der gelebten Rationalität in einer Sinngemeinschaft sind folgende Aspekte leitend, die Tiefenstrukturen erfassen helfen:

- *Fragestellungen*: Welches sind die zentralen Fragestellungen, die das Handeln und Entscheiden der Akteure in der Gruppe prägen? Welche Fragen stellen sie sich und anderen immer wieder?
- *Erfolgsmaßstab*: Wie bemisst sich in der Gruppe Erfolg? Welches formale Kriterium muss erfüllt sein, um als erfolgreich zu gelten?
- *Kritische Erfolgselemente*: Welche Handlungen sind kritisch zur Erreichung des Erfolgs? Was muss ein Akteur können, um in diesem Umfeld erfolgreich zu sein?

---

15 Kuno Schedler/Johannes Rüegg-Stürm (Hg.), Multirationales Management. Der erfolgreiche Umgang mit widersprüchlichen Anforderungen an die Organisation, Bern/Stuttgart/Wien 2013, 13ff.

16 Kuno Schedler/JohannesRüegg-Stürm, Multirationalität und pluralistische Organisation, in: dies. (s. Anm. 15), 61.

17 Schedler/Rüegg-Stürm (s. Anm. 15), 46ff.

- *Argumente*: Welches sind Argumente, mit denen ein Akteur gegenüber den anderen typischerweise sein Handeln oder seine Entscheidung begründet?
- *Inkompatibilitäten*: Was müsste ein Akteur tun, wie müsste er entscheiden oder argumentieren, damit er von der Sinngemeinschaft als ›irrational‹ angesehen würde?
- *Referenzsystem*: An welchen Akteursgruppen innerhalb der Organisation orientieren sich die betrachteten innerorganisatorischen Akteure? Woher werden die Erwartungen, Ansprüche und Werthaltungen ›importiert‹?[18]

Die Tiefenstrukturen von Rationalitäten sind Dimensionen, die für einen sozialpsychologischen Hintergrund stehen, die sich nicht unmittelbar erschließen und für komplexe Zusammenhänge stehen, die als je eigene Sinngemeinschaften wahrgenommen werden. Rationalität und Identität, Rationalität und Macht, Rationalität und Interessen, Meinungen oder Irrtümer sind aufeinander bezogen. Es ist von »bounded rationality« zu sprechen.[19] Die eingebettete Rationalität spricht dafür, dass der Gedanke universaler Vernunft einer Differenzierung bedarf. Angesichts von Rationalitäten, die ihren eigenen Bedingungen und Kontexten folgen, muss die Vermittlungsproblematik zwischen Formen der sinnbegründeten Vernunft berücksichtigt werden. Welche Folgerungen sind für das Modell des *homo oeconomicus* zu ziehen?

4. Der homo oeconomicus am Ende seiner Einsamkeit – Der homo oeconomicus convivens und der homo theologicus institutionalis

Die ökonomische Vernunft versteht sich als die Vernunft der Sachgesetze, die wie in den Naturwissenschaften als universell, ahistorisch und individualistisch interpretiert werden.[20] Die Vorstellung der allgemeinen, deduktiven Vernunft ist in Philosophie und Theologie nicht unumstritten.[21] Eine induktive Form von Rationalität argumentiert nicht normativ, sondern beschäftigt sich

18 SCHEDLER/RÜEGG-STÜRM (s. Anm. 15), 50. In der Schweiz wurden in einer mehrjährigen Ausbildungsreihe Top-Kader der Schweizer Armee erarbeitet und dann mit Rationalitäten von Politik und Wirtschaft ins Verhältnis gesetzt.

19 ELIZABETH DALUCAS, Organisation und Fiktion. Zur sinnstiftenden Gestaltung unternehmerischer Aktivitäten, St. Gallen 2015, 50f.

20 Vgl. ausführlich die Analyse von ULRICH (s. Anm. 12), 173ff.

21 S. MARTIN HOLLIS/STEVEN LUKES, Rationality and Relativism, Blackwell 1986; HAROLD BROWN, Rationality, London/New York 1990 und für ethische Fragen vertiefend JEFFREY STOUT, Ethics after Babel. The Languages of Morals and their discontents, Boston 1988, insb. 60ff. The Lanugages of Morals, 82ff. The Spectrum of Relativity und ALASDAIR MACINTYRE (1984), After Virtue. A Study in Moral Theory, Notre Dame; insb. 23ff. Social Content and Social Context.

mit vorfindlicher menschlicher Existenz. Das schließt mit ein, dass der vorfindliche Geist oder Ungeist kritisch wahrgenommen und hinterfragt wird. Voraussetzung ist für eine methodische Erweiterung, die Realität anderer Denkformen als der eigenen zur Kenntnis zu nehmen.

Das gilt sowohl für die wirtschaftswissenschaftliche als auch für die theologische Perspektive. Eine kritische Dekonstruktion und Rekonstruktion ist der zweite Schritt, wenn es darum geht, ein reduktionistisches Menschenbild wie das des *homo oeconomicus* zu erweitern. Es muss nicht normativ im fordernden Sinne, sondern es kann empirisch und analytisch argumentiert werden: Es wäre ein *realistisches* Menschenbild wahrzunehmen, dass der Mensch individuelle und materielle Interessen verfolgt, dass aber zugleich soziale und das Gemeinwohl berührende Motive im menschlichen Handeln eine Rolle spielen. Realistisch betrachtet, kann sogar moralisches Handeln ökonomisch reizvoll sein. Glaubwürdigkeit, Vertrauen, Prinzipientreue sind durchaus ökonomisch relevant.

Die verbreitete Trennung und eindeutige moralische Bewertung im Verhältnis von Theologie und Ökonomie, die eindeutige Bewertung der religiösen und ökonomischen Verhaltensweisen sind in Wirklichkeit unrealistisch. Hier besteht Bedarf für theologische Wahrnehmungen, die ihrer Natur nach Aussagen nur bis zur *Grenze* menschlicher Erkenntnis machen können, aber konstitutiv mit dieser Grenze (oder »öffnenden Begrenzung«) arbeiten. Diese Öffnung bedeutet die Befreiung von Denkzwängen und anthropologischer Anmaßung,[22] aber auch die Befreiung von anthropologischer Naivität. Die Befreiung des Individuums von anthropologischem Determinismus und sozialen Denk-Zwängen ergibt sich daraus.[23]

Angesichts von widersprüchlichen Perspektiven auf die Wirklichkeit gewinnen Kommunikation, die Bearbeitung von Mehrdeutigkeiten[24] und Prozesse der Verständigung über Sinnfragen, Überzeugungen und Wertedimensionen an Bedeutung.[25] Theo Sundermeier hat den Begriff der Konvivenz geprägt und damit zum Ausdruck gebracht, dass es unter den Bedingungen interkulturellen Zusammenlebens der *Erfahrung* bedarf, um Verstehen, Verständigung und Kommunikation zu ermöglichen. Verstehen und Verständigung brauchen über das Identifizieren von Rationalitäten das Wahrnehmen der fundierenden Sinnebenen. Gelingende Kommunikation braucht gemeinsame Erfahrung. Die Sinndimension hinter den Artefakten und Erscheinungsformen zwischen

---

[22] Vgl. DOUGLAS M. MEEKS, God the Economist. The Doctrine of God and Political Economy, Minneapolis 1989, insb. 78ff. The Liberator Economist.

[23] Vgl. PETER PARIS, The Social Teaching of the Black Churches, Philadelphia 1987, insb. 86ff. Freedom, Independence and Racial Justice.

[24] Vgl. HENDRIK HÖVER, Entscheidungsfähigkeit in diakonischen Unternehmen. Eine St. Galler Management-Studie, Berlin 2015, 19ff.

[25] Vgl. JENS RANNENBERG, Diakonische Unternehmen als Gemeinde. Kommunikation und Prozessorganisation, Baden-Baden (im Erscheinen).

verschiedenen Wirklichkeitswahrnehmungen zu ermöglichen, erfolgt über hermeneutische Annäherungen.[26] Sinnstrukturen vermitteln sich kognitiv, aber auch nicht-kognitiv. Deswegen müssen für Konvivenz Räume des Zusammenlebens und der Begegnung geschaffen werden können. Für multirationales Management und widersprüchliche Ansprüche innerhalb von Organisationen geht es so nicht in erster Linie um technische Machbarkeit, sondern um Prozessorganisation für das Austauschen über Überzeugungen, Erwartungen oder vermeintlichen Selbstverständlichkeiten in den je eigenen Perspektiven. Der *homo oeconomicus* wird als *homo oeconomicus convivens* um eine realistische Dimension bereichert. Aber auch der *homo theologicus als homo theologicus institutionalis* ist bereichert, der seine Kontexte relativieren und die institutionellen und organisatorischen Rahmenbedingungen wahrnehmen kann.

[26] THEO SUNDERMEIER, Konvivenz und Differenz. Studien zu einer verstehenden Missionswissenschaft, Erlangen 1995, in interdisziplinärer Perspektive zu »sense making und Aktion«; DALUCAS (s. Anm. 19), 66f.; vgl. zum Kontextbezug auch VON LÜPKE, Menschlich und göttlich zugleich (s. Anm. 1), 42f.

Geschmierte Brote, eigene Bettwäsche und andere Konkretionen von Menschenwürde

Diakoniewissenschaftliche Reflexionen zum Menschenbild in der Diakonie

Beate Hofmann

»*Wir achten die Würde jedes Menschen.*«[1] Sätze wie dieser finden sich in vielerlei Variationen in fast jedem Leitbild diakonischer Einrichtungen. Die Orientierung am christlichen Menschenbild ist ein Kernelement in der Bestimmung diakonischen Profils. Doch was soll mit diesem Leitsatz eigentlich ausgesagt oder impliziert werden? Und welche Konsequenzen hat das für das Alltagshandeln diakonischer Organisationen? Gibt es überhaupt »das« christliche Menschenbild?

In der Bibel findet sich eine Fülle von Bildern vom Menschen und Aussagen zum Menschsein mit durchaus divergierenden Wahrnehmungen. So unterscheiden sich die Aussagen zum Menschen und seinem Auftrag in Gen 1 und Gen 2 sowie zur Geschlechterzuordnung (Gen 1 und Gen 3). Auch die Frage, ob das Leben mit dem Tod gänzlich vorbei sei, wie es in den weisheitlichen Schriften der Hebräischen Bibel heißt, wird bei Paulus in 1 Kor 15 ganz anders beschrieben. Und die Einschätzungen, ob der Mensch die göttlichen Gebote einhalten oder an ihnen scheitern werde, gehen ebenfalls zwischen Tora und Paulus weit auseinander. Worin liegt angesichts dieser Fülle die orientierende und normierende Kraft der Rede vom »christlichen Menschenbild« für die Diakonie?

Ich habe mich für diesen Artikel auf eine Spurensuche in der Diakonie begeben. Bei meinen Recherchen in diakonischen Einrichtungen wurde schnell deutlich, dass eine Umsetzung dieses Leitsatzes im Alltag diakonischen Hilfehandelns keineswegs banal ist, sondern dass sich damit vielfältige Herausforderungen und häufig genug ethische Dilemmata verbinden. Darum will ich zuerst untersuchen, welche Aspekte einer christlichen Sicht auf den Menschen für diakonisches Handeln besonders relevant sind und dann am Beispiel der Rede von der »Würde« die theologische Bedeutung dieses Begriffs und seine Implikationen für diakonisches Handeln erkunden.

---

[1] Leitbild der Diakonie Deutschland, www.diakonie.de/leitbild-9146.html.

1. Zentrale Aspekte des christlichen Menschenbildes in der Diakonie

Christliche Theologie zeigt ihre formierende und normierende Wirkung in der Diakonie in den Leitbildern, die fast alle diakonischen Einrichtungen in den letzten 20 Jahren entwickelt haben. Sie richten sich nach innen an Mitarbeitende und nach außen an NutzerInnen, Partner und die Öffentlichkeit. Sie geben Antwort auf zentrale Fragen: »Wer sind wir? Was ist unser Auftrag? Was soll unser Handeln kennzeichnen?« Leitbilder sind darum ein organisationaler Niederschlag diakonischer Theologie. Ein Blick in ausgewählte Leitbilder der größten diakonischen Träger in Deutschland zeigt, dass es einige Kernelemente gibt, die das Menschenbild in der Diakonie und seine normative Funktion im diakonischen Alltagshandeln beschreiben. Zentral ist die Aussage vom Menschen als Ebenbild Gottes nach Gen 1,27. Daraus leiten sich zahlreiche weitere Aspekte ab:

1.1 Wert und Würde des menschlichen Lebens

> »Menschen sind im biblischen Sinne Ebenbild Gottes. Deshalb stehen für uns der unendliche Wert und die unantastbare Würde jedes Menschen im Mittelpunkt. Wir achten jeden Menschen in seiner Einheit von Körper, Seele und Geist. Seine Hoffnungen und Ängste, seine Lebenshaltung und seine spirituellen Bedürfnisse nehmen wir ebenso ernst wie seine körperlichen Leiden.«[2]

Während bei Agaplesion, einem großen diakonischen Krankenhausträger, die Ganzheitlichkeit und die Achtung der unterschiedlichen Bedürfnisse aus der Ebenbildlichkeit abgeleitet werden, betont das Leitbild der Evangelischen Stiftung Alsterdorf in Hamburg den Auftrag, der sich daraus ableitet:

1.2 Bewahrung von Würde und Achtung von Freiheit

> »Gott hat die Menschen zu seinem Ebenbild geschaffen und als seine Ebenbilder in die Welt gestellt. Die Menschen sind deshalb mit eigener, unveräußerlicher Würde ausgestattet und beauftragt, diese Würde in ihrem Leben und im Leben anderer zu bewahren. (...) Jeder Mensch ist von Gott als ein freies Wesen geschaffen. Wir achten die Würde eines jeden Menschen, indem wir seine Freiheit anerkennen. (...)«[3]

Hier klingen zentrale Werte diakonischen Handelns an: Die Bewahrung von Würde und die Anerkennung von Freiheit. Im Leitbild der von Bodelschwinghschen Stiftungen Bethel wird explizit das Selbstbestimmungsrecht der Men-

---

2 www.agaplesion.de/fileadmin/Agaplesion_gAG/Downloads/AGAPLESION_Leitbild_web.pdf

3 www.alsterdorf.de/fileadmin/user_upload/images/ueber-uns/leitwerte/Leitbild_der_Evangelischen_Stiftung_Alsterdorf.pdf.

schen, die die Angebote nutzen, benannt, zudem werden ethische Konsequenzen aus der Geschöpflichkeit abgeleitet:

> »Unsere Vision gründet im christlichen Glauben und beruht auf der Achtung der unbedingten Würde jedes einzelnen Menschen als Geschöpf Gottes. Sie fordert Nächstenliebe, Solidarität und einen fairen Interessenausgleich im Zusammenleben.«[4]

Und im Leitbild des Evangelischen Johanneswerks in Bielefeld wird die Bewahrung von Würde mit dem Gedanken der Sorgegemeinschaft verknüpft:

> »Wir verstehen und achten alle Menschen in ihrer Vielfältigkeit als Teil der bewahrenswerten Schöpfung Gottes. Sie sind sein Ebenbild mit Würde, Liebe und Lebendigkeit. In der Gewissheit der Liebe Gottes gehen wir achtsam miteinander um. Indem jeder für sich und andere sorgt, entsteht Gemeinschaft, in der die Würde in Leben und Sterben gewahrt wird.«[5]

1.3 Unverfügbarkeit und Fragmentarität des Lebens

Im Leitbild der Diakonie Neuendettelsau werden die Unantastbarkeit und die Achtung der Fragmentarität von Leben hinzugefügt. Das sind Gedanken, die in der aktuellen Debatte um Sterbehilfe, aber auch in bioethischen Diskursen um Möglichkeiten und Grenzen von Gentherapie Relevanz gewinnen:

> »Wir sind davon überzeugt, dass alle Menschen nach Gottes Ebenbild geschaffen sind. Sie haben eine unverwechselbare Persönlichkeit und eine unverlierbare Würde. Menschliches Leben ist von Gott geschenkt und deshalb unantastbar.
> Daraus ergibt sich für uns:
> – Alle Mitarbeitenden der Diakonie Neuendettelsau sind in ihrer Arbeit dem Schutz des Lebens und der Solidarität mit hilfsbedürftigen, schwachen und ausgegrenzten Menschen verpflichtet.
> – Wir freuen uns am Geschenk des Lebens. Unser Handeln orientiert sich deshalb zunächst immer an den individuellen Fähigkeiten des Einzelnen. Wir nehmen dessen Bedürfnisse umfassend wahr und wenden uns ihm zu, ohne Ansehen der Person, ohne Unterschied von Herkunft, sozialer Stellung, Religion oder Leistungsfähigkeit.
> – Wir machen uns selbst und der Öffentlichkeit aber auch bewusst, dass physische und psychische Beeinträchtigungen zum Menschsein dazu gehören. Es kann keine leidfreie Welt geben. Jesu Leiden und Auferstehung helfen uns, über alles Leid hinaus zu hoffen, aber auch gegen Leid anzugehen, wo es möglich ist.«[6]

---

4 www.bethel.de/fileadmin/Bethel/downloads/vision/Unsere_Vision_und_unsere_Strategischen_Entwicklungsschwerpunkte_2011_bis_2016_-_Stand_Mai_2011.pdf.

5 http://johanneswerk.de/de/ueber-uns/diakonisches-unternehmen/leitbild.html.

6 www.diakonieneuendettelsau.de/de/diakonie-neuendettelsau/wir-ueber-uns/leitbild/menschenbild/. An diese Aussagen schließt sich noch ein Satz zur Gegenseitigkeit von Beziehungen und Hilfeprozessen an.

1.4 Die Individualität von Menschen

Die Kreuznacher Diakonie betont in ihrem Leitbild die Einzigartigkeit und Unterschiedlichkeit von Menschen:

> »Für die kreuznacher diakonie [sic] gilt von ihrem Beginn an die Überzeugung: Leben ist ein Geschenk Gottes. Jeder Mensch ist ein Geschöpf Gottes, sein Ebenbild und darum einzigartig und wertvoll. Von Gott her ist Leben nicht verfügbar. Es ist zu jeder Zeit von gleicher Würde und gleichem Wert. Alter, Behinderung, Krankheit oder sozialer Status mindern weder den Wert noch die Würde und das Lebensrecht eines Menschen. Zum Selbstverständnis der Stiftung kreuznacher diakonie gehört: Es ist normal, verschieden zu sein.«[7]

An dieser knappen Analyse von Leitbildern wird deutlich, das aus der biblischen Aussage vom Mensch als Ebenbild Gottes sowohl die besonders zu schützende Personwürde des Menschen abgeleitet wird als auch sein Auftrag in der Welt und in der Begegnung mit anderem Leben. Die ethischen Implikationen dieser Sicht auf den Menschen klingen in den Leitbildern an und werden in den aktuellen Debatten um Beginn und Ende menschlichen Lebens durchbuchstabiert.

2. Die Würde des Menschen aus theologischer Sicht: Anspruch auf Achtung

In der bioethischen Diskussion um Menschenwürde, z.B. im Zusammenhang mit Stammzellforschung, wurde deutlich: Die Rede von der Menschenwürde ist juristisch gesehen ein Abwehrbegriff. Menschenwürde kann einem Menschen nicht abgesprochen werden, nur die Achtung dieser Menschenwürde kann verletzt werden.[8] Versuche, Menschenwürde positiv zu beschreiben und damit mit bestimmten Merkmalen des Menschseins zu verknüpfen, haben sich als ungeeignet erwiesen, weil sie diskriminierend wirken im Blick auf die, die diese Merkmale nicht (mehr) erfüllen.[9] Das zeigt die Debatte um die Praktische Ethik von Peter Singer. Singer knüpft das Personsein und damit die Würde des Menschen daran, dass der Mensch ein »rationales und selbstbewusstes« Wesen sei.[10] Entsprechend sind aus seiner Perspektive Menschen im Wachkoma oder mit bestimmten Behinderungen und Föten nicht als Menschen mit schützenswerter Würde zu behandeln.

---

[7] www.kreuznacherdiakonie.de/icc/internet-de/med/a56/a5630999-8f2e-8811-3780e51d12d8f3de,11111111-1111-1111-1111-111111111111.pdf. Abrufdatum aller Leitbilder war 5. Oktober 2015.

[8] Vgl. JUTTA LIMBACH, Menschenwürde, Menschenrechte und der Fortschritt der Medizin, epd-Dokumentation 26/01, 58–62, hier 60.

[9] Huber beschreibt solche Bemühungen als Versuch, über Würde verfügen zu wollen, vgl. WOLFGANG HUBER, Menschenwürde, in: ZEE 57, 2013, 64.

[10] Vgl. PETER SINGER, Praktische Ethik, Stuttgart 1984, 164.

»Menschenwürde ist ein Anspruch auf Achtung. Er umschließt in jedem Fall ein Wahrnehmen, ein Ernstnehmen und einen respektvollen Umgang.«[11] So beschreibt Wilfried Härle aus theologischer Sicht die Implikationen von Menschenwürde. Die Achtung der Menschenwürde ist ein Anspruch, der nicht an Bedingungen geknüpft ist, nicht verdient oder erworben werden muss, sondern unbedingt gilt, auch für Menschen, die Gesetze übertreten oder die Würde anderer missachten. Umstritten ist in der bioethischen Diskussion der Zeitpunkt, zu dem der Anspruch beginnt oder endet. Damit verknüpft ist die Frage nach dem Beginn und dem Ende des menschlichen Lebens. Diese Fragen werden in der Diskussion um Organtransplantation, um Abtreibung, Präimplantationsdiagnostik oder Stammzellforschung virulent.[12] Mit der Idee der Menschenwürde wurden, abgeleitet aus dem kategorischen Imperativ von Kant, die »Selbstzwecklichkeit« des Menschen und das Verbot seiner Instrumentalisierung verbunden.

Im Alltagshandeln diakonischer Einrichtungen, in der Pflege und Begleitung von Menschen steht nicht die Frage zur Disposition, *ob* einem Menschen Würde zukommt, sondern *wie* dieser Anspruch auf Achtung konkret realisiert werden kann und muss. Dabei wird deutlich: Pflegende können z.B. durch die Mechanismen von Gesundheitsökonomie in schwer lösbare Dilemmasituationen geraten. Pflegende und Erziehende müssen immer wieder zwischen Selbstbestimmung und Fürsorge abwägen. Und manchmal hängt die Achtung der Menschenwürde an scheinbaren Kleinigkeiten.

3. Achtung der Würde im Spannungsfeld organisationaler Interessen – Beobachtungen aus dem diakonischen Alltag

Wie die Analyse der diakonischen Leitbilder zeigte, sind der Begriff der Würde und die Themen »Freiheit, Individualität, Selbstbestimmung und Teilhabe« eng miteinander verknüpft. Und sie geraten, wie ich im Folgenden zeigen will, in diakonischen Einrichtungen ständig in Spannung mit Ansprüchen an organisationale Effizienz und institutionelle Sicherheit. Die Achtung von Würde erfordert von den Mitarbeitenden in der Diakonie daher ein hohes Maß an Wahrnehmungsfähigkeit, Einfühlungsvermögen und kreativer Intelligenz.

Diese These möchte ich im Folgenden entfalten, indem ich Beobachtungen aus dem Alltag von Altenpflege und Eingliederungshilfe schildere und analysiere. Der Begriff »Würde« soll durch narrative Erkundungen induktiv er-

---

[11] WILFRIED HÄRLE, Menschenwürde – was ist das eigentlich?, in: BRIGITTE DORST/ CHRISTIANE NEUEN/WOLFGANG TEICHERT (Hg.), Würde. Eine psychologische und soziale Herausforderung, Düsseldorf 2009, 30–48, hier 41.

[12] Vgl. HUBER (s. Anm. 9), 64.

schlossen werden im Blick auf seine Relevanz und seine Implikationen für diakonisches Handeln.

3.1 Was geschmierte Brote, Bettwäsche oder Abführmittel mit Würde als Selbstbestimmung zu tun haben

Die Leiterin eines Altenheims, das sie vor kurzem übernommen hat, berichtet: In dem Haus war es üblich, dass die Mitarbeitenden das Abendessen der BewohnerInnen gestaltet haben, in dem sie belegte Brote vorbereiteten. Das führte dazu, dass die Leute häufig das Gleiche vorgesetzt bekamen, nach dem Motto: »Das mögen Sie ja besonders.« Nur mühsam konnte die Leitern die Mitarbeitenden davon überzeugen, dass es Ausdruck von Selbstbestimmung und Achtung der Würde sei, Bewohner jeden Abend neu zu fragen, was sie heute gerne essen möchten – selbst wenn die Antwort täglich gleich sein sollte.

Eine Variation dieser Problematik: Frau Meier beschwerte sich acht Wochen nach ihrem Einzug in ein Seniorenheim, dass ihr Abendessen so viel Wurst und so wenig Käse oder Gemüse enthielt. Nachfragen ergaben: Beim Einzug war sie gefragt worden, was sie besonders gern zum Abendessen haben möchte. »Wurst« hatte sie geantwortet. Das wurde entsprechend dokumentiert und an die Küche weitergegeben. Und prompt bekam sie täglich Wurst und wenig anderes. Der Wille, ihren Wünschen zu entsprechen bei gleichzeitigem Druck, die Essensverteilung rationell und effizient zu organisieren, führten ungewollt zur Einschränkung von Individualität und Selbstbestimmung.

»Kann ich in meiner eigenen Bettwäsche schlafen?« war die erste Frage von Frau Schulz an potentielle Pflegeeinrichtungen ihrer Wahl. Diese Frage wirkt auf den ersten Blick überraschend, weil nebensächlich. Doch ein alter Mensch verbringt viel Zeit im Bett. Die Farbe der Bettwäsche, die Wahl des Materials und der Qualität ist für manche Ausdruck von Beheimatung, Behaglichkeit und eigenem Geschmack. In Einheitsbettwäsche schlafen zu müssen, die sich einfacher waschen lässt und schneller zugeteilt werden kann, ist für sie Entzug von Heimat und Wohlgefühl im Zeichen von Vereinheitlichung und Rationalisierung.

Frau Müller, eine dementiell erkrankte 70jährige, die ihr Leben lang die Farbe Blau geliebt und Rosa verabscheut hatte, wurden von den Pflegekräften mit rosafarbenen Blusen einer verstorbenen Bewohnerin ausstaffiert mit dem Hinweis »Das passt Ihnen doch und dann müssen wir nichts Neues kaufen.« Die Frau selbst kann nicht mehr artikuliert sprechen; sie konnte daher ihr Unbehagen nur in Unruhe und einem unglücklichen Gesicht ausdrücken. Erst irritierte Angehörige konnten die Situation aufklären und durchsetzen, dass der Frau keine rosafarbene Kleidung mehr angezogen wird.

Ein letztes: Die Verteilung von Medikamenten wird in Einrichtungen der Altenhilfe von den Pflegekräften übernommen. Für die 87jährige Frau Huber bedeutet das, dass sie bei ihrer Darmerkrankung nicht einfach bei Bedarf auf ein hilfreiches Medikament zugreifen kann wie in den letzten Jahren zuhause. Sie muss immer erst mit den Pflegekräften verhandeln, ob sie das Medikament jetzt braucht und darum erhalten kann. Das empfindet sie als zutiefst entmündigend und entwürdigend. Ihr wird nicht mehr zugetraut, Expertin für ihren Körper und seine Bedürfnisse zu sein und diese mit vertrauten Mitteln zu stillen. Die Haltung des Pflegepersonals ist umgekehrt auch nachvollziehbar: jede Fehlmedikation, jede missbräuchliche Einnahme von Medikamenten würde ihnen angelastet. Und wie sollen sie den Zeitpunkt mitbekommen, an dem ein alter Mensch nicht mehr selbst steuern kann, wann er welche Medikamente braucht und einnimmt? Daher wird der Sicherheit und Kontrolle über alle BewohnerInnen der Vorzug gegeben, auch wenn manche BewohnerInnen noch geistesgegenwärtig genug wären, um ihren Medikamentenbedarf selbstbestimmt und selbständig zu gestalten.

Selbstbestimmung ist auch in der Arbeit mit Menschen mit Behinderung ein großes Thema. Der Paradigmenwechsel in der Heilpädagogik von Fürsorge zu Assistenz ist von diesem Gedanken getragen. Doch die Achtung der Selbstbestimmung kommt im Einrichtungsalltag oft an ihre Grenzen, z.B. wenn Menschen mit geistiger Behinderung ihr sexuelles Selbstbestimmungsrecht wahrnehmen wollen und das Personal auf Verhütung drängt oder Eltern sexuelle Kontakte ihrer erwachsenen Kinder unterbinden wollen. In der Jugendhilfe oder in der Arbeit mit suchtgefährdeten Menschen geraten der Wunsch, einen Menschen vor negativen Einflüssen zu schützen oder zu entgiften, häufig in Konflikt mit dem Selbstbestimmungsrecht des Betroffen, z.B. bei der Einweisung in eine Suchtklinik.

Selbstbestimmung bedeutet, Menschen nach ihrem Willen zu fragen und, wenn das nicht mehr möglich ist, ihren mutmaßlichen Willen zu erkunden. Das kostet Zeit und Mühe, die angesichts knapper Ressourcen in der Pflege oft nicht vorhanden sind.

»Was willst du, dass ich dir tun soll?« (Mk 10,51) Diese einfache Frage Jesu zu stellen, ist im diakonischen Kontext nicht immer selbstverständlich, aber sie ist unverzichtbar, wenn Selbstbestimmung realisiert werden soll. Die neue Form der seelsorgerlichen Kurzgespräche zielt genau darauf ab: Die Gespräche dienen dazu, herauszufinden, was das Gegenüber will.[13] Auch Elemente von Biografiearbeit wie z.B. die Gestaltung von Lebensbüchern oder sorgfältige Anamnesen bei der Aufnahme in stationäre Einrichtungen sind Versuche, diesen Willen so gut wie möglich zu dokumentieren.

Freilich zeigen die Beispiele, dass auch eine klare Willensäußerung noch keine Garantie für deren Erfüllung ist. Das große Stichwort »Ökonomisierung« von Pflege und sozialer Arbeit zeigt sich in den alltäglichen Kleinigkeiten wie täglichem Wurstbrot oder Bettwäsche. Standardisierung, Normierung sowie die Dokumentation von Leistungen zum Nachweis und zur Kontrolle sind Ausdruck dieser Ökonomisierung. Sie zielen darauf, das Hilfehandeln möglichst effizient zu gestalten, d.h. mit möglichst wenig Ressourceneinsatz möglichst gute Ergebnisse zu erzielen und diese nachweisen zu können. Dabei

---

[13] Vgl. Timm Lohse, Das Kurzgespräch in Seelsorge und Beratung, Göttingen [4]2013.

wird Qualität und Bedarf in der Pflege generalisiert festgelegt nach bestimmten Merkmalen (Pflegestufen). Individuelle Abweichungen und Bedürfnisse können nur berücksichtigt werden, wenn sie nicht mehr Zeit in Anspruch nehmen und wenn das Personal dazu ermuntert wird, diese Bedürfnisse zu erkunden und zu befriedigen. Das ist eine Frage der Achtsamkeit, manchmal auch des gesunden Menschenverstandes. Für die Verantwortlichen in den Einrichtungen führt dies zu einem ständigen Balanceakt zwischen dem, was Menschen brauchen oder gern hätten, und dem, was bezahlt wird und zeitlich möglich ist. Diesen Balanceakt empfinden viele Pflegekräfte selbst als entwürdigend, weil ihnen nicht zugetraut wird, verantwortlich zu entscheiden, was ein Mensch braucht und wie das am besten – auch im Sinne des sparsamen Umgangs mit Ressourcen – erfüllt werden kann.

3.2 Von der Pflicht, gesund zu werden und aktiv zu bleiben: Würde als Wahrnehmung von Individualität

Die Seelsorgerin einer geriatrischen Station berichtet: Krankenhäuser sind auf Gesundung ausgerichtet. Das gesamte Dokumentationssystem basiert auf einer Logik, die Maßnahmen zur Gesundung und Aktivierung impliziert. Solche Maßnahmen sind sichtbar, gelten als gute Pflege und sind überdies abrechenbar. Dass es im Interesse der PatientInnen ist, wird dabei stillschweigend vorausgesetzt, aber nicht individuell abgeklärt. In der Geriatrie sind viele hochaltrige Menschen mit multimorbiden Krankheitsbildern. Wenn jemand mit über 90 Jahren nicht mehr aufstehen und laufen, sondern lieber im Bett bleiben möchte, widerspricht das der Aktivierungsroutine. Wenn jemand nach 70 Jahren Ehe seinen Partner auch nach mehreren Monaten noch betrauert und eigentlich nicht weiter allein leben, sondern lieber auch sterben will, gilt das als depressiv und kann medikamentös behandelt werden. Die Individualität von Trauer wird auf ein Durchschnittsmaß normiert, das handlungsleitend wirkt. Das vereinfacht die Behandlung enorm, weil es Orientierung bietet und individuelle Wahrnehmung, Einschätzung und Beurteilung durch Sicherheit gebende Standards ersetzt.[14] Ihre Einhaltung kann leichter kontrolliert und überwacht werden als individuell orientierte Behandlungen. Erst im palliativen Stadium, wenn die Heilung aufgegeben wird, zählt der Wille des individuellen Patienten und ist Raum und Zeit, diesen Willen zu erkunden und umzusetzen. Im normalen Krankenhausalltag ist dafür wenig Raum.

In einer Untersuchung von Hochaltrigen[15] wurde deutlich, dass viele ältere Menschen den Aktivierungsdruck in ihrer Pflegeeinrichtung beklagen. Sie würden so gern einfach mal da sitzen, ohne etwas tun zu müssen, aber »da sitzen« ist keine pädagogisch oder pflegerisch wertvolle Tätigkeit, das ist

---

14 Vgl. Internationales Diagnosehandbuch psychischer Störungen (DSM).

15 Stefanie Wiloth u.a., »Structural Lag« und Möglichkeitsräume des Alterns am Beispiel zentraler Transitionen: Erste Befunde eines neuartigen Disziplinentrialogs zwischen Diakoniewissenschaft, Psychologie und Theologie, ZfGG 8/2015, 677–690.

nicht dokumentierbar und wird finanziell nicht unterstützt. Eine Bewohnerin einer Pflegeeinrichtung kommentiert das mit folgenden Worten:

> G: Es wird heute zu viel getan für die Alten | also AKTIV und | da | DIESE Aktivitäten | und DA und DAS unbedingt und | wenn ich das jetzt wieder gesehen habe bei der frau Y <atmet tief ein> da muss sie unbedingt wieder GEHEN und so | und dann| das bewegt mich so ein bisschen dass ich denke | ist das jetzt wirklich DAS was wir für unser Alter und Älterwerden BRAUCHEN? Dürfen wir nicht einmal hier hin sitzen und auch mal | so| das ist ja der erste Eindruck der FURCHTBAR negativ ist wenn man in ein Pflegeheim kommt | nicht? | aber da IST was WAHRES dran | und ich weiß nicht ob man nicht auch das den Leuten manchmal LASSEN sollte #00:39:42-2#[16]

Hier wird Raum gefordert, um Dinge geschehen zu lassen, nicht nur etwas zu machen, zu leisten, aktiv zu sein. Diese etwas andere Perspektive auf »gelingendes Leben« und Teilhabe entzieht sich steuernden Zugriffen und widersteht der Aktivierungsroutine. Sie rührt m.E. an eine Grundfrage: Was haben wir für Bilder gelingenden Alterns? Wie viel »Leistung«, Aktivität und Produktivität muss dafür gegeben sein? Kann auch Disengagement als Gewinn gesehen werden? Wie viel individuelle Distanzierung von solchen Leitbildern ist möglich? Inwieweit wird es älteren Menschen von ihren Familien, Begleitenden und Pflegenden »erlaubt«, nicht mehr alles können und wollen zu müssen, andere Prioritäten wie z.B. den Fokus auf Kommunikation und Empathie zu setzen, ohne als krank, depressiv oder unglücklich zu gelten? Ist es mit unserer Vorstellung von »Altern in Würde« vereinbar, wenn jemand nicht mehr aktiviert werden will und sich zurückziehen möchte?

Dabei zeigt sich ein institutionelles Dilemma, das auch in der Bildungsarbeit ähnlich begegnet: Organisationen, die aktivieren, gesund erhalten, Partizipation fördern und Teilhabe ermöglichen wollen, müssen ihre Relevanz und Leistungsfähigkeit Geldgebern gegenüber meist durch Aktivitäten, Programme und Teilnehmendenzahlen definieren und beweisen. Dies widerspricht einer Logik der individuellen Selbstbestimmung, in der Menschen selbst in einem (institutionell ermöglichten) Arrangement von Möglichkeiten das für sie Adäquate suchen und wählen; dazu kann auch einfach »dabei« sein gehören, unstrukturiert miteinander reden oder schweigen wie bei einem Gespräch an der Bushaltestelle, vor dem Haus, im Park oder in anderen halböffentlichen Räumen.[17]

Möglicherweise bieten familiale Strukturen hier mehr Flexibilität und Nischen als Organisationen wie Seniorenbildungsstätten, Tagespflege oder Pflegeeinrichtungen, die Abläufe möglichst effizient organisieren, strukturieren

---

[16] Das Zitat stammt aus der Befragung von Wiloth u.a. (s. Anm. 15), 687f.

[17] Vgl. Lothar Böhnisch/Richard Münchmeier, Pädagogik des Jugendraums. Zur Begründung und Praxis einer sozialräumlichen Jugendpädagogik, Weinheim/München 1990.

und dokumentieren müssen. Vor allem ist zu fragen, ob sich die begleitende pädagogische, beratende oder pflegende Tätigkeit vorrangig an den Defiziten älterer Menschen ausrichtet, um »Verluste wettzumachen« oder an ihren Ressourcen und Bedürfnissen.

3.3 Engagement von und für alle: Würde als Teilhabe und Teilgabe

»Viele Menschen leiden darunter, dass sie nichts mehr geben können, sondern nur noch Empfangende sind«, berichtet die Seelsorgerin aus der Geriatrie. Und so strahlt eine alte Frau in ihrem Altenheim, wenn sie die kalten Hände der Pfarrerin wärmen kann. Zur Achtung der Menschenwürde gehört auch: die eigenen Gaben und Ressourcen in die Gemeinschaft einbringen können. Beteiligung am sozialen Leben ist eine Erscheinungsform von Menschenwürde.

Wie viel Umdenken dieser einfache Satz impliziert, habe ich selbst in einer Projektgruppe zu »Inklusion und Ehrenamt« erfahren. Ich bin in meiner naiven Ignoranz davon ausgegangen, dass es um Ehrenamt in der Begleitung von Menschen mit Behinderung gehen sollte. Und dann habe ich von Initiativen wie der Bahnhofsmission Essen erfahren, in der Menschen mit Behinderung ehrenamtlich tätig sind, Reisende begleiten, Auskünfte geben, Gestrandeten weiterhelfen.[18] Teilhabe heißt dort: Teilhabe am bürgerschaftlichem Engagement. Das ist möglich, das ist sinnvoll, es ist für alle Beteiligten eine Lernerfahrung und es zeigt: Achtung der Würde bedeutet, Menschen in ihren Möglichkeiten, nicht nur in ihren Defiziten wahrzunehmen.

---

18 Vgl. Aktion Menschenstadt in Essen, www1.ekir.de/essen-menschenstadt. Vgl. auch KLAUS VON LÜPKE, Nichts Besonderes. Zusammen-Leben und Arbeiten von Menschen mit und ohne Behinderung, Essen 1994.

Ist Gott fehlerfreundlich?[1]

Theologische, anthropologische und ekklesiologische Perspektiven zum Umgang mit Fehlern

Michael Klessmann

1. Einleitung

»Die kürzeste Definition von Religion: Unterbrechung!« (Johann Baptist Metz). Religion unterbricht unsere Alltagslogik, unterbricht medizinische, juristische, ökonomische Sachzwänge, indem sie das Ganze des Lebens thematisiert, dessen Grund, Ziel und Sinn. Insofern bleibt Religion in anderen Kontexten fremd und befremdlich. Auch mein Beitrag verfremdet das Thema »Fehler – Schuld – Verantwortung«, schafft Abstand – und ich hoffe, dass sich daraus neue Einsichten ergeben.

Ich beginne mit einem Fallbeispiel:

Frau M., Erzieherin in einem evangelischen Kindergarten, fühlt sich eines Morgens nicht recht wohl, geht aber wegen ihres ausgeprägten Pflichtbewusstseins trotzdem zur Arbeit. Während die Kinder in einer Spielphase draußen auf dem Spielplatz des Kindergartens spielen, geht sie verschiedentlich in die Küche, um sich kurz zu setzen und etwas zu trinken. Ein Kind fällt in dieser Zeit vom Klettergerüst und bricht sich ein Bein. Die Eltern des Kindes sind empört und verklagen die evangelische Gemeinde als Träger des Kindergartens wegen Vernachlässigung der Aufsichtspflicht durch die Erzieherin auf Schmerzensgeld. Der Kirchenvorstand spricht der Kindergärtnerin eine Abmahnung aus. Die wiederum setzt sich zur Wehr und verbreitet in der Gemeinde die Behauptung, man sei unchristlich mit ihr umgegangen: Statt Anerkennung dafür zu bekommen, dass sie überhaupt zur Arbeit gegangen sei, obwohl es ihr nicht gut ging, werde nun ein kleiner Fehler groß aufgebauscht. Sie habe kein schlechtes Gewissen, dieser Unfall hätte auch passieren können, wenn sie draußen gestanden und sich nur mal eben umgedreht hätte. Natürlich tue es ihr leid, dass sich das Kind ein Bein gebrochen habe, aber so etwas sei eben nie völlig zu verhindern. Und ihr gegenüber werde nun ein unchristliches Verhalten praktiziert, da hätte sie vom Pfarrer und dem Kirchenvorstand eine andere, eine seelsorgliche Einstellung erwartet. Durch

---

[1] Überarbeiteter und gekürzter Text eines Vortrags beim 25. Medizin-Theologie-Symposion zum Thema »Fehler – Schuld – Verantwortung« am 17.11.2012 in Rothenburg o.d.T.

die Gemeinde zieht sich daraufhin eine tiefe Spaltung zwischen denen, die die Sicht der Erzieherin teilen und anderen, die eine solche Haltung überspitzt und unangemessen finden.

Einige Fragen schließen sich an:

1. Was bedeutet hier das Wort ›Fehler‹? Einerseits geht es um einen Mangel, ein Defizit, für das jemand keine Verantwortung zu tragen scheint: Jemand hat einen Herzfehler, eine Frau hat eine Fehlgeburt erlitten. Andererseits bezeichnen Fehler Handlungen, die aktiv von Menschen begangen oder unterlassen werden (Fehldiagnose, Fehlplanung) und zur Ursache für einen Schaden werden. Fehler beruhen häufig auf falschen Annahmen, insofern sind Fehler und Irrtümer nicht grundsätzlich zu unterscheiden.
2. Fehler gemacht zu haben wird von den Akteuren unterschiedlich erlebt: Manchen macht es wenig aus, etwas falsch gemacht zu haben, sie scheinen innere Distanz zu ihrem eigenen Handeln zu haben; andere empfinden es als Kränkung, Versagen und Scheitern und schämen sich dafür. In unserer gesellschaftlichen Erfolgskultur, in der häufig nur beste Leistungen zählen, fällt es Manchen besonders schwer, Fehler einzugestehen; das Gefühl der Scham wiederum verhindert einen offenen Umgang mit Fehlern.

   Es geht also bei der Einschätzung von Fehlern und Irrtümern immer darum, das Ausmaß an individueller Verantwortung abzuschätzen und zu fragen, ob es sich um schuldhaftes Verhalten handelt oder nicht. Zunächst ist die Frage wichtig: Was fällt in die Verantwortung eines einzelnen Menschen? Wofür war oder ist er/sie *nicht* verantwortlich gewesen? Und wo ist nicht individuellen Akteuren, sondern dem System als Ganzem Verantwortung zu geben, z.B. wenn Krankenhausärzte so lange Arbeitszeiten haben, dass sie fast zwangsläufig übermüdet sind und dann leichter Fehler machen? Auf den Fall vom Anfang bezogen: Wie ist der ›Fehler‹ der Erzieherin einzuschätzen? Stellt er schuldhaftes Verhalten dar oder eher Fahrlässigkeit – und welche Konsequenzen erwachsen aus der einen oder der anderen Einschätzung?
3. Daran schließt direkt die Reflexion der organisatorischen Ebene an: Wie geht der Kirchenvorstand mit dem Fall um? Ist es legitim, wie es die Erzieherin fordert, das konkrete Verhalten der Beteiligten direkt am Maßstab christlicher Nächstenliebe zu messen? Das Urteil der Erzieherin impliziert, dass der Kirchenvorstand gleichsam ›aus Nächstenliebe‹ den Vorfall nicht so ernst nehmen und ihr mildernde Umstände zubilligen sollte. Der Kirchenvorstand ist jedoch zuständig für den korrekten Ablauf der Arbeit in diesem Kindergarten, der Kirchenvorstand hat die Dienstaufsicht, muss sich insofern an gültige Gesetze und arbeitsrechtliche Regeln halten und kann diese nicht mit dem schwammigen Begriff der Nächstenliebe verunklaren. Wie verhalten sich also Kirche als geistliche Gemeinschaft und als Organisation zueinander?

4. Damit ist eine theologische Dimension angedeutet: Die Erzieherin verweist zu Recht darauf, dass es sich um einen *kirchlichen* Kindergarten handelt, der auf der Basis anderer weltanschaulicher Voraussetzungen operiert als ein kommunaler. Kirche als Organisation legt ihrem Handeln ein besonderes, eben das christliche Wirklichkeitsverständnis zugrunde. Zu einem solchen Wirklichkeitsverständnis gehören eine Gottesvorstellung (Unterscheidung von Gott und Mensch, von Transzendenz und Immanenz) und ein christliches Menschenbild (der Mensch als Geschöpf, als Sünder und Gerechtfertigter etc.). Die Grundannahmen eines solchen Wirklichkeitsverständnisses müssen sich irgendwo in der Entscheidung eines Kirchenvorstands (bzw. in dessen Begründung) nachweisen lassen. Darin hat die Erzieherin Recht; *wie* sich allerdings die christliche ›*vision of life*‹ im Detail und konkret abbildet, ist und bleibt strittig.

2. Unterscheidung von Gott und Mensch – oder: Der Mensch als Fragment

Für das christliche Wirklichkeitsverständnis ist, wie erwähnt, die Unterscheidung von Gott und Mensch, von Transzendenz und Immanenz, zentral. Gott ist per definitionem der oder das Vollkommene, Allumfassende, Unendliche, der Mensch besitzt diese Attribute nicht: Der Mensch ist begrenzt, endlich, fehlerhaft, Fragment. In der christlichen Theologie hat man diese Differenz in der Schöpfungslehre verankert: Gott ist der Schöpfer, der Mensch Geschöpf. Aus der Vielfalt dessen, was dieser Satz bedeutet, soll uns hier nur ein anthropologischer Aspekt interessieren: Zur Geschöpflichkeit des Menschen gehört, dass er Irrtümer und Fehler begeht und sich täuscht über sich selbst. Die philosophische Weisheit ›*errare humanum est*‹ wird in der jüdisch-christlichen Tradition von der Schöpfung her als grundlegend und unaufhebbar charakterisiert. Sich zu irren, Fehler zu machen, unvollkommen zu sein, bezeichnet einen unvermeidlichen Wesenszug menschlichen Seins und Handelns.

Das Problem besteht nun darin, dass diese Erinnerung an die eigene Fragmenthaftigkeit von Menschen als kränkend erlebt wird. Wir haben in unseren narzisstischen Strebungen die Neigung, großartig und fehlerlos, gleichsam wie Gott, sein zu wollen (vgl. Gen 3). In solchen Omnipotenzvorstellungen,[2] die von Werbung und Konsum ständig neu befeuert werden, muss das Fragmenthafte des Menschen verdrängt und so getan werden, als sei uns fehlerfreies Verhalten im Grunde möglich. Wir können das in öffentlichen Diskussionen immer wieder beobachten: Einerseits werden Fehler vertuscht, wird Verantwortung auf komplexe Sachverhalte abgewälzt und nicht individuell übernommen; andererseits wird ein großer Handlungsdruck aufgebaut –

---

2 Vgl. Horst Eberhard Richter, Der Gotteskomplex, Reinbek 1979.

man darf sich keine Fehler leisten – der nicht selten unmenschliche Züge gewinnt und Menschen krank macht.

Kirche als die Organisation, die das christliche Wirklichkeitsverständnis vertritt, hat die Aufgabe, die Unterscheidung von Gott und Mensch im angedeuteten Sinn auch im öffentlichen Diskurs präsent zu halten. Menschen sollen ihr Handeln verantwortungsvoll und gut ausüben, aber sie können und dürfen Fehler machen, und allen Erwartungen an Fehlerlosigkeit und Perfektion ist als unmenschlich entgegen zu treten.

3. UNTERSCHEIDUNG VON PERSON UND WERK – ODER: »GOTT LIEBT DEN SÜNDER, NICHT DIE SÜNDE«

In der Neuzeit gilt Arbeit als zentrales Identitätsmerkmal der Person: Menschen verwirklichen (oder verfehlen) sich in der Arbeit, im Beruf. Was jemand arbeitet und wie er das tut, gilt (zumindest in einer gebildeten Mittelschicht, wo man sich einen Beruf noch annähernd im Sinn einer Berufung wählen kann) als Ausdruck der individuellen Potentiale, Motivationen und Fähigkeiten eines Menschen, sagt Entscheidendes über die Persönlichkeit aus. Ein eigenständiges Selbst zu werden, aus der Vielfalt der Möglichkeiten eine unverwechselbare und zugleich hoch flexible Identität zu entwickeln, gilt als Ideal gegenwärtiger Lebensentwürfe. Nicht zufällig ist das Wort »Identität« zu einem der Leitbegriffe der Moderne geworden: Man soll immer mehr ›man selbst‹ werden. Den dadurch entstehenden Leistungsdruck kennen viele Zeitgenossen zur Genüge: Wir müssen uns und anderen ständig zeigen und beweisen, dass wir tüchtig, erfolgreich und eben darin einzigartig sind. Es verwundert dann nicht, dass Menschen an diesem hohen Anspruch scheitern und die Diagnose ›burn out‹ zu einer typischen Zeitdiagnose geworden ist.

In einem solchen Verständnis des Zusammenhangs von Person und Handeln rücken dann auch Unvollkommenheiten, Fehler und Irrtümer sehr nah an den Kern der Persönlichkeit heran: Bestimmte Fehler oder Nachlässigkeiten erscheinen dann nicht nur als Nebensächlichkeiten, sondern, vor allem, wenn sie sich wiederholen, als Ausdruck der gesamten Person und ihrer Besonderheiten. »Typisch« sagen wir dann – und meinen damit: in einem bestimmten Fehler oder in einer bestimmten Fahrlässigkeit zeigt sich etwas, was die Persönlichkeit dieses Menschen als ganze abbildet und charakterisiert.

Im religiösen Bereich gab es im Spätmittelalter etwas Vergleichbares:[3] Zwar war man sich bewusst, dass Gottes Gnade allem menschlichen Handeln vorausgeht, aber der Mensch war doch verpflichtet, das zu tun, was ihm möglich und aufgegeben war, um Gottes Tun gleichsam zu entsprechen. Der

---

3 Zum Folgenden vgl. THOMAS KAUFMANN, Geschichte der Reformation, Leipzig 2009, 131ff.; GERHARD EBELING, Luther. Einführung in sein Denken, Tübingen 1964, 157ff.

Mensch wurde bei seinen eigenen Möglichkeiten behaftet, er musste seine Fähigkeit zur Gottes- und Nächstenliebe ausbilden, um Gottes zuvorkommende Gnade für sein eigenes Leben anzueignen und zu vervollkommnen. Genau an diesem Anspruch ist Luther als Mönch gescheitert; in seiner skrupulösen, ehrlichen Selbstprüfung entdeckte er immer wieder, wie sehr sein Innerstes durch lieblose und gierige Impulse bestimmt war. Er kam vor dem Hintergrund dieser Selbsterfahrung und in Auseinandersetzung mit der Bibel zu einem Verständnis der Rechtfertigung als Gerechtsprechung des sündigen Menschen durch Gott, das ganz auf die Person fokussiert ist unter Absehung von den Werken, von dessen konkreten Handlungsvollzügen. »Denn Gott nimmt nicht die Person an wegen der Werke, sondern die Werke wegen der Person.«[4]

Zwei Aspekte sind hier von Bedeutung:

Luther unterscheidet die Person von ihrem Handeln (Werke) und ihrem sozialen Status, beide bezeichnen nicht, wie wir es aus der Identitätsdiskussion kennen, dasselbe. Und das erlaubt zweitens die Schlussfolgerung: Meine Identität entsteht nicht aus dem, was ich tue und leiste, sondern aus dem, was ich empfange. Und das, was ich im Glauben empfange, könnte man so umschreiben: Ich bin in jedem Fall, auch angesichts aller Fehler, Versäumnisse und Verkehrtheiten meiner Person und meines Handelns, ein wertvoller und liebenswerter Mensch Gottes. Ich muss meine Identität nicht ableiten aus dem, was ich leiste oder, im negativen Fall, aus dem, was ich nicht geleistet oder falsch gemacht habe, sondern ich darf darauf vertrauen, dass ich, lange bevor ich handle, immer schon als Mensch anerkannt, gewürdigt und wert geschätzt bin.

> Das Gewicht einer solchen Aussage wird deutlicher, wenn man sie mit einem existentialistischen Credo, wie es Jean Paul Sartre formuliert hat, kontrastiert: Vor dem Hintergrund der Annahme, dass es keinen Gott gibt, kommt Sartre zu der These, dass der Mensch völlig allein ist in der Welt und sich selbst in seiner Existenz – im Zusammensein mit anderen – entwerfen und verwirklichen muss. In diesem Zusammenhang fällt dann der Satz: »Der Mensch ist nichts anderes als wozu er sich macht.«[5] Oder, wie es etwas später heißt: »Der Mensch ist dazu verurteilt, sich selbst zu erfinden«.[6] Wenn man solche Sätze hört im Kontext unseres Diskurses über Fehler und Schuld, klingen sie gnadenlos; sie können schnell zur Verzweiflung führen.

Die Unterscheidung von Person und Handeln (Werk) im christlichen Wirklichkeitsverständnis mag für Mittelschichtangehörige, die in gesicherten und komfortablen Verhältnissen leben und erfolgreich in ihrem beruflichen und privaten Handeln sind, nicht besonders aufregend erscheinen; für Menschen

---

4 Zitiert bei EBELING, 168f.

5 JEAN PAUL SARTRE, Ist der Existentialismus ein Humanismus?, in: DERS., Drei Essays, Darmstadt 1962, 11.

6 Ebd. 17.

am Rand der Gesellschaft, für kranke, behinderte oder arbeitslose Menschen, deren Existenzberechtigung u.U. durch Fehler oder Scheitern in Frage gestellt wird, oder für Menschen, die durch eigenes Verschulden in Lebenskrisen geraten sind, könnte sie in einem übertragenen Sinn lebensrettend sein.

Ein Slogan, der diese Unterscheidung von Person und Werk prägnant zum Ausdruck bringt, wurde in der Friedensbewegung der DDR kolportiert: Gott liebt den Sünder, nicht die Sünde. Das kann man variieren: Gott liebt den Menschen, der Fehler macht, nicht den Fehler.

Um diesen abstrakt klingenden Satz zu veranschaulichen, kann man auf die Beziehung zwischen Eltern und Kindern verweisen: Ein kleines Kind ist liebenswert, weil die liebenden Augen der Eltern es liebenswert machen, nicht weil es auch sich heraus Großartiges leisten und sich die Liebe der Eltern ›verdienen‹ könnte.

Vor dem Hintergrund dieser Unterscheidung von Person und Werk kann man sagen, dass Gott fehlerfreundlich ist, weil er auf den Menschen als Ganzen, als ganze Person schaut und nicht auf die Details seines Handelns.[7]

4. Schuld und Vergebung

Menschen laden absichtlich und unabsichtlich Schuld auf sich, weil sie Fehler machen, weil sie gesellschaftliche oder religiöse Normen oder Werte ihres Gewissens übertreten bzw. nicht erfüllen. Die Erzieherin aus dem Beispiel am Anfang ist eine kurze Zeit unaufmerksam, schon verletzt sich ein Kind. Eine Krankenschwester ist unter Zeitdruck, sie will noch schnell die Medikamente stellen und ist dabei unaufmerksam – die Folgen für einzelne Patienten können fatal sein. Aus einem kleinen Fehler kann Schuld werden, also eine Handlung, die im Widerspruch zu eigenen Werten und Zielen steht und anderen Menschen schadet. Schuld hat etymologisch mit Sollen zu tun: Das Gesollte wird nicht erbracht; wenn ein Mensch dafür Verantwortung trägt, entsteht Schuld.

Es gibt zwei Arten von Schuld: Jemand übertritt bewusst und gezielt eine Norm, lügt, stiehlt, verletzt jemanden, das ist das klassische Schuldverständnis. Der andere Fall tritt ein, wenn jemand komplexe Zusammenhänge nicht überschaut, sich Mühe gibt, aber den tatsächlichen Anforderungen nicht gerecht wird und dadurch andere oder sich selbst verletzt. Hier sprechen wir dann eher von Fahrlässigkeit, fahrlässiger Körperverletzung, fahrlässiger Tötung; trotzdem kann das unter die Kategorie Schuld fallen.

Schuld setzt die Fähigkeit zur Verantwortung voraus: Jemand muss zurechnungsfähig sein und die Zuständigkeit oder Fähigkeit für eine bestimmte Handlung haben.

---

[7] Aussagen über Gott sind natürlich metaphorisch zu verstehen als Aussagen über eine letzte geheimnisvolle, liebende und bedrohliche, unbedingte Wirklichkeit.

Die christliche Tradition rechnet damit, dass Menschen immer wieder schuldig werden; es gilt als Zeichen der Sündhaftigkeit, der Entfremdung des Menschen, dass wir unvermeidlich Schuld auf uns laden: »Das Gute, das ich will, tue ich nicht, aber das Böse, das ich nicht will, tue ich (Röm 7,19),« formuliert Paulus.

Schuld ist deutlich von Schuldgefühl zu unterscheiden: Schuldgefühl im Sinn von Unruhe, Angst, Beklemmung, seelischen Schmerzen, Reue etc. ist eine Reaktion auf schuldhaftes Handeln, nicht dieses selbst. Schuld und Schuldgefühl müssen nicht in einem angemessenen Verhältnis zueinander stehen. Menschen, die nach sehr strengen moralischen Maßstäben erzogen worden sind, neigen auch bei kleinen Fehlern dazu, starke Schuldgefühle zu entwickeln; andere entwickeln bei Vergehen nur geringe Schuldgefühle.

Schuld kann unter bestimmten Voraussetzungen vergeben werden (während Schuldgefühle, die nicht in direktem Zusammenhang mit einer Schuld stehen, psychotherapeutisch durchgearbeitet werden müssen). Dazu hat es bereits in der mittelalterlichen Bußpraxis ein festes Schema gegeben: *confessio oris, contritio cordis, absolutio, satisfactio operis.*

Das Bußsakrament fordert einen offenen Umgang mit Schuld, eben auch mit schuldhaft entstandenen Fehlern. Es gehört zu den besonderen Fähigkeiten des Menschen, Schuld anerkennen und zugeben zu können – in diesem Sinn hat Max Frisch die Schuldfähigkeit als die *differentia specifica* des Menschen im Unterschied zum Tier bezeichnet.

Eine solche Offenheit im Umgang mit schuldhaften Fehlern ist in unserer Gesellschaft eher nicht üblich, man sucht in aller Regel Ausflüchte und benennt externe Faktoren, die zu einem bestimmten Handlungsergebnis geführt haben. Das ist angesichts der Komplexität unserer Lebensverhältnisse nachvollziehbar: Eine systemische Sichtweise, nach der alles mit allem zusammenhängt, und die weltweite Verflechtung aller Lebenszusammenhänge erschweren Verantwortungszuschreibung immer mehr. Für zwischenmenschliche Interaktion ist diese Entwicklung jedoch wenig hilfreich. Interaktion lebt von Vertrauen – Vertrauen unter Menschen wiederum kann nur gedeihen auf der Basis von Offenheit und Ehrlichkeit, und d.h. von Verantwortungsübernahme auch für schuldhaftes Verhalten: Das kennen wir aus der Partnerschaft, aus der der Beziehung zu Kindern, aus dem Arzt-Patient-Verhältnis.

5. Kirche als geistliche Gemeinschaft und als Organisation

Nach der klassischen evangelischen Definition stellt Kirche eine Versammlung der Gläubigen dar, bei denen das Evangelium verkündigt und die Sakramente ausgeteilt werden. Kirche ist *communio sanctorum*, Gemeinschaft der Heiligen, besser: der von Gott Geheiligten; als solche ist Kirche Glaubensgegenstand, unsichtbar, verborgen, wie Luther betont hat; man kann nicht wirklich sagen, wer dazu gehört und wer nicht. Letztlich kann nur Gott dieses

Urteil fällen, weil nur er in die Herzen der Menschen schaut. Für uns ist deswegen nur der Maßstab der Liebe praktikabel: Nach diesem Maßstab unterstellen wir in der Volkskirche, dass alle, die getauft sind, zur Kirche gehören. Niemand kann von außen die Echtheit des Glaubens und des Engagements in guten Werken überprüfen.

Die unsichtbare, geglaubte Kirche stellt die ideale Kirche dar: Sie ist das Gemeinwesen derer, die auf eine göttliche, liebevolle letzte Wirklichkeit vertrauen, die diesen Glauben leben, indem sie in Nächstenliebe einander und allen anderen außerhalb der Kirche zugewandt sind. Dieses Bild von Kirche haben viele Menschen im Kopf: Während in der kapitalistischen Wirtschaft vorrangig rücksichtslose Gewinnmaximierung und mehr oder weniger verschleierte Gier das Verhalten diktiere, müsse es in der Kirche doch anders zugehen, eben nach Maßgabe von Liebe, Freundlichkeit, Barmherzigkeit und Vergebung, so wie in neutestamentlichen Briefen die »Werke des Geistes« beschrieben werden (Gal 5,22f.). Kirche müsse, so die Annahme, wenigstens ein klein wenig Abbild des Reiches Gottes sein, in dem es doch anders zugehe als im Reich der Welt. So wie in Apg 2, 44–47 idealisierend die Urgemeinde beschrieben wird (»sie waren täglich einmütig beieinander ...«), so liebevoll und seelsorglich solle es auch in der Kirche zugehen.

Diese Sicht der Dinge ist nicht falsch, stellt aber nur die Hälfte der Wahrheit dar. Denn Kirche als Glaubensgemeinschaft ist zugleich auch Organisation, bürokratisch strukturierte Organisation. Als Organisation kann man ein soziales System bezeichnen, das in einer festgelegten Weise Entscheidungen trifft, sich auf Grundtexte, Programme und Handlungsziele bezieht und auf Grund dessen ein spezifisches Rollengefüge von Amtsträgern, Anweisenden und Ausführenden und verschiedenen Spezialisierungen sowie entsprechende Handlungsstrukturen aufbaut.

Seit den Anfängen der Kirche, in denen es schon erste Rollenzuschreibungen gegeben haben muss, hat sich die Organisationswerdung der Kirchen immer weiter entwickelt und ausdifferenziert. Inzwischen stellen die katholischen Diözesen und die evangelischen Landeskirchen große bürokratische Organisationen dar, die zusammen mit Caritas und Diakonie zu den größten Arbeitgebern in Deutschland zählen. Kennzeichnend für eine Bürokratie ist das hohe Maß an Arbeitsteilung und Rollendifferenzierung, eine Fülle von Gesetzen und Verfahrensregeln, die das Verhalten der Mitglieder der Organisation bestimmen, und die damit verbundene Unpersönlichkeit der Ordnungsstrukturen: Entscheidungen fallen ohne Ansehen der Person, jede und jeder wird nach den gleichen Regeln beurteilt und behandelt. Das ist einerseits ein großer Fortschritt gegenüber feudalen und diktatorischen Verhältnissen, in denen ungeniert für und von einzelnen Vorteilsnahme erwartet wurde und wird. Es ist andererseits immer wieder eine Kränkung, wenn jedes Individuum nach ein und demselben Schema behandelt und gerade nicht in seiner Individualität berücksichtigt wird. Und genau an diesem Punkt entsteht immer wieder ein Konflikt: Menschen wie die am Anfang genannte Erzieherin erwarten gerade von den Repräsentanten der Kirche, dass sie individuell gesehen und beurteilt werden und nicht nach ›Schema F‹ der Bürokratie. Die Erwartung ist verständlich – aber sie ist in einer großen bürokratischen Organisation nicht durchführbar.

Dass Kirche dergestalt eine Organisation darstellt ist nicht ein bedauerlicher Irrtum, sondern innere Notwendigkeit. Mit den Worten des Münchner Soziologen Armin Nassehi ist Kirche als Organisation dazu da, das Unorganisierbare zu organisieren bzw. für das Unorganisierbare einen Organisationsrahmen zur Verfügung zu stellen:[8] Glaube oder Spiritualität im eigentlichen Sinn lässt sich nicht organisieren. Glaube und Spiritualität kann man verstehen als individuelle Suche nach einem tragenden, uns überschreitenden Grund, als Suche nach einem Sinn des Lebens und der Welt. Jeder Mensch ist hier auf sich selbst gestellt, macht seine individuellen Erfahrungen. Jedoch: Ein solcher Glaube bedarf der Vermittlung. Man muss die grundlegenden Texte der Religion hören, kennen lernen, sich mit ihnen auseinander setzen; dazu braucht man Personen, die diese Grundlagen in glaubwürdiger Art und Weise vermitteln können, die dazu eine Kompetenz erworben haben; und man braucht geregelte Gelegenheiten, an denen solche Vermittlung in Gestalt von Gottesdienst und Predigt oder Unterricht oder Gesprächsgruppe etc. stattfinden können. Und schon hat man die Grundstrukturen einer Organisation, nämlich bestimmte mehr oder weniger festgelegte Funktionen und Regeln. Je stärker individualisiert Religion oder Spiritualität nun in der Gegenwart wahrgenommen und ausgeübt werden, desto schwieriger wird allerdings die Aufgabe, dem Unorganisierbaren einen halbwegs angemessenen Rahmen zur Verfügung zu stellen. Viele Zeitgenossen sind von den Kirchen frustriert, weil sie diese Diskrepanz erleben. Man will sich als Individuum nichts sagen und vorgeben lassen, man will sich nicht verbindlich und längerfristig engagieren, und erwartet im Konfliktfall, dass sich die Organisation individuumsförmig verhält, also jeden Einzelfall in den Blick nimmt – was sie gerade als Organisation nicht kann und nicht darf.

Als Organisation müssen Kirche und ihre Leitungspersonen das Verhalten der Erzieherin nach Recht und Gesetz ahnden, als theologisch bestimmte Größe muss Kirche die genannten Unterscheidungen von Gott und Mensch, von Person und Handeln, von Schuld und Vergebung in Anschlag bringen. Damit stehen wir vor einer nicht auflösbaren Spannung – und die Forderung an Repräsentanten der Kirche, an Pfarrerinnen und Pfarrer, lautet, diese Spannung auszuhalten. Wenn die Spannung einseitig aufgelöst wird, entsteht etwas Falsches. Nur wenn sie zusammengehalten wird – so mühsam das im Einzelfall auch ist – kann etwas entstehen, das Kirche abbildet. Die Fähigkeit,

---

[8] Vgl. ARMIN NASSEHI, Die Organisation des Unorganisierbaren. Warum sich Kirche so leicht, religiöse Praxis aber so schwer verändern lässt, in: ISOLDE KARLE (Hg.), Kirchenreform. Interdisziplinäre Perspektiven, Leipzig 2009, 199–218. Vgl. auch JAN HERMELINK, Kirchliche Organisation und das Jenseits des Glaubens, Gütersloh 2011.

diese Spannung zusammen zu halten, charakterisiere ich mit dem Adjektiv »seelsorglich«. Was ist damit gemeint?

6. UMGANG MIT FEHLERN AUS SEELSORGLICHER SICHT

Seelsorglich mit Fehlern umzugehen heißt gerade nicht, wie es die Erzieherin in meinem Eingangsbeispiel nahe legt, über das Geschehene den Mantel der Nächstenliebe zu breiten, nicht so genau hinzuschauen und alles irgendwie freundlich zu verharmlosen. Seelsorglich mit Fehlern umzugehen bedeutet, genau hinzuschauen und das, was geschehen ist, differenziert wahrzunehmen bzw. genauer nachzufragen, wenn Zusammenhänge und Zuschreibungen unklar sind; Raum und Zeit zu geben, um das Geschehen zu explorieren; dann das, was passiert ist, offen und klar beim Namen zu nennen; der betroffenen Person Gelegenheit geben, die Verantwortung (oder einen Teil der Verantwortung) dafür zu übernehmen – und dann im oben genannten Sinn die Person von ihrem Handeln zu unterscheiden.

Auf der Basis von Respekt und gegenseitiger Transparenz kann Bereitschaft zur Verantwortungsübernahme und dann auch eine dialogisch orientierte Fehlerfreundlichkeit wachsen.

Zwei Aspekte möchte ich hervorheben:

1. Vorgesetzte haben in der Kirche Leitungsfunktion wahrzunehmen. Leitung sollte auf keinen Fall mit Seelsorge verwechselt und vermischt werden, das geschieht leider viel zu häufig in kirchlichen Zusammenhängen und führt zu Unklarheiten. Ein Vorgesetzter ist dazu verpflichtet, aus bestimmten Informationen – wenn z.B. jemand einen Fehler benennt – auch dienstrechtliche Konsequenzen zu ziehen in Gestalt einer Abmahnung oder gar einer fristlosen Kündigung. Von daher ist es natürlich nicht verwunderlich, wenn Nachgeordnete auf diese asymmetrische Beziehung mit Zurückhaltung und eingeschränkter Offenheit reagieren.
2. Gleichwohl kann ein klärendes Gespräch von Seiten der vorgesetzten Person eine seelsorgliche Qualität bekommen. Damit meine ich: es muss spürbar sein, dass der oder die Vorgesetzte in einer Haltung uneingeschränkten Respekts mit der Person, die einen Fehler begangen hat, redet. Einen Fehler gemacht zu haben und darüber zu sprechen, ist meistens ein schambesetztes Thema: Scham bezeichnet ein sehr tiefgehendes Gefühl, das die ganze Person betrifft. Während Schuld sich auf eine Tat, auf einen Fehler, den jemand begangen hat, bezieht und insofern begrenzt ist, bringt das Gefühl der Scham zum Ausdruck ›ich *bin* falsch‹, als ganze Person bin ich lächerlich geworden, meine Fehlerhaftigkeit und Begrenztheit ist offenkundig geworden. Scham verhindert Offenheit und Einsicht.

   Darüber kann man nur reden, wenn man nicht befürchten muss, erneut beschämt zu werden. Man muss darauf vertrauen können, dass die andere Person einem – trotz oder mit den Fehlern, die man begangen hat –

> mit uneingeschränkter Achtung begegnet. Für den Vorgesetzten könnte das aus dem Wissen heraus geschehen, dass wir alle Fehler begehen und insofern in einer grundsätzlichen Solidarität stehen. In der Kirche als der Gemeinschaft derer, die sich als Sünder wissen und an einen vergebenden Gott glauben, sollte dies in besonderer Weise möglich sein. Entscheidend ist: Schuld und Scham dergestalt beim Namen zu nennen, gibt dem Subjekt im Prozess des Benennens und darüber Reflektierens seine Würde zurück – denn Schuld verschweigen und verstecken zu wollen, hat etwas Würdeloses! Wer Schuld ausspricht und bekennt, ist oder wird aufrichtig, geht aufrechten Ganges weiter durchs Leben.

Damit komme ich zu einer paradox anmutenden Schlussfolgerung: Ja, Gott oder die göttliche Wirklichkeit ist fehlerfreundlich, sie ist gleichsam der Inbegriff der Fehlerfreundlichkeit, sie sieht den Menschen als Person und nicht die Fehler. Aber Kirche als Organisation, die religiöse Belange organisiert und strukturiert, ist nicht im gleichen Sinn fehlerfreundlich. Sie muss nach Recht und Gesetz mit Fehlern bzw. denen, die sie begangen haben, umgehen. Sie kann lediglich darauf bedacht sein, den Umgang mit Fehlern in einer menschlich oder seelsorglich sensiblen Art und Weise, also respektvoll und möglichst transparent, zu gestalten. Das ist nicht wenig, aber natürlich nicht so viel, wie sich manche, auch die anfangs genannte Erzieherin, von einer religiösen Institution erhofft hätten.

Zeit und Ewigkeit

Das biblische Verständnis der Zeit

Hans Christian Knuth

1. Erfahrungen mit der Zeit[1]

a) Das quantitative Zeitverständnis: Im Umgang mit der Zeit machen wir alle unterschiedliche Erfahrungen. Das, was uns als Kinder des technischen Zeitalters wohl zunächst und vordergründig beschäftigt, ist die Erfahrung der Zeit als messbares Quantum, als Quantität. Wir gehen meistens von einem chronologischen Zeitverständnis aus, das heißt, wir denken an unsere Termine, an Uhren und Kalender, an Jahreszahlen und Geschichtsdaten. In diesem technischen Verständnis ist die Zeit ein messbares Quantum: Sekunde, Minute, Stunde, Tag, Woche, Monat, Jahr.

Hier erscheint die Zeit als Linie, auf der die einzelnen Ereignisse aufgetragen werden. Ganz gleich, was passiert, alles hat einen bestimmten Punkt auf dieser Linie, dabei ist es nicht einmal entscheidend, ob sich diese Linie unendlich gerade erstreckt, von einem Punkt außerhalb unserer Erfahrung bis zu einem anderen Punkt außerhalb unserer Erfahrung, oder ob wir uns diese Linie gebogen vorstellen, so dass ihr Anfang irgendwann in ihr Ende einmündet. Ich will damit sagen: Dieses quantitative Zeitverständnis kann es sowohl im linearen als auch im zyklischen Zeitverständnis geben. Ewigkeit erschiene dann nur wie unendlich viel Zeit, sei es als unendliche Wiederholung oder als unendlich sich erstreckender Ablauf von Zeit.

Wir müssen uns dieses Zeitverständnis genügend deutlich machen, weil es praktisch unsere ganze Lebensauffassung bestimmt und weil es – um das gleich vorwegzunehmen – nicht das biblische Zeitverständnis ist. Lassen Sie uns einmal eine kleine phantastische Träumerei anstellen und uns vorstellen, wir lebten nicht in diesem messbaren Zeitverständnis. Die Uhren würden stillstehen, wir wüssten nicht, welches Datum wir haben, wir wüssten nicht,

---

[1] Johannes von Lüpke investiert einen erheblichen Teil seiner Zeit in die Arbeit der Lutherakademie Sondershausen-Ratzeburg. Die Frühjahrstagung mit vorwiegend Nachwuchswissenschaftlern wird zu einem großen Teil von ihm bestritten, die Herbsttagungen haben manchen gehaltvollen Beitrag von ihm gezeigt, außerdem stützt er die Akademie durch seine Mitarbeit im Kuratorium ganz wesentlich. Es kostet seine Lebenszeit. Darum sei ihm mit dieser Meditation über die Zeit von Herzen gedankt. Die Form des Vortrags wurde beibehalten.

wie alt wir sind. Wir hätten keinen Acht- oder Zehnstundentag. Jede Art von Organisation wäre fast unmöglich. Alle physikalischen und chemischen Experimente würden aufhören, es gäbe keine Rekorde mehr, Technik und Naturwissenschaft wären ohne diese Zeitauffassung nicht zu denken. Unser Geschichtsbewusstsein müsste sich sehr stark verändern, wenn man überhaupt von einem solchen noch reden könnte.

Auch unsere Sprache ist tief von diesem Zeitverständnis geprägt: Alles, was wir tun und erleben, tragen wir auf dieser Zeitlinie auf. Vor uns haben wir die Zukunft, hinter uns die Vergangenheit; alle Tempora, alle Zeitformen können wir unzweideutig ablesen. Wir stehen an dem Punkt des Präsens, das Futur befindet sich an irgendeinem Punkt vor uns, dazwischen befindet sich das Futurum exactum, hinter uns liegt das Perfekt, weiter rückwärts das Imperfekt und noch weiter hinten das Plusquamperfekt.[2] Also die ganze Sprache lebt von dieser chronologischen Zeitauffassung. Man kann auch umgekehrt sagen, die chronologische, die messbare Zeitauffassung ist aus diesen Sprachstrukturen erwachsen, jedenfalls aufs engste mit ihnen verquickt.

Dabei wird wohl deutlich, wie praktisch diese messbare Zeit ist. Man kann wohl sagen, dass der praktische Umgang mit der Zeit geradezu das Kennzeichen dieser Zeitauffassung ist, ihr eigentliches Wesen. So kann man sich die Zeit jedenfalls in bestimmter Hinsicht verfügbar machen, wir sagen »einteilen«.

Eigentlich ist diese Zeit verknüpft mit der Raumvorstellung. Wir messen die Zeit oder stellen sie uns vor als verknüpft mit einer Linie oder einem Kreis. Wir reden vom Zeitraum, Zeitabschnitt oder Zeitpunkt, von der Vergangenheit hinter und der Zukunft vor uns – alles räumliche Vorstellungen. Aber diese räumliche Zeitanschauung ist, wie schon Kant festgestellt hat, nicht mit der äußeren Welt gegeben, sie ist nur im Bewusstsein des Menschen gegeben, denn im Unterschied zur Vorstellung des Raumes in unserem Bewusstsein entspricht in der äußeren Welt keine Zeiterstreckung dem quantitativen Verständnis der Zeit.

Ich muss gestehen, dass es mich einige Zeit gekostet hat, als ich an meiner neuen Armbanduhr plötzlich kein Zifferblatt mehr hatte, sondern nur noch digitale Zahlen. Ich hatte mich so daran gewöhnt, dass eine Viertelstunde eben ein Viertel des Kreises im Ziffernblatt ist, dass es ein ziemlicher Gewöhnungsprozess war, nun nur die abstrakten Zahlen auf meiner Uhr zu finden. Ebenso glaube ich, dass wir sehr oft unbewusst in Räumen denken, wenn wir etwa Entfernungen oder Wartezeiten angeben: Wir setzen das willkürlich um in die viel anschaulicheren Formen der räumlichen Zeiterstreckung. Zeit ist am leichtesten im Zusammenhang mit Bewegung zu denken. Der Zeiger der Uhr, ein Wegmaß, drei Autostunden – das sind unsere inneren Wertmaßstäbe, nach denen wir uns unwillkürlich orientieren.

---

[2] Vgl. zum folgenden THORLEIF BOMAN, Das Hebräische Denken im Vergleich mit dem Griechischen, Göttingen [2]1954, 104ff.

Lassen sie mich noch eins festhalten: In der Regel sehen wir das, was in der Zukunft liegt, als vor uns liegend an. Unsere Nachkommen freilich kommen nach uns, obwohl sie in der Zukunft kommen. Damit ist der Übergang gegeben zu einem anderen Zeitverständnis, das uns zwar nicht als Techniker und Naturwissenschaftler beherrscht, wohl aber als Menschen, welche die Zeit auch noch ganz anders erleben.

b) Die Zeit als Qualität: Kinder haben im Allgemeinen eine anderes Zeitverständnis, schon weil sie in der Regel erst in der Schule neben Lesen und Schreiben auch die Uhrzeit lernen. Erinnern wir uns an unsere Kindheit, dann ist da vielleicht ein unendlich langer Sommer in Erinnerung oder eine nicht enden wollende Predigt. Wir konnten uns langweilen, aber die Zeit konnte auch wie im Fluge vergehen. Es gab keine Uhrzeiten, wohl aber eine Zubettgehzeit, es gab Ferien und Schulzeit, die Abendbrotzeit, zu der man immer zu spät nach Hause kam, es gab Winter und Sommer. Nicht die Uhr beherrschte uns, sondern die Mutter und der Lehrer, das Wetter, die Lust zum Spielen oder zum Lesen. Wer an seine Kindheit denkt, dem fallen keine Uhrzeiten ein, sondern Inhalte, keine Quantitäten, sondern Qualitäten. Ein kurzer Moment der Angst ist mir noch im Gedächtnis, ganze Monate hingegen habe ich völlig vergessen. Der Bruder war nicht nur fünf Jahre älter, er war auch stärker, er war in der Schule immer voraus, er war klüger, er konnte beschützen aber auch bedrohen. Fünf Jahre waren keine Zeiteinheit, sondern ein Schicksal, kein quantitatives Maß, sondern eine Lebensqualität.

In unseren Träumen ist uns diese inhaltlich zu qualifizierende Zeit ebenso geläufig. Da spielt es keine Rolle, ob die äußeren Gründe unserer Ängste schon Jahre zurückliegen, immer wieder träumen wir von den Bomben und den brennenden Häusern, immer wieder kehren die Gestalten der Kindheit im Traum zurück: helfende und beschützende Gestalten, aber auch bedrohliche und verschlingende Mächte.

Erst wenn wir – auftauchend aus Traum und Kindheit – unser waches Erleben genau analysieren, erkennen wir diesen qualitativen Zeitbegriff. Zeitangaben wie »als die Kinder noch klein waren«, »als der Vater noch lebte« oder »nach der Pensionierung«, aber auch Erfahrungen wie »der Abend, der wie im Flug verging« oder »das langweile Warten, das kein Ende nahm« zeigen an, dass wir die Zeit zwar als Linie messen, aber sie anders empfinden.

Dabei ist nicht nur entscheidend, dass wir die Qualität und nicht die Quantität erleben, sondern wir erleben sogar ein anderes Zeitkontinuum. Es stimmt gar nicht in unserem Erleben, dass jeder Zeitpunkt entweder Gegenwart oder Vergangenheit oder Zukunft ist. Machen wir uns das am Beispiel einer Melodie klar: Eigentlich hören wir immer nur einen Ton zur selben Zeit. Aber dennoch bleibt die Melodie als Ganze im Ohr, selbst wenn wir nur einen Ton singen. Sie bleibt auch, wenn alle Töne gesungen sind. Das ist nicht nur Erinnerung. Schon in der Primärerfahrung der Melodie, schon während des Singens, wird die Zeit als vergehendes Quantum überwunden, wird Gleichzeitigkeit von Tönen erlebt. Es ist also nicht nur die Erinnerung, die die Zeiten übergreift, es ist schon das, was überhaupt eine Erfahrung konstituiert, das, was die Zeit als etwas anderes erleben lässt denn als Abfolge kleinster Einheiten. »Jetzt«, »früher« oder »später« sind eine unzertrennbare Einheit, die wir durch die Uhr vielleicht aufteilen, aber die durch die Uhr nicht hinreichend gegliedert oder verstanden werden kann, weder durch die Uhr noch durch irgendeine andere Art der Messung und der Quantifizierung.

Wie mit der Melodie geht es uns auch mit uns selbst. Was ist die Identität des Kindes mit dem Jugendlichen und dem Erwachsenen? Da erlebt ein identisches Ich zwar die Abfolge der Zeit, das Ich kann die Zeit auch messen, aber es selbst bleibt in der Zeit, es wird sozusagen als zeitliches Sein konstituiert. Selbst wenn ich die Vergangenheit krass als Vergangenheit und Vergänglichkeit erfahre, bin doch immer ich es, der dieses Vergangene als Vergangenes erfährt. Aber in diesem Ich ist das Vergangene doch zugleich gegenwärtig.

c) Die Zeit als Frist: Die Qualitätserfahrung der Zeit lässt sich noch einmal ganz grob als Erfahrung zweier unterschiedlicher Qualitäten einteilen. Neben der qualitativ gefüllten Zeit steht die Erfahrung der Zeit als Frist. Die Inhalte der Zeit mögen noch so unterschiedlich sein, und sicher sind die Unterschiede für uns von beträchtlicher Bedeutung, aber immer geht es auch darum, ob wir die Zeit als Angebot oder als Forderung verstehen. Was im tiefsten die Qualität der Zeit ausmacht, ist die Frage, ob sie mich fordert oder beschenkt.

Wir wissen, dass es keine Frage der Uhr oder des Kalenders ist, wenn wir keine Zeit haben füreinander. Wir kennen genau das Gefühl vertaner, verstrichener, ungenutzter Zeit. Dagegen erleben wir erfüllte Zeiten, Zeiten, in denen uns jede Minute wie ein Geschenkt erscheint. Wir erleben die Zeit nicht als Linie, wenn wir sie erleben, sondern als Frist, als Angebot und als Forderung, sie zu füllen und zu erfüllen. Und in diesem Zwiespalt von Angebot und Geschenk von Zeit auf der einen Seite und Forderung und Versäumnis auf der anderen Seite entscheidet sich unser Leben und die Qualität unseres Lebens.

Wie unterschiedlich ist der Blick auf die Uhr, je nachdem ob die Zeit drängt oder ob wir uns richtig Zeit nehmen können. Wie unterschiedlich auch, ob wir sagen: du hast noch dreißig oder zwanzig Jahre zu leben oder: es sind nur noch dreißig oder zwanzig Jahre. Wie fundamental gegensätzlich ist das Erleben, wenn die Zeit uns als verstreichende, unwiederbringlich vergangene und vertane Zeit erscheint oder wenn sie uns als Frist, als Zukunft, als neue Möglichkeit, als Chance für einen Neuanfang erscheint.

Im Geschenk der Zeit erleben wir am intensivsten und immer wieder, wie unser Leben eigentlich nur von diesen beiden Fragen bestimmt wird: Ob es mit seinen Gaben und Chancen uns als Forderung, als Gesetz oder als Angebot, als Freiheit, als Evangelium begegnet. Alles, was die Bibel über Zeit und Ewigkeit sagt, müssen wir im Rahmen dieses qualitativen Zeitverstehens begreifen. Übertragen wir die Aussagen der Bibel in unser physikalisches Weltbild, produzieren wir, nicht die Bibel, Unsinn.

2. Das Zeitverständnis der Bibel

a) Der alttestamentliche Befund: Was wir uns im ersten Teil anhand von Lebenserfahrungen deutlich gemacht haben, das ist in der Bibel in unnachahmlicher Weise zum Ausdruck gebracht. So heißt es im Prediger Salomonis im 3. Kapitel:

> »Ein jegliches hat seine Zeit, und alles Vorhaben unter dem Himmel hat seine Stunde: Geboren werden hat seine Zeit, sterben hat seine Zeit. Pflanzen hat seine Zeit, ausreißen, was gepflanzt ist, hat seine Zeit, töten hat seine Zeit, heilen hat seine Zeit, abbrechen hat seine Zeit, bauen hat seine Zeit. Weinen hat seine Zeit, lachen hat seine Zeit, klagen hat seine Zeit, tanzen hat seine Zeit. Steine wegwerfen hat seine Zeit, Steine sammeln hat seine Zeit. Herzen hat seine Zeit, aufhören zu herzen hat seine Zeit. Suchen hat seine Zeit, verlieren hat seine Zeit, behalten hat seine Zeit, wegwerfen hat seine Zeit. Zerreißen hat seine Zeit, zunähen hat seine Zeit, schweigen hat seine Zeit, reden hat seine Zeit. Lieben hat seine Zeit, hassen hat seine Zeit, Streit hat seine Zeit, Frieden hat seine Zeit [...]
>
> Gott hat alles schöngemacht zu seiner Zeit, auch hat er den Menschen die Ewigkeit in ihr Herz gelegt. Nur dass der Mensch nicht ergründen kann das Werk, das Gott tut, weder Anfang noch Ende.« (Koh 3)

Hier finden wir bereits einen deutlichen Hinweis darauf, dass im Alten Testament zumindest ein Strom des Verständnisses der Ewigkeit eine Art von erfüllter, von gefüllter Zeit meint, die Gott dem Menschen ins Herz gelegt hat, auch wenn er sie nicht ergründen kann.

Denken wir auch an die Berichte von der Sintflut, wo Gott seine Verheißung auf Dauer der Menschheit und der Erde nicht als unendliche Zeitdimension ausspricht, sondern als erfüllten Rhythmus von Saat und Ernte, Frost und Hitze, Sommer und Winter, Tag und Nacht. (Gen 8,22) Neben dem Rhythmus gibt noch etwas anderes der Zeit und der Geschichte des Menschen seine Qualität. Nicht nur der Wechsel, sondern auch das, was sich durchhält, qualifiziert die Zeit. Das Leben des Volkes Israel dauert Jahrhunderte und Jahrtausende. Es ist aber ein Leben, weil das Volk während seiner ganzen Geschichte mit sich selbst identisch bleibt. In der Idee des Stammvaters kommt das Bewusstsein Israels von sich selbst als einer Einheit, einem Individuum, zum Ausdruck.

In dem Jakobslied Gen 49 sind die Söhne Jakobs bald Personen, bald Stämme. Ohne die geringste Schwierigkeit geht der biblische Autor bald von der Person zum Stamm, dann wieder vom Stamm zur Person über. Stammvater und Stamm sind ein Leben, auch wenn sie Jahrhunderte trennen. Das wissen wir auch von der Bedeutung Davids für das Volk Israel oder wenn Adam und Christus zwei ganz verschiedene Menschheitsgruppen verkörpern. Man hat da in der Forschung von der »korporierten Persönlichkeit« gesprochen, aber das ist ein Ausdruck, der die Sache nur reflexiv wiedergibt. Für den frommen Juden ist es einfach klar, dass er heute noch mit seinem Stammvater direkt kommuniziert. Später hat man das nur mit dem Bild verdeutlichen können, dass die Stammväter irgendwo durch eine Luke zuhören aus dem

Himmelszelt. Aber die ursprüngliche Gleichzeitigkeit des für uns Ungleichzeitigen – das ist das biblische Urerlebnis von Zeit.

b) Der neutestamentliche Befund: Seit Beginn des technischen Zeitalters hat man die Verkündigung Jesu von der nahen Gottesherrschaft, wie sie insbesondere in seinen Gleichnissen zur Sprache kam, immer als Problem eines Zeitraumes angesehen. Da gab es das glaubende Ich und dem stand in weniger oder größerer Entfernung die Gottesherrschaft als externe Größe gegenüber. Und dann wurde nur noch darüber gestritten, wie weit diese Gottesherrschaft räumlich entfernt sei – sei es ganz nah im apokalyptischen Denken oder etwas weiter entfernt bei Paulus bis hin zur abstrakten Rede von der Gottesherrschaft am Weltende. Man ging aus von einem Zeitraum und maß dann von einem in der Zeit existierenden Ich aus die Entfernung zum Reiche Gottes. Aber kann man so die Nähe Gottes messen?

Zum besseren Verständnis der Rede von der nahen Gottesherrschaft kann eine menschliche Analogie dienen: Wenn ich von einem Menschen sage, er ist mir oder ich bin ihm nahe gekommen, dann meine ich, dass unsere Beziehung eine neue Qualität bekommen hat. Wo vorher Entfremdung und Ferne war, ist jetzt Vertrautheit und Nähe, nicht als messbarer Zwischenraum, sondern als Qualität. Dieses Nahesein ist kein Ausstehen einer noch idealer zu denkenden Beziehung, sondern in solchem Nahesein, nahe Beieinandersein, erfüllt sich eine Beziehung, ist sie vollkommen.

In allen Gleichnissen will Jesus zeigen, dass Gottes Reich so nahe gekommen ist, dass es die Gegenwart qualifiziert durch sein Ankommen. Bei Mk 1,15 und Mt 4,17 wird die Verkündigung Jesu so zusammengefasst: »Die Zeit ist erfüllt, und das Reich Gottes ist nahe herbeigekommen. Tut Buße und glaubt an das Evangelium!« Man darf das nicht so verstehen, als sei es rein zufällig, dass zur Zeit Jesu das Reich Gottes nun eben nahe kam und die Nähe zum Reich Gottes als zufällige Eigenschaft erst später hinzukommt. Wenn Jesus von der Gottesherrschaft redet, dann stets so, dass ihre Nähe ihr Wesen ausmacht. Nähe und Gottesherrschaft sind nicht zwei Begriffe, die unabhängig voneinander zu denken sind und durch Jesus nun zusammengefügt werden, sondern beide zusammen machen den biblischen Begriff der Verkündigung Jesu aus.

Das soll anhand weiterer Worte Jesu noch vertieft werden.[3] In Lk 9,62 findet sich das Mahnwort: »Wer seine Hand an den Pflug legt und sieht zurück, ist nicht geschickt zum reiche Gottes«. Die Gottesherrschaft ist hier zwar zukünftig gedacht, das wird deutlich an dem Gegensatz »und sieht zurück«. Das Wort ruft zur Entscheidung zwischen dem, was hinter uns und dem, was vor uns liegt. Grund der Entscheidung ist die Nähe der Gottesherrschaft. Sie ist

---

[3] Vgl. zum folgenden EBERHARD JÜNGEL, Paulus und Jesus. Eine Untersuchung zur Präzisierung der Frage nach dem Ursprung der Christologie, Tübingen [5]1979.

aber so nah, dass sie den Menschen in ihrer Nähe ganz in Anspruch nimmt, dass er selbst schon zu dieser nahen Gottesherrschaft dazugehört. Dem Anspruch der nahen Gottesherrschaft soll entsprochen werden. Wer sich noch an der Vergangenheit orientiert, verschließt sich der Gottesherrschaft. Indem Jesus so die Zukunft öffnet, versperrt er die Vergangenheit. Die Zukunft der Gottesherrschaft ist das Ende der Vergangenheit. Das Mahnwort ruft aus der Vergangenheit des Alten heraus, weil das Neue nahe ist. Seine Forderung entspringt einer frohen Gewissheit.

Und in Mt 12,28 sagt Jesus: »Wenn ich die bösen Geister durch den Geist Gottes austreibe, so ist das Reich Gottes zu euch gekommen«. Damit ist die Gegenwart der zukünftigen Gottesherrschaft ausgesagt. In welchem Sinn ist sie gegenwärtig? So, dass ihre Macht die Gegenwart qualifiziert. Und zwar wird diese Macht der Zukunft deutlich im Verhalten Jesu, der sich auf diese Macht ganz einlässt und verlässt. Die nahe Gottesherrschaft autorisiert das Verhalten Jesu, in diesem Falle die Dämonenaustreibung in der Gegenwart. Eberhard Jüngel formuliert das folgendermaßen: »Die in ihrer Zukünftigkeit auf die Gegenwart ausgerichtete Gottesherrschaft ist als Vollmacht Jesu so gegenwärtig, dass Jesus es wagen kann, die Gegenwart der Menschen auf die Zukunft der Gottesherrschaft auszurichten«[4]. Das Heil wird den Armen schon jetzt zugesprochen: »Selig seid ihr Armen, denn das Himmelreich ist euer!« (Lk 6,20). Es ist also Jesu Wort, das in der Gegenwart eine heilsame Zukunft verheißt. Die Macht der Gottesherrschaft ist in der Verkündigung Jesu präsent.

Das wird auch deutlich in dem Wort Jesu: »Das Reich Gottes kommt nicht so, dass man es mit Augen sehen kann. Man wird auch nicht sagen: siehe hier oder da! Denn siehe, das Reich Gottes ist mitten unter euch« (Lk 17,20f). Klar ist, dass Jesus mit diesem Wort die ganze Spekulation ablehnt, wann denn das Reich Gottes in zeitlicher Hinsicht kommt. Es wird nicht nach dem Verhältnis der Gottesherrschaft zum Menschen gefragt, sondern nach dem Verhältnis des Menschen zur Gottesherrschaft. Es geht um die rechte Einstellung des Menschen zum Kommen Gottes, nicht um die Berechnung des Kommens Gottes von sicherer Warte des berechnenden Menschen aus. Die Gottesherrschaft kommt nicht so, dass sie dem Menschen Gelegenheit zur Berechnung gibt, sie kommt auch nicht so, dass sie räumlich feststellbar wäre, sie ist nicht in der Innerlichkeit des Menschen zu suchen, etwa als psychologisches Erleben, sondern sie ist »mitten unter euch«, das heißt positiv: sie kommt als die Nähe des Nächsten. Im Gleichnis vom barmherzigen Samariter, aber auch in dem vom verlorenen Sohn oder vom Schalksknecht hat Jesus diese Nähe jeweils so verdeutlicht, dass die vergebende Liebe das Kennzeichen dieser Nähe ist. In der Verkündigung Jesu wird also die Nähe und das heißt ja nun die Macht der Gottesherrschaft als Liebe zum Nächsten konkret. Die Nähe der Gottesherrschaft führt in die Nähe des Nächsten (Jüngel).

---

[4] Ebd., 188.

Um hier gleich ein Missverständnis abzuwehren, möchte ich mit einigen Sätzen eingehen auf die These von Paul Schulz, man könne dann statt von der Gottesherrschaft vom Prinzip Liebe reden. Was diese These so verführerisch macht, ist, dass sie eine Teilwahrheit enthält. Sicher hat er darin Recht, dass es das Reich Gottes nicht ohne die Liebe zum Nächsten gibt. Nur ist diese Liebe kein Prinzip, das ich selbst realisiere. Erst recht ist die Macht der Liebe nicht identisch mit Gott selbst oder könnte an die Stelle Gottes treten. Die Liebe ist vielmehr die Frucht des Glaubens an die Nähe des Reiches Gottes, sie ist das Werk Gottes in seinen Gläubigen, genauer: das Werk, das Gott durch Jesus Christus in seinen Gläubigen schafft. Und dieser Satz gilt sowohl historisch wie systematisch. Es war eben Jesus von Nazareth, der diese Nähe Gottes, diese Nähe der Macht der Liebe Gottes in einer Weise verkündigte und lebte, dass man noch am Kreuz von ihm sagen konnte: »dieser ist Gottes Sohn gewesen«; oder, in unserer Sprache, dass für die Nähe der Gottesherrschaft das Reden und Handeln Jesu konstitutiv war und bleibt, dass Jesus nicht nur eine Initialzündung der Liebe, ein Erfinder eines Prinzips, dass dann jeder nachahmen kann, war, sondern die Quelle der Liebe, derjenige, der sein Verhalten bleibend bezog auf die Gottesherrschaft, und darum uns bleibend einbezog auf sich und darum unser Handeln in Liebe bleibend bezog auf unseren Glauben an ihn.

Schulz sagt also nicht Dinge über die Liebe, die an sich falsch wären, aber indem er die Liebe loslöst von der Vollmacht Jesu, der diese Vollmacht seiner Gottesbeziehung verdankt, wird alles falsch und illusionär, löst sich die Liebe von ihrem Quellgrund und erstarrt zu der gesetzlichen Forderung »Du sollst lieben«. Es ist vielmehr so, dass Jesus es ist, der die Nähe der Gottesherrschaft in einem Grade verkündigt, dass nun in der Entscheidung zu ihm oder gegen ihn der Mensch sich für oder gegen seine Zukunft entscheidet. Jesu Vollmacht entsteht ganz aus seiner Beziehung zur Gottesherrschaft, dadurch dass Jesus für nichts anderes da war und da sein wollte als für diese Gottesherrschaft.

Umgekehrt ist nun aber auch darum diese Gottesherrschaft offenbart und offenbar geworden durch die Person Jesus. Man kann das Reich Gottes von dem Reich der Liebe, das Jesus eröffnete, nicht mehr trennen. Jesus sagt: Jetzt ist Zeit für die Liebe!

Auch das, was wir mit ewigem Leben meinen, müssen wir von dieser Verkündigung der Gottesherrschaft und der Liebe her verstehen. Sonst verfallen wir dem Fehler, ewiges Leben einfach als unendlich quantitativ verlängertes Leben zu sehen. Dabei ist der Unterschied von irdischem und ewigem Leben ein qualitativer und nicht ein quantitativer. Ewiges Leben ist das Leben im Reiche Gottes, ist Leben, das unter der Macht seines Reiches, unter seiner Herrschaft gelebt wird. Darum gibt es keine klarere Quelle der Erkenntnis über das ewige Leben als die Gleichnisse Jesu vom Reiche Gottes. Diese Gleichnisse sind allerdings nicht zu verstehen als Informationsquelle über das ewige Leben, sondern als die Macht, die unser Leben qualifiziert.

»Wer an den Sohn glaubt, hat ewiges Leben«, so formuliert es das Johannesevangelium (Joh 3,36), und Luther schreibt im *Kleinen Katechismus*: »Wo Vergebung der Sünden ist, da ist auch Leben und Seligkeit«[5]. Vergleichbar heißt es 2 Kor 5,17: »Ist somit jemand in Christus, so ist er eine neue Kreatur, das Alte ist vergangen, siehe, es ist alles neu geworden« und in 2 Kor 6,2: »Siehe, jetzt ist die hochwillkommene Zeit, siehe, jetzt ist der Tag des Heils«.

Allerdings haben wir gerade auch dann, wenn wir so vom Einbruch des Ewigen ins Heute sprechen, den Tod noch vor uns, das Leid, die Krankheiten, die Schmerzen noch vor und bei uns. Aber gerade das ist es ja, was uns im tiefsten mit Jesus verbindet. Denn auch er hatte, nachdem er das Reich Gottes herbeigeführt hatte und nachdem er durch das Kommen des Reiches zu dem geworden war, was er war, noch die ganze Passion vor sich. Eben dies macht das christliche Reden vom Reich Gottes aus, dass es das Wort vom Kreuz nicht rückgängig oder überflüssig macht. Immer wieder erträumen wir uns ein ewiges Leben, das schließlich doch das Kreuz Christi aufhebt. Die Herrlichkeit des Endes empfängt ihre Farben aus dem Kontrast zum Leiden. »Wenn aber die Hingabe die Sprache der Liebe ist, soll ihr dann am Ende mit der Sprache des Triumphs widersprochen werden? Sollte nicht vielmehr die Liebe das letzte Wort haben und die eschatologische Freude die Stimme der Freiheit sein, die sich am Kreuz vollendet?«[6]

Ewiges Leben ist gerade ein Leben, das auch den Tod und das Leiden noch ganz Gott überlässt, das sich auch und gerade im Tod als der Bewährung der Hingabe in Gott geborgen weiß und nichts mehr will, als dass Gott alles in allem sei. So schwer es sein mag, aber eines muss doch klar sein, dass der Glaube an ein ewiges Leben geradezu ausschließt, dass wir dann noch unsere Wünsche durchsetzen wollen.

Am Ende soll noch dargelegt werden, inwiefern Ostern und die Auferstehung unser Verständnis des ewigen Lebens prägen. Wer die Berichte von der Auferstehung Jesu aufmerksam liest, wird in ihnen eine Fülle von Widersprüchen finden. Die Ostererzählungen sind keine Tatsachenberichte, man darf sie nicht eintragen in unser naturwissenschaftlich-technisches Weltbild, sie sind vielmehr Texte der Verkündigung, die dieses Leben qualifizieren, aber nicht beschreiben oder ausmessen wollen. Sie sind nachträgliche Zeugnisse von überwältigenden Erfahrungen mit dem Gekreuzigten, von der Nähe und Gegenwart des gekreuzigten Herrn in seinem Wort.

Sogar in den legendären Zügen dieser Berichte finden wir den ewigen Wahrheitsgehalt. Die Osterlegenden wollen Jesus verherrlichen, dazu ist den Evangelisten manches Mittel recht. Machen wir uns also frei von der ängstlichen und anmaßenden Frage, ob denn alles damals genau so geschehen ist, wie es in der Bibel steht. In der sterblichen und vergänglichen, menschlichen

---

5 WA 30 I, 390, 7f.

6 Gerhard Ebeling, Wort und Glaube, Bd. 3: Beiträge zur Fundamentaltheologie, Soteriologie und Ekklesiologie, Tübingen 1975, 351.

und irdischen, legendären und kritisierbaren Form der Ostergeschichten verbirgt sich nach wie vor für jeden, der Augen hat zu sehen, das ewig gültige Wort Gottes. Die Ostertexte machen uns sogar Mut, von ihnen selbst weg in unser eigenes Leben zu gehen. Sie wollen nicht, dass wir an die Erfahrungen anderer Menschen mit Jesus glauben, sondern dass wir Jesus selbst glauben, unsere eigenen Erfahrungen mit ihm machen. Der eigene Glaube an den lebendigen Herrn ist etwas anderes als das Fürwahrhalten der Auferstehungsberichte anderer. Die Unterschiede und auch Widersprüche im Neuen Testament machen uns also nicht unsicherer, sondern sie machen uns gerade Mut zum eigenen Bekenntnis.

Nicht ein sklavischer Buchstabenglaube, sondern die Erfahrung, dass Jesus durch Kreuz und Tod hindurch zu uns spricht, ist der Kern des Ewigkeits- und Osterglaubens. Gerade als Christen sind wir frei von jedem Glaubensgesetz und jeder knechtischen Dogmatik. Aber wir halten uns offen für das Geheimnis der Ewigkeit, wie wir es schon heute in qualitativ gefüllter Zeit erleben können.

Gottesgeschenk – Mit Simeon und Hanna ein Kind entdecken

Am Sonntagmorgen – Eine religiöse Sendung im Deutschlandfunk

Günter Ruddat

1. Die Entstehung dieser Sendung

Im Rahmen meiner regelmäßigen Mitarbeit an den religiösen Sonntagssendungen des Deutschlandfunks *Am Sonntagmorgen* und des Deutschlandradios Kultur *FeierTag* habe ich in der vorliegenden Sendung vom 2. Februar 2014 Text und Thema meines Abschiedsgottesdienstes zur Emeritierung am 2. Februar 2012 in der Kirchlichen Hochschule Wuppertal/Bethel aufgenommen und für das Radio bearbeitet.

Am Sonntagmorgen: das ist in der Regel ein kleines geistliches Essay von 8.35–8.50 Uhr für alle, denen der Sonntag mehr ist als nur eine lästige Unterbrechung der Werktage. Abwechselnd evangelisch und katholisch, von fromm bis frei, persönlich bis prinzipiell: über Sinnfragen und Glaubenserfahrungen, über Lebenshilfe, Gottsucher, Hoffnungszeichen und Mutmacher. Eine konzentrierte Viertelstunde lang Zeit zum Zuhören und Nachdenken: mehr als eine Morgenandacht und anders als eine Predigt!

Diese Sendung wurde vom Sender mit folgender Pressemitteilung und einer Abbildung (s.u.) angekündigt:

> »40 Tage nach Weihnachten, Lichtmeß, Tag der Darstellung des Herrn ... ein kaum bekanntes ökumenisches ›Fest der Begegnung‹ im Kreislauf des Kirchenjahres. Zum Ausklang der Weihnachtszeit stimmt es Schritt für Schritt ein auf eine überraschende und befreiende Begegnung zwischen Jung und Alt. Davon erzählt der Anfang des Lukas-Evangeliums (Lk 2,22–40): Ein kleines Kind wird erwartet und entdeckt, alte Menschen nehmen es wahr und stellen es vor. Meditativ erzählt der Beitrag vom Segen dieser Begegnung.«

2. Der Text der Sendung

Gottesgeschenk – mit Simeon und Hanna ein Kind entdecken
40 Tage nach Weihnachten – heute, am 2. Februar, feiern Christen ein Fest. Ein ökumenisches Fest, den »Tag der Darstellung des Herrn«. Ein Christusfest, es erinnert an die Vorstellung des Jesuskindes im Tempel von Jerusalem.

Zum Ausklang der Weihnachtszeit ein Fest der Begegnung. Jung und Alt begegnen sich, ein kleines Kind wird erwartet und entdeckt als ein »Gottesgeschenk«. Zwei alte Menschen nehmen es wahr, ein Mann und eine Frau, Simeon und Hanna, Menschen, von denen sonst in der Bibel nicht die Rede ist.

Die biblische Geschichte knüpft an die vertraute Weihnachtsgeschichte des Lukas an, die mit dem Kind in der Krippe, mit den Hirten und den himmlischen Heerscharen in Bethlehem.

Diese Geschichte ist längst erzählt, das Kind hat einen Namen, Jesus, und - so wie es Brauch ist – wird das Kind auch 8 Tage nach der Geburt beschnitten. Maria und Josef sind längst wieder zurück in Nazareth und die Beiden wissen, was nach jüdischer Tradition angesagt ist:

Nach biblischen Regeln galt eine Frau nach der Geburt eines Jungen 40 Tage als kultisch unrein und musste nach dieser Zeit eine Opfergabe für ihre Reinigung darbringen und damit zugleich die Erstgeburt als »Gottesgeschenk« auslösen.

Maria und Josef machen sich also noch einmal auf den Weg, sie wandern mit dem Jesuskind zum Tempel nach Jerusalem. Da wird zuerst von einem erzählt, der heißt Simeon, ein alter Mann. Er sitzt vor dem Tempel, mitten unter den Menschen, und wartet ... Ein alter Mann, der wartet.

Viel mehr hat die Geschichte noch gar nicht erzählt. Und doch frage ich mich an dieser Stelle der Geschichte immer wieder: Worauf warte ich? Was erwarte ich noch vom Leben – gerade wenn ich an die Menschen denke, um mich herum, an meine Enkel, deren Leben gerade begonnen hat und an deren ersten Schritten ich mich freue, oder an meine Kinder, die sich immer wieder auf neue Herausforderungen einstellen müssen, oder an Freunde und Familie, die immer wieder Erwartungen und Hoffnungen mit mir verknüpfen, die so oft enttäuscht werden. Der Schriftsteller Armin Juhre hat diese Frage so gestellt:

»Worauf warten wir?
Worauf warten wir. Jahr um Jahr. Tag für Tag. Heute. Jetzt.
Oder warten wir auf nichts.
Kennen wir den / der kommen wird / oder den der wiederkommt
oder den der immer da war.
Oder wartet er auf uns?«[1]

Vielleicht ahnen wir etwas davon, was das heißt: Simeon wartet. Immer wieder ist er da, ruhig und gelassen. Er macht nicht nichts, er wartet einfach. Für Simeon ist Warten möglich, weil er Hoffnung hat. So wartet Simeon nicht ins Blaue. Simeon verlässt sich auf eine Zusage, sein Traum wird sich erfüllen: Den Messias, den Christus wird er sehen. Das ist ein Trost für ihn. Der alte Mann hofft gegen die Zeit, gegen alle Enttäuschungen. Er hat einen anderen

---

1 Armin Juhre, Frieden will geboren sein, Hannover 2001, zitiert nach Gottesdienstpraxis I/1, Gütersloh 2002, 67f.

Horizont. Er lebt nicht rückwärts gewandt, sondern nach vorne. Nichts ist zu spüren von dem, wie das ist: ein Leben lang vergeblich auf etwas zu warten. Er ist nicht irre geworden an seinem Lebenstraum. Das Alter hat ihm nichts von seiner Hoffnung geraubt. Nein, Simeon ist ansprechbar, geistesgegenwärtig, sein eigener Name erinnert ihn ständig daran: es gibt Erhörung.

Und da bekommt er ein Zeichen, auf den ersten Blick nur ein kleines Zeichen. Er sieht ein Kind, und ihm gehen die Augen auf. Simeon entdeckt das Jesus-Kind. Und er nimmt das Kind in seine Arme.

Und Simeon beginnt zu singen, Gott zu loben wie ein glücklicher Großvater, der sein Enkelkind zum ersten Mal sieht und in den Arm gelegt bekommt.

Ein alter Mensch sieht ein Kind und spürt, mein Leben ist erfüllt. Nun kann ich gehen ... Karl Thylmann hat ein Bild zu dieser Begegnung in Holz geschnitten, 1915, frisch verheiratet, während eines Heimaturlaubs von der Front des 1. Weltkriegs. Zum ersten Mal hatte er seinen neugeborenen Sohn in den Armen gehalten. Wenig später wurde er verwundet und starb.

Der Holzschnitt[2] von Karl Thylmann: Der greise Simeon

Sein Bild zeigt einen alten Mann, der ein kleines Kind in den Armen hält. Das Kind guckt mit hellwachen Augen in die Welt, es schaut einen nachdenklich an, beinahe wehmütig – nackt, klein und schutzlos. Wehrlos, wie eine Ahnung

---

2 HANS-MARTIN ROTERMUND (Hg.), Graphik zur Bibel. Zeitgenössische Darstellungen zu biblischen Themen, Freiburg i.Br. 1966, Abb. 100 Kart (sic, richtig: Karl) Thylmann: Der greise Simeon.

von dem, was es noch vor sich hat. Kann es ein Lächeln in das Gesicht des alten Menschen zaubern?

Und der Alte. Das Gesicht erzählt sein Leben, viel hat er gesehen, Heil und Unheil. Jetzt sieht er Heil, das ihm – und allen gilt ... Die Falten zählen die Jahre seines Lebens. Falten, die Erfahrungen bewahren wie Kostbarkeiten, Zeichen gelebten Lebens. Zärtlich schaut der Alte das Kind an, so, als zöge sein Leben an ihm vorüber. Wie lang ist noch die Spanne meines Lebens?, mag er sich fragen. Dieses Kind, es beginnt gerade erst zu leben, es hat noch alles vor sich. Die Hände des Greises umgeben das Kind wie eine behütende Schale, wie eine Wiege, die Geborgenheit spiegelt, wundervoll und liebevoll. Er hält das Kind hoch, wie eine Kostbarkeit. Ganz genau will er es ansehen und entdecken.

Ein alter Mann, sein Leben neigt sich – wie viel Zeit bleibt noch zum Leben? Die Tage sind gezählt, jeder Tag ein neues Geschenk.

Ein kleines Kind, das Leben noch vor sich – wie viel Zeit bleibt zum Leben? Auch seine Tage sind gezählt, alle Tage ein Geschenk.

Ein alter Mensch sieht das und begreift das.

Simeon werden die Augen geöffnet für das Geheimnis dieses Christus-Kindes. Der Alte freut sich des Lebens und lobt Gott aus der Tiefe seines Herzens:

> »Herr, nun lässt du deinen Diener in Frieden fahren, wie du gesagt hast;
> denn meine Augen haben deinen Heiland gesehen,
> den du bereitet hast vor allen Völkern, ein Licht,
> zu erleuchten die Heiden, und zum Preis deines Volkes Israel.«[3]

> Musik-Einspielung
> Nunc Dimittis, Jacques Berthier, Laudate omnes gentes (T 566), 2002 – gesungen, ca. 1 min.

Simeon singt – und Menschen erinnern sich an seine Worte, am Ende eines Tages. Im Nachtgebet der Christenheit wird dieses Lied des Simeon immer wieder aufgenommen.

Ein Lied zum Dank für alle Begegnungen und Erfahrungen, ein Lied zum Abschied, der sich als Aufbruch entpuppt – in eine neue Phase des Lebens, für einen neuen Tag, voll von Licht und Leben.

Vom Licht singt Simeon, das aufstrahlt und erleuchtet, auch das meint die alte Bezeichnung dieses Festes: Lichtmeß.

Bewegt von Simeons Wort vom Licht für alle Völker haben Menschen an diesem Tag Kerzen in den Kirchen angezündet, dieses Licht mit nach Hause genommen und in die Fenster gestellt, damit es auch die Häuser erleuchtet und die Menschen, die darin leben. Zugleich erinnert das Licht an die, die von

---

3 Lk 2,29–32 (Luther-Übersetzung).

uns gegangen, gestorben sind – und an alle, die vermisst werden oder in Not stecken. Ihr seid nicht vergessen!

Bis heute steckt diese Hoffnung Menschen immer wieder an. In Lichterketten gegen Rassismus und Fremdenfeindlichkeit, im Kerzenmeer am Abend der Begegnung beim Kirchentag oder angesichts von Katastrophen, die Menschen immer wieder einholen.

Für Simeon spiegelt sich in dem Angesicht dieses Kindes die »Herrlichkeit Gottes«, sie berührt ihn, wird spürbar ... Simeon erinnert sich an die Geschichte seines Volkes Israel, an die Herrlichkeit Gottes in Feuer und Wolke, die mitgeht durch die Wüste, die den ersten Tempel erfüllt hat und die an diesem Tag wieder einzieht – geheimnisvoll verborgen in der Gestalt dieses Kindes.

Simeon segnet die Eltern dieses Kindes – und schaut in eine gemeinsame Zukunft:

> »Siehe, dieser ist gesetzt zum Fall und zum Aufstehen für viele in Israel
> und zu einem Zeichen, dem widersprochen wird – und auch durch deine Seele wird ein Schwert dringen –, damit vieler Herzen Gedanken offenbar werden.«[4]

Rätselhaft, was Simeon andeutet. Aber Maria und Josef bekommen eine Ahnung, was ihr Kind vor sich hat:

Da werden Menschen durch Jesus aufgerichtet und bekommen Boden unter die Füße – aber ihr Kind wird auch Ablehnung und Widerspruch erfahren. Und das wird Maria, die alle diese Worte in ihrem Herzen bewegt, noch einmal ganz ausdrücklich ans Herz gelegt. Das kann nicht nur jede Mutter nachvollziehen, wenn es um das Leben von Kindern geht ... ob im heiligen Land, in unserem Land oder sonst wo auf der Welt. Ein »Schwert wird durch die Seele« dringen, Schmerz sagt Simeon an, Leiden, Leben aus Passion. Ein zweischneidiger Segen ...

Da erscheint noch ein alter Mensch, eine alte Frau, notwendige zweite Zeugin für die Wahrheit dieser Begegnung. Eine Frau mit Tradition im Volke Israel. Sie steht auf einmal neben Simeon und seinen Hoffnungen. Eine Frau, die viel mitgemacht hat, früh hat sie ihren Mann verloren, kein leichtes Schicksal, aber vielleicht gerade deswegen: eine Frau, die ganz Ohr sein kann, die den Mund aufmacht, eine Frau, die keine Angst hat, sich den Mund zu verbrennen – eine Prophetin.

Auch wenn ihre Worte nicht überliefert sind, es ist nicht zu übersehen und zu überhören: Hier – wie so oft – geben Frauen in der Bibel den entscheidenden Anstoß, dass die Geschichte weitergeht und erzählt wird.

Und Hanna redet. Sie nimmt die Botschaft der Engel auf und bestätigt auf ihre Weise das Lied des Simeon und seinen Segen. Für alle, die es hören, soll es zur Gewissheit werden: Da ist Aus-Sicht auf Erlösung, auf Befreiung. Da, in dem kleinen Kind, ein neuer Anfang.

---

4 Lk 2,34.35 (Luther-Übersetzung).

Getrost können Simeon und Hanna danken für dieses Gottesgeschenk, mit dem Kind im Herzen Abschied nehmen von Maria und Josef. Mit den beiden können sich getrost wieder alle auf den Weg machen, die diese Geschichte gehört und erlebt haben, und zurückkehren nach Galiläa und Nazareth, in die Gemeinde und in ihren Alltag. Im Licht eines Sonntagmorgens, an dem Weihnachten noch einmal aufstrahlt.

Musik-Einspielung
Nunc Dimittis, Jacques Berthier, Taizé: Instrumental Vol. 1, 2003, ca. 1 min.

Die Schönheit der Ethik

Lilie und Vogel im Garten des Menschen

Joachim von Soosten

Neige mein Herz zu deinen Mahnungen
Psalm 119, Vers 36

Die Losung hieß Vorwärts.[1] Lenin schrieb unentwegt an Briefen, Traktaten und Broschüren im Gestus eines großen Weltbehauptungswillens. Seine Parole hieß: »Ohne Kampf kann es keine Klärung geben, und ohne Klärung kann es kein erfolgreiches Voranschreiten geben.«[2] In Zürich war Lenin allerdings zur Untätigkeit verdammt. Hier war an ein Vorankommen nicht zu denken, die Kampfplätze lagen weit entfernt. Lenin in Zürich war ein Führer ohne Land. Bei der Schuhmacherfamilie Kammerer in der Spiegelgasse hatten Lenin und seine Frau ein Zimmer bezogen. Schmal und karg an Raum. Unterhalb des Zimmers, eine Wohnung konnte man das nicht nennen, befand sich ein Gasthaus mit dem schönen Namen »Restaurant zum Jakobsbrunnen«. Heute knallten die Bierkutscher wie jeden Morgen ihre Kisten auf das Pflaster. Der Lärm der klirrenden Flaschen in den Kästen hallte herauf in sein Zimmer. Lenin wollte nicht gestört werden. Er musste sich auf ganz andere Ziele konzentrieren, so greifbar wie fern. Von diesen Zielen erzählen die »Vorboten der nahenden Weltrevolution«, wie Lenin in einer der zahllosen Broschüren formulierte, die er an seinem Küchentisch in der Spiegelgasse verfasste. Die Spiegelgasse in Zürich beherbergte zu dieser Zeit die ganze Revolution. Ganz nahe dran war nämlich auch eine Revolution im Gange. Ein gewaltiger Unfug. Wenn die Spiegelgasse in der Hügellandschaft der engen Gassen wieder zum Limmat abfällt, trifft man auf ein Eckhaus, in dessen Grotte sich die phantastische Unvernunft entlud. Leninistische Ungeduld trifft auf den poetischen Irrsinn und sprachlichen Aberwitz. Partei, Vorhut der Arbeiterklasse, trifft auf Cabaret, Sprachwitz ohne innere Organisation. Lenin woll-

---

[1] Das Format des Beitrags entstammt den Entwürfen für ein »Theologisches Nachtradio« über die Bergpredigt Jesu in zwölf Folgen. Die Musiken kommentieren, interpretieren, unterbrechen und spielen das Thema auf eigene Weise ein. Mein Beitrag ist angeleitet durch »ein«, wenn nicht »das« zentrale Grundmotiv der theologischen Arbeit von Johannes von Lüpke: »Des Menschen Fall ist der Anredefall.«

[2] Wladimir Iljitsch Lenin, Briefe Band I, Berlin (Ost) 1967-74, 55.; Vgl. auch ders., Was Tun? Brennende Fragen unserer Bewegung (1901/02), Leipzig 1973, 520.

te davon nichts wissen. Nicht auszudenken, was gewesen wäre, wenn diese zwei Welten aufeinander geprallt wären. Die wache und die geträumte Revolution, wie Peter Weiss sagt.[3] Keineswegs ausgeschlossen ist, dass Wachen und Träumen auf beiden Seiten durcheinander gingen. Lenin allerdings wollte das strikt auseinander gehalten wissen. Die Verherrlichung des Unnützen, was die Künstler da betrieben, war in seinen Augen mehr als bloßer Spleen, sie sei ob ihrer Tatenlosigkeit selbst als unnütz und darum schädlich zu werten. Noch heute ist die »ganze« Revolution – ein Revolutionär muss auch träumen können, so Büchner, der hier auch gewohnt hatte – in der Spiegelgasse durch eine spürbare Demarkationslinie getrennt. – Auf der Suche nach Lenins Unterkunft in Zürich, die ich partout nicht finden konnte, öffnete ich die Tür zu einem Museumsshop am Endpunkt der buckligen Gasse. Im Schaufenster standen die *Vorschule der Ästhetik* von Jean Paul und Johann Georg Hamanns *Aesthetica in nuce* in dem gelben Reclambändchen. Erstaunlich. Das zog mich hinein. Ich fragte nach der Adresse des Genossen Lenin. Damit wäre sie jetzt überfordert, beschied mir die reizende Frau an der Ladentheke des Cabaret Voltaire, aber sie könne mal im Netz nachschauen. Das muss ganz in der Nähe sein, genaueres sei nicht zu erfahren, ich solle die Gasse einfach noch einmal hinauflaufen. Jetzt wusste ich auch, wieso ich das Haus verfehlt hatte. Ich hatte Ausschau nach dem »Restaurant am Jakobsbrunnen« gehalten, aber das gab es nicht mehr. Unterhalb der Höhe des ersten Stockwerks prangte die Inschrift in Marmor »Hier wohnte Lenin, der Führer der Russischen Revolution.« Alle Fensterläden im Züricher Zartblau waren geschlossen. Nur ein Fenster stand weit offen. Und von dort grüßte mich eine weiße Lilie. Sie stand einfach so da. Eine Denkwürdigkeit über die Revolution im blutroten Zeichen des Vorwärts, des Kampfes und Immerweiter. Die Luft des Septembers war mild und warm, Fenster standen freundlich offen, eine Lilie sprach mich einsam an.

Musik: Leonia P. Radin: »Brüder, zur Sonne, zur Freiheit«; Chor und Orchester.

1. Lilien auf dem Feld

Der Mensch empfängt seine Freiheit aus dem schöpferischen Geist der Bejahung. Diese Bejahung spricht sich nach der Bergpredigt Jesu in der Lilie aus. »Und was sorgt ihr um Kleidung? Lernt von den Lilien auf dem Felde, wie sie wachsen: Sie arbeiten nicht und spinnen, ich sage euch aber: Selbst Salomo in aller seiner Pracht (*doxa*) war nicht gekleidet wie eine von ihnen« (Mt 6,28f.). Das Hauptwort für Schönheit heißt im biblischen Sprachgebrauch Herrlichkeit, Schmuck oder Glanz. Der Glanz der Lilie überragt selbst noch die Pracht der politischen Herrschaft. Im Glanz der Lilie liegt eine Sinnenhaftigkeit, in

[3] Peter Weiss, Ästhetik des Widerstands, Band II, Block VI, Frankfurt a.M. 1978, 59.

der sich Sinn und Schönheitserfahrung verbinden: das Geschenk der Seligkeit. Warum sich von der Lilie aufhalten lassen? Lenin hielt diese Schöpfungsseligkeit für eine sentimentale Torheit. Die Sentimentalität ist tatenlos: so lautet ein alter Verdacht. Vor lauter Rührseligkeit vergisst der Mensch, dass er zum Werk und Wirken bestimmt ist. Das Sentiment meint eigentlich eine starke Empfindung. Aber auf der Rührung in unserem Seelenhaushalt liegt auch immer der Verdacht, dass sie zur bloßen Rührseligkeit verkommt. Die Rührung ist ein abschmelzender Affekt. Sie schmilzt die Eispole der Selbstbehauptung und Askese ab. Denn die Askese war immer das Mittel, mit der Irrationalität der Welt zurechtzukommen. Reiß Dich zusammen Margot. So schildert Margot Käßmann das Diktat ihrer Erziehung aus dem Munde ihrer Mutter, von dem sie bis heute nicht recht weiß, ob sie davon loskommen müsse. Das hat sich in ihren Antrieb eingenagelt. Rührung, so hatte Kant dekretiert, »gehört gar nicht zur Schönheit.«[4] Eigentlich sei sie eine Hemmung, die nur *augenblicklich* auftritt und darum nicht zeitsouverän bestehen kann, auch wenn sie eine stärkere *Ergießung* der Lebenskraft zur momentanen Folge hätte. Man denke an Tränen. Männer, so Kant, sollten in ihren Augen höchstens eine stille Träne zeigen, worin sie dokumentierten, dass sie zur Emphase fähig werden, die sie zum Schutze des schwachen Geschlechts qualifiziert. Zwar sei das Weinen ein Ausdruck der Zärtlichkeit. »Dieser Ausdruck der Zärtlichkeit als Schwäche des Geschlechts aber darf den teilnehmenden Mann nicht bis zum Weinen, aber doch wohl bis zur *Träne im Auge* rühren: weil er im ersteren Falle sich an seinem eigenen Geschlecht vergreifen und so mit seiner Weiblichkeit dem schwächeren Teil nicht zum Schutz dienen, im zweiten aber gegen das andere Geschlecht nicht die Teilnehmung beweisen würde, welche ihm seine Männlichkeit zur Pflicht macht, nämlich dieses in Schutz zu nehmen.«[5] Vor diesem Hintergrund dieser Verwerfung der Rührung ist die schöne Blume nur noch eine Art kontemplativer Zierrat, eine Art Zutat zu einem Wohlgefallen, das ganz woanders gesucht und gewirkt werden muss. Dabei ist auffällig, dass der gute Kant durchaus einen Sinn für die Schönheit der Blumen hatte. So bemerkt er über die Lilie in einer rasanten Lehre über die Farben des Gemüts, ich weiß nicht wo er das her hat, dass die weiße Farbe der Lilie dem Gemüte moralisch hilfreich sei, weil sie das Gemüt mir der Idee der Unschuld vertraut mache.[6] »Wenigstens so deuten wir die Natur aus, es mag dergleichen ihre Absicht sein oder nicht.«[7] Was er bei den Blumen die *freie Schönheit* nennt, die frei und für sich gefallen könne, sei in der Sinnenwelt

---

[4] Immanuel Kant, Kritik der Urteilskraft (1790/93/99), in: ders., Werke in zehn Bänden. Herausgegeben von Wilhelm Weischedel Bd. 8, Sonderausgabe Darmstadt 1981, 306 B 43.

[5] Immanuel Kant, Anthropologie in pragmatischer Hinsicht (1798), Stuttgart 1983, 206f.; Hervorhebung JvS.

[6] Kant, Kritik der Urteilskraft (s. Anm. 4), 400.

[7] Ebd.

des Menschen eine bloß nur noch *anhängende Schönheit*, über die man sich auseinandersetzen müsse. Denn hier folge alles einem Zweck, nach dem alles bemessen müsse werden können. Für die anhängende Schönheit der Architektur gibt er eine Reihe von Beispielen: »Kirche, Palast, Arsenal [Depot zur Lagerung und Reparatur von Waffen: ›Zeughaus‹], oder Gartenhaus«.[8] Was von Kant gesehen wird, ist, dass wir mit der anhängenden Schönheit unsere lieben Schwierigkeiten haben. Wir sind in der Vorlesung mehrfach und wiederholt auf Beispiele gestoßen, Wie viel Großzügigkeit darf sich in ihr in der Lobpreisung der *Armut im Geiste* (Mt 5,3) entfalten und aufblühen? – Schönheit ist zumutbar und von eigener Großzügigkeit. Hat Schönheit noch ein Recht sich auszusprechen? In einer Welt unter dem Diktat der Zwecke und der Taten? Im rechten, strengen oder weiten Gebrauch (*usus*) der Dinge? Auch ein billiger Palast oder eine arme Hütte garantiert noch nicht, dass er nicht von einem unlauteren Geist bewohnt wird, so hatte bereits Kant in das Gästebuch der freien und anhängenden Schönheit eingetragen.[9] – Nachdem Lenin im Exil gegen eine Tram gefahren war und beinahe ein Auge eingebüßt hatte, erholte er sich durch Arbeit im Garten. Ob ihm dabei ihm dabei der »Hypolais hypolais« (der *Gartenspötter* oder Gartenlaubvogel oder Gelbspötter) mit seinem altklugen Auge und seinem musikalischen Spott über die Torheit der Menschen aufgefallen ist oder gar ein Blume aus der Familie der Lilien, zu der auch die Maiglöckchen gehören sollen, wissen wir nicht. Sein Blick richtete sich auf Ziele und Umwälzungen, die noch in Arbeit und Struktur organisiert werden wollten. Lenin dachte in Fronten.

Musik: Erik Satie: Messe für die Armen.

2. REGISTER DER KONTINGENZ

»Wir essen Brot, aber wir leben vom Glanz.« So hatte Hilde Domin in Heidelberg die ganze Notdurft des Lebens umrissen. Hilde Domin bringt es auf den Punkt. Ich hatte noch einen klitzekleinen Vorbehalt. Ich sprach sie an: Die Lebensmittel wie das *täglich Brot* sind nicht nur fade und schnöde. Auch das Brot hat einen Glanz und darum mehr als ein bloßes Mittel des Lebens. Es verlangt Achtung. Brot schmeißt man nicht einfach weg. Hilde Domin stimmte zu. – »Eines tut Not« so beginnt ein altes Gebet zur Mahlzeit. In der Lautwendung des Gebets wird eine Proportion behauptet. So geht es weiter im Gebet vor jeder Mahlzeit: »Unser tägliches Brot gib uns heute« und »Vergib uns unsere Schuld«. Glanz kann nicht leuchten, wenn nicht beiderlei Notdurft in *Ordnung* der Himmelsspeise wie des Täglich Brot kommen. – Aus dieser Vorstellung heraus rücken der Glanz und die Schönheit in einen Ordnungszu-

---

8 Ebd., 311.

9 Ebd. 280f.

sammenhang ein, der sowohl materielle als auch ästhetische wie überdies moralische Aspekte in einen Dialog miteinander verwickelt. Im Bild der »Lilien auf dem Felde« begegnen uns auf ungezwungene Weise diese Aspekte. Hier begegnet alles in einem Geschehen, in dem etwas zueinander findet. – Wichtig ist an dieser Stelle, dass dieses Zusammenstimmen unterschiedlicher Aspekte des Lebens, die materiellen, die ästhetischen, die moralischen keineswegs eine Harmonie um jeden Preis meint. Ungefügtes darf nicht nur bleiben. *Das Ungefügte* ist meines Erachtens sogar das Geheimnis über das Gefügte. Denken sie an die Kunst der Fuge. Fuge von *fuga* meint ursprünglich die Flucht: Gegenstimmen melden sich an, die ein Thema in unendlichen Umkehrungen von sich wegtreiben, ja sogar vertreiben möchten. Vor sich hertreiben. Und dann kommt in einer weiteren Inversion noch eine weitere Stimme hinzu. Und so weiter und so weiter. Schließlich gelingt die *Vertreibung* der einen Stimme aus dem Geist der anderen, gegenteiligen, kontrapunktischen Stimmen. Alles kann auch immer anders herum sein. In der Musik sogar aus schöpferischer Freiheit. Und darin leuchtet Schönheit auf. *Zwischen* Ordnung und Unordnung. – Das Dasein hat seinen Sinn und Zweck in sich selbst. »Die Ros ist ohn Warum, sie blühet weil sie blühet.«[10]

Musik: J.S. Bach: Das Wohltemperierte Klavier: dis-Moll-Fuge BWV 853

3. Wie im Himmel

Der Mensch ist zu klein. Er passt nicht in die Weltgeschichte. Mag er die Uhren stellen, mag er am großen Rad drehen, mag er an einer »Weltgeschichte« schreiben, wie er will. Wie Lenin in Zürich. Des Menschen Lebensgeschichte ist einfach zu knapp bemessen, um das Ganze so zu überholen, dass er eine Ansicht davon bekommen könnte. Dem Menschen mangelt es an *Übersicht*. Wenn es in der dritten Unservaterbitte heißt »Dein Wille geschehe« dann ist man geneigt, die Bitte als eine Fluchtbewegung zu interpretieren. Aus der Unübersichtlichkeit der Welt mit ihren vielfachen Kontingenzen flüchtet sich der Beter in einen Willen, der in allem Geschehen verborgen am Werke ist, und der auch und gerade dann Sinn macht, wenn die Erfahrungen des Lebens in eine ganz andere Richtung weisen. So gesehen wäre die dritte Bitte eine Art Ausflucht und Bergung unter eine Instanz, der wir uns in aller unserer Not demütig unterwerfen können. Wie aber steht es um den Willen Gottes? Was will dieser Wille? Dieser Wille heischt nicht Unterwerfung über verborgene Notwendigkeit und *Vorsehung*. Dieser Wille ist nach dem Zeugnis der biblischen Überlieferung nur auf eines aus: auf Recht und Gerechtigkeit. Von der Gerechtigkeit aber geht ein eigener *Glanz* aus. Was gerecht ist, ist schön. Warum? Schlicht und einfach: Gerechtigkeit ist deshalb schön, weil nichts Zer-

---

10 Angelus Silesius, Cherubischer Wandersmann (1657), Stuttgart 1984, I 289.

störerisches von ihr ausgeht. Die Rede von der Gerechtigkeit in der Bergpredigt ist weitaus radikaler als es der kommunistische Tatendrang der Umverteilung und der Großen Transformation sich je träumen ließ. Dafür steht das Bild von den »Lilien auf dem Feld« (Mt 6,28f.). Das gibt zu denken. Man muss schon ziemlich schlecht drauf sein, um zu behaupten, die Lilie lüge uns an. Nur notorische Miesepeter und Giftrüpel tun dies. Schlimmer noch sind die, die vor lauter Fixierung auf ferne Ziele das übersehen, was unscheinbar und singulär am Rande liegt. Ich werde erst Marcel Proust lesen, so verkündete mir ein strammer Kaderpastor aus der Kirche von Hessen und Nassau, wenn alle Arbeiter befreit sind. Er ziehe das Kursbuch der Deutschen Bundesbahn einstweilen vor. Nichts gegen die Lektüre der Kursbücher, aber die dabei übersehene Lilie liegt dann doch auf einer Ebene. Sie muss nicht vorwärts und irgendwo hin. Um Bahnverbindungen sorgt sie sich nicht. Nicht so viel ich weiß. – Im Bildwort Jesu stehen die Lilien für eine Welt noch diesseits der Zwecke und Funktionstüchtigkeiten. Lilien sind Fenster und Spiegel des Himmels. In ihrer puren *Präsenz* spiegeln sich im Bild der Lilien Himmel und Erde. In der Gegenwärtigkeit dieses Bildes kehrt sich die Vertikalachse von Himmel und Erde um: in ihrer Schönheit vermag die Erde noch über dem Himmel zu liegen. »Wie im Himmel so auf Erden.« – Der »Wille« Gottes, so kann man nach diesem Bild behaupten, will sich nicht gewaltsam durchsetzen. Die klassische Ästhetik diskutiert die Phänomene der Schönheit meistens im Unterschied zur Hässlichkeit. Die Berichte aus dieser Diskussion möchte ich an dieser Stelle gar nicht aufrufen. Denn der biblische Begriff der *doxa*, der Begriff des Glanzes, der Pracht und der Herrlichkeit folgt einer anderen Unterscheidung. Was hier als hässlich ist gilt, ist die Missachtung des Menschen, die Beugung des Rechts, die Auslöschung der Würde und die Blindheit derer, die vor lauter Übersicht doch nicht mit dem Herzen – aus der *Mitte* der Person heraus – zu sehen gelernt haben. – Schönheit und Gerechtigkeit und Wille Gottes sind nach der Bergpredigt nicht künstlich gegeneinander zu isolieren. Wille meint nicht Überwältigung und Macht, Schönheit meint nicht Zierrat, Plüsch, Talmi und Flitter, Gerechtigkeit meint nicht arithmetische Gleichheit (Egalitarismus). Die Pracht der Lilien enthält eine filigrane wie zärtliche *promesse de bonheur*.

Musik: Marurice Kagel: 10 Märsche, um den Sieg zu verstehen/Auszug

4. TRAURIGE VÖGEL

Schönheit als »Glanz« und das Spektakel liegen nahe beieinander. Ein Spektakel zielt darauf, unsere Aufmerksamkeit ganz auf sich zu ziehen. In diesem Anruf liegt die besondere Nähe zwischen Glanz und Spektakel. Siehe die Hochglanzbroschüren der Werbung. Doch der Glanz ist eher unscheinbarer Natur. Seine außergewöhnliche Seite öffnet sich den Sinnen meistens erst langsam und zögerlich; er kann darin eine Wirkung hinterlassen, die in uns noch lange nachklingt. Ein Spektakel hingegen ist meistens eine Nummer zu groß. Das Spektakel lärmt. Es gibt noch einen anderen Unterschied zwischen Glanz und Spektakel, der mir an dieser Stelle wichtig ist. Ein Spektakel trennt uns auf; es macht uns zu passiven Zuschauern und trennt uns von den übrigen Bereichen unserer Lebenserfahrung ab. Glanz hingegen, so vermute ich, hat immer etwas Verbindendes an sich. Rosa Luxemburg, als sie der Schönheit eines einzigen Tages ansichtig wird, bekümmert nur eines: »Nur eines quält mich: daß ich *allein* soviel Schönheit genießen soll. Ich möchte laut über die Mauer hinausrufen: O, bitte, beachten Sie doch diesen herrlichen Tag! Vergessen Sie nicht, wenn Sie noch so beschäftigt sind, wenn Sie auch nur in dringendem Tagewerk über den Hof eilen, vergessen Sie nicht schnell den Kopf zu heben und einen Blick auf diese riesigen silbernen Wolken zu werfen und auf den stillen blauen Ozean, in dem sie schwimmen. Beachten Sie doch die Luft, die von leidenschaftlichem Atem der letzten Lindenblüten schwer ist, und den Glanz und die Herrlichkeit, die auf diesem Tage liegen, denn dieser Tag kommt nie, nie wieder! Er ist ihnen geschenkt wie eine vollaufgeblühte Rose, die zu ihren Füßen liegt und darauf wartet, daß Sie sie aufheben und an ihre Lippen drücken.«[11] Was Rosa Luxemburg bewegt, ist der stille Dialog, in dem sie sich an diesem Tag befindet. Ausdrücklich fallen die Begriffe Herrlichkeit und Glanz. Glanz entfaltet sich dialogisch. Ein Spektakel hingegen macht uns passiv: es ist überredender Monolog, ununterbrochene Rede, die ein Ort über sich selbst hält. Spektakel ist *Hype*, der nicht zur Ruhe kommen will. Den dialogischen und tendenziell verbindenden Charakter des Glanzes, und sei es auch nur der Glanz, den ein einziger Tag verströmt – an dem man seiner *Lebenszeit* keine Elle hinzufügen muss (Mt 6,27) –, erkennt man daran, dass er sich von sich aus erweitern und die anderen an diesem Dialog teilhaben lassen will. Wie schrieb Rosa Luxemburg doch so treffend, nur eines quälte sie, mit dieser Erfahrung von Schönheit allein zu bleiben. Das Problem des Glücks ist, dass man immer mehr davon möchte. Die Antwort der Seligkeit auf die Glückssuche ist, dass man dem Glück nichts weiter hinzufügen muss. »Wäre der Glanz etwas Spektakuläres, so würde er seine Strahlkraft rasch verlieren.«[12] Die Lilie auf dem Felde gibt nach der Bergpredigt Jesu ein Zeugnis von der Schönheit der Schöpfung, aber sie will im Unterschied zum Spektakel niemand über-zeugen.

Musik: Maurice Ravel: Traurige Vögel. Auszüge aus: »Spiegel«

---

[11] Rosa Luxemburg, Briefe an Freunde. Nach dem von Luise Kautsky fertiggestellten Manuskript, hg. v. Benedikt Kautsky (1950), Köln/Frankfurt a.M. 1976, 97.

[12] Bernhard Waldenfels, Schmuck und Glanz, in: ders., Hyperphänomene. Modi hyperbolischer Erfahrung, Berlin 2012, 209 (204–211).

5. ÄSTHETIK DES WIDERSTANDS

Widerstand geht nicht von Taten aus. Es ist vielmehr die Poesie, die schon immer im Widerstand lebt. Eine Lilie zum Beispiel ist von voller Poesie. Sie prangert keine Missstände an. Aber im *Kontrast* zu den Missverhältnissen der Welt schenkt sie uns ein Bild, an dem wir den schmerzlichen Abstand zwischen Himmel und Erde ermessen können. Sie zeigt die andere Seite; sie kommt von der anderen Seite. Und sie steht in ihrer singulären Gestalt für das Ganze ein. Das Singuläre vertritt das Ganze. Auch die gegen die tyrannische Kargheit des Mehrheitswillens. Denn eine Lilie ist immer in der *Minderheit*. Sollen wir die Ästhetik im Widerstand suchen? Oder sollen wir den Widerstand in der Ästhetik suchen? Eine Lilie stellt uns solche Fragen. In ihrem Glanz verkörpert sie den Widerstand als gerechte Haltung. Sie überwältigt uns nicht. Von diesem *Seitenwechsel* können wir lernen: sie ist des *studiums* wert. »Lernt von den Lilien auf dem Feld«, so ruft uns die Bergpredigt Jesu zu. Doch was lernen wir hier? Vielleicht nur dies, und das wäre viel und schon fast alles: »*Expect the unexpect.*« Das Unerwartete erwarten lernen, darin besteht die befreiende Wirkung der Lilien. Die Lilien sind beileibe mehr als nur »Flittergold und Schaumgebraus« eines rührseligen Gefühlsanarchismus, vor dem uns nach Lenin nur die einheitliche Organisation der wirklich wahren Interessen schützen könne.[13] Eine Lilie ist von ungezwungener Großzügigkeit. Sie leuchtet im Gleichnis und steht darum zum unserem Trost, zu unserer Erbauung und zur Orientierung unseres angefochtenen Gewissens vollkommen zu recht im Zentrum der Bergpredigt Jesu. Wir möchten beten lernen.

Musik: Benjamin Britten: The Sick Rose

6. RESONANZACHSEN

Im Bild der Lilie kommt uns die Zeit als eine in ihrer ganzen Gegenwärtigkeit gefüllte Zeit entgegen. Bilder gefüllter Zeit gehören zur Eigenart der weisheitlichen Ethik. Davon sind die prophetische Rede und eine Ethik im Gestus der Prophetie zu unterschieden. Prophetische Ethik behauptet sich im Kern als *Zeitansage*. Sie verweist kritisch (Krisis und Entscheidung) auf die Gegenwart im Horizont möglicher Handlungsfolgen und ist vom Gestus her Gerichtsrede und damit *forensisch* konzipiert. Die weisheitliche Ethik hingegen weckt die Sensibilität für die Wahrnehmung einer bereits gefüllten Zeit. Sie verleiht der *Resonanzachse* der Wahrnehmung an Schwung, so dass diese Wahrnehmung auch ins rechte und vorzugswürdige Tun und Handeln hineinkommen kann. Im Bericht über die Liebeswürdigkeit und Großzügigkeit der geschöpflichen Wirklichkeit spricht aus ihr der situationssensible Geist der *Bejahung*. Weis-

---

[13] Vgl. WLADIMIR ILJISCH LENIN, Ein Schritt vorwärts, zwei Schritte zurück (1904/1907), Berlin 1951, 119.

heitliche Ethik – der Grundton, auf den die Bergpredigt Jesu gestimmt ist – geht von einer Anrede aus, die nicht fordert, sondern Aufmerksamkeit auf sich zieht. »Der [...] Fall des Menschen ist der Anredefall.«[14] Dass er ihn zu verlassen trachtet, darin besteht seine Sünde und sein Verbrechen. Wie er diese Anrede vernehmen und achten kann, darauf will weisheitliche Rede hinaus. Sie steht nicht über der Zeit, sondern in der Zeit als Präsenz und Echoraum lebendiger Gegenwarten. Sie verlangt von uns Achtsamkeit auf das, was jeweils geboten ist. Das Bild der filigranen Lilie signalisiert uns zugleich eine Behutsamkeit, die im Responsorium des Leibes in der *Scham* ihre Korrespondenz findet: die Scham als die sittliche Scheu (Ehrfurcht) vor der Unantastbarkeit des anderen. Scham behütet Intimität. »Keine Schönheit ohne Scham.«[15] Eine weisheitliche Ethik öffnet uns Spielräume in unserem Verhalten, so dass auch die normativen Aspekte des Gebotenen und Verpflichtenden ihren festen Rückhalt in einer am Anredefall und der Wahrnehmung orientierten Weisheit finden können.

Musik: Olivier Messian: Catalogue der Vögel/Auszüge

7. Die Schönheit der Ethik

Das Himmelreich war nur für einen Gott gemacht. Aber dieser Gott wollte nicht einsam bleiben und drängte in den Dialog. Selbst um den Preis, im Weltabenteuer seiner Passion selbst verletzlich und sterblich zu werden. Auch die Lilie, die aufblüht und sich in ihrem Glanz verströmt, ist der Vergänglichkeit ausgeliefert. Aber gerade darin bekundet sie ihre Lebendigkeit, die nicht vage bleibt. Sie bleibt ein vergänglicher Schatz, aber eben ein *Schatz*, den man nicht aus lauter Angst vor Diebstahl und *Raub* (Mt 6,19–21) verstecken muss. Auch von der Ethik, sofern wir sie im *studium* von der Weisheit und Weisung her verstehen, geht ein eigener Glanz aus, der unsere Achtung erheischt. Weisheit und Weisung sprechen für sich allein, vorausgesetzt wir geben ihnen eine Chance in unserem Leben. Des Menschen Fall ist der Anredefall. Wer das für übertrieben hält, sei daran erinnert, dass Immanuel Kant das moralische Gefühl der »Achtung« aus der ästhetischen Bedeutung der Beachtung, also dessen, was unsere Aufmerksamkeit verdient, was uns ins Auge sticht, in die Ethik hinein nimmt. Die moralische Aufforderung zur *Achtung* ist uns so selbstverständlich geworden, dass wir ihre Fundierung im *Responsorium des Leibes* kaum noch vernehmen. Was der Achtung wert ist, dass imponiert sich zuvorderst in Glanz und Schönheit. Was der Achtung wert ist, das redet uns

---

14 Johannes von Lüpke, Theologie als Grammatik zur Heiligen Schrift. Eine Studie zu Luthers Theologieverständnis, in: NZSth 34 (1992), 240 (227–250).

15 Hugo von Hofmannsthal, Briefe an Freunde, in: ders., Gesammelte Werke Bd. 10, Frankfurt a.M., 271. Vgl. dazu Max Scheler, Über Scham und Schamgefühl (1913), in: ders., Gesammelte Werke Bd. 10, Bern 1957, 67–154.

an. Etwas, was uns in Lust und Schmerz verwundet und in unserem *studium* wie ein *punctum* besticht.[16] Wir müssen unsere Neigungen und das Lebensgefühl der Sinnlichkeit keineswegs einschränken, um in das Feld der Moral zu kommen. Von der Lilie aus besehen, ginge es eher um die Erweiterung unserer Sinne. Um eine Intensivierung unserer Wahrnehmung. Ich halte zum Beispiel einen Satz wie »Die Würde des Menschen *ist* unantastbar« für schön. Dieser Satz verlangt nichts von mir, aber sein Glanz strahlt auf mich ab. Man streitet bis heute über die intrikaten Schwingungen dieser *Da*-Seinslehre (Ontologie), die sich in diesem Satz verstecken und den Technikern des Rechts schwer zu schaffen machen. Ja, hier ist etwas über das Sein im Ganzen ausgesagt, was keine Zerteilung duldet aber von allen zum Reichtum aller geteilt werden kann. In dieser Überhaupt- Behauptung liegt ein *Mut*, der besticht. Erst im Anschluss und von dieser Herkunft her heißt es im Grundgesetz der Bundesrepublik Deutschland Artikel 1 (2) »Sie [die Würde des Menschen] *zu achten und zu schützen* ist Verpflichtung aller staatlichen Gewalt.« Erneut scheint der Zusammenhang von Glanz und Achtung auf. Meines Erachtens ist der Geist der *Vollmacht*, aus dem heraus die Rede der Bergpredigt gewagt wird (Mt 7,29), nur verständlich, wenn wir den Zusammenhang von Ethik und Ästhetik nicht aus den Augen verlieren. Das wird nie im Anemistal enden. – Und die Menschenrechte? Sie erzählen vom Schönsten, was Menschen sich untereinander versprechen können, wenn sie aufmerksam werden auf das, was mehr ist als eine bloß menschliche Verabredung.[17] Lassen sie mich mit einem Zitat von Mörike schließen: »Was aber schön ist, selig scheint es ihm selbst.«[18]

Abspann: Musik: Avo Pärt: »The Beatitudes«; Auszug

---

[16] Die Unterscheidung von »studium« und »punctum« entnehme ich Roland Barthes, Die helle Kammer (1980), Frankfurt a.M. 1985.

[17] Vgl. Allgemeine Erklärung der Menschenrechte [Universal Declaration of Human Rigths]: Resolution 217 A (III) der Generalversammlung der UN vom 10. Dezember 1948.

[18] Eduard Mörike, Auf eine Lampe, in: ders., Gedichte in einem Band, Frankfurt a.M./Leipzig, 2001, 110f.

Theologie als Weisheit

Ein Beitrag zur Diskussion um die Deutung der Wirklichkeit

Frank Vogelsang

1. Zur prekären Situation der Theologie

Welche Rolle kommt der Theologie im Dialog mit den Naturwissenschaften zu? Kann sie der umfassenden und vielfach bewährten Darstellung der Wirklichkeit durch die Naturwissenschaften noch etwas hinzufügen? Hat die christliche Rede von Gott noch eine Relevanz für unser Verständnis von Wirklichkeit? Die Fragen kennzeichnen eine Verunsicherung der Rede von Gott und auch der Theologie, denn ihr Gegenstandsbereich lässt sich unter den Vorgaben einer objektivierenden Beschreibung der Wirklichkeit kaum noch darstellen. Zwar sind wir auch heute nicht auf die Eindeutigkeit objektiver Weltanschauung festgelegt. Doch bekommen alle von den Naturwissenschaften abweichenden Wirklichkeitszugänge den Status individueller und privater Meinungsäußerungen, sie sind subjektiv. Das gilt insbesondere auch für theologische Aussagen. Eberhard Jüngel bringt die aktuelle Situation der Theologie so auf den Punkt: »Einer ähnlichen peinlichen Berührtheit begegnet die Theologie heute im Hause der Wissenschaften, wenn sie Gott als ein allgemein bedeutsames Wort verständlich zu machen und der Rede von ihm eine die Welt angehende Funktion zu geben unternimmt.«[1] Die Rede von Gott unterliegt einem dramatischen Relevanzverlust, weil sie ihre Fähigkeit zur Deutung der Wirklichkeit unter den aktuellen Rahmenbedingungen kaum zum Ausdruck bringen kann. Wir gestalten unseren Alltag in einer durch naturwissenschaftliche Erkenntnisse und den Gebrauch technischer Artefakte bestimmten Welt. Die Theologie als Auslegung der Rede von Gott scheint in der Welt keinen Bezugspunkt mehr zu haben. Bonhoeffer hat diese Situation in seinen Briefen aus dem Gefängnis in Tegel markant auf den Punkt gebracht: »Es gehört zur intellektuellen Redlichkeit, diese Arbeitshypothese fallen zu lassen bzw. sie so weitgehend wie irgend möglich auszuschalten. Ein erbaulicher Naturwissenschaftler, Mediziner etc. ist ein Zwitter. Wo behält nun Gott noch

---

[1] Eberhard Jüngel, Gott als Geheimnis der Welt. Zur Begründung der Theologie des Gekreuzigten im Streit zwischen Theismus und Atheismus, Tübingen ^{7}2001, 1.

Raum? [...] Und wir können nicht redlich sein, ohne zu erkennen, dass wir in der Welt leben müssen – ›etsi deus non daretur‹«[2]

Nun kann sich aber die Theologie nicht aus der Wirklichkeit zurückziehen und sich für nicht zuständig erklären. Sie muss, will sie sich nicht selbst diesen erheblichen Relevanzverlust bestätigen, das Ringen um die Deutung der Wirklichkeit offensiv aufnehmen. Sie muss deutlich machen, inwieweit sich die Rede von Gott auf Dimensionen der Wirklichkeit bezieht, die über das naturwissenschaftlich Beschreibbare hinausgehen. Sie muss deutlich machen, warum theologische Aussagen über subjektive Befindlichkeitsäußerungen hinausgehen, ja, dass sie sogar die Kraft haben, das naturwissenschaftlich Verstandene in einem anderen Licht erscheinen zu lassen. Doch wie sollte man sich den Gegenstandsbereich vorstellen, in der die Theologie ein genuines Vermögen der Wirklichkeitsdeutung entfalten kann? Offenkundig ist es nicht mehr das Geschäft der Theologie, Eindeutigkeiten zu produzieren und Weltsysteme zu gestalten.[3] Diese waren möglich in Zeiten metaphysischer Weltdeutungen. Angesichts der naturwissenschaftlichen Erkenntniskraft erweisen sich diese Ansätze aber als obsolet. Für die Theologie zeichnen sich zwei Strategien einer Auseinandersetzung mit den Naturwissenschaften ab. Die erste knüpft an die naturwissenschaftliche Forschung an und fragt in einer kritischen wissenschaftsimmanenten Diskussion nach deren Grenzen. Auf diese Weise wird die Möglichkeit der theologischen Deutung von Wirklichkeit verteidigt. Die zweite Strategie fragt dagegen nach einer eigenständigen Erkenntnisleistung der Theologie. Sollte sie, ja muss sie nicht in der Lage sein, etwas über die Wirklichkeit mitzuteilen, wozu die Naturwissenschaften nicht in der Lage sind?

2. Die Kompatibilität von Naturwissenschaften und Theologie: der kritische Realismus

Die erste Strategie besteht darin, die Reichweite und innere Geschlossenheit der naturwissenschaftlichen Beschreibung der Welt zu hinterfragen. Denn tatsächlich kommt es in der populärwissenschaftlichen Rezeption der wissenschaftlichen Ergebnisse zu weltanschaulichen Verfestigungen. Danach ist zum Beispiel das Universum so etwas wie ein großer Ballon, in dem alles Wirkliche einen bestimmten Ort einnimmt. Danach bietet die Untersuchung des Gehirns einen vollständigen und umfassenden Zugang zum menschlichen Bewusstsein. Danach kann man sich die Entwicklung der Evolution vorstellen wie einen Film, der im Zeitraffer die Genese der Entwicklung der Lebewesen dar-

---

[2] DIETRICH BONHOEFFER, Widerstand und Ergebung. Briefe und Aufzeichnungen aus der Haft, hg. v. CHRISTIAN GREMMELS u.a., DBW 8, München 1998, 532f.

[3] Dies verhindern gerade die naturwissenschaftlichen Erkenntnisse und Jüngel hat dies zu Recht als eine Chance für die Theologie gewertet, vgl. JÜNGEL (s. Anm. 1), 21.

stellt. Für alle diese Vorstellungen gilt: Wirklich ist, was messbar ist. Die von Charles Taylor beschriebenen »cosmic imaginaries«,[4] Bilder einer objektiv dargestellten Welt, sind weit verbreitet, sie haben aber keine solide erkenntnistheoretische Grundlage. Es liegt die Vermutung nahe, dass sich diese vereinfachenden Vorstellungen von der Wirklichkeit deshalb so hartnäckig halten, weil sie leicht kommunizierbar sind und an die verlässliche Vorhersagbarkeit von technischen Eingriffen anknüpfen können.

Jan Schmidt hat eine Vielzahl von Beobachtungen zu physikalischen Prozessen gesammelt, die zeigen, dass die stabile, naturgesetzlich geregelte und prognostizierbare physikalische Welt nur als ein Grenzwert einer weit größeren Vielzahl von irregulären, nicht beschreibbaren Naturprozessen aufgefasst werden muss. Es gibt viele gute Gründe, von einer grundsätzlich instabilen Natur auszugehen, die nur begrenzt vorhersehbar ist. Resümierend hält er fest: »Instabilität erwies sich als ergiebiger Kondensationspunkt, um zentrale Themen der Naturphilosophie miteinander zu verbinden. [...] Dass Selbstorganisation, Werden und Wachsen möglich ist, kann als zentraler Hinweis auf die Existenz von Instabilitäten angesehen werden.«[5] Offenkundig ist, dass auch bei genauer Berücksichtigung der wissenschaftlichen Methoden die physikalische Wirklichkeit keine geschlossene Darstellung zulässt. Schon eine genauere Analyse der naturwissenschaftlichen Ergebnisse zeigt offene Prozesse, die sich geschlossenen Darstellungen entziehen.[6]

In der angelsächsischen theologischen Diskussion überwiegen Versuche, durch eine genauere Analyse der naturwissenschaftlichen Aussagen etwa in der Quantentheorie oder in der Chaostheorie offene Prozesse in einer nur scheinbar kausal geschlossenen Welt zu identifizieren. Die Argumentationen orientieren sich zum Beispiel an der Frage, inwieweit Gott in dieser Welt handeln kann, ohne dass man unstatthafter Weise von physikalisch nicht begründbaren Einwirkung »von außen« in das Universum argumentieren muss. Beispielhaft ist hier etwa die NIODA Theorie von Robert Russell,[7] der zu zei-

---

4 Charles Taylor, A Secular Age, Cambridge (Massachussets) 2007, 325.

5 Jan Cornelius Schmidt, Das Andere der Natur. Neue Wege zur Naturphilosophie, Stuttgart 2015, 323f.

6 Auf anderem Wege hat dies auch Heisenberg begründet. Vgl. Werner Heisenberg, Ordnung und Wirklichkeit (1942), in: ders., Gesammelte Werke. hg. v. W. Blum et al., Abt. C Bd. I, München 1984; hierzu ausführlicher: Frank Vogelsang, Offene Wirklichkeit. Ansatz eines phänomenologischen Realismus nach Merleau-Ponty, Freiburg i.Br. [3]2014, 411ff.

7 NIODA: «non interventionist objective divine action« Robert John Russell, Cosmology. From Alpha to Omega, Minneapolis, 2008, 112. Dies meint eine objektive Beschreibung des Handelns Gottes, die nicht auf die Annahme eines transzendenten Gottes zurückgreifen muss, der in die natürlichen Abläufe der Welt von außen interveniert und dadurch diese mirakulös verändert (non interventionist). Zugleich sind die Folgen des Handelns Gottes nicht nur subjektive Eindrücke des Glaubenden, sondern objektive Prozesse in der Welt (objective). In einem Vergleich sieht Russell seinen

gen versucht, dass man auch unter der Vorgabe einer naturwissenschaftlichen Beschreibung der Welt keine vollkommen kausal geschlossene Welt vorfindet, wie sie etwa Laplace postuliert hat.[8] In ähnlicher Weise argumentiert der Physiker und Theologe John Polkinghorne: »Als leibliche Wesen handeln Menschen zugleich energetisch und informationell. Demgegenüber mag man erwarten, dass Gott als reiner Geist allein durch die Eingabe von Informationen handelt. Der neue Aspekt dieser Darstellung liegt zusammengefasst darin, dass er die Idee einer absteigenden Kausalität verteidigt, die durch ›aktive Information‹ am Werk ist.«[9] Viele angelsächsische Autoren sehen die Notwendigkeit, die naturwissenschaftlichen Erkenntnisse zu akzeptieren, suchen aber nach Wegen, zugleich der Rede von Gott ihr Recht einzuräumen. Eine zentrale Rolle spielt dabei der kritisches Realismus: »Diese Sichtweise bewahrt die realitätsbezogene Absicht des Wissenschaftlers, erkennt aber zugleich an, dass Modelle und Theorien originäre menschliche Konstrukte sind.«[10] All diese Versuche sind von einer Bewegung geprägt, die ihren Ausgang bei den Naturwissenschaften nimmt: »In jedem Fall bleibt der Kritische Realismus eine Epistemologie, die in Auseinandersetzung mit den Naturwissenschaften entwickelt und dann zur Religion über die Sozial- und Geisteswissenschaften transportiert wurde [...].«[11]

Wogegen sich die Positionen zu Recht wehren ist eine weltanschauliche Aufladung naturwissenschaftlicher Ergebnisse. Die Darstellung der Wirklichkeit, die sich nicht allein aus objektiven und aus allgemeinen Gesetzmäßigkeiten ableitbaren Beschreibungen erschließen lässt, ist angesichts der kulturellen Herausforderungen naturalistischer Weltbilder in der Neuzeit ein wichtiger naturphilosophischer Schritt. Jedoch ist die Frage noch unbeantwortet, ob die Relevanz der Rede von Gott für die Wirklichkeit auf Grundlage dieser Erkenntnisse herausgearbeitet werden kann. Die Ansätze begründen, dass die Rede von Gott auch angesichts der heutigen naturwissenschaftlichen Erkenntnisse einen Bezug zur Wirklichkeit haben *kann*, jedoch nicht, dass sie ihn auch hat. Die Hauptstoßrichtung dieser Argumentation zielt auf die Absicherung schon bestehender religiöser Vorstellungen: Sie soll zeigen, dass die Rede von Gott der naturwissenschaftlichen Beschreibung der Welt nicht grundsätzlich widerspricht. Mir scheint, dass diese Strategie theologisch zu

---

Ansatz als eine dritte Option neben liberalen Ansätzen, die die Naturgesetze aufrechterhalten, aber das Handeln Gottes nur als subjektive Erfahrung beschreiben können und konservativen (evangelikalen) Ansätzen, die das Handeln Gottes in objektiver Weise beschreiben, aber so, dass er die Naturgesetze bricht. Vgl. a.a.O., 123.

8 Vgl. Schmidt (s. Anm. 5), 145.

9 John Polkinghorne, An Gott glauben im Zeitalter der Naturwissenschaften. Die Theolgie eines Physikers, übers. v. Gregor Etzelmüller, Gütersloh 2000, 66.

10 Ian G. Barbour, Wissenschaft und Glaube. Historische und zeitgenössische Aspekte, übers. v. S. Floer, S. Starke-Perschke, Göttingen 2003, 167.

11 Andreas Losch, Jenseits Der Konflikte. Eine konstruktiv-kritische Auseinandersetzung von Theologie und Naturwissenschaft, Göttingen 2011, 155.

defensiv angelegt ist. Sie zielt vor allem auf den Nachweis, dass es nicht möglich ist, einen transzendenten Gott, der innerhalb des physikalischen Universums handelt, aus naturwissenschaftlichen Gründen abzulehnen. Ein neutraler Beobachter wird den Dialog zwischen Naturwissenschaften und Theologie eher als einen vorsichtigen Versuch der Vertreterinnen und Vertreter der Theologie werten, die Kompatibilität ihres Anliegens mit der Erklärungskraft der Naturwissenschaften zu begründen. Dieses Ziel ist durchaus ehrenwert, kann aber nicht genügen: Wenn die christliche Rede von Gott den Anspruch auf eigenständige Deutung der Wirklichkeit erhebt, muss sie auch deutlich machen, was ihr eigener Beitrag ist und wie das mit den naturwissenschaftlichen Erkenntnissen im Einklang stehen kann.

In manchen Positionen innerhalb des dargestellten Forschungsfeldes wird zudem ein Gottesbild perpetuiert, das theologisch problematisch ist. So stellt sich die Frage, ob es *theologisch* sinnvoll und angemessen ist, sich Gott als einen transzendenten, in das physikalische Universum hinein wirkenden intentionalen Akteur vorzustellen. Die Vorstellung eines intentionalen Akteurs mit Namen »Gott«, der die Naturgesetze nicht bricht und doch unabhängig von ihnen handeln kann, impliziert einen partikular von Ort zu Ort und Augenblick zu Augenblick unterschiedlich handelnden Gott. Eine solche Vorstellung lässt sich meiner Ansicht nach aber mit den zentralen Anliegen der biblischen Texte kaum vereinbaren. Bliebe dann nicht außerhalb der solchermaßen vorgestellten Interventionen Gottes an ausgewählten Orten alles andere beim Alten? Die Botschaft der Inkarnation Gottes in seinem Sohn Jesus Christus bezeugt dagegen das Handeln Gottes in dieser Welt unter den Bedingungen dieser Welt, aber auch mit einer Bedeutung für die ganze Welt, so dass Gott letzten Endes »sei alles in allem« (1 Kor 15,28).

3. Die Theologie als Wirklichkeitsforschung: die Möglichkeiten weisheitlicher Theologie

Zu einer Einschätzung zur Situation des Dialogs zwischen den Naturwissenschaften und der Theologie kann man die wissenschaftstheoretische Unterscheidung von Begründungszusammenhang und Entdeckungszusammenhang zur Hilfe nehmen. Die zuvor genannten Strategien zielen auf den Begründungszusammenhang: Wenn jemand ein religiöser Mensch ist, aber nicht den naturwissenschaftlichen Erkenntnissen widersprechen will, so kann er mit diesen Argumenten seinen Glauben an Gott verteidigen. Doch helfen die vorgebrachten Argumente nur sehr wenig, für die Relevanz der Rede von Gott zu werben, denn sie sagen zunächst einmal nichts darüber aus, wie das Verhältnis von Gott und Welt zu denken ist und wie das erfahren werden kann. Anders aber stellen sich die Verhältnisse dar, wenn man die Rede von Gott als Entdeckungszusammenhang für die Wirklichkeit begreift. Dann bewährt sie sich als Hilfe, Wirklichkeit auf neue Weise zu erschließen.

Es muss also darum gehen, ein gegenüber den Naturwissenschaften und den objektivierenden Darstellungen erweitertes Verständnis von der Wirklichkeit zu gewinnen und zugleich plausibel zu machen, dass die Rede von Gott die Fähigkeit steigert, die erweiterte Wirklichkeit zu beschreiben. Als Grundlage hierfür kann eine phänomenologische Beschreibung der Wirklichkeit dienen, die an die Arbeiten des Philosophen Maurice Merleau-Ponty anknüpft.[12] Diese Philosophie weist auf unsere grundlegende Verbundenheit mit der Wirklichkeit, die wir betrachten wollen. Wir verfügen über keinen Ausgangspunkt, von dem aus sich die Wirklichkeit im Ganzen objektivieren ließe, weil der eigene Standpunkt nie außerhalb der Wirklichkeit liegt. Ein »Blick aus dem Nirgendwo« ist uns Menschen als endlichen Wesen nicht möglich.[13] Deshalb müssen wir damit rechnen, dass immer etwas verborgen bleibt, wenn wir die Wirklichkeit thematisieren, dass es durch unsere unvermeidliche Beteiligung einen konstitutiven blinden Fleck gibt. Ohne Zweifel haben wir die Fähigkeit, uns mittels naturwissenschaftlicher Methoden zu distanzieren, jedoch, wenn wir das tun, sehen wir immer nur Bestimmtes deutlich, anderes gerät aus dem Blick. Eine phänomenologische Analyse der Wirklichkeit, die von unserer leiblichen Existenz ausgeht, kann auf der einen Seite die Naturwissenschaften mit ihren methodisch disziplinierten Zugängen zur Wirklichkeit bestätigen und zugleich auf der anderen Seite auf jene Erscheinungsweisen der Wirklichkeit weisen, die nur schwer in Worte zu fassen sind, weil wir uns nie genügend von ihnen distanzieren können. Unsere leibliche Verankerung in der Wirklichkeit hat zur Folge, dass nicht das Ferne in der Beschreibung der Wirklichkeit das Problem ist, sondern das Nahe. Das existentiell Nahe ist zumeist sehr stetig, es verändert sich kaum. Dies erschwert, erst einmal überhaupt darauf aufmerksam zu werden. Das Nahe besteht nicht aus Dingen, denn die können ja wechseln, es ist auch nicht in dem abstrakten metrischen Raum zu finden, sondern in der Wahrnehmung grundlegender Atmosphären oder in basalen Ahnungen des Gegründetseins, in der grundsätzlichen Erwartung sinnhafter Strukturen, in der Verfügbarkeit von Sprache überhaupt. Es gibt keine objektivierenden Methoden, die solche Phänomene erfassen können, weil sie beseitigen, was sie beobachten wollen, wenn sie zur Anwendung kommen. Man kann nicht die Erfahrung von Atmosphären, die sich nur zeigen, wenn man sich in ihnen bewegt, durch Zahlenreihen physikalischer Messungen ersetzen. Wir haben die Fähigkeit zu beiden Erfahrungsformen, solchen der Distanz und solchen der Beteiligung. Charles Taylor nennt dies »cross pressures«, der objektivierende Blick steht neben Erfahrungen des Beteiligtseins[14] Die unterschiedlichen Phänomene und Weltzugänge werden auch in neueren weltanschaulichen Debatten nicht in Abrede gestellt,

---

[12] Vgl. Frank Vogelsang, Offene Wirklichkeit (s. Anm. 6), 103ff.

[13] Vgl. Thomas Nagel, Der Blick von Nirgendwo (1986), übers. v. M. Gebauer, Frankfurt a.M. 2012.

[14] Vgl. Taylor (s. Anm. 4), 595.

man unterscheidet etwa zwischen »subjektiven Eindrücken« und »objektiver Beschreibung« bzw. zwischen 1. Person Perspektive und 3. Person Perspektive. Die jeweils erstgenannte Gruppe von Phänomenen gilt als individuell und als ein wenig verlässlicher, oberflächlicher Schein, die zweite Gruppe dagegen als verlässliche wissenschaftliche Darstellung. Doch kann die phänomenologische Analyse zeigen, dass diese Interpretation der unterschiedlichen Phänomene durch die Begriffe »subjektiv« und »objektiv« auf Verkürzungen beruht und argumentativ schlecht abgesichert ist. Das, was in einem solchen Umfeld als »subjektiv« und damit eher despektierlich behandelt wird, entpuppt sich so als eine eigenständige Dimension von Wirklichkeit. Die Berücksichtigung der Bedingungen unserer leiblichen Existenz macht uns aufmerksam auf eine erweiterte Wirklichkeit, die man aufgrund ihrer vielfältigen Erscheinungsweisen als offen, nicht als geschlossen beschreiben muss.[15]

Ist nun eine solche Fähigkeit zur Unterscheidung nicht für die Theologie eine bekannte Herausforderung? Die Theologie hat es von jeher damit zu tun, sie ist eine Meisterin der Unterscheidung, weil es ihre Aufgabe ist, von Gott zu reden und dies nur möglich ist, wenn man zwischen »Gott« und »Welt« unterscheidet. Beide sind nicht voneinander getrennt, im Zentrum der christlichen Botschaft steht ja mit der Menschwerdung Gottes gerade die Aufhebung der Unterscheidung. Doch ist die Botschaft von Gott nur dann zu hören, wenn man eine Ahnung von der Differenz hat, die zwischen Gott und Mensch und zwischen Gott und Welt nach wie vor besteht. Die Fähigkeit zur Unterscheidung ist von jeher aber auch der Weisheit zugeschrieben worden. Sören Kierkegaard lässt seiner Schrift *Der Begriff Angst* eine Anspielung auf Sokrates vorangehen, die eine solche Haltung zum Ausdruck bringt: »[...] doch *Sokrates* bleibt, was er gewesen, der einfältige Weise, vermöge seiner absonderlichen Unterscheidung, die er selbst ausgesprochen und vollzogen hat, die erst der sonderliche *Hamann* zweitausend Jahre später bewundernd wiederholt hat: denn Sokrates ist dadurch groß gewesen, dass er unterschied zwischen dem was er verstand und was er nicht verstand.«[16]

In einem ersten Schritt wurde deutlich, dass eine Beschreibung der Wirklichkeit, die von unserer leiblichen Existenz ausgeht, durch Unterscheidungen bestimmt ist. Es reicht nicht aus, auf das Objektivierbare zu achten, die nicht objektivierbaren Bereiche der Wirklichkeit haben eine Eigenständigkeit. Zu unterscheiden zwischen dem, was man versteht und dem, was man nicht versteht, heißt auch, damit zu rechnen, dass man nicht alles auf dieselbe Weise beurteilen kann. Der zweite Schritt zeigte, dass auch die Theologie von Unterscheidungen lebt, um überhaupt den Bezug auf Gott artikulieren zu

---

[15] Vgl. VOGELSANG Offene Wirklichkeit (s. Anm. 6), 191ff; 259ff; vgl. auch DERS., Identität in der Offenen Wirklichkeit. Eine Spurensuche im Anschluss an Merleau-Ponty, Ricœur und Waldenfels, Freiburg i.Br. 2014, 286ff.

[16] SÖREN KIERKEGAARD, Der Begriff Angst (1848). Übers. v. EMMANUEL HIRSCH, Werkausgabe Bd. I, Düsseldorf/Köln 1971, 182.

können. In einem dritten Schritt geht es nun darum, die Rede von Gott gerade als eine bestimmte Weise zu verstehen, mit jener ersten Unterscheidung umzugehen. Mit Gott ist es ähnlich wie mit jenen verschwiegenen Dimensionen der Wirklichkeit: Auch hier ist die Verbundenheit konstitutiv, von Gott können wir nur reden, wenn wir mit ihm verbunden sind.[17] So kann gerade die Unterscheidungsleistung der Rede von Gott helfen, auf jene Bereiche der Wirklichkeit in besonderer Weise aufmerksam zu werden, die man sonst übersieht, weil sie zu nah sind, weil wir immer schon mit der Wirklichkeit verbunden sind, die wir betrachten wollen. Für die nicht objektivierbaren Bereiche der Wirklichkeit finden wir nur mit Mühe Worte. Der Vorschlag ist hier, dass man gerade die Rede von Gott als eine Weise verstehen kann, auf diese Bereiche der Wirklichkeit Bezug zu nehmen. Es bedarf der Fähigkeit, unterschiedliche Wahrnehmungsformen einzuüben, in klassischer Terminologie, es bedarf einer Verbindung von Kopf und Herz. Die Rede von Gott übt genau das ein. Keine der beiden Seiten darf fehlen, weil es sonst zu einer erheblichen Verkürzung kommt. Johannes von Lüpke hat in Bezug auf die Ansätze von Lessing und Hamann festgestellt, dass wenn »die spannungsvolle Einheit von Kopf und Herz, Verstand und Empfindung sich auf eine Seite reduziert, kommt es entweder zu einem kaltem unfruchtbaren Vernünfteln oder zu einer blinden unkontrollierten Schwärmerei.«[18]

Die Unterscheidungen in der Wirklichkeit machen uns auf unsere grundlegende Verbundenheit mit der Wirklichkeit aufmerksam. Auch die Rede von Gott kann hier keine Eindeutigkeit erzwingen: Sie löst nicht letzte Probleme und bietet auch keine vollständigen, weltumfassenden Theorien. Aber sie kann immer wieder auf unsere Abhängigkeit von jener Wirklichkeit aufmerksam machen, die uns einfach zu nah ist, als dass wir sie in den Griff bekommen könnten. Denn diese Nähe kommt gerade Gott zu: Wenn Gott wirklich Gott ist, so deshalb, weil er der Schöpfer und Erlöser ist, er ist uns so nah, wie jemand nur nah kommen kann. Von Gott zu reden, heißt immer auch von jenen Dimensionen der Wirklichkeit zu reden, in denen diese Abhängigkeiten aufscheinen. Doch gerade deshalb kann Gott auch in einer Kultur, die die Objektivierung eingeübt hat, übersehen und an den Rand gedrängt werden. Gott als Schöpfer ist immer schon da, es fällt uns aber schwer darauf aufmerksam zu werden. Die Rede von Gott ist Quelle von Sinn und kann die Welt in Atmosphären tauchen, die die Dinge anders erscheinen lassen. Doch all diese Erkenntnisse lassen sich nicht allgemein demonstrieren, sie sind nicht kategorisierbar, eine weisheitliche Theologie weiß um ihre Grenzen. Eine

---

[17] »Auch im Blick auf den Sinn der Bibel könnte man sagen: Ihr ›tiefster Sinn‹ liegt in der Erfahrung der Zugehörigkeit.« JOHANNES VON LÜPKE, Sinngebung. Theologische Fragen und Antworten auf der Suche nach Sinn, in: FRANK VOGELSANG (Hg.), Quellen des Sinns. Wie kommt der Sinn in die Welt, Bonn 2008, 120.

[18] JOHANNES VON LÜPKE, Wege der Weisheit. Studien zu Lessings Theologiekritik, GTA 41, Göttingen 1989, 23.

Theologie, die von den Unterscheidungen lebt, ist nicht mehr in der Lage, Weltgebäude zu begründen, aber sie kann als alltagsnahe, »arbeitende« Theologie durch stets neue Unterscheidungen auf jene verschwiegenen Erscheinungsweisen der Wirklichkeit aufmerksam zu machen, die sich einem distanzierenden Blick nicht zeigen.

Man kann in einer traditionellen Metapher zweierlei Lichter unterscheiden, innerhalb derer menschliche Erkenntnis stattfinden kann, das abendliche Licht und das morgendliche Licht. Die Naturwissenschaften erkennen im abendlichen Licht, sie erkennen das Gewordene, die Fakten: »Die neuzeitlichen Wissenschaften sind Wissenschaften von der Natur in dem Sinne, dass sie das im Worte Gottes geschehende Werden der Wirklichkeit methodisch ausblendet. Sie hält sich an das Faktum, das sie in dem Maß erkennt, indem der Mensch es sich selbst verfügbar zu machen vermag.«[19] Das morgendliche Licht sieht dagegen die Dinge in ihrem Werden und ist auf das Schöpferische ausgerichtet, in das wir alle als Geschöpfe Gottes einbezogen sind. Der Philosoph Maurice Merleau-Ponty weist auf die Erkenntnis der Phänomenologie, die der Wirklichkeit ihre verschwiegenen Dimensionen abringt, in großer Nähe zu literarischen und künstlerischen Versuchen: »in gleichem Aufmerken und Erstaunen, in gleicher Strenge der Forderung an das Bewusstsein, in gleichem Willen, den Sinn von Welt und Geschichte zu fassen *in statu nascendi*.«[20] Diese Weise des Erkennens ist vorsichtiger und ihrer selbst nicht so sicher, sie ist tastend und weiß, dass sie kein *fundamentum inconcussum*, keine Faktenwelt findet, auf der sie fest stehen kann. Aber entspricht diese Haltung nicht dem Predigtgestus Jesu, der in Gleichnissen immer wieder die Alltagswelt abgetastet hat auf die verschwiegenen Dimensionen, um die Nähe des Reiches Gottes deutlich zu machen? Und entspricht sie nicht den Unterscheidungen, die Paulus in immer neuen Variationen wiederholt, die deutlich machen können, dass mitten im Alten Neues aufbricht? Eine Theologie, die sich als Weisheit versteht, führt zu einer Lebenshaltung, die dafür offen ist, in allem Alltäglichen immer wieder den Spuren Gottes zu begegnen.

---

[19] Johannes von Lüpke, Die Wirklichkeit im Werden – in welchem Lichte sehen wir die Welt?, in: Frank Vogelsang (Hg.), Unser Bild von der Welt und der Glaube an Gott. Perspektiven der Wahrnehmung in Naturwissenschaft, Alltagserfahrung und theologischer Weisheit, Bonn 2005, 124.

[20] Maurice Merleau-Ponty, Phänomenologie der Wahrnehmung (1945), übers. u. eingef. v. R. Boehm, Berlin 1966, 18.

Aufklärung und Kritik

Kondeszendenz zwischen Epos und Drama

Zu Johann Georg Hamanns theologischer Poetik

Eric Achermann

»Gott ein Schriftsteller!« Das undatierte Blatt *Über die Auslegung der Heiligen Schrift* setzt mit einem Ausruf ein, der füglich an den Anfang von Hamanns religiösem Denken gesetzt werden darf.[1] Gott nämlich, so erfahren wir aus den *Biblischen Betrachtungen*, ist nicht bloß Schöpfer, sondern Schriftsteller, und er ist es, weil er sich offenbart.[2] Der feine, gleichwohl gewichtige Unterschied zwischen Autor und Schriftsteller setzt die Schrift nicht etwa nachgängig neben die Natur; sowohl als Schöpfer als auch als Schriftsteller entfaltet der sich beständig offenbarende Gott sein Wesen trinitarisch. Natur und Schrift sind von der Dreifaltigkeit durchherrscht, da beide in ihrer fundamentalen Zeichenhaftigkeit zugleich Inhalt, Medium und Schlüssel sind. Gleichzeitig zu dieser dimensionalen Entfaltung setzt sich Gott als Schöpfer und Schriftsteller durch den Gebrauch konkreter und diskreter Zeichen Grenzen. Der Wille des Urhebers wird Kreatur und Buchstabe, seine Urheberschaft selbst ›verräumlicht‹ sich im Mittel, indem sie Natur und Schrift mitteilend in die Mitte zwischen Urheber und Geschöpf setzt. Bekanntlich nennt Hamann diese selbstgewählte Begrenzung und Verräumlichung »Erniedrigung« und »Herunterlassung«.[3] Die göttliche Bewegung, mehr Fußfall als Neigung, bedeutet für Hamann das Proprium dieses Gottes, der sich vermittelt, veräußert und verweltlicht. So wird im Akt der Offenbarung die immense Fallhöhe durchmessen, die den sich offenbarenden, mitteilenden und auslegenden Schöpfer von seiner Kreatur trennt:

---

[1] Johann Georg Hamann, Ueber die Auslegung der heil. Schrift, in: ders., Londoner Schriften, hg. v. Oswald Bayer und Bernd Weissenborn, München: Beck 1993, 59. Im Folgenden werden Hamanns Schriften bis auf wenige Ausnahmen nicht nach der Ausgabe von Nadler zitiert; zur leichteren Orientierung wird die gängige Zitierweise, ›N‹ (für Nadler), Band (römisch), Seitenzahl (arabisch) zusätzlich angegeben; hier: N I, 5.

[2] Johann Georg Hamann, Biblische Betrachtung[en] eines Christen [1758], in: Londoner Schriften (s. Anm. 1), 67; N I, 9: »Gott offenbart sich –– Der Schöpfer der Welt ein Schriftsteller ––«.

[3] Zur Geschichte des Kondeszendenz-Gedankens vor Hamann vgl. Karlfried Gründer, Figur und Geschichte. Johann Georg Hamanns ›Biblische Betrachtungen‹ als Ansatz einer Geschichtsphilosophie, Freiburg i.Br./ München: Alber 1958, 28–60.

»Die Eingebung dieses Buchs ist eine eben so große Erniedrigung und Herunterlassung Gottes als die Schöpfung des Vaters und Menschwerdung des Sohnes. Die Demuth des Herzens ist daher die einzige Gemüthsverfassung, die zur Lesung der Bibel gehört, und die unentbehrlichste Vorbereitung zur selbigen.

[...] Das Wort dieses Geistes ist ein eben so großes Werk als die Schöpfung, und ein eben so groß Geheimnis als die Erlösung der Menschen ist, ja dies Wort ist der Schlüssel zu den Werken der ersteren und den Geheimnissen der letzteren.«[4]

Zu Recht hat die Forschung die zentrale und grundlegende Bedeutung der Lutherschen Kondeszendenz für das Verständnis der Theologie Hamanns hervorgehoben.[5] Für Hamann, und dies scheint ihm eigen zu sein, begründet die Kondeszendenz die Analogie von Erlösungs- und Schöpfungstat.[6] Die Gemeinsamkeit liegt in der göttlichen Bereitschaft, sich dem Menschen mitzuteilen – im Inhalt geschichtlich, in der Form geschichtsbedingt. Durch sein erniedrigendes Eintreten in den welthaften Raum scheint dieser Gott auf seine Attribute der Allwissenheit, Allmacht und Allgegenwärtigkeit zu verzichten, durch sein zuneigendes Eingehen in die ereignishafte Zeit hingegen auf seine Majestät und uneinholbare Transzendenz. Kurz, für Hamann ist Kondeszendenz Kenose und Akkommodation, Verräumlichung und Verzeitlichung zugleich.

In sublimer Freiheit hebt Gott also seine vom Menschen als denknotwendig erachtete Vollkommenheit wiederholt und beständig auf. Wie für Luther ist auch hier das Theologumenon der Idiomenkommunikation[7] der vollendete Ausdruck der Liebe Gottes gegen den Menschen, die Begegnung von Altar und Kreuz, von Geschenk und Opfer.[8] In einer bemerkenswerten anthropologi-

---

4 Hamann, Ueber die Auslegung der heil. Schrift (s. Anm. 1), 59; N I, 5.

5 Zur Forschung vgl. Christina Reuter, Autorschaft als Kondeszendenz. Johann Georg Hamanns erlesene Dialogizität, Berlin: de Gruyter 2005, 21–26.

6 Gründer, Figur und Geschichte (s. Anm. 3), 80f., hat hervorgehoben, wie für Hamann Schöpfungslehre und Soteriologie zusammenfallen: »Alle Wirklichkeit ist aus Gott, ihr Bestand ist seine Gnade, die Gnade dessen, der nur aufzuhören brauchte, sie zu schaffen, um sie zu vernichten. Die Zweckmäßigkeit der Welt ist ein Geschenk der unableitbaren göttlichen Liebe und hat in ihr ihren Grund. Sie ist also nicht die Erscheinung eines immanenten Sinnes, einer in sich ruhenden Gesetzmäßigkeit, sondern eine Form der göttlichen Herunterlassung, eine Knechtsgestalt des Allmächtigen. Das ist der Ansatz zu einer Theologie der Natur, wie es sie in diesem Sinne m.W. nirgends gibt.«

7 Zur Idiomenkommunikation bei Hamann vgl. Friedemann Fritsch, Communicatio idiomatum. Zur Bedeutung einer christologischen Bestimmung für das Denken Johann Georg Hamanns, Berlin/New York: de Gruyter 1999.

8 Vgl. Hamann, Biblische Betrachtungen (s. Anm. 2), 145; N I, 84: »Wie Gott sich heruntergelassen im Geschenke seines heil. Geistes und seines eingebornen Sohnes. Wie er in beyden durch unsere Sünde und die Anstifter derselb[en] gedemüthight word[en] — — Sein Sohn biß zum Tode am Kreutz.« Zum Motiv von Altar und Kreuz bei

schen Volte lässt Hamann nun die »Füglichkeit unserer Religion« aus der Befriedigung natürlicher und seelischer »Mängel« hervorgehen. Die »Füglichkeit« erkennt er nicht in der – mehr schlechten als rechten – Akkommodation des göttlichen Wortes an die historisch beschränkte Erkenntnisfähigkeit des Menschen, sondern in dessen radikaler bio-physischer Unfertigkeit und »Dürftigkeit der Sinne«,[9] welche die Kondeszendenz zu einem Apriori der gesamten Natur macht: Die Schöpfung dient der »äußerl. Körpl. Bedürfnisse und Bequemlichkeit[en] der Menschen« analog zur Gnade, die in ihrem »Plan« auf die »geheime [sic!] Ansprüche unserer Seele« gerichtet ist.[10] Die Bedürfnisse sowie der »Wunsch«, der diese Bedürfnisse zum Ausdruck bringt, sind Grund der Schöpfungstat, dieser vorgängig[11] und im Wirken der Natur beständig: »*Rede, daß ich Dich sehe!* – Dieser Wunsch wurde durch die Schöpfung erfüllt, die eine *Rede* an die *Kreatur* durch die *Kreatur* ist; denn ein *Tag* sagts dem andern, und eine *Nacht* thuts kund der andern.«[12] Kommunikation ist für Hamann auf die Befriedigung eines Bedürfnisses hin angelegt.

Die Kondeszendenz ist also sympathetische, auf den Menschen hingerichtete Fürsorge, und sie ist zugleich Skandal. Die »Demuth des Herzens«, in welcher »Gemüthsverfassung« der Mensch Gott empathisch entgegnet, entspricht derjenigen »höchsten Demuth«, dem Menschen in »Knechtgestalt« zu begegnen.[13] Selbst ein Bedürftiger tritt Gott auf die Bühne seiner eigenen Bedürfnisanstalt und bewirkt durch die beständige Kommunikation und Zirkulation aller seiner Mittel und Zeichen eben diejenige Dynamik, die Leben erzeugt und erhält. Es ist die Analogie von Rede und Tausch,[14] oder – mit Luther

---

Luther vgl. ULRICH ASENDORF, Die Theologie Martin Luthers nach seinen Predigten, Göttingen: Vandenhoeck und Ruprecht 1988, 101–103.

9 JOHANN GEORG HAMANN, Brocken [1759], in: Londoner Schriften (s. Anm. 1), 407; N I, 299.

10 JOHANN GEORG HAMANN, Gedanken über Kirchenlieder (D[en] 6 May 1758), in: Londoner Schriften (s. Anm. 1), 389f.; N I, 298.

11 Vgl. OSWALD BAYER, Gott als Autor. Zu einer poietologischen Theologie, Tübingen: Mohr Siebeck 1999, 13.

12 JOHANN GEORG HAMANN, Aesthaetica in Nuce (1762), in: DERS., Kreuzzüge des Philologen, [Königsberg: Kanter] 1762, 166; N II, 198.

13 JOHANN GEORG HAMANN, Kleeblatt Hellenistischer Briefe (1762), hg. v. KARLHEINZ LÖHRER, Frankfurt a.M., Berlin: Peter Lang 1994, 53; N II, 171: »Es gehört zur Einheit der göttlichen Offenbarung, daß der Geist GOttes sich durch den Menschengriffel der heiligen Männer, die von ihm getrieben worden, sich eben so erniedrigt und seiner Majestät entäußert, als der Sohn Gottes durch die Knechtsgestalt und wie die ganze Schöpfung ein Werk der höchsten Demuth ist. Den allein weisen GOtt in der Natur bloß bewundern ist vielleicht eine ähnliche Beleidigung mit dem Schimpf, den man einem vernünftigen Mann erweist, dessen Werth nach seinem Rock der Pöbel schätzet.«

14 Vgl. ERIC ACHERMANN, Worte und Werte. Geld und Sprache bei GOTTFRIED WILHELM LEIBNIZ, JOHANN GEORG HAMANN und ADAM MÜLLER, Tübingen: Niemeyer 1997, 172–181.

gesprochen – das »commercium« und der »fröhliche Wechsel«,[15] welche die Kondeszendenz nicht bloß als gewährendes Geben, sondern auch als ein entsprechend erkenntliches Nehmen versteht. Mehr noch als dass sie den immensen Höhenunterschied überwindet, gleicht sie ihn aus:

> »Unter allen Offenbarungen, deren die menschliche Seele oft mehr im Traum, als bey wachenden Muthe fähig ist, hat keine einzige eine so innige, anschauende, fruchtbare Beziehung auf alle unbestimmte Fähigkeiten, unerschöpfliche Begierden, unendliche Bedürfniße und Leidenschaften unserer Natur, deren *physischer* Zusammenhang mit Himmel und Erde eben so abhängig als das *fleischliche* Band des *Lebens*, des *Geschlechts* und der *Gesellschaft* zu seyn scheint – Ja, kein einziger *Plan* als der durch *Christum*, das *Haupt* und durch den *Leib* seiner Gemeine offenbart worden, erklärt die Geheimniße der höchsten, einzigsten, verborgensten und zur Mittheilung Ihrer selbst aufdringlichsten *Majestät*, dem ganzen *System* der *Natur* und *menschlicher Geselligkeit* analogischer, den *willkührlichsten Gesetzen* gesunder *Vernunft* und den *nothwendigsten Schlußfolgen* lebendiger *Erfahrung* gemäßer. Das im *Herzen* und *Munde* aller Religionen verborgene Senfkorn der *Anthropomorphose* und *Apotheose* erscheint hier in der Größe eines *Baums* des *Erkenntnißes* und des *Lebens* mitten im Garten – aller philosophische Widerspruch und das ganze *historische* Rätzel unserer *Existenz*, die undurchdringliche Nacht *ihres Termini a quo* und *termini ad quem* sind durch die Urkunde des *Fleisch gewordnen Worts* aufgelöset. Dieses *Zeugnis* ist der Lohn seiner Verheißung, »ein neuer Namen, welchen niemand kennt, denn der ihm empfäht.«[16]

Das »*fleischliche* Band«, das amplifizierend die traditionsreiche Trias Einzelner, Haus und Gemeinschaft bestimmt, ist dasjenige Mittel der Offenbarung, das den Menschen am nächsten angeht. Im Grunde unterschiedslos liefern so »*System* der *Natur*« und »*menschliche Geselligkeit*« den Schlüssel zu dem ganzen »*historischen* Rätzel«, da die Vergesellschaftung der Kreaturen derjenigen »unserer Natur« mit »Himmel und Erde« analog ist, und zwar auf Grundlage der Physis. »Aufgelöst« aber wird das Rätsel in der Empfängnis, im tätigen Annehmen des »Zeugnisses«, das nichts anderes ist als die bindende Mitteilung des inkarnierten Wortes. Zeit seines Leben wird Hamann nicht müde,

---

15 Vgl. JOHANN ANSELM STEIGER, Die communicatio idiomatum als Achse und Motor der Theologie Luthers. Der ›fröhliche Wechsel‹ als hermeneutischer Schlüssel zu Abendmahlslehre, Anthropologie, Seelsorge, Naturtheologie, Rhetorik und Humor, in: NZSTh 38/1 (1996), 1–28; OSWALD BAYER, Das Wort ward Fleisch. Luthers Christologie als Lehre von der Idiomenkommunikation, in: DERS. / BENJAMIN GLEEDE (Hg.), Creator est creatura. Luthers Christologie als Lehre von der Idiomenkommunikation, Berlin: de Gruyter 2007, 5–34.

16 JOHANN GEORG HAMANN, Zweifel und Einfälle über eine vermischte Nachricht (1776), in: DERS., Sämtliche Werke, hg. von JOSEF NADLER, Bd. 3, Schriften über Sprache, Mysterien, Vernunft 1772–1788, Wien: Herder 1951; N III, 192.

seiner Präferenz der »*inferna* eines Torso« vor den »*superna* einer Büste«[17] mitunter drastisch Ausdruck zu verleihen: Gilt auch, dass »[o]hne *Wort*, keine Vernunft – keine Welt«,[18] so nicht minder, dass ohne »Waffen der Mannheit« keine Sprache sein kann. Hamanns »grobe Einbildungskraft« erlaubt es nicht, »einen schöpferischen Geist ohne *genitalia* vorzustellen«, da der »Anthropomorphismus« sich nicht allein »auf Ohr, Auge, Hand und Mund [...] erstrecken« kann.[19] Im »sichtbare[n] Element«, das heißt der Sprache als »*Organo* oder *Criterio*«[20] entdeckt er die »*Pudenda* der göttl. u. menschl. Natur als den Mittelpunct ihrer Vereinigung«.[21] »Kenntnis« und »Empfängnis« bilden so das »*Centrum* der Natur«,[22] das als Schöpfungs- und Zeugungskraft den weitgreifenden Chiasmus von »Erkenntnis« und »Leben«, von »*Anthropomorphose*« – Menschwerdung Gottes – und »*Apotheose*« – Gottwerdung des Menschen – sowie von »Himmel« und »Erde« physisch zusammenhält. In diesem Zentrum steht auch die »Urkunde«, als Kunde vom Ursprung, als Zeugnis (*testimonium*) und als Besiegelung des Bundes (*testament*).[23]

---

17 JOHANN GEORG HAMANN, Brief an Johann Gottfried Herder vom 23. Mai 1768, in: Briefwechsel, Bd. 2, 1760–1769, hg. von WALTHER ZIESEMER und ARTHUR HENKEL, Wiesbaden: Insel 1956, 415.

18 JOHANN GEORG HAMANN, Brief an Friedrich Heinrich Jacobi vom 2. November 1783, in: Briefwechsel, Bd. 5, 1783–1785, hg. von ARTHUR HENKEL, Wiesbaden: Insel 1965, 95.

19 HAMANN, Brief an Herder vom 23. Mai 1768 (s. Anm. 17), 415.

20 HAMANN, Brief an Jacobi vom 2. November 1783 (s. Anm. 18), 95.

21 JOHANN GEORG HAMANN, Brief an Johann Gottfried Herder vom 17. September 1779, in: Briefwechsel, Bd. 4, 1778–1782, hg. von ARTHUR HENKEL, Wiesbaden: Insel 1959, 113. Für den Zusammenhang mit der Idiomenkommunikation vgl. FRITSCH, Communicatio idiomatum (s. Anm. 7), 275–278. Zur Beziehung von Naturalismus und Semiotik bei HAMANN vgl. ERIC ACHERMANN, Hamanns Insistieren auf der sinnlichen Wirkkraft der Zeichen im Hinblick auf neuere Zeichentheorien, in: BERNHARD GAJEK (Hg.), Die Gegenwärtigkeit Johann Georg Hamanns. Acta des achten Internationalen Hamann-Kolloquiums, Frankfurt a.M.: Peter Lang 2005, 37–57.

22 Es handelt sich um den letzten Vers (»Wer mich und Ilse sieht im Grase / sieht in das *Centrum* der Natur«) eines erotischen Gedichtes, das Hamann seinem Freund Johann Gotthelf Lindner am 12. April 1756 in einer Abschrift zuschickt; das Gedicht findet sich auch unter Hamanns Notizen und wird hier »HE. Schack.« zugeschrieben; vgl. JOHANN GEORG HAMANN, Das Königsberger Notizbuch I, in: Sämtliche Werke, hg. von JOSEF NADLER, Bd. 5, Tagebuch eines Lesers 1753–1788, Wien: Herder 1953; N V, 265f.

23 Vgl. GRÜNDER, Figur und Geschichte (s. Anm. 3), 91: »Im Zusammenhang des biblischen Denkens stiftet Gott Ordnung und Gesetz, indem er sich herunterläßt und mit seinem Volk einen ›Bund‹ schließt, lateinisch ›testamentum‹ griechisch διαθήκη.« – Zur zeitgenössischen Bedeutung von ›Urkunde‹ vgl. REGINE OTTO, Sind Urkunden Urkunden? Ambivalenzen und Konstanten in Herders Sicht auf historische Überlieferungen, in: Literatur und Geschichte, hg. von KARL MENGES. Amsterdam: Rodopi 1998, 65–82, mit Bezug auf Hamann 68f.

Die theologisch durchaus gewichtige Frage, ob ein Gott, der sich dem Menschen in einem diesem Menschen angemessenen Gewand eröffnet, von diesem Menschen in seiner Verkleidung erkannt werden kann, stellt sich für Hamann so nicht; Gott macht sich kenntlich und erweist sich dadurch ›erkenntlich‹, da er dem Bedürftigen nach dessen Bedürfnis gibt. Der Unterschied zwischen Kenntlichmachung und Erkenntnis, die traditionell Frömmigkeit von spekulativer Theologie trennt, wird so aufgehoben. Einer Frömmigkeit, die sich als anhaltende Disposition versteht, einem unerkannten, gar unerkennbaren Gott zur Freude zu sein, stellt Hamann seine ganz eigene Ökonomie entgegen: Tausch und Austausch sind auf ein Gelingen angelegt, das nicht von Wert und Größe der getauschten Ware abhängig ist, sondern von Reziprozität. Gott realisiert sich selbst, indem er sich mitteilt, ganz ebenso wie der Mensch sich realisiert, indem er durch Selbsterkenntlichkeit, und nicht etwa durch »ästhetische Thaumaturgie«, lernt, die Gabe nachzubilden:[24] »nichts als die *Höllenfahrt* der *Selbsterkänntnis* bahnt uns den Weg zur *Vergötterung.*«[25] Mehr als Erkenntlichkeit kann der Theologe dem Frommen nicht vorhalten.[26] Hamann opponiert gegen die Trennung von Theologie und Frömmigkeit,[27] dadurch dass er in seiner Poetik und Hermeneutik das Gelingen vom Vollzug der Tauschhandlung abhängig macht.

Die Religion als ein Leben in Ansehung Gottes findet ihren stärksten Beweis in der Mangelhaftigkeit der menschlichen Natur. Dieser Beweis ist einzig und ausreichend; in seiner Doppelnatur hält er den »Schlüssel aller Erkenntnis« bereit. Die trinitarische Herunterlassung Gottes in Schöpfung, Menschwerdung und Schrift entspricht der leib-seelischen Doppelnatur des Menschen, indem den Bedürfnissen des Körpers und des Geistes durch Natur und Gnade, dem inneren Zusammenhang der beiden aber durch die Menschwerdung Gottes entsprochen wird. Wer diese Doppelnatur und deren trinitarische Bezüglichkeit im Akt der Herunterlassung versteht, der erkennt Gott, und

---

24 Zu Selbsterkenntnis und Gabentausch bei Hamann vgl. Johannes von Lüpke, Ohne Sprache keine Vernunft. Eine Einführung in das Sprachdenken Johann Georg Hamanns, in: NZSTh 46/1 (2004), 1–21, hier 11.

25 Johann Georg Hamann, Abälardus Virbii Chimärische Einfälle über den zehnten Theil der Briefe die Neuste Litteratur betreffend (1762), in: Kreuzzüge des Philologen (s. Anm 12), 93; N II, 164. Es scheint übersehen worden zu sein, dass Kant in seiner *Metaphysik der Sitten* (*Metaphysische Anfangsgründe der Rechtslehre*, A 104) dieses Wort Hamanns stillschweigend übernimmt.

26 Zu Erkenntlichkeit, Gabe und Vernunft in Hinsicht auf ein »Maximum« und »Minimum« bei Hamann vgl. Johannes von Lüpke, Der zweideutige Charakter der Menschheit. Beiträge Hamanns zur Kritik der modernen Anthropologie, in: Gajek (s. Anm. 21), 133–144, hier 139f.

27 Vgl. mit Verweis auf Luther und Hamann Oswald Bayer, Theologie als Lebensform, in: Christian Herrmann (Hg,), Wahrheit und Erfahrung – Themenbuch zur Systematischen Theologie, Bd. 1, Einführende Fragen der Dogmatik und Gotteslehre, Wuppertal: R. Brockhaus 2004, 186–195, hier 188f.

zwar so vollständig und ausschließlich, wie es dem Menschen zukommt, oder besser: wie Gott dem Menschen ankommt.

Die Herunterlassung und Erniedrigung Gottes ist also nicht Mittel zum Zweck der Kommunikation mit dem Menschen, sondern sie bildet den Wesenskern eines Gottes,[28] der jenseits oder abgesondert von seiner Entäußerung weder erfahrbar noch schlechthin sein kann. Hinter dem sich offenbarenden Gott ist kein Gott, hinter der Maske und der Rolle kein Anderes, das sich durch Maske und Rolle verbärge – Maske und Rolle geben vielmehr zu erkennen; ihr Ursprung liegt im Repräsentieren, im Vergegenwärtigen auf dem Schau- und Handelsplatz der Welt. In einem berühmten Passus seiner *Aesthaetica in Nuce* korreliert Hamann dieses Verhältnis von Schauplatz und Handlungsraum mit den Erzbegriffen der poetischen Gattungslehre:

> »Die Schöpfung des Schauplatzes verhält sich aber zur Schöpfung des Menschen: wie die *epische* zur *dramatischen* Dichtkunst. Jene geschah durchs *Wort*; die letzte durch *Handlung*. Herz! sey wie ein stilles Meer! – – Hör den Rath: Laßt uns Menschen machen, ein Bild, das uns gleich sey, die da herrschen! – Sieh die That: Und GOTT der HERR machte den Menschen aus einem Erdenkloß – – Vergleich *Rath* und *That*; bete den kräftigen *Sprecher* [˙] mit dem Psalmisten; den *vermeynten* Gärtner [¨] mit der Evangelistin der *Jünger*; und den freyen *Töpfer* [˙.˙] mit dem Apostel *hellenistischer Weltweisen* und *talmudischer Schriftgelehrten* an! [...]
> [˙] Ps. XXXIII, 9.
> [¨] Joh. XX, 15–17.
> [˙.˙] Röm. IX, 21.«[29]

In genauer Parallelität konstruiert Hamann zwei Reihen, die das Dramatische dem Epischen entgegensetzt. Das Epos schafft den Schauplatz, wird durch das Wort vermittelt und durch Hören wahrgenommen, während das Drama den Menschen schafft, durch Handlung vermittelt und durch Sehen wahrgenommen wird. Auf Seiten des Schöpfers entsprechen die beiden Reihen Rat und Tat. Das Verhältnis von Epos und Drama soll der anschließende Vergleich dreier Zeugnisse erhellen, und zwar dasjenige von David, dem Sänger von Gottes Preis und Lob, von Maria von Magdala, der Verkünderin der Auferstehung, und von Paulus, der hier als philosophischer und mosaischer Sendbote fungiert. Was die Verbindung zwischen den drei Bibelstellen stiftet und den Vergleich ermöglicht, liegt im Psalm 33, der Kernfassung aller Sprechhand-

---

28 HEINZPETER HEMPELMANN, Gott – ein Schriftsteller. Johann Georg Hamann über die End-Äußerung Gottes ins Wort der Heiligen Schrift und ihre hermeneutischen Konsequenzen, Wuppertal: R. Brockhaus 1988, 15: »Für Gott ist die Herablassung nicht ein seinem Wesen fremder Akt; die Bibel ist kein dem Wesen und Willen Gottes ›eigentlich‹ unangemessenes Dokument. Vielmehr gilt: Die biblischen Schriften in all ihrer Unvollkommenheit sind ›ureigenster‹ Ausdruck des in Gott selbst gegebenen Willens zur Niedrigkeit; sie sind ›Ein-Druck‹ der Gott eigenen Demut; sie sind wie ›die Knechtgestalt‹ [des Sohnes] und wie die ganze Schöpfung ein Werke der höchsten ›Demuth‹.«

29 HAMANN, Aesthaetica in Nuce (s. Anm. 12), 170f.; N II,. 200.

lungen, begründet: »Denn so er spricht / so geschichts«. Dadurch nämlich macht der Herr »zunicht der Heiden Rat«, während sein eigener Rat »ewiglich« bestehen bleibt als »seines hertzen gedancken« (Ps 33, 9–11). Das »Gehe hin« der Verkündigung hingegen ist nicht bloß ein Rat, erscheint doch in Jesu Auftrag an Maria von Magdala die Auferstehung bereits vollzogen: »vnd sage jnen / Jch fare auff« (Joh 20,17). Die Schaffung des Menschen aus dem Erdenkloß schließlich ist nicht bloß die handwerkliche Tat des »Töpfers«, sondern durch den Atem Gottes zugleich auch Beseelung, mehr noch Sinnbild der freien Gnadenwahl: »Hat nicht ein Töpffer macht / aus einem Klumpen zu machen / ein Fas zu ehren / vnd das ander zu vnehren?« (Röm 9, 21).

Gott als Schriftsteller weiß nicht nur Rat und Tat unzertrennlich, sondern auch Epos und Drama. Die Gattungslehre, die sich hinter der Aussage verbirgt, ist alles andere als naheliegend oder gar banal. Die Eigenwilligkeit besteht darin, dass Hamann unterschiedliche Topoi aus den gängigen poetischen Traditionen frei miteinander kombiniert: zum einen das Redekriterium, das Platon in der *Politeia* (III, 393c) entwickelt und das dem Unterschied von διήγησις und μίμησις gilt, das heißt im Wesentlichen dem Unterschied von auktorialer, monologischer und direkter, dialogischer Rede; zum anderen rekurriert er auf Aristoteles *Poetik* (z.B. 6, 1449^{b}26), die neben der platonischen Unterscheidung auch noch diejenige von ἀπαγγελία und δρᾶμα kennt, das heißt von Erzählung und Bühnenhandlung. Nur hieraus lässt sich die Sichtbarkeit der Handlung erklären, die nicht nur aus Reden besteht, sondern performant ist; der Schauplatz hingegen wird durch das hörbare Wort konstituiert, das performativ ist. Während also der Schauplatz der Natur aus der Schilderung durch das performative Wort als Anhalt (Rat) hervorgeht, ist die Handlung der Worttausch in seiner performanten Durch- und Aufführung (Tat).

Auf den ersten Blick scheint diese Unterscheidung mit derjenigen unvereinbar, die Hamann fast ein Vierteljahrhundert später in seiner *Metakritik über den Purismum der Vernunft* (1784) gegen Kants apriorische Anschauungsformen von Raum und Zeit in Anschlag bringt. Für Hamann sind es »*Laute* und *Buchstaben*«, die als »reine Formen *a priori*« die »wahren ästhetischen Elemente aller menschl. Erkenntnis u Vernunft« bilden. Raum und Zeit sind nicht vorgängige und absolute Abstrakta, sondern werden in menschlicher Nachbildung durch konkrete Verwendung sinnlicher Zeichenmittel, Buchstabe und Laut, konstituiert.[30] Hamann geht es im zitierten Passus aus der *Aesthaetica in Nuce* jedoch nicht um die paradigmatischen Elemente der Sprache, sondern um die Darbietungsformen, in welchen die syntagmatischen Verbindungen der Elemente dimensional in Erscheinung treten: Das Epos wird dabei

30 Johann Georg Hamann, Metakritik über den Purismum der Vernunft (1784). Hier zitiert nach Oswald Bayer, Vernunft ist Sprache. Hamanns Metakritik Kants, Stuttgart-Bad Canstatt: frommann-holzboog 2002, 329; N III, 286. Vgl. hierzu Eric Achermann, Natur und Freiheit. Hamanns ›Metakritik‹ in naturrechtlicher Hinsicht, in: NZSTh 46/1 (2004), 72–100, hier 81–84.

als die einfältige Stimme des Rhapsoden verstanden, als liedhafter, hörbarer und monologischer Vortrag, während das Drama als sichtbare Handlung dialogische, mannigfaltige Rede auf die Bühne stellt. Der Schauplatz ist Natur, die Handlung Geschichte. Genauso selbstverständlich wie ohne vorgängige Absicht (Rat) keine Handlung (Tat) sein kann, so ist ohne Schauplatz keine Handlung möglich. Die Unterscheidung ist hier wie dort aspektueller Natur und negiert nicht etwa den dialogischen Anteil der Prosopopöien an der epischen oder den monologischen Anteil erzählender Rede an der dramatischen Dichtkunst. Im Gegensatz zu Platon, der das Verhältnis von Epos und Drama mereologisch denkt,[31] versteht Hamann dieses Verhältnis vielmehr transzendental als dasjenige von Raum und Zeit: Die Schöpfung als durch das Wort erwirkter Raum spricht den Menschen an, der sich in der Geschichte als durch die Handlung erwirkte Zeit sichtbar macht.

Das Verhältnis von Natur und Geschichte ist demjenigen von Epos und Drama analog. Die Zeit ist ein ›Lauf‹ der Handlung, der im griechischen δραμεῖν etymologisch angelegt ist. Durch den Lauf tritt das ἔπος, griechisch für ›Wort‹ und ›Rede‹, in eine neue Dimension, nämlich aus der räumlichen in die zeitliche. Durch innige »Vereinigung, Mittheilung und Gemeinschaft göttlicher Energien und Ideen« entfalten sich Hör- und Sichtbarkeit durch Bildung und Nachbildung.[32] Dass sich die ästhetische Kraft in Raum und Zeit analog der physischen verhält, ist ein unter den Zeitgenossen verbreiteter Gedanke;[33] für Hamann aber ergeben sich aus der gleichzeitig sichtbaren Gegenwärtigkeit und vorausweisenden Finalspannung des Dramas weitreichende Konsequenzen für die Auslegung der Hl. Schrift. Der gegenwärtige, hör- und sichtbare Gott, der sich uns in seiner grenzenlosen Freizügigkeit eröffnet, verbirgt sich notwendig in der Zeit. So muss das Vergangene und Künftige, ohne welche

---

[31] Für den Sokrates in Platons *Politeia* (III, 394b) erhalten wir ein Drama, wenn wir in einem Epos alles, was nicht Wechselrede ist, ›aufgeben‹ (καταλείπω).

[32] Johann Georg Hamann, Des Ritters von Rosencreuz letzte Willensmeynung über den göttlichen und menschlichen Ursprung der Sprache, [Königsberg: Kanter] 1770 [1772], 13f.; N III, 32: »Jede Erscheinung der Natur war ein Wort, – das Zeichen, Sinnbild und Unterpfand einer neuen, geheimen, unaussprechlichen, aber desto innigern Vereinigung, Mittheilung und Gemeinschaft göttlicher Energien und Ideen. Alles, was der Mensch am Anfange hörte, mit Augen sah, beschaute und seine Hände betasteten, war ein lebendiges Wort; denn Gott war das Wort. Mit diesem Worte im Mund und im Herzen war der Ursprung der Sprache so natürlich, so nahe und leicht, wie ein Kinderspiel [...].«

[33] Vgl. Eric Achermann, Im Spiel der Kräfte. Bewegung, Trägheit und Ästhetik im Zeitalter der Aufklärung, in: Simone de Angelis/Florian Gelzer/Lucas Marco Gisi (Hg.), Natur, Naturrecht und Geschichte. Aspekte eines fundamentalen Begründungsdiskurses der Frühen Neuzeit, Heidelberg: Winter 2010, 287–320; ders., Intensive Täuschung. Zur Ökonomie der Seelenkräfte in Lessings ›Laokoon‹, in: Friedrich Vollhardt/Jörg Robert (Hg.), Unordentliche Collectanea. Gotthold Ephraim Lessings ›Laokoon‹ zwischen antiquarischer Gelehrsamkeit und ästhetischer Theoriebildung, Berlin/Boston: de Gruyter 2013, 239–279.

eine jede Handlung bloße Tätigkeit bleibt, durch Vergleich in Zusammenhänge gebracht werden. Der Vergleich stellt nach Hören und Sehen die dritte Rezeptionshandlung dar, nämlich diejenige des Lesers, der zusammenliest, was zusammengehört. Das vorausgreifende und zurückschauende Lesen ist die große Aufgabe, welche die frohe Botschaft dem Menschen im Heilsgeschehen auferlegt. Auch die »einfältige Erzählung« wirft so »Strahlen«,[34] deren Licht vom Anbeginn herrührt und auf die große Zukunft des Heilsgeschehens vorausweist. Erst in dieser »Mannigfaltigkeit von Aussichten« erstrahlen die »Schönheiten«, die »unerschöpflich« sind.[35]

Zu Recht attestiert Johannes von Lüpke Hamann eine »theologische Dramaturgie«.[36] Diese Dramaturgie entwickelt sich im Spannungsverhältnis von Schauplatz und Handlung, von Hintergrund und Geschehen, wobei die volle Kraft des Spektakels erst durch den Fehler (ἁμαρτία; Aristoteles, *Poetik*, 13, 1453^{a}8), den Sündenfall, und die Lösung des Knotens (λύσις; ebd. 18, 1455^{b}24), die Erlösung, zur letzten Entfaltung kommt. Es mag so nicht erstaunen, dass es nicht etwa die Allegorie, sondern die Typologie ist, die Hamann zur hermeneutischen Grundfigur erhebt: Typologie nämlich verkennt weder den Literalsinn, noch den geradezu körperlichen Wirklichkeitsanspruch des Zeichens,[37] verbindet diese Zeichen als Spuren jedoch dergestalt, dass daraus sinnhafte Geschichte wird.[38] Die Verborgenheit Gottes rührt also vom Gesamt seines Entwurfs und Plans her. Als schriftstellernder Gott kennt er die Geschichte von Anfang bis zum Ende, noch bevor diese Geschichte war und ist. Als Poet weiß er jedoch auch die Spuren zu legen, damit der erkenntliche Leser inmitten der Handlung den Anfang bedenken und den Schluss erahnen kann.

---

34 HAMANN, Biblische Betrachtung[en] (s. Anm. 2), 95; N I, 36.

35 HAMANN, Biblische Betrachtung[en] (s. Anm. 2), 221; N I, 159: »was für eine Mannigfaltigkeit von Aussicht[en]; die so verschied[en] sind, mit was für Stärke sind alle gezeichnet, was für Reichthum, was für Seele, was für ein Licht in jedem Theil und in der Zusammensetzung in der Einigkeit des Ganzen!«

36 JOHANNES VON LÜPKE, Zur theologischen Dramaturgie in Hamanns Autorschaft, in: BERNHARD GAJEK (Hg.), Johann Georg Hamann. Autor und Autorschaft. Acta des sechsten Internationalen Hamann-Kolloquiums, Frankfurt a.M./Berlin: Peter Lang 1996, 305–329.

37 Vgl. ERIC ACHERMANN, Wie liest sich das Buch der Welt? Zu Buch und Büchern in der ›Continuatio‹, in: Simpliciana 36 (2014), 109–133, hier 119f.

38 GRÜNDER, Figur und Geschichte (s. Anm. 3), 134–143; FRITSCH, Communicatio idiomatum (s. Anm. 7), 31–34 sowie 59–61.

»Christ oder Poet. Wundern Sie sich nicht, dass dies Synonima sind«

Hamanns Vorbehalte gegenüber Klopstock in den Briefen des Jahres 1759

Hans Graubner

Die *Beziehungen* zwischen Theologie und poetischer Literatur zu bedenken, gehört zu den Arbeitsfeldern des mit dieser Festschrift Geehrten. Und einer seiner zentralen theologischen Bezugspunkte ist der zwischen Theologie, Philosophie und schöner Literatur mäandernde Johann Georg Hamann. So mag es in dieser Festgabe nicht unpassend sein, das problematische Verhältnis des Königsberger Sprachtheologen zu Klopstock, dem Erneuerer der deutschen Dichtersprache,[1] zu bedenken. Wegen des begrenzten Umfangs der Beiträge beschränke ich die Darstellung auf drei Briefe Hamanns aus dem Jahr 1759, in dem sich grundlegende Aspekte seiner Einschätzung Klopstocks herausbilden.[2]

1. Hamanns Kenntnis Klopstocks im Jahr 1759

Klopstocks Name fällt in Hamanns Briefen erstmals, als er im September 1758 Gottlob Immanuel Lindner, seinen Nachfolger als Hofmeister auf Grünhof in Kurland, bittet, ihm von seinen dort zurückgelassenen Sachen auch

---

1 Die Formulierung lehnt sich an den Titel eines noch immer grundlegenden Werks zu Klopstock an: Karl Ludwig Schneider, Klopstock und die Erneuerung der deutschen Dichtersprache im 18. Jahrhundert, Heidelberg 1960.

2 In der germanistischen Forschung überwiegt die Meinung, dass Hamann Klopstock hoch geschätzt habe. So Joachim Dyck, Athen und Jerusalem. Die Tradition der argumentativen Verknüpfung von Bibel und Poesie im 17. und 18. Jahrhundert, München 1977, 124. Hans-Georg Kemper, Deutsche Lyrik der frühen Neuzeit, Bd. 6/II: Sturm und Drang: Genie-Religion, Tübingen 2002, 32f., 78. Hans-Martin Lumpp, Philologia crucis. Zu Johann Georg Hamanns Auffassung von der Dichtkunst. Mit einem Kommentar zur ›Aesthetica in nuce‹, Tübingen 1970, 104. Zur Einschränkung dieser Auffassung vgl. Hans Graubner, »Der nächste Aeon wird wie ein Riese vom Rausch erwachen [...]« Herders frühe und folgenreiche Fehldeutung von Hamanns *Aesthetica in nuce*, in: Jahrbuch des Freien Deutschen Hochstifts 2009, 21–74, hier besonders 64–66. Die Vorgeschichte zu dieser Einschränkung soll der gegenwärtige Beitrag zeigen.

»Klopstocks Lieder«[3] zu überschicken.[4] Damit sind Klopstocks *Geistliche Lieder* gemeint, die gerade erschienen waren.[5] Auch die bis dahin publizierten Gesänge des *Messias* scheint Hamann zu kennen, erwähnt sie aber erst ein Jahr später und stuft sie nicht als Christusbotschaft, sondern als Heldendichtung ein.[6] In diesem für Hamann so wichtigen Sommer 1759 liest er dann die im *Nordischen Aufseher* im Vorjahr veröffentlichten poetologischen Aufsätze und vor allem die Ode »über die *Allgegenwart Gottes*«.[7] Diese Lektüre löst eine intensive Auseinandersetzung mit Klopstock aus. Sie ist in Hamanns Briefen vor und während der Abfassung der *Sokratischen Denkwürdigkeiten* bezeugt und findet auch in dieser großen Erstlingsschrift nach der Londoner Wende ihren Niederschlag.[8] Die Briefe zeigen neben einer noch schwankenden Beurteilung des Dichters doch auch schon eine Vorentscheidung für Hamanns Einstellung zu ihm.

2. »HEILIGES SCHAUDERN«

Den ersten Brief, der Klopstocks Arbeiten erörtert, schreibt Hamann am 16. und 20. Juli 1759 an seinen Freund, den Rigaer Domschulrektor Johann Gotthelf Lindner, den er an seinem theologischen Gärungsprozess in diesen Monaten ausführlich teilnehmen lässt. Hamann schreibt aus Trutenau, dem Land-

---

3 JOHANN GEORG HAMANN, Briefwechsel, hg. v. WALTHER ZIESEMER und ARTHUR HENKEL, Erster Band, Wiesbaden 1955 (künftig zitiert als »ZH I« mit Seiten- und Zeilenzahl), 254, 15.

4 Ungers Bemerkung, Klopstocks Name fehle »in den uns bisher vorliegenden Briefen Hamanns vor 1759 auffallenderweise noch ganz« (RUDOLF UNGER, Hamann und die Aufklärung. Studien zur Vorgeschichte des romantischen Geistes im 18. Jahrhundert, Jena 1911, Bd. 1, 202) ist zu korrigieren. Der Brief an G.I. Lindner steht auch in der Rothschen Ausgabe, die Unger benutzt: Hamann's Schriften, hg. v. FRIEDRICH ROTH, Erster Theil, Berlin 1821, 298.

5 FRIEDRICH GOTTLIEB KLOPSTOCK, Geistliche Lieder. Erster Theil, Kopenhagen u. Leipzig 1758.

6 Im Brief an G.I. Lindner vom 9. August 1759, der unten näher besprochen wird, nimmt er den Tod der Meta Klopstock zum Anlass, sich skeptisch über den Messiasdichter zu äußern: »Sollte es unserm Heldendichter auch so gehen, daß Seine Muse an der Meßiade unterläge?« (ZH I, 392, 27ff.).

7 Der nordische Aufseher, herausgegeben von JOHANN ANDREAS CRAMER, Erster Band, Kopenhagen und Leipzig 1758, 44. Stück, 389. Der Text des nordischen Aufsehers von 1758 ist zugänglich unter: https://books.google.de/books?id=BiUoAAAAYAAJ&printsec=frontcover&hl=de&source=gbs_ge_summary_r&cad=0#v=onepage&q&f=false. Die Ode »über die *Allgegenwart Gottes*« in der Erstfassung von 1758 steht auch in der noch unvollständigen hist.-krit. Ausgabe der Werke und Briefe Klopstocks, Bd. I, 1: Friedrich Gottlieb Klopstock: Oden, hg. v. HORST GRONEMEYER und KLAUS HURLEBUSCH, Berlin/New York 2010, 144–158.

8 JOHANN GEORG HAMANN, Sämtliche Werke, hg. v. JOSEF NADLER. Zweiter Band, Wien 1950 (künftig zitiert als »N II« mit Seiten- und Zeilenzahl), 66, 39; 74, 12–19.

sitz des Buchhändlers Kanter, wo er eine Art Sommerfrische verbringt. Die Eröffnung des Briefes ist grundlegend für seine Einstellung zur Natur mit ihrer Auswirkung auf seine Beurteilung Klopstocks. Er ergötzt sich keineswegs an den schönen »Scenen in der Natur«, sondern betrachtet lieber »Hogartsche Zeichnungen«, welche dem Menschen mit der Darstellung seines Elends, seiner Schwächen und Süchte einen Spiegel vorhalten. Hamann begründet diese Bevorzugung damit, dass er sonst »vielleicht in der gaukelnden Lüsternheit des Müßigganges« in der schönen Natur »ausschweifen« würde »ohne diesen moralischen Kappzaum von Betrachtungen«[9] der Zeichnungen Hogarths. Das Wort »Lüsternheit« schillert bei Hamann in vielen Facetten, immer aber liegt der Begriff der Verführung zugrunde, der im Sündenfall seinen Ursprung hat. Verführt wird zur Sündlosigkeit, zu Trugbildern der Reinheit, zur Unschuld, zur Verdrängung von Sinnlichkeit und Endlichkeit,[10] um der satanischen Versuchung zu folgen: Ihr »werdet sein wie Gott«.[11] In Bezug auf die schöne Natur sieht Hamann diese Verführung darin, dass der Mensch sich einbildet, im Genuss der Schönheit Gott selbst in der äußeren Natur wahrnehmen zu können und zu vergessen, dass solche Unmittelbarkeit im Sündenfall verloren wurde, weil der Mensch den unmittelbaren Gotteskontakt in der Schöpfung durch sein Selbstseinwollen aufkündigte. Hogarths Zeichnungen hingegen von der gebrechlichen Natur des Menschen können solche Verdrängung verhindern und vom Götzendienst an der Natur abhalten, den Hamann später in der *Aesthetica* scharf anprangert: »Jede Kreatur wird wechselsweise euer Schlachtopfer und euer Götze.«[12]

Mit dieser Einstellung trifft Hamann auf Klopstocks »*Ode über die Allgegenwart Gottes*«,[13] deren lyrische Qualität und Neuheit für ihn außer Frage steht. Doch in diesem Brief, in dem er Lindner über seine zustimmende Lektüre aller Klopstockschen Beiträge im ersten Band des *Nordischen Aufsehers* von 1758 berichtet, steht über diese Ode, die Hamann sehr beschäftigt hat, einstweilen nur der Satz, dass sie »sich ohne einem heil. Schaudern nicht lesen läßt.«[14] Das »heilige Schaudern« ist ein unscheinbar verändertes Zitat aus der Ode selbst. Klopstock sagt zweimal angesichts der Betrachtung der äußeren Natur: »Mit heiligem Schauer / Brech ich die Blum‘ ab!« und »Mit heiligem Schauer / Fühl ich das Wehn, [...] das Rauschen der Lüfte!« und er fügt dann jeweils hinzu: »Gott ist, wo die Blum‘ ist!« und: »Wo« die Lüfte »wehen, und

---

9 ZH I, 363, 31–35.

10 Vgl. hierzu: Hans Graubner, Origines. Zur Deutung des Sündenfalls in Hamanns Kritik an Herder, in: Bückeburger Gespräche über Johann Gottfried Herder 1988. Älteste Urkunde des Menschengeschlechts, hg. v. Brigitte Poschmann, Rinteln 1989, 108–132.

11 Gen 3,5.

12 N II, 206, 25.

13 ZH I, 367, 26.

14 ZH I, 367, 26f.

rauschen, / Ist der Ewige!«[15] Diese in Hamanns Augen angemaßte Direktheit einer Gottesbegegnung in der äußeren Natur muss ihm Anstoß erregt haben und als Wirkung der »gaukelnden Lüsternheit« der schönen Natur erschienen sein. Deshalb verwandelt er Klopstocks erhabene Ergriffenheit des »heiligen Schauers« in ein zurückschreckendes »heiliges Schaudern« und zwar nicht vor der Natur, sondern vor dieser Ode, die sich nicht scheut, solche sündenumgehende Gottesbegegnung als mögliche Erfahrung zu formulieren. In diesem Brief aber belässt Hamann es bei diesem kryptischen Satz, um erst einmal seiner Zustimmung zu anderen Veröffentlichungen Klopstocks im ersten Band des *Nordischen Aufsehers* Raum zu geben. Klopstock sei nicht nur ein großer Lyriker, sondern ein »eben so fürtreflicher prosaischer Schriftsteller«.[16]

Und doch ist es nicht so sehr die anerkannte Bedeutung Klopstocks als deutscher Gegenwartspoet und Kenner des poetischen Ausdrucks, die Hamann beschäftigt, ihm geht es vielmehr um Klopstocks Selbstverständnis und seine theologische Haltung, wie sie sich in seiner Ode und in den theoretischen Schriften äußern. Ein Signal in diese Richtung ist Hamanns Bemerkung zu Klopstocks Aufsatz *Von dem Publico.* Das Publikum, so beginnt Klopstock diesen Text, hat »diesen großen Namen« und »alle Ehrerbietung« nur dann »verdient«, wenn man es »von dem *großen Haufen* unterschiede«, der »sich es hat anmaßen wollen, mit zum *Publico* zu gehören.«[17] Durch diese Abtrennung vom »großen Haufen« bleibt, wie Hamann konstatiert, als Publikum nur noch »das Gelehrte«[18] übrig, nur dem gelehrten Publikum behalte Klopstock den »großen Namen« und »alle Ehrerbietung« vor. Das empfindet Hamann als ebenso unrealistisch wie für Klopstock kennzeichnend. »Dies Publicum«, so hält er dagegen: »was für ein Protheus ist es?«[19] Nimmt man Henkels Anregung für die ungewöhnliche Schreibweise auf, Hamann setze »in eigenwilliger Etymologie (Pro-Theos?) für Proteus«,[20] so schillert »Protheus« zwischen Wand-

---

15 Nordischer Aufseher (s. Anm. 7), 44. Stück, 393; auch in: Klopstock, Oden (s. Anm. 7), 148, 85–95.

16 ZH I, 367, 27f. Dies ist er in den Augen Hamanns vor allem deswegen, weil er seine Prosasprache vornehmlich an Luther anlehnt. »Luther, Opitz und Haller ist sein deutsches Triumvirat.« (ZH I, 367, 28). Zur Betonung und Anerkennung der poetischen Kompetenz Klopstocks gehört auch Hamanns Spott über seinen Freund, den Königsberger *poeta minor* Johann Friedrich Lauson, der »erschrack«, als er zur Kenntnis nehmen musste, »daß so ein Geist wie Klopstock« darüber nachdenkt, »wo eine so nichts bedeutende Interjection als das Ach! ist« (ZH I, S. 367, 33ff.) in einem poetischen Ausdruck zu stehen habe.

17 Nordischer Aufseher (s. Anm. 7), 49. Stück, 445; auch in: Friedrich Gottlieb Klopstock, Ausgewählte Werke, hg. v. Karl August Schleiden, Darmstadt 1962, 930. Dieser Aufsatz hatte im Erstdruck noch keinen eigenen Titel.

18 ZH I, 368, 1.

19 ZH I, 368, 4.

20 Zugänglich im Internet unter: Johann Georg Hamann – Briefe, hg. v. Arthur Henkel und Sybille Hubach: Kommentar und Register zu Johann Georg Hamann. Briefwech-

lungsfähigkeit und Gottesersatz, und Hamann präludiert damit seine Einschätzung des Publikums als Götze und dessen Verehrung als Götzendienst zu Beginn der gleichzeitig entstehenden *Sokratischen Denkwürdigkeiten.* Der erste Abschnitt dieser Schrift richtet sich »An das Publicum, oder Niemand, den Kundbaren«,[21] und mit einer Anspielung auf den ersten Satz von Klopstocks Publikumsaufsatz wird dieses Publikum angeredet:

> »*Du* führst einen Namen, und brauchst keinen Beweis *Deines* Daseyns. *Du* findest Glauben, und thust keine Zeichen denselben zu verdienen, *Du* erhältst Ehre und hast weder Begrif noch Gefühl davon.«[22]

Ein Götze, der »Niemand« ist, bedarf keines Gottesbeweises. Und ein »Niemand« merkt auch nichts von der Anbetung, die ihm entgegengebracht wird.

Nach der Feststellung, Klopstock lasse ausschließlich die Gelehrten als Publikum gelten, geht Hamann darauf ein, dass der Dichter dieses idealisierte Restpublikum »in *Richter* und *Kenner* eintheilt«.[23] Hamann hebt offenbar die beiden Ausdrücke besonders hervor, um sie über die gewöhnliche Bedeutung hinaus zu erweitern, denn er fährt mit dem merkwürdigen Urteil fort, Klopstock habe in diesem Aufsatz »seine eigene Geschichte mit dem bescheidenen Stoltz eines Richters und Kenners seiner eigenen Werke emblematisch erzählt.«[24] Er habe sich also »sinnbildlich«[25] zum Richter und Kenner seiner eigenen poetischen Kunst aufgeschwungen. Das hat Klopstock seiner eigenen Intention nach in dem Publikumsaufsatz gewiss nicht getan. Er hat vielmehr festsetzen wollen, was allgemein unter einem verständigen Publikum, das nur Richter und Kenner von Kunstwerken umfasst, verstanden werden sollte. Von seinen eigenen Werken ist dabei nicht die Rede. Wenn Hamann nun sagt, Klopstock habe in diesem Aufsatz durchaus nicht allgemein von Kunstrichtern und -kennern gesprochen, sondern »seine eigene Geschichte [...] erzählt«, in der er selbst als Richter und Kenner seiner eigenen Werke auftritt, dann hat das etwas zu tun mit Klopstocks hochmütigem Ausschluss des »großen Haufens« aus dem Publikum. Dadurch versuche er in Hamanns Sicht, die Gelehrten und damit sich selbst von dem niederen Teil des Publikums zu reinigen. Verbunden mit der gleichzeitigen Erhebung seiner selbst zum kom-

---

sel, Band 1–7, Insel-Verlag Frankfurt a.M. 1955–1979, 143, Kommentar zu Bd. 1, Brief Nr. 152, ZH I, 368, 4.

[21] N II, 59, 1–3.

[22] N II, 59, 6–9.

[23] ZH I, 368, 1. Über diese Idealisierung des gelehrten Publikums durch Klopstock macht Hamann sich wenig später gezielt lustig: »Nußknicker und galanthommes sind nicht das Klopstocksche Publicum. In seiner Sprache heist Nußknicker ein Richter und galanthomme ein Kenner.« (ZH I, 390, 34ff.)

[24] ZH I, 368, 2f.

[25] Nach Henkels Kommentar (s. Anm. 20), 143: »*emblematisch:* bedeutet hier sinnbildlich« (Kommentar zu Bd. 1, Brief Nr. 152, ZH I, 368, 3).

petenten Beurteiler seines Werks manövriere er sich mit dieser Selbstreinigung aber in die Position des einzigen »bescheidenen« Richters und Kenners hinein, der sein eigenes Werk beurteilen kann und darf, nämlich in die Position Gottes, der sich in die Schöpfung der Welt hinein erniedrigt hat – auf diese Kondeszendenz verweist das Wort »bescheiden« – und der als einziger Richter und Kenner von seinem Werke »mit bescheidenem Stoltz« urteilen darf, »daß es gut war«.[26] Hamann wittert in Klopstocks durchaus unbescheidener Selbstreinigung vom »großen Haufen« das Hervorbrechen der Ursünde der Eitelkeit, das Seinwollen wie Gott, in die der Mensch umso stärker hineingleitet, je mehr er sich von aller Niedrigkeit zu säubern sucht. Der Götzendienst am Publikum wandelt sich so zu einem Götzendienst an der eigenen Person.

3. »CHRIST ODER POET«

Dass Hamann die Witterung von Klopstocks Eitelkeit aufgenommen hat, hindert ihn aber durchaus nicht, vor allem in Klopstocks theoretischen Aufsätzen Einsichten und Formulierungen zu finden, die er schätzt, übernimmt, aber für sich umdeutet. Klopstocks Aufsatz *Von der besten Art über Gott zu denken* ist ein solcher Text, in den Hamann seine Vorstellungen hineinlegt. Er referiert zunächst Klopstocks drei Arten über Gott zu denken: »1.) nach metaphysischen Begriffen 2.) in Betrachtungen 3.) in Begeisterung«.[27] Nach Klopstock kommt der Mensch der dritten, obersten Stufe des Gottdenkens dann am nächsten, wenn die »*ganze* Seele« Gott empfindet, von ihm »so erfüllt« ist, dass sie nur noch »kurze Ausrufungen der Anbetung«[28] äußern kann. Diese letzte Stufe ist durchaus nach Hamanns Herzen. In seiner Deutung der drei Stufen erscheint der Gott Denkende deshalb »als ein Sophist«, als ein »Philosoph« und schließlich als »*Christ* oder *Poet*«. Mit der markanten Erläuterung »Wundern Sie sich nicht, daß dies Synonima sind«,[29] wird diese höchste Stufe ausgezeichnet. Eine solche Deckungsgleichheit der beiden Begriffe Christ und Poet gilt für Klopstock freilich nicht. Ihm geht es auch auf dieser höchsten Stufe darum, das Metier des Poeten von seiner Empfindung zu unterscheiden. Nicht die Gottbegeisterung ist schon Poesie. Diese entsteht erst, wenn es dem Poeten gelingt, aus den entzückten Empfindungen »einige mit Kaltsinn herauszunehmen und sie in kurze Sätze zu bringen«.[30] Das ist für Hamann anders. Nicht die poetische Kompetenz, sondern das Christsein entscheidet dar-

---

[26] Vgl. die jeweilige Schlussformel in den Versen Gen 1,10–25.

[27] ZH I, 367, 29f.

[28] Nordischer Aufseher (s. Anm. 7), 25. Stück, 218f.; auch in: FRIEDRICH GOTTLIEB KLOPSTOCK, Sämtliche Werke, Bd. 11, Leipzig (Göschen) 1823, 213f. Dieser Aufsatz hat im Erstdruck ebenfalls keinen Titel.

[29] ZH I, 367, 30f.

[30] Nordischer Aufseher (s. Anm. 7), 25. Stück, 219; auch in KLOPSTOCK, Sämtliche Werke (s. Anm. 28), 214.

über, was Poesie ist. Er übergeht Klopstocks poetologische Reflexion und das poetische Beispiel aus seinem Werk, das am Schluss des Aufsatzes die höchste Stufe des Gottdenkens belegen soll. Mit der Betonung, dass Christ und Poet Synonyma sind, beginnt Hamann den zeitgenössischen Poeten den Poesiebegriff zu entreißen und ausschließlich theologisch zu wenden. Poesie versteht er als geschenktes, gottnahes Sprechen des Menschen, empfangen von Gott selbst, denn dieser ist als Schöpfer und als wiederkehrender Erlöser der einzige Poet: »Der Poet am Anfange der Tage ist derselbe mit dem Dieb am Ende der Tage«.[31] Welche Art Poesie Hamann meint und mit diesem göttlichen Ursprung verbindet, macht der Brief dann sehr deutlich. Er rechnet zu dieser Poesie keineswegs die Oden Klopstocks oder gar dessen Messias. Vielmehr wird der wenig bekannte Prediger Johann Gangolf Wilhelm Forstmann hervorgehoben, dessen Erbauungstexte Hamann mehrfach in seinen Briefen rühmt. Er »kenne keinen größeren Redner unter den Neueren«.[32] Forstmann wird ausgezeichnet, weil er »das Amt eines Evangelisten« beispielhaft ausübt, das Amt

> »eines Engels, der nichts weniger und nichts mehr seinen Zuhörern zu sagen hat und weiß, als: Laßet euch versöhnen mit Gott und sie mit der Liebe, mit der Gewalt, mit der Niedrigkeit dazu ermahnet, als wenn er Christus selbst wäre.«[33]

Mit diesem Cento aus neutestamentlichen Bezugstexten, das der Brief noch weiterführt,[34] macht Hamann deutlich, wo er die Quelle der einzigen Poesie sieht, nämlich in Gott und Christus, im Schöpfer und im Versöhner. Und weil zu dieser Rede »jeder Christ geweyht und gesalbt«[35] ist, ist jeder wahre Christ genau dann Poet, wenn er spricht, »als wenn er Christus selbst wäre.« Klopstocks Texte gehören nicht dazu, denn aus ihnen spricht nicht die Demut eines Christen, sondern die Eitelkeit eines Poeten. Die Empfindungen, die sich im Hörer bei den Worten Christi bilden – Hamann hat dabei durchaus die dritte Stufe der Klopstockschen Art über Gott zu denken im Sinn und deutet sie auf Christus – »sind Empfindungen, die mit zu denen gehören, an die sich, wie Klopstock sagt, kein prosaischer Schriftsteller wagen kann noch darf.«[36] Ganz so sagt Klopstock das allerdings nicht. Hamann bezieht sich offenbar auf den Satz, mit dem Klopstock im *Nordischen Aufseher* die Ode »über die Allgegenwart Gottes« einleitet:

---

[31] N II, S. 206, 20f. mit Apk 16,15: »Siehe ich komme als ein Dieb! Selig ist, der da wachet ...«.

[32] ZH I, 368, 28.

[33] ZH I, 368, 30ff.

[34] HENKEL (s. Anm. 20) hat die Bezüge in seinem Briefkommentar aufgeführt: »Gal 1,8; 2 Ko 5,20; Co 1,20; 1 Pt 3,8; Jak 1,10; Phil 2,15; Jh 1,11; Mt 21,38; Mt 27,29; Rm 8,17« (Kommentar zu Bd. 1, Brief Nr. 152, 144, zu ZH I, 368, 30–369, 1).

[35] ZH I, 368, 34.

[36] ZH I, 369, 2f.

> »Es giebt Gedanken, die beynahe nicht anders als poetisch ausgedrückt werden können; oder vielmehr, es ist der Natur gewisser Gegenstände so gemäß, sie poetisch zu denken, und zu sagen, daß sie zu viel verlieren würden, wenn es auf eine andere Art geschähe. Betrachtungen über die *Allgegenwart Gottes* gehören, wie mich deucht, vornämlich hierher.«[37]

Hamann nimmt diesen eher poetologisch gemeinten Satz theologisch beim Wort. Sicher hat er zugleich auch Klopstocks nüchtern-poetologische Wendung desselben Sachverhalts im Auge: »Daß es Gedanken und Empfindungen [...] giebt, die allein in der Poesie; und andre, die nur in Prosa gebraucht werden müssen«.[38] Hamann »radikalisiert« diesen Gedanken Klopstocks, wie Henkel sagt.[39] Und es ist in der Tat eine Radikalisierung, nämlich die Hamannsche Zurückführung der Poesie auf ihre Wurzel, auf die Poesie Gottes, die noch unangetastet ist von den poetischen Fiktionen menschlicher Eigenmächtigkeit durch Einbildungskraft und Verstand. Solche Empfindungen sind nicht gemacht, sondern allein empfangen. Sie unterliegen nicht dem Mimesis-Credo der zeitgenössischen Ästhetik: »Wer kann Dinge nachahmen, die durch keinen von den fünf Sinnen geschöpft werden können.«[40] Hamann zielt hier nicht auf die Anrede Gottes in der Schöpfung, sondern auf die postlapsarische Ebenbildlichkeit des Menschen, die er mit Kol 1,15 als erniedrigten Christus *in uns* begreift,[41] von dem her allein die Anrede Gottes unverstellt wahrgenommen werden kann.

> »Dies sind Empfindungen, die in kein ander Feld gehören, als in die Poesie, und in keiner andern als der Göttersprache allein ausgedruckt [sic!] werden können. Sie kommen aus dem Munde Gottes und gehen in Gottes Ohr zurück.«[42]

Wie solche Empfindungen, die allein von dem Poeten Gott ausgelöst werden können, dem Menschen zuteilwerden, erläutert Hamann mit dem Traum Jakobs. Es sind

> »Gedanken, die der Christ im Schlummer und in den Träumen *seiner Ruhe* – mitten unter den Gefahren der Nacht und eines offenen Feldes – ungeachtet des Steines, des harten Polsters wie Engel auf der Leiter Jakobs von Gott und zu Gott steigen sieht.«[43]

---

37 Nordischer Aufseher (s. Anm. 7), 44. Stück, 389; auch in: Klopstock, Oden (s. Anm. 7), 144, 2–9.

38 Nordischer Aufseher (s. Anm. 7), 26. Stück, 224f.; auch in: Klopstock, Ausgewählte Werke (s. Anm. 17), 1019.

39 Henkel (s. Anm. 20), Kommentar zu Bd. 1, Brief Nr. 152, 144, zu ZH I, 369, 2f.

40 ZH I, 369, 4. Henkel sieht hier mit Recht eine Anspielung auf 1 Kor 2,9. Vgl. Henkel (s. Anm. 20), 145.

41 Hamann, Aesthetica in nuce, N II, 207, 2f. mit Hamanns Anm. 36.

42 ZH I, 369, 5ff.

43 ZH I, 369, 8–12, mit Gen 28,12.

4. Träumen oder Wachen

Um die Rolle des Traums in dieser seiner Kurzanthropologie eines Christen zu erläutern, lässt Hamann sich anregen von den ersten Sätzen in Klopstocks Aufsatz *Von der besten Art über Gott zu denken.* Klopstock teilt dort das Leben ein »in eigentlichen Schlaf, in Schlummer, und in wirkliches Wachen«. Über den »eigentlichen Schlaf« lässt er sich nicht weiter aus, der »Schlummer« ist derjenige Zustand, der die »*äußerste Geschäftigkeit*« nicht ausschließt, in welchem »die Seele« aber nur »um des Leibes willen[,] da zu seyn scheint«. Das »*wirkliche Wachen*« ist hingegen der »glückliche Zustand unserer Seele, da wir *Gott denken*« oder seine Gebote »*thun*«.[44] Hamann übernimmt diese Einteilung und verändert sie:

> »Den Begriffen des Klopstocks zu Folge besteht das physische Wachen in demjenigen Zustande eines Menschen, da er sich seiner selbst bewust ist; dies ist aber der wahre Seelenschlaf. Unser Geist ist nur alsdenn wachend anzusehen, wenn er sich *Gottes bewust,* ihn *denkt* und *empfindt*«.[45]

Hamann nimmt Klopstocks Unterscheidung zwischen wirklichem Wachen und Schlummer auf, legt aber den Akzent auf das Bewusstsein des Menschen in diesen Zuständen. Sich »seiner selbst bewust« sein ist der »wahre Seelenschlaf«, und nur wenn der Mensch sich »Gottes bewust« ist, kann er als »wachend anzusehen« sein. Hamann setzt also ausdrücklich das Gottesbewusstsein dem Selbstbewusstsein entgegen, dem seit dem Sündenfall immer die Gefahr der Selbstüberhebung und Gottvergessenheit innewohnt, und das deshalb als der »wahre Seelenschlaf« aufzufassen ist.

> »Ein Mensch der in Gott lebt wird sich daher zu einem natürlichen Menschen verhalten, wie ein wachender – zu einem schnarchenden im tiefen Schlaf – zu einem Träumenden – zu einem Mondsüchtigen.«[46]

Klopstocks Dreiteilung erweitert Hamann zur Vierteilung. Es gibt den wachenden, in Gott lebenden Menschen und den »natürlichen Menschen« als den Schlafenden. Dieser wird jetzt in den im Tiefschlaf Schnarchenden, den Träumenden und den Mondsüchtigen eingeteilt. Der Tiefschlaf »ist dem Tode am nächsten ohne alles Nachdenken, ohne alle Thätigkeit.«[47] Ihn verfolgt Hamann nicht weiter, aber Klopstocks Schlummer als die natürliche Seelenlage des Menschen, gliedert er in den Träumenden und den Mondsüchtigen. Mit dem Träumenden bestimmt er die Lage des Menschen, der wie Jakob für das Bewusstsein Gottes empfänglich ist. Ein solcher ist auch Joseph, »an dem Jakobs

---

[44] Nordischer Aufseher (s. Anm. 7), 25. Stück, 213; auch in: Klopstock, Sämtliche Werke (s. Anm. 28), 207.

[45] ZH I, 369, 13–16.

[46] ZH I, 369, 19ff.

[47] ZH I, 369, 22f.

und Gottes Seele wohlgefallen hatte«,[48] oder »jeder Gefangene in Zion, den der Herr erlöset«.[49] Dieser Träumende hat so sehr den, »Mund voll Lachens – die Zunge voll rühmens: daß ihn die Welt [...] unter die Narren zählt oder wie einen Großprahler verachtet.«[50] Trotz seiner Offenheit für das Bewusstsein Gottes bleibt aber auch dieser Träumende als natürlicher Mensch ein Schlafender. Zum Gottesbewusstsein erwachen kann auch er nicht aus eigener Kraft, sondern muss durch Gott selbst gerufen werden, der allein »das Machtwort« spricht: »Wache auf, der Du schläfst«.[51] Das richtet sich auch gegen Klopstock, der für Hamann allzu selbstsicher über Wachen und Schlafen Bescheid weiß.

Mit dem Mondsüchtigen aber hat Hamann eine Metapher gefunden, mit der er im Blick auf seine Zeitgenossen den Schlaf des eingebildet Selbstbewussten charakterisieren kann:

> »Der Mondsüchtige ist vollends das Bild eines praktischen, geschäftigen Manns, der mit aller Vorsichtigkeit, Ueberlegung und Zusammenhang redet, handelt, gefährlichen [sic!] Unternehmungen mit mehr Sicherheit ausführt als er mit offenen Augen thun *könnte* und thun *würde*.«[52]

Solche »Mondsüchtigen«, die, überzeugt von sich selbst und ihrer Eigenmacht, die Welt nach ihren Vorstellungen einzurichten glauben und sich der Gefahr solchen Lebens in Fiktionen nicht bewusst sind, merken gar nicht, dass sie sich von ihrer Eitelkeit, von der »wandelbare[n] Gestalt« und dem »Geschmack des [Götzen] Publici und des Jahrhunderts und des öffentlichen Ruhms und Beyfalls«[53] abhängig machen. Sie bedürfen nicht nur des göttlichen Weckrufs wie die Träumer, sondern der göttlichen Heilung. Für sie gilt:

> »Ich der Herr bin Dein Artzt. Drey Krankheiten, mit denen er sich am meisten abgab: die Beseßenen, die Mondsüchtigen, die Gichtbrüchigen zählt Mattäus, und er machte sie alle gesund.«[54]

Dieser erste Brief der intensiven Auseinandersetzung mit Klopstock zeigt, wie Hamann zwischen Anregung und Ablehnung schwankt. In den Sommermonaten vor und während der Ausarbeitung der *Sokratischen Denkwürdigkeiten*, in

---

[48] ZH I, 370, 15f.

[49] ZH I, 370, 16f. mit Ps 126,1: »Wenn der Herr die Gefangenen Zions erlösen wird, so werden wir sein wie die Träumenden.«

[50] ZH I, 370, 17ff. mit Ps.126, 2: »Dann wird unser Mund voll Lachens und unsere Zunge voll Rühmens sein.«

[51] ZH I, 370, 7ff. mit Eph 5,14.

[52] ZH I, 369, 31–34.

[53] ZH I, 370, 20f.

[54] ZH I, 370, 22ff. mit Ex 15,26: »denn ich bin der Herr, dein Arzt« und Mt 4,24. Wieder sieht Hamann Gott und Christus in eins und lässt Gott nur durch Christus dem Menschen zugänglich sein.

der Anspannung durch die Rückbekehrungsattacken von Berens und der ersten Auseinandersetzung mit Kant bleibt Klopstock für Hamann als eine Art theologischer Reibungsfläche präsent.

5. »Golgatha sein Musenberg«

Den zweiten einschlägigen Brief schreibt Hamann drei Wochen später, am 9. August 1759, an seinen Nachfolger auf Grünhof, an Gottlob Immanuel Lindner, den Bruder des Rigaer Domschulrektors, dem er erste Brief galt. Hamann lobt wieder die poetologischen Aufsätze Klopstocks im *Nordischen Aufseher*, »desgl. wir wenige haben über den poetischen Ausdruck und Period.« Dann aber folgt ein erneutes, jetzt subtileres Eingehen auf die »Ode über die Allgegenwart«.[55] Hamanns »Schauder« vor dieser Ode hat sich zu dem Entschluss gewandelt, sie in seinem Sinne christologisch umzudeuten. Er schreibt für Lindner die Ode ab, lässt aber den gesamten ausgedehnten Mittelteil beiseite, der in angemaßter Direktheit die Allgegenwart des Schöpfergottes in der Natur physikotheologisch wahrzunehmen glaubt und in Hamanns Augen die sündige Natur des Menschen und ihre Erlösungsbedürftigkeit vernachlässigt. Deshalb gibt seine Abschrift nur die erste und die letzte Strophe der Ode wieder, die den mit dem Tode ringenden Jesus im Garten Gethsemane anrufen.[56] Die erste Strophe beginnt mit »Als du mit dem Tode gerungen / Mit dem Tode!«[57] und endet mit dem Hinweis auf die sündige Schwachheit des Menschen: »Willig ist eure Seele; / Allein das Fleisch ist schwach!«.[58] Bevor Hamann die letzte Strophe zitiert, interpretiert er die ganze Ode auf seine Sicht hin: »Golgatha sein [Klopstocks] Musenberg; und der am Creutz der Schlüßel aller göttl. Eigenschaften, besonders der Allgegenwart.«[59] Klopstocks poetisches Credo sei also, wie das Hamanns, der Gekreuzigte, der Erniedrigte. Nur von ihm her, der die Schwachheit des Menschen auf sich nimmt, sei Gottes Allgegenwart auch in der Schöpfungsnatur zu verstehen, die für Hamann als erste Inkarnation gilt, als Selbsterniedrigung Gottes um der Menschen willen.

---

[55] ZH I, 394, 36f.

[56] Hamann fasst die beiden letzten Strophen der Ode in eine zusammen (ZH I, 395, 19–30).

[57] Nordischer Aufseher (s. Anm. 7), 44. Stück, 389; auch in: Klopstock, Oden (s. Anm. 7), 144, 10f. Hamann schreibt irrtümlich »Der« statt »du«. Er wollte vermutlich das »du« groß schreiben und veränderte dabei das Wort, das jetzt grammatisch nicht mehr in den Kontext passt (ZH I, 395, 1f.).

[58] Nordischer Aufseher (s. Anm. 7), 44. Stück, 389; auch in: Klopstock, Oden (s. Anm. 7), 144, 22f. mit Mt 26,41. Hamann lässt das Semikolon hinter »Seele« weg (ZH I, 395, 13).

[59] ZH I, 395, 15f.

Hamann fährt fort: »Mit *Flügeln der Morgenröthe* wagt er [Klopstock] sich in dies Meer«[60] der göttlichen Allgegenwart. Das ist eine Anspielung auf den 139. Psalm, der die Flügel der Morgenröte als Fluchtmittel vor der Allgegenwart Gottes an das »äußerste Meer«[61] begreift, wenn der Mensch der göttlichen Andringlichkeit zu entgehen versucht und fragt: »wo soll ich hinfliehen vor deinem Angesicht?«[62] Damit deutet Hamann den ganzen ausgelassenen Mittelteil der Ode mit dem Höhenflug einer direkten Gotteswahrnehmung in der Natur als Flucht vor dem erniedrigten Gott-Christus und das heißt: vor der eigenen Sündennatur.[63] Aber, und das ist die Pointe der Auslassung und des bloßen Zitats der beiden Eckstrophen der Ode, auch Klopstock muss die Einsicht des Psalms vollziehen: »Führe ich [auf meiner Gottesflucht] gen Himmel, so bist du da«, und »Bettete ich mir in die Hölle, siehe, so bist du auch da.«[64] Die beiden christologischen Strophen am Rande der Ode bezeugen diese Notwendigkeit. Klopstock »fällt« am Schluss des Gedichts, wie Hamann schreibt: »in eben den Ton, aus dem er seinen Gesang angefangen«,[65] in den Christus-Ton.[66] Die Schlussstrophe ist für Hamann deswegen besonders wichtig, weil sie die besondere Christusnähe hervorhebt: »Der für mich mit dem Tode rang! [...] Der ist *in mir*!«[67] Anders als Klopstock unterstreicht Hamann das »in mir«,[68] weil ihm nur der Christus in uns die Allgegenwart Gottes verbürgt und nicht die Schönheit der äußeren Natur. Mit dieser Deutung der Ode ist das Feld bereitet, mit dem Hamann jetzt auch abschließend den physikotheologischen Zentralvers der Ode zitieren kann, der vor drei Wochen noch seinen »Schauder« ausgelöst hatte.[69] »Mit heiligem Schauer / Brech ich die Blum' ab! [...] Gott ist, wo die Blum' ist!«[70] Hamann nimmt den letzten Vers aus der Stro-

---

60 ZH I, 395, 16f.

61 Ps 139, 9/10: Nähme ich Flügel der Morgenröte und bliebe am äußersten Meer, so würde mich doch deine Hand daselbst führen und deine Rechte mich halten.«

62 Ps 139, 7.

63 Denselben Sachverhalt hat Hamann im Auge, wenn er an einer Kernstelle der *Sokratischen Denkwürdigkeiten* gegen Klopstocks Dichtkunst einwendet: »Die Einbildungskraft, wäre sie ein *Sonnenpferd* [des Dichtergotts Apollo] und hätte Flügel der Morgenröthe, kann also keine Schöpferinn des Glaubens seyn.« (N II, 74, 17ff.)

64 Ps 139, 8.

65 ZH I, 395, 18.

66 Zu diesem Ton gehört auch die letzte Strophe Klopstocks, die Hamann deshalb mit der vorletzten in eins fasst. Klopstock schließt mit dem Stoßgebet des im Wasser versinkenden Petrus: »Ich sinke! / Hilf mir, mein Herr! und mein Gott!«. Nordischer Aufseher (s. Anm. 7), 44. Stück, 400; auch in: Klopstock, Oden (s. Anm. 7), 158, 215f. ZH I, 295, 29f.

67 ZH I, 395, 19–23. Nordischer Aufseher (s. Anm. 7), 44. Stück, 399; auch in: Klopstock, Oden (s. Anm. 7), 158, 205–209.

68 ZH I, 395, 23.

69 Vgl. oben, 3.

70 ZH I, 395, 33–36. Nordischer Aufseher (s. Anm. 7), 44. Stück, 393; auch in: Klopstock, Oden (s. Anm. 7), 148, 85–88.

phe heraus, tilgt die Elision des »e« in »Blume«, streicht das Ausrufezeichen und lässt die Zeile als Prosasatz seinen Brieftext fortsetzen, als wolle er andeuten, dass es für sein poetisches Verständnis dieses Satzes keiner Maßnahmen menschlicher Poesie bedürfe: »Gott ist, wo die Blume ist.« schreibt er und fährt lakonisch fort: »Er nahm es der Maria nicht übel, daß sie Ihn für den Gärtner ansahe«.[71] Als Maria den Auferstandenen am Grabe erblickte, so heißt es bei Johannes, »meinet [sie], es sei der Gärtner«.[72] Christus als »Gärtner« verstehen heißt die Natur als Pflege- und Hegewerk Christi auffassen, zu dem nur durch ihn hindurch ein Zugang zu gewinnen ist. Mit diesem geistreichen Deutungseinfall gelingt es Hamann, Klopstocks physikotheologische Naturanbetung christologisch zu wenden. Denn wenigstens für sich selbst und seinen Briefpartner hat Hamann durch diese Wendung seinen anfänglichen »heiligen Schauder« vor Klopstocks Götzendienst in einen »heiligen Schauer« vor der Gegenwart Christi verwandelt.

6. »Lauf nicht zu den Menschen«

Ein dritter Brief, der von Hamanns Beschäftigung mit Klopstock im Sommer 1759 zeugt, ist gleichzeitig mit dem eben besprochenen oder wenig später geschrieben. Hamann richtet ihn an seinen jüngeren Bruder, der unter Rektor Lindner als Kollaborator an der Domschule in Riga arbeitet. Hamann möchte den literarisch interessierten und den Zeitströmungen offenen Bruder in der Bahn evangelischer Frömmigkeit halten. Dazu wählt er auch Klopstocks *Ode über den Allgegenwärtigen*, die der Bruder offenbar kennt und schätzt. Er mahnt diesen: »Lauf nicht zu den Menschen, wenn sie auch Hohepriester wie Eli wären«.[73] Das ist eine Anspielung darauf, dass der junge Samuel, als er im Tempel dreimal von Gott angerufen wird, dreimal zum Priester Eli läuft, in der Meinung, es sei dessen Stimme gewesen, die nach ihm rief.[74] Erst nach dem dritten Mal versteht Samuel den Unterschied zwischen der Priesterstimme und der Stimme Gottes, die sich in dieser Geschichte ausdrücklich gegen den Priester richtet. Hamann wünscht, dass sein Bruder wie Samuel diese Stimmen zu unterscheiden lernt und ruft ihm zu: »es ist Gottes Stimme. Höre; was Er redet«,[75] und nicht, was Menschen reden. Wie schwierig diese Unterscheidung besonders dann ist, wenn die Menschenstimme von Gott redet, zeigt die Fortsetzung. Hamann schreibt: »Der rollende Donner, der lispelnde Bach [...] sind Zungen seiner Eigenschaften«.[76] Sind solche »Zungen« der Natur Menschen- oder Gottesrede? Die Antwort wird deutlich, wenn man die Naturbei-

---

[71] ZH I, 395, 36f.
[72] Joh 20,15.
[73] ZH I, 401, 10f.
[74] 1 Sam 3,5-8.
[75] ZH I, 401, 11. Hamann betont das »Er« durch Großschreibung.
[76] ZH I, 401, 10ff.

spiele als Zitate aus dem von Hamann verworfenen physikotheologischen Mittelteil der Klopstockschen Ode identifiziert. Dort heißt es, dass es nur »Wenige« gibt, »Deren Aug in der Schöpfung / Den, der geschaffen hat, sieht! / Wenige, deren Ohr / [...] Im Donner, der rollt, / Oder im lispelnden Bache, / Den Unerschaffnen hört!«[77] In welchem Sinne sind der »rollende Donner« und der »lispelnde Bach« redende »Zungen« von Gottes »Eigenschaften«? Im vorigen Brief hatte Hamann nicht von »Zungen seiner Eigenschaften«, sondern vom »Schlüßel aller göttl. Eigenschaften, besonders der Allgegenwart« gesprochen und davon, dass »der am Creutz« dieser Schlüssel sei.[78] Zwischen »Zungen« und »Schlüssel« liegt die Differenz zwischen Menschen- und Gottesstimme, wie die nächsten Sätze des Briefes deutlich machen. Sie beziehen sich auf Verse der Ode, die Hamann wohl als ungeheuerlich empfand: »Was sind diese selbst den Engeln / Unzählbare Welten / Gegen meine Seele!«[79] An die Stelle dieser Klopstockschen Selbsterhöhung der menschlichen Seele[80] setzt Hamann die Liebe Gottes in seinem erniedrigten Sohn:

> »Was sind alle Sonnen und Erden mit ihrer Harmonie; und die Sprache der Morgensterne unter Engeln und Menschen. Ein tönend Erz – gegen die Liebe, die aus dem Blute Seines Sohnes, Unsers Bruders, des Lammes, das von Anfang der Welt für Uns geschlachtet worden, redet«.[81]

Die »Zungen« von Gottes »Eigenschaften«, die allein die Natur als dessen Werk bejubeln, gehen also an Gottes Stimme vorbei und werden herabgestuft zu dem leer »tönend Erz« der »Menschen-« und »Engelszungen« aus 1 Kor 13, 1, die »der Liebe nicht« haben. Und mit dem Hinweis, dass es die »Sprache der Morgensterne« ist, die in solchen Zungen redet, macht Hamann klar, dass Lucifer selbst zu solch liebloser Rede verführt, die den erlösungsbedürftigen Menschen ignoriert. Jetzt wird Hamanns Mahnung an den Bruder verständlich: »Lauf nicht zu den Menschen, wenn sie auch Hohepriester wie Eli wären«. Er soll nicht auf solche Gottesredner wie Klopstock hören, der so selbstsicher und direkt Gott aus der Natur zu erfassen glaubt und dem Hohenpriester Eli gleicht, an dem die Stimme Gottes vorbei geht. Eli erwies sich schon zu Beginn des ersten Buches Samuel als unfähig, den Gottesbezug in Hannas Gebet, Gott möge ihr einen Sohn schenken, zu verstehen. Denn »allein ihre Lippen regten sich, und ihre Stimme hörete man nicht. Da meinte Eli, sie

---

77 Nordischer Aufseher (s. Anm. 7), 44. Stück, 391; auch in: Klopstock, Oden (s. Anm. 7), 146, 43–50.

78 ZH I, 395, 15f. Vgl. oben 11.

79 Nordischer Aufseher (s. Anm. 7), 44. Stück, 395; auch in: Klopstock, Oden (s. Anm. 7), 152, 118–120.

80 Dieser Gedanke ist der Grund, weshalb Klopstock allmählich die in diesem Gedicht noch spürbare Physikotheologie aufgibt.

81 ZH I, 401, 13–16.

wäre trunken.«[82] Hamann wendet diese Stelle auch gegen seine Freunde in Riga, die seiner neuen religiösen Einstellung mit Unverständnis und Ablehnung begegnen. Er schreibt später an J.G. Lindner:

> »hatte *Eli* unrecht, der Hanna für eine trunkene ansahe: sollte mein Freund der HErr Rector Lindner in Riga *nicht auch irren* können, der ohne Leidenschaft sich zutraut das und das menschliche Herz immer treffen zu können.«[83]

Das Selbstbewusstsein, mit dem Hamanns Freunde ebenso wie Klopstock über das »Θειον« zu verfügen glauben, fällt für Hamann unter die Haltung der »Welt« aus seinem vorigen Brief, die denjenigen als »trunken« ansieht und »unter die Narren zählt«, der mit einem »Mund voll Lachens« und »rühmens« von Gott träumt.[84]

7. Fazit

Die Schärfe der Aussagen über Klopstock ist im Entscheidungsjahr 1759 auch aus Hamanns damaliger biographischer Situation zu verstehen, in der seine Freunde ihn in die Ecke eines unvernünftigen christlichen Schwärmers zu drängen versuchen und damit den Gegenschlag der *Sokratischen Denkwürdigkeiten* provozieren. Aber gerade diese Situation macht Hamann hellhörig für die Nebentöne der Klopstockschen poetischen Religiosität, in der er deutlich die kommende, in seinen Augen luciferische Kunstreligion voraussieht, welche den christlichen Glauben zu vertreiben droht.

In Hamanns späterem Werk werden Klopstocks Arbeiten vielfach thematisiert und kommentiert. Darauf ist hier nicht mehr einzugehen. Wohl aber ist festzuhalten, dass die in den frühen Briefen zum Ausdruck kommenden theologischen Vorbehalte Hamanns auch bei all seinen späteren Äußerungen zu Klopstock vorauszusetzen und zu bedenken sind.

---

[82] 1 Sam 1,13.

[83] ZH II, 72, 12–15.

[84] ZH I, 370, 17ff. Vgl. oben, 10.

»Keine Lektüre für Jünglinge«

Philosophisch-theologische Brocken zu Schelling und Hamann

Christian Brouwer

In seinen Münchner Vorlesungen zur *Geschichte der neueren Philosophie* stellt Schelling Hamann seinen Zuhörern als Autor vor, dessen Schriften »die wichtigste Bereicherung sind, welche die Literatur in der letzten Zeit erhalten«,[1] deren Lektüre aber nicht für Jünglinge, sondern allein »für Männer«[2] zu empfehlen sei, weil sie »mannichfaltige Gelehrsamkeit« und »tiefere Erfahrung«[3] erfordere. Jedoch ist das Verhältnis der beiden derart beschaffen, dass es gerade kein *Verhältnis* ist. Schellings Gedankenentwicklung ist von Hamann nicht eigentlich abhängig,[4] gleichwohl wird seine philosophisch-theologische Entwicklung in ihrer entscheidenden Phase von Hamanns Schriften begleitet. Vermittelt durch Jacobi hat Schelling ab 1807 die Texte des Königsbergers kennengelernt, die ihm überlassene Sammlung von Briefen, die er »[n]ur in den schönsten und freiesten Stunden und mit recht bewußter Wollust«[5] genießen wollte, hat ihm dabei zu tieferer Einsicht in jenes Denken verholfen, das fortan »Prüfstein seines eigenen Verständnisses«[6] war. Schelling hatte in Hamann einen Zeugen für sein eigenes Denken gefunden. Dieser Zeugenschaft in einigen Spuren nachzudenken ist die Aufgabe, die sich die folgenden Überlegungen gestellt haben.

---

1 Friedrich W.J. Schelling, Sämmtliche Werke, hg. v. Karl F. August Schelling, 2 Abteilungen, Stuttgart/Augsburg 1856–61, [SW] I/10, 170.

2 A.a.O., 171. »Männer« ist im Zitat selbstverständlich als *alters*spezifische Qualifizierung zu verstehen.

3 Ebd.

4 Auch wenn es sich aus chronologischen Gründen verbietet, nach einer Beeinflussung von Hamanns Schriften durch Schelling zu fragen, ist zumindest rezeptionshermeneutisch Schellings Bemerkung, »manche Aeußerungen *Hamann's*« hätten durch Schellings Philosophie der Mythologie »einen unerwarteten und ungeahndeten Sinn erhalten«, bemerkenswert. (Aus Schellings Leben. In Briefen, hg. v. Gustav L. Plitt, 3 Bände, Leipzig 1869/70 [Nachdr. Hildeshein/Zürich/New York 2003; im Folgenden: Plitt], Band III, 138).

5 Plitt II, 146f.

6 SW I/10, 171.

1. PASSIVE VERNUNFT

Schellings Hamann-Würdigung in den *Vorlesungen* ist eingebettet in den (weitaus längeren) Abschnitt über Jacobi, von dessen Lektüre Schelling den jungen Menschen gleichermaßen abrät, jedoch aus entgegengesetztem Grunde: Jacobis Entgegensetzung von Vernunft und Glaube, die sich im Bild des *salto mortale*[7] manifestiert, verleite zum Schwärmertum. Hamann hingegen hält die widerstreitenden Kräfte von Vernunft und Glaube zusammen; Philosophie ist Idealismus *und* Realismus[8] und weicht daher der Schwere des Konkreten nicht aus, sondern erlaubt diesem, sich wieder zu erheben.[9] Die Vernunft, davon sind Hamann und Schelling gleichermaßen überzeugt, bleibt auf ihr anderes bezogen, nämlich auf ihre vernunft- und verstandesmäßig nicht einholbare Quelle: der Verstand wird allererst aus dem Verstandlosen »geboren«[10]. Vernunft ist wesentlich *passiv* und *rezeptiv*,[11] ein *a priori* ist ebensowenig vorstellbar wie ein Vernunftsystem. Vielmehr muss Vernunft immer bezogen auf ihren Grund und auf die konstellativen Elemente, in denen sie sich bewegt (Sprache, Natur, etc.), gedacht werden. So ist Hamanns *Stil* zu verstehen, und so auch Schellings später Verzicht auf ein *System* zugunsten der Konstellation von negativer und positiver Philosophie, als deren Zentralbegriff das *Unvordenkliche* fungiert, das in Schellings Brief an Dorfmüller in offensichtlicher Nähe zu Hamann auftaucht als Ausdruck, der Schelling »so eigen ist«,[12] dass Schelling ihn in Dorfmüllers Rezension zu Georges Mythe und Sage[13] lieber nicht lesen möchte.

Das Außer-sich-Sein der Vernunft bei ihrem Anderen und damit die Selbstpreisgabe des Ich auf Letztbegründungsanspruch fasst Schelling in dem Ausdruck *Ekstase*. Dabei widersteht er dem Versuch, den Begriff mit allerlei umgangssprachlichen Bedeutungen aufzuladen und denkt ihn in aller Nüchternheit. »Ekstase steht für die inkommensurable Dimension einer das Subjekt

---

7 Vgl. FRIEDRICH HEINRICH JACOBI, Über die Lehre des Spinoza in Briefen an den Herrn Moses Mendelssohn (PhB 517), Hamburg 2000, 26.

8 Vgl. ZH VII, 165; SW I/7, 356.

9 Vgl. JASON M. WIRTH, The Conspiracy of life. Meditations on Schelling and his time, New York 2003, 54.

10 SW I/7, 303f. Dazu KNUT WENZEL, Ekstase statt Diskurs? Schelling und die (Un-) möglichkeit, das Absolute zu denken, in: JOCHEN SCHMIDT/HEIKO SCHULZ (Hg.), Religion und Irrationalität. Historisch-systematische Perspektiven (RPT 71), Tübingen 2013, 41–56, 53.

11 Vgl. HARALD STEFFES, »Eine gehörige Verteilung von Licht und Schatten«. Johann Georg Hamann zwischen Rationalismus und Irrationalismus, in: SCHMIDT/SCHULZ (Hg.) (s. Anm. 10), 1–28, 5, mit Bezug auf BW 112. WIRTH (s. Anm. 9), 60 verweist im Hinblick auf die Rezeptivität der Vernunft auf die Verwandtschaft der Gedanken der Empfindung (Hamann) und der Mitwissenschaft (Schelling).

12 PLITT III (s. Anm. 4), 139.

13 Vgl. Münchner Gelehrte Anzeigen 12 (1841), 9–16.

restlos in Anspruch nehmenden Dynamik des Absoluten.«[14] In dieser Ekstase vollziehen sich bei Schelling zwei Bewegungen: zum einen konstituiert sich das ekstatische Subjekt als Vergegenwärtigung des Absoluten im Subjekt, zum anderen ist »die Bodenlosigkeit dieser Selbstkonstitution«[15] festzuhalten. Das Subjekt zwischen Absolutem und Zeit, zwischen einer »absoluten und einer relativen Wirklichkeit«[16] zeigt sich als *christologische Figur*: die göttliche und die menschliche Natur vermitteln die Wirklichkeiten. Dass die christologische Vermittlungsfigur in eine zentrale Rolle für die *Denkbarkeit* und damit für das Verhältnis von Glaube und Vernunft rückt, hätte die Zustimmung Hamanns gefunden, dessen eigene Überlegungen zur *communicatio idiomatum* ähnliche Wege gehen.

Die passive Vernunft wird gerade in ihrer Rezeptivität eine starke, dynamische Vernunft, die auf ihren Grund bezogen bleibt und der eine gewisse paradoxale Struktur nicht abzusprechen ist. Aufgrund der christologischen Grundlegung ist sie in den Kategorien von Rationalismus und Irrationalismus nicht zu fassen.

2. Ästhetik und Natur

Die erste explizite Bezugnahme auf Hamann findet sich in Schellings Akademierede *Über das Verhältnis der bildenden Künste zu der Natur* von 1807. Die *Aesthetica in nuce*[17] und deren konkretes, sinnliches[18] Naturverständnis, das den göttlichen Ursprung hervorhebt,[19] dienen als Beleg eines lebendigen Naturbegriffes, mit dem Schelling das Verhältnis von Kunst und Natur gegenüber der »Theorie neuerer Zeit [...], daß die Kunst die Nachahmerin der Natur seyn solle«[20], neu zu bestimmen versucht.

Zwar kann Hamann unmissverständlich feststellen: »Poesie ist eine Nachahmung der schönen Natur«,[21] womit ihn scheinbar die Schellingsche Theorie – trotz der Differenzierung: Poesie hier bzw. bildende Kunst dort – mit voller Wucht trifft, die sich gerade gegen die Forderung, der Künstler solle nur das Schöne und Vollkommene der Natur, in der Vollkommenes und Unvollkommenes vermischt vorkämen, wiedergeben, richtet.[22] Jedoch Hamann lässt die

[14] Wenzel (s. Anm. 10), 55.
[15] Ebd.
[16] Ebd., 56.
[17] Vgl. Johann Georg Hamann, Sämtliche Werke, hg. v. Josef Nadler, 6 Bände, Wien 1949–1957 [N], Bd. II, 206,4–7: »Eure mordlügnerische Philosophie hat die Natur aus dem Wege geräumt, und warum fordert ihr, daß wir selbige nachahmen sollen?«.
[18] Vgl. N II, 206,1.
[19] Vgl. a.a.O., 207,5ff.
[20] SW I/7, 293.
[21] N II, 205,20f.
[22] Vgl. SW I/7, 294.

Schönheit der Natur nicht hervortreten durch Scheidung vom Hässlichen durch menschliches (Vernunft-)vermögen, sondern durch das Sehen und Schmecken von Gottes »Leutseeligkeit in den Geschöpfen«,[23] durch die sinnliche Wahrnehmung der göttlichen Wahrheit der Natur. Schelling fragt ganz analog: »Was ist aber die Vollkommenheit jedes Dings? Nichts anders denn das schaffende Leben in ihm, seine Kraft dazuseyn«.[24] Eben dieses darzustellen, »zu versichtbaren«,[25] ist Aufgabe der Kunst. Dass es sich dabei (auch) um eine göttliche Kraft handelt, steht außer Frage. Mit dem Verhältnis von Kunst und Natur steht also das Naturverständnis in Frage.

Schellings Philosophie zielt spätestens seit den *Philosophischen Untersuchungen über das Wesen der menschlichen Freiheit* auf einen »reale[n] und lebendige[n] Begriff«[26] der Freiheit, der sein spezifisches Gepräge einerseits durch eine strikte Rückbindung an das Gefühl der Freiheit[27] erhält und andererseits und damit zusammenhängend durch die Fundierung der menschlichen Freiheit in der göttlichen Freiheit. Diese Fundierung gelingt durch naturphilosophische Grundlegung des Freiheitsbegriffes,[28] die einerseits die Natur in ihrer Lebendigkeit und Realität fasst, andererseits aber diese Natur mit Gott zusammendenkt.[29] Zeuge für solches Naturdenken ist Hamann, der »Mann tiefsinnigen Geistes, [...] der den Todtschlag der Natur durch den Gebrauch der Abstraktionen und die ganze Eitelkeit seiner Zeit in ihrer vermeinten Erhebung und Herrschaft über die Natur und ihrer moralischen Feindschaft gegen dieselbe tiefer als jemand fühlte«[30] und der wie Schelling ein göttliches Naturverständnis jenseits des Pantheismus suchte.[31]

Für Hamann lassen sich in erster Linie zwei Elemente ausmachen, die die Alternative zum Pantheismus markieren. Zum einen ist das sein »Sprachprinzip«[32], zum anderen (eng damit verknüpft) der *Kondeszendenzgedanke.*[33] Die

---

23 N II, 207, 3f.

24 SW I/7, 294.

25 A.a.O., 316.

26 A.a.O., 352.

27 Vgl. a.a.O., 336.

28 Vgl. Sebastian Schwenzfeuer, Natur und Subjekt. Die Grundlegung der Schellingschen Naturphilosophie (Beiträge zur Schelling-Forschung 3), Freiburg i.Br./München 2012, 251f.; Christian Danz, Natur in Gott. Schellings Beitrag zur philosophischen Theologie, in: KuD 57 (2011), 26–40.

29 Vgl. SW I/8, 7.

30 Ebd., 8.

31 Vgl. Friedrich W. J. Schelling, Urfassung der Philosophie der Offenbarung, hg. v. Walter E. Ehrhardt (PhB 445a/b), Hamburg 2004 [UPhOff], 142.

32 Vgl. dazu vom Vf.: Sprachprinzip statt Pantheismus. Der Pantheismusstreit im Spiegel des Briefwechsels Hamanns mit Jacobi, in: Manfred Beetz/Johannes von Lüpke (Hg.), Hamanns Briefwechsel. Acta des zehnten Internationalen Hamann-Kolloquium an der Martin-Luther-Universität Halle-Wittenberg 2010 (Hamann-Studien 1) Göttingen (erscheint 2016), 269–285.

Herablassung Gottes bestimmt die Wirklichkeit auf allen Ebenen. Der entscheidende Schritt gegenüber dem Pantheismus besteht in dem steten *zugleich* von Anpassung und Distanz[34] bzw. von Selbstentfremdung (Akkomodation) und Selbstentsprechung Gottes (Kondeszendenz),[35] wobei der Akt der Herablassung nicht allein der zweiten Person der Trinität zugeschrieben wird, sondern Gott sich in allen seinen Personen als kondeszendent offenbart.[36] Gleichwohl bleibt der Angelpunkt des Kondezendenzgeschehens die Menschwerdung Gottes in Christus, zu der analog die Herablassung Gottes in Natur und Geschichte gedacht wird. Anders als für die lutherische Orthodoxie ist diese Menschwerdung Gottes aber nicht als eine reine *exinatio* zu verstehen, sondern: gerade in der Kondeszendenz entspricht Gott sich selbst[37] als der, der sich in der Natur offenbart, ohne in pantheistischer Identität in ihr aufzugehen.

Schelling entfaltet seine (späteren) Überlegungen zur Schöpfung dann auch in daran anknüpfender Terminologie.[38] In den *Stuttgarter Privatvorlesungen* übersetzt Schelling seine Idee einer Selbstverschränkung Gottes[39] hamannisierend: »Inzwischen ist der Anfang der Schöpfung allerdings eine *Herablassung* Gottes, er läßt sich eigentlich herab ins reale, contrahirt sich ganz in dieses. Aber hierin ist nichts, was Gott unwürdig wäre. Eben die Herablassung Gottes ist das Größte auch im Christenthum«.[40] Kontraktion und Herablassung Gottes sind das gleiche.

---

33 Vgl. Christina Reuter, Autorschaft als Kondeszendenz. Johann Georg Hamanns erlesene Dialogizität (TBT 132), Berlin/New York 2005.

34 Vgl. Helmuth Schreiner, Die Menschwerdung Gottes in der Theologie Johann Georg Hamanns, Tübingen ²1950, 45.

35 Vgl. Friedemann Fritsch, Communicatio idiomatum. Zur Bedeutung einer christologischen Bestimmung für das Denken Johann Georg Hamanns (TBT 89), Berlin/New York 1999, 15.

36 Vgl. a.a.O., 19.

37 Zentraler Punkt von Schellings Christologie ist die Menschwerdung der zweiten Potenz, die sich »*zugleich* als göttliches und menschliches« (SW II/4, 185) setzt. »Schellings Deutung der Menschwerdung Christi zielt darauf, dass der Mensch Christus gerade in seiner Unterscheidung von Gott seine göttliche Gesinnung manifestiere.« (Christian Danz: Die Christologie Schellings im Zusammenhang der werkgeschichtlichen Entwicklung seiner Philosophie, in: Reinhard Hiltscher/Stefan Klingner [Hg.]: Friedrich Wilhelm Joseph Schelling. Neue Wege der Forschung, Darmstadt 2012, 37–57, 54).

38 Vgl. John R. Betz, Reading »Sibylline Leaves«: J.G. Hamann in the History of Ideas, in: Lisa Marie Anderson (Hg.): Hamann and the Tradition (Topics in Historical Philosophy), Evanston/Illinois 2012, 5–32, 16ff.

39 Vgl. dazu Gershom Scholem, Schöpfung aus Nichts und Selbstverschränkung Gottes, in: ders., Über einige Grundbegriffe des Judentums (Edition Suhrkamp 414), Frankfurt a.M. 1993, 53–89; Jürgen Habermas, Dialektischer Idealismus im Übergang zum Materialismus. Geschichtsphilosophische Folgerungen aus Schellings Idee einer Kontraktion Gottes, in: ders., Theorie und Praxis. Sozialphilosophische Studien (stw), Frankfurt a.M. 2005, 172–227.

40 SW I/7, 429.

Sowohl in der Freiheitsschrift als auch in der Auseinandersetzung mit Jacobi aus den Jahren 1811ff.[41] wird der zweite für das Schöpfungsverständnis entscheidende Gedanke einer Selbstunterscheidung Gottes als Grund seiner selbst sowie als Grund der Schöpfung – bezugnehmend auf Hamann – ebenfalls durch den Begriff *Herablassung* expliziert.[42] Hierfür wird Hamann als Zeuge benannt: »Die äußere Schöpfung, sagt J.G. Hamann, ist ein Werk der größten Demuth'; einstimmig betrachten die geistvollsten Lehrer die Schöpfung als Herablassung. Wie kann sich Gott herablassen, als, indem er sich, nämlich einen Theil (eine Potenz) von sich, zum *Grunde* macht[?]«.[43]

Angesichts dieser Auffälligkeiten wird man Horst Fuhrmans' These, Schelling habe sein Konzept eines »explikativen Theismus« auch »durch die Begegnung mit Böhme, mit Hamann, mit Oetinger, mit Baader« entwickeln können, »ja, vom Ganzen her müßte man sagen: Hamann immer mehr als Böhme«,[44] nicht widersprechen wollen. Fuhrmans versteht unter explikativem Theismus Schellings Überzeugung, die Welt sei eine – dynamische – Verwirklichung Gottes.[45] Es bleibt nichts Starres, Notwendiges, Totes. Sondern: »Wollen ist Ursein«.[46] Zwar die Welt wird als *explicatio* Gottes gedeutet, zugleich aber wird die Distanz zwischen Gott und Welt eingehalten: hierfür steht Schellings angedeutete Unterscheidung von Grund und Existierendem, die in Gott selber ihren Ausgang nimmt. Was als Welt geschaffen wird, hat den Grund in Gottes ihm eigenen Grund – und ist so bleibend, unverbrüchlich mit Gott verbunden. Explikativer Theismus ist ein »Theismus [...] der Nähe«.[47]

Im Hinblick auf das Naturverständnis erweisen sich Hamann wie Schelling als Buchstabier-Künstler. Hamanns Aussagen, dass Gott ein Schriftsteller[48] sei, dessen ›Text‹ in der Natur und der Geschichte und, diese erschließend, in der Heiligen Schrift zu lesen ist,[49] oder dass die Schöpfung eine »Rede an die Kreatur durch die Kreatur«[50] sei, bringen eine intensive Analyse des in der Natur anzutreffenden ›Wortes‹, die die Metaphorizität bis auf die Buchstaben ausdehnt, hervor. Nicht anders Schelling. Die Schöpfung ist in allen Peri-

---

41 Zur Übersicht vgl. Gunther Wenz, Von den göttlichen Dingen und ihrer Offenbarung. Zum Streit Jacobis mit Schelling 1811/12, in: Sitzungsberichte der Bayerischen Akademie der Wissenschaften. Philosophisch-historische Klasse, 2011, Heft 2.

42 Vgl. SW I/8, 71.

43 Ebd.

44 Horst Fuhrmans, Schellings Philosophie der Weltalter. Schellings Philosophie in den Jahren 1806–1821. Zum Problem des Schellingschen Theismus, Düsseldorf 1954, 451.

45 Vgl. SW VIII/305.

46 SW I/7, 350.

47 Fuhrmans (s. Anm. 44), 450.

48 Johann Georg Hamann, Londoner Schriften, hg. v. Oswald Bayer und Bernd Weissenborn, München 1993 [BW], 59,3.

49 Vgl. BW 417,7ff.

50 N II, 198.

oden beherrscht vom »schaffende[n] Wort«,[51] das gleichfalls in seiner Buchstabengestalt entfaltet wird.

Hamann stellt fest: »Die Natur ist ein Buch, ein Brief, eine Fabel (im philosophischen Verstande) oder wie Sie sie nennen wollen. Gesetzt wir kennen alle Buchstaben darinn so gut wie möglich, wir können alle Wörter syllabiren und aussprechen, wir wißen so gar die Sprache, in der es geschrieben ist – Ist das alles schon genug, ein Buch zu verstehen, darüber zu urtheilen, einen Charakter davon oder einen Auszug zu machen. Es gehört also mehr dazu als Physik um die Natur auszulegen: Physik ist nichts als das *Abc*. Die Natur ist eine *Aequation* einer unbekannten Größe, ein hebräisch Wort, das mit bloßen Mitlautern geschrieben wird, zu dem der Verstand die Puncte setzen muss.«[52] Zumindest zweier Voraussetzungen bedient Hamann sich bei seiner Buchstabierkunst. Zum einen: zwischen Vokalen und Konsonanten besteht ein natürliches Gefälle. Diese als Mitlautende sind auf den Klang jener angewiesen. Ohne die vom Verstand gesetzten Punkte ist die Natur stumm, ohne Klang und letztlich tot. Zum anderen: die Vokalität ist traditionell in besonderem Maße mit dem göttlichen Namen verbunden.[53] Was also der Verstand in Form der Vokale dem stummen physikalischen Text der Natur hinzufügt, ist nicht sein eigenes Werk, sondern der *Geist*, der die Erkenntnis der lebendigen Natur als gesprochenes Wort ermöglicht. Hamanns Überlegungen sind ästhetisch-epistemologischer Natur; sie zielen auf Natur*erkenntnis* in einem umfassenden Sinne (»verstehen«; »auszulegen«). Schelling geht einen Schritt weiter; sein Buchstabieren verfolgt anthropologisch-ontologische Absichten. Das schöpferische Wort kommt als Einheit von »Selbstlauter und Mitlauter« erst im Menschen zur völligen Aussprache, in der organischen und unorganischen Natur fehlte ihm die letzte »Konsonanz«.[54] Einerseits »offenbart sich [darin] der Geist, d.h. *Gott* als actu existierend«, andererseits ist im Menschen die göttliche Aufhebung der Konsonanten in das Vokalische »zertrennlich«.[55] Der Mensch kann die Konsonanten verschieben, er kann mit-reden; das ist der metaphorische Ausdruck seiner Freiheit.

Werden aber die Konsonanten verschoben, müssen auch die Vokale verschoben werden, damit weiterhin (aus-)gesprochen werden kann. Der Mensch bringt das Schöpfungswort und die Verse des Poeten Gott durcheinander. Gott, der bemüht ist, den Prozess des Weltgeschehens auf seinen Willen für die Schöpfung hinzulenken, reagiert einerseits, um die Welt nicht in den stummen Abgrund gleiten zu lassen, andererseits bietet er Buchstaben an, um

---

51 SW I/7, 405.

52 ZH 1, 450, 12ff.

53 Vgl. Günter Bader, Die Emergenz des Namens. Amnesie – Aphasie – Theologie (HUTh 51), Tübingen 2006, 9–13.

54 SW I/7, 363f.

55 Ebd., 364.

die Menschen zu verlocken.[56] Das Resultat ist Kontingenz. Oder hamannisierend gesprochen: Turbatverse.

3. »TOTALE VERMENSCHLICHUNG GOTTES«

Es ist nach allem bisherigen vollkommen klar: von Natur kann, soll sie lebendig sein, nur dann gesprochen werden, wenn von Schöpfung gesprochen wird. Diese wiederum kann nur zur Sprache kommen, wenn Gott zur Sprache kommt. Dies geschieht anthropomorph.

Die von Hamann als »Grundgesetz« zum »Hauptschlüssel aller unsrer Erkenntniß« erklärte »*communicatio* göttlicher und menschlicher *idiomatum*«[57] ist es, die auf der einen Seite eine menschliche Sprache von Gott *möglich* machen. Die göttliche Kondeszendenz versetzt den Menschen in den Stand, nach Menschen Art von Gott zu reden. Auf der anderen Seite aber ist der Anthropomorphismus nicht nur *möglich*, sondern erweist sich sogar als einzig angemessene Weise von Gott zu reden – im Unterschied zur abstrahierenden Redeweise, die Gottes Wirklichkeit in ihrem Versuch, begrifflich und zeichenhaft zu reden, notwendig verfehlt. Der Anthropomorphismus ist in der Anthropomorphose Gottes begründet. Hamann versteht Anthropomorphie nicht als eine Vermenschlichung Gottes in der Sprache durch den Menschen, sondern als Selbst-vermenschlichung Gottes. Anthrompomorphie ist Anthropomorphose und als solche Gnadengeschehen. Letztlich ist diese Überzeugung schon in der These des göttlichen Ursprungs der Sprache angelegt. Gott selbst macht die Sprache kondeszendierend anthropomorph.[58] Nur in letzterem Sinne wird man Hamanns Schriften verstehen können: Im konkreten Wort bleiben »Gott und Mensch [...] aufeinander bezogen«.[59]

Schellings Stellungnahme zum Anthropomorphismus lässt an Deutlichkeit nichts wünschen. »Entweder überall keinen Anthropomorphismus, und dann auch keine Vorstellung von einem persönlichen, mit Bewußtseyn und Absicht handelnden Gott (welches ihn ja schon ganz menschlich macht), oder einen unbeschränkten Anthropomorphismus eine durchgängige (den einzigen Punkt

---

[56] Vgl. INGOLF U. DALFERTH, Übel als Schatten der Kontingenz. Vom Umgang der Vernunft mit Widervernünftigem und Übervernünftigem, in: DERS./PHILIPP STOELLGER, Vernunft, Kontingenz und Gott. Konstellationen eines offenen Problems (RPT 1), Tübingen 2000, 117–170, 131f.

[57] N III, 27, 1ff.

[58] Vgl. HANS GRAUBNER, Zum Problem des Anthropomorphismus in der Theologie (Hume, Kant, Hamann), in: BERNHARD GAJEK (Hg.), Johann Georg Hamann und England. Hamann und die englischsprachige Aufklärung. Acta des siebten Internationalen Hamann-Kolloquiums zu Marburg/Lahn 1996 (Regensburger Beiträge zur deutschen Sprach- und Literaturwissenschaft B/69), Frankfurt a.M. 1999, 381–395, 393.

[59] FRITSCH (s. Anm. 35), 256.

des notwendigen Seyns ausgenommene) totale Vermenschlichung Gottes.«[60] Während sich in abstrakter, begrifflicher Sprache nur ein ebenso abstrakter Gott fassen ließe, verlangt der persönliche Gott, um den es Schelling (wie Hamann) geht, gewissermaßen nach einem totalen Anthropomorphismus. Es ist nun für unseren Kontext erhellend, dass Schelling den Anthropomorphismus – ohne einen etwaigen namentlichen Verweis – hamannisierend begründet, indem er explizit auf den Kondeszendenzgedanken verweist: »Wenn er [sc. Gott] selbst herabsteigt von jener Höhe und sich mit der Creatur gemein macht, warum sollte ich ihn mit Gewalt auf dieser Höhe erhalten wollen? Wie sollte durch die Vorstellung seiner Menschlichkeit ich ihn erniedrigen, wenn er doch sich selbst erniedrigt?«[61]

Wie der Anthropomorphismus im Blick auf Gott den Ausweg aus der abstrahierenden Redeweise darstellt, so auch im Blick auf die Natur. Die ganze »Wirklichkeit [ist] für den Menschen lesbar und insofern an sich anthropomorph«,[62] sie liegt in Hamanns Sinne in Büchern vor dem Leser. Und auch Schelling hält schon 1793 fest: »Will der sinnliche Mensch Gedanken, Gefühle, Empfindungen darstellen, so muß er gleichsam sich selbst darstellen.«[63] Der Anthropomorphismus ist überall dort zwingend, wo der Mensch von dem redet, was auf ihn wirkt; d.h. die Hinwendung zum konkret-realen in der Philosophie bringt ihn notwendig mit sich. So ist es nur konsequent, dass die Natur in ihrer Lebendigkeit und Realität in menschlichen Worten und Handlungsweisen dargestellt wird: ihr wird eine Melancholie attestiert; angesichts der ihr inhärenten Tragik verfällt sie einem Seufzen. Für Hamann schreit die Schöpfung, welcher Schrei vornehmlich im Hilferuf des Menschen laut wird.[64] Leidet auf der einen Seite die Natur seufzend mit dem Menschen, so fühlt auf der anderen Seite der Mensch mit dem Seufzen der Natur, was ein »echtes Gefühl für die Wirklichkeit der Natur«[65] ausdrückt. Wie also der Anthropomorphismus im Hinblick auf Gott die göttliche Kondeszendenz ernstnimmt, so im Hinblick auf Natur die naturphilosophische Einsicht auf deren Lebendigkeit und Realität, die in letzter Konsequenz auf ihr Verständnis als Schöpfung hinweist.

Die durch den Anthropomorphismus gewonnene Dynamik der Sprache spiegelt sich auch im Begriff der *Leidenschaften*, auf den Schelling sich explizit bezieht und die gemäß der *Aesthetica* selbst dann, wenn sie »Glieder der Unehre« wären, nicht aufhörten, »Waffen der Mannheit« zu sein. In den Lei-

---

[60] SW I/8, 167.

[61] SW I/8, 168. Vgl. RALF BECKER, Der menschliche Standpunkt. Perspektiven und Formationen des Anthropomorphismus (Philosophische Abhandlungen 103), Frankfurt a.M. 2011, 103.

[62] BECKER, Der menschliche Standpunkt, a.a.O., 95.

[63] SW I/1, 35.

[64] Vgl. HENRI VELDHUIS, Ein versiegeltes Buch. Der Naturbegriff in der Theologie J.G. Hamanns (TBT 65), Berlin/New York 1994, 74.

[65] PAUL TILLICH, In der Tiefe ist Wahrheit. Religiöse Reden, 1. Folge, Stuttgart ^{3}1952, 78.

denschaften konzentriert sich die Spannung, die für das Leben konstitutiv ist; Leben ist nur dort, wo beide Kräfte wirken, »wo nicht Kampf ist, da ist nicht Leben«.[66] Leben als Spannung zweier Prinzipien - bei Schelling: die Selbstheit / der Eigenwille und der Universalwille – ist moralisch nicht belastet. »Denn nicht die erregte Selbstheit an sich ist das Böse; sondern nur sofern sie sich gänzlich von ihrem Gegensatz, dem Licht oder dem Universalwillen losgerissen hat.« Entscheidender für den Begriff *Leidenschaft* ist die andere Seite: Nur die überwundene, also aus der Aktivität zur Potentialität zurückgebrachte Selbstheit ist das Gute.« Leidenschaft ist mithin elementarer Bestandteil der ursprünglichen Lebensdynamik, die in ihrer kommunikativen Relationalität zu betrachten ist. Ganz ähnlich bei Hamann: auch hier gewinnt die Leidenschaft ihre moralische Komponente im Verhältnis zur Vernunft.[67] Die Leidenschaft ist nur vom Gottesverhältnis her richtig zu verstehen ist. »Die Leidenschaft, in der er [sc. der Mensch] sich als Bild versteht, ist die Liebe zwischen Gott und Mensch, deren Kommunikation auch die Schöpfung und Geschichte umfasst.«[68] Diese Selbsterkenntnis kommt dadurch zustande, dass der Mensch das Wirken der Natur »durch Sinne und Leidenschaften«[69] in seiner gleichzeitigen Präsenz und Distanz im richtigen Sinne zu deuten (zu lesen) weiß. Insofern *bildet* sich in der Leidenschaft die Wahrheit des Gottes- und Naturverhältnisses des Menschen ab.

4. SCHÖPFUNGS-WORT

Die vorstehenden Ausführungen haben gezeigt, dass Hamanns und Schellings Denken und Schreiben eine Sicht auf die ›Welt‹ und die ›Dinge‹ zu verdanken ist, die der Leiblichkeit, der Natur etc., kurz: dem Realen ein Gewicht zugesteht, dass sie in den Abstraktionen der aufklärerisch-idealistischen Zeit ebenso wie in der physikalisch-naturwissenschaftlichen Betrachtungsweise zu verlieren drohen. Die Aufwertung des Realen und Leiblichen vollzieht sich durch ihre Deutung als *Lebendiges* und *Göttliches*.

Insofern können Hamanns und Schellings Schriften der Theologie als eine Sprachlehre für eine starke Schöpfungstheologie jenseits der Apologetik dienen. Die Lebendigkeit der Natur und die Lebendigkeit, mit der Gott und Natur zur Sprache gebracht werden, lassen etwas von dem erahnen, was unvordenklich und unaussprechlich aller theologischen Weltdeutung den Grund gibt: Schöpfungs-Wort.

---

66 SW I/7, 401f.

67 Vgl. TOM KLEFFMANN, Hamanns Begriff der Leidenschaft, in: BERNHARD GAJEK (Hg.), Die Gegenwärtigkeit Johann Georg Hamanns. Acta des achten Internationalen Hamann-Kolloquiums (Regensburger Beiträge zur deutschen Sprach- und Literaturwissenschaft Reihe B, 88), Frankfurt a.M. u.a. 2005, 161–178, 177.

68 Ebd., 174.

69 N II, 206, 1f.

Königsberger Knüppelleute in Kopenhagen?

Zu einem merkwürdigen Text aus Kierkegaards Journalen

Harald Steffes

> »Durch das Wort Einfluß setzt man eine Hypothese zum Voraus, die weder nach dem Geschmack eines Leibnütsianers noch Akademisten aussieht. Der erste würde vielleicht Harmonie gesagt haben, und ein Zweifler ist viel zu behutsam, eine Wirkung der Dinge in einander aus ihrer bloßen Beziehung unter sich, vor der Hand zu glauben, weil einerley Sprache bey widersprechenden Meynungen, und umgekehrt, mehr als zu oft Statt findet. Ich will mir übrigens diesen Ausdruck gern gefallen lassen, weil ich so gar denke, daß ein Autor durch einen stillen Einfluß in die Meynungen und die Sprache einer gelehrten Zunft auf die Mehrheit der Stimmen wirken könne, welche Untersuchung aber in die Casuistick und Algebra der Glücksfälle einschlägt.«[1]

Wohl wahr: das Wort Einfluss setzt – wenn auch oft unausgesprochen – gewisse Hypothesen voraus, die die Art und Weise des Einflusses nicht unbedingt einer genaueren Analyse zuführen. Ohne nun einen Beitrag zur »Casuistick und Algebra der Glücksfälle« entfalten zu wollen, soll doch über einen diesbezüglichen Glücksfall gesprochen werden, wenn es denn ein Glücksfall ist.

In den Journalen Kierkegaards findet sich unter der Überschrift *Etwas über Hamann* ein kurzer Text, der eine Reihe von Fragen aufwirft. Bevor er gleich in voller Länge zitiert wird, ein paar einleitende Worte zu diesem Text und zur Konstellation Hamann-Kierkegaard.

Die innere Verwandtschaft der beiden Denker und die Ähnlichkeit ihrer Existenzweisen liegen offenbar auf der Hand. Wer sich von einem der beiden herausfordern lässt, wird auch dem anderen nicht gleichgültig gegenüberstehen. Kaum eine Hamann-Monographie kommt im wirkungsgeschichtlichen Ausblick ohne den Hinweis auf Kierkegaard aus. Und umgekehrt verabsäumen sehr wenige Autoren, die sich mit den Quellen Kierkegaards und der Genese seines Denkens befassen, den Hinweis auf Hamanns »Einfluss«. Ein beliebiges Beispiel:

---

[1] Johann Georg Hamann, Kreuzzüge des Philologen. Versuch über eine akademische Frage, N II, 122, 3–13

> »In der Tiefe wird er (Hamann) nur erfaßt von dem Dänen Sören Kierkegaard, der fast der Hamann des 19. Jahrhunderts ist, wie Hamann der Kierkegaard des 18. Jahrhunderts. Wie Hamann macht Kierkegaard wieder die Tiefe menschlichen Existierens in einer Zeit hell, die der philosophischen Systematik und der Empirie verfiel.«[2]

Garniert wird solche Zusammenschau zuweilen mit dem Hinweis, dass sowohl der Königsberger als auch der Kopenhagener gleichermaßen Theologe, Philosoph und Schriftsteller sind: lutherischer Theologe mit pietistischer Prägung durch einen Vater, der den Herrnhuter nahe stand. Pseudonymer Schriftsteller, der seine Fragmente und Brocken mit wohl durchdachten Titelblättern versah und sich dank seiner ironisierenden Maskeraden nicht nur Freunde in der Leserschaft machte. Und schließlich Philosoph oder eher Philosophiekritiker, der sich mit dem größten – oder doch prominentesten – Denker seines Jahrhunderts anlegte. Je nach Gusto wird diese Parallelisierung zuweilen ergänzt durch Hinweise auf das nicht eben bürgerliche Leben der beiden Akteure: weder Pfarramt noch Lehramt wurde erworben, und auch eine klassische Ehe wurde nicht geführt.[3]

Was aber ist mit dem Aufzählen dieser Ähnlichkeiten über den genauen Einfluss Hamanns auf seinen Kopenhagener Leser gesagt? Ungefähr genauso wenig wie mit dem munteren Aufzählen oder Zitieren aller Belegstellen, die sich im Kierkegaardregister unter dem Stichwort »Hamann« finden.

Der eigentliche Modus des Einflusses des Magus auf den Dandy scheint mir durch andere Herangehensweisen sichtbarer zu werden. Zuvörderst ist hier der Weg zu nennen, den Johannes von Lüpke gerne als Mikrophilologie charakterisiert. Es ist ein eigenartiges Phänomen der kierkegaardschen Hamannrezeption, dass die intensivsten Bezugnahmen in aller Regel dort stattfinden, wo die Nennung des Namens des Magus peinlich vermieden wird. Wer aber einzelne Passagen etwa aus *Über den Begriff der Ironie mit ständiger Rücksicht auf Sokrates* oder *Die Krankheit zum Tode* einer mikrophilologischen Untersuchung unterzieht, entdeckt dort mindestens soviel »Hamann« wie dort, wo dieser als Spender von Zitaten oder gar eines Mottos auch explizit genannt wird (z.B. in *Furcht und Zittern* oder *Der Begriff Angst*).

Der andere vielversprechende Weg zur Beschreibung der kierkegaardschen Hamannrezeption läge in einer historisch-philologischen Untersuchung der genauen Lektüren Kierkegaards. Aber obwohl wir wissen, dass der Däne »mit dem Bleistift gelesen« hat und trotz mannigfacher Bemühung um die

---

[2] OTTO MANN im Nachwort der von ihm edierten Sammlung: Hamann. Magus des Nordens. Hauptschriften, Leipzig 1937, 456.

[3] Wie naheliegend die Beobachtung dieser äußeren Parallelen ist, erhellt auch aus der Tatsache, dass wir sie zu großen Teilen bereits wenige Monate nach Kierkegaards Tod in einer kleinen Monographie nachlesen können, die sich aber darin nahezu erschöpft: PETER CHRISTIAN ZAHLE, Til Erindring om Johan (sic!) Georg Hamann og Soren Aabye Kierkegaard, Kjobenhavn 1856.

Rekonstruktion seiner Bibliothek anhand des Auktionsprotokolles (anlässlich der Versteigerung seiner Bücher nach seinem Tod), gibt es m.W. nach wie vor keinen zielführenden Hinweis auf den Verbleib von Kierkegaards persönlichem Exemplar der Rothschen Hamannausgabe. Auch fehlt es an wirklich belastbaren Hinweisen, welche Kenntnis welcher Textpassagen des Magus bei Kierkegaard nachzuweisen ist. Zwar stammt der Großteil der direkten Hamannzitate Kierkegaards aus den beiden ersten Bänden der Rothschen Ausgabe. Aber was belegt das? Wenn er aus den *Sokratischen Denkwürdigkeiten* zitiert, aus »Leser und Kunstrichter« und aus den *Fünf Hirtenbriefen das Schuldrama betreffend* (alle Bd. 2) heißt dies für die *Wolken* oder die *Kreuzzüge des Philologen* aus demselben Band weder, dass er sie gelesen haben muss und noch weniger das Gegenteil.

Kann angesichts methodischer Probleme der skizzierte defizitäre Sachstand als nachvollziehbar eingeordnet werden, so muss dennoch (wenn nicht umso mehr) verblüffen, dass jener eingangs erwähnte Text weder in der Kierkegaard- noch in der Hamannforschung m.W. eine eingehende Betrachtung erfahren hat. Dieser Titel alleine birgt doch die Verheißung, Kierkegaards Sicht auf Hamann und Interesse an Hamann zu enthüllen. Seine Nichtbeachtung ist rätselhaft. Woran liegt das? Welcher Art ist dieser Text? Warum wurde er geschrieben? Was lässt sich ihm entnehmen?

Etwas über Hamann ist das 25. Notat im Journal CC. Der Text ist ohne unmittelbaren Anschluss an oder Verbindung zu früheren Texten desselben Journals und zudem undatiert. Aufgrund anderer Datierungen in diesem Journal liegt es nahe, die Abfassung mit den dänischen und den deutschen Editoren etwa im Januar 1837 zu vermuten. Somit läge die Abfassung zwischen der intensiven Hamannlektüre Kierkegaards aus Sommer und Herbst 1836, wie sie sich vor allem im Journal DD niedergeschlagen hat, und der Krise Kierkegaards im Jahr 1838, ausgelöst durch den Tod des Vaters und den Tod des Lehrers Poul Martin Møller. Die Frage der Datierung ist nicht unerheblich, denn der Text wirkt stilistisch eher wie ein Text des späteren Kierkegaards. Die frühe Datierung belegt, dass hier eine Keimzelle der späteren Entwicklung vorliegt.

Worum geht es in diesem Text? Auf den ersten Blick jedenfalls nicht um Hamann. Wer unter der Überschrift *Etwas über Hamann* eine Art Dossier über Hamann zu lesen erhofft, oder eine wertende Einschätzung Kierkegaards, wird schnell enttäuscht. Nicht nur wird sein Name im Text nicht mehr erwähnt, es fehlen auch ausgewiesene Zitate, offensichtliche Anspielungen, historische Einordnungen oder ähnliche Hinweise. Man darf sagen: eine Lektüre des kleinen Textes ohne Kenntnis des Titels würde niemanden in den Stand versetzen, mit einer Mutmaßung auch nur in die ungefähre Nähe des Titels zu geraten:

»Etwas über Hamann.

Es ist recht interessant, dass gerade in unserer Zeit, wo es als anerkannte Ausbeute des Denkens gilt, dass das, worauf es ankommt, für seine Zeit zu leben ist und dass die abstrakte Unsterblichkeit, an der man sich bisher erfreut hat, eine Illusion war – es ist recht interessant gerade in dieser Zeit zu sehen, dass doch etwas darin liegt: für eine Nachwelt zu leben und von der eigenen Zeit missverstanden zu werden. Zwischen diesen beiden Extremen bewegt man sich ständig; während einige isoliert in der Welt stehen, wie ein Simon Stylita unter unzähligen geschmeidigen Bewegungen, oder höchstens wie zahme Gänse mit den Flügeln schlagen, vom gaffenden Publikum bewundert oder richtiger beglotzt, von den Spießbürgern verhöhnt, von Engeln bedient – so gibt es andererseits unendlich Viele, die recht eigentlich in der Zeit leben, die sozusagen die Tangenten des Staatskörpers sind, die bei der geringsten Bewegung sofort mitschwingen, ohne Möglichkeit, einen bestimmten Eindruck festhalten zu können, – die so wie gewisse Patienten bei jeder Epidemie immer einen kleinen Anfall bekommen: eine Menschenklasse, deren Anzahl so groß ist, dass in der ganzen Gesellschaft eine Art geistiger Bauchrednerei eingetreten ist. Man hört einen verworrenen Laut; man weiß kaum, ob man selbst es ist, der da spricht, oder ein anderer, und man ist leicht versucht mit Soldin zu sagen: Rebekka, bin ich's, der redet? Sieh, auf diese Weise in der Zeit zu leben und in der Zeit zu sterben, das hat nichts besonders Ermunterndes an sich, und doch ist es ja nicht viel mehr, was den meisten Menschen bleibt, die nun einmal ihre Vernunft verpfändet haben für die Phrase: mit seiner Zeit leben. Dass dies nun nicht die Absicht der einzelnen großen Männer gewesen ist, die diese Lebensanschauung zuerst ausgesprochen haben, das ist ganz gewiss; aber gerade dies ist das Unglück, dass, wenn ein vernünftiger Mann seinen Mund aufmacht, flugs Millionen parat stehen, um ihn in größter Hast – misszuverstehen. Ja, Gott stehe ihnen bei, falls er nach Art des Militärs die Losung vom Letzten wieder hören sollte (es gibt eine Losung, die Gott dem Adam ins Ohr flüsterte, die das eine Geschlecht dem anderen überliefern sollte, und die ihnen am Tag des Jüngsten Gerichts abgefordert werden wird) – Gott stehe ihm bei, es müsste furchtbar sein!

So viel, was jenes Missverständnis betrifft, und zugleich hoffe ich, es wird deutlich werden, dass jeder Mann, der in eigentlichem Sinn eine Periode in der Geschichte ausfüllen soll, immer polemisch anfangen muss, gerade weil das folgende Stadium nicht ein bloßes und blankes Resultat des vorhergehenden ist. War dies nicht der Fall bei Holberg, bei Goethe, bei Kant – usw. usw. Und muss es nicht so sein, müssen nicht wie bei einer Prozession, (die gerade das Neue ist, das kommen soll) zuerst die Knüppelleute Platz machen? Hier kommt es natürlich wieder darauf an, wie schnell das Neue auf die Polemik folgt, ob es die Wahrheit ist, für die Jahr und Tag gekämpft werden muss, oder nur irgendeine unbedeutende Modifikation.«[4]

Um es vorweg zu nehmen: so sehr der Text wie eine Analyse von Kierkegaards eigener Position Anfang der 1840er Jahre (oder noch später) wirkt,

---

4 CC:25 in SKS 17, 122–133 = Pap. I A 340. Der Text findet sich übersetzt in Band 1 der Deutsche[n] Søren Kierkegaard Edition, Journale AA BB CC DD, hg. v. HERMANN DEUSER und RICHARD PURKARTHOFER, Berlin/New York 2005, DSKE 1, 170f. In der Edition Hirschs findet sich der Text im Band Erstlingsschriften GW 30, 126–128.

so wenig kann dies für Anfang 1837 gelten. Hier thematisiert er Erfahrungen, die dem Dänen soweit wir sehen zu dieser Zeit schlicht und ergreifend fehlen. Dies gilt sowohl für die Erfahrung des »Missverstanden Werdens« als auch für die Erfahrung der Notwendigkeit der Polemik. Erstere ereilt ihn bei der Aufnahme von *Entweder-Oder*, letztere vollumfänglich im Grunde erst im Kampf mit der dänischen Staatskirche in den 1850er Jahren. Ein nahe liegender Einwand: bereits im September 1838 wird Kierkegaards Polemik im Andersen-Verriss »Aus eines noch Lebenden Papieren« greifbar, und aufgrund der Weigerung Heibergs, den Text zu drucken, ist zudem das Gefühl des Missverstanden Werdens damit in Zusammenhang zu bringen. Aber auch dieser Text erscheint erst *nach* den lebensverändernden Ereignissen aus dem Frühjahr und Sommer des Jahres 1838. Zudem macht es wohl einen erheblichen Unterschied, ob die eigene Position (Livsankuelse/Lebensanschauung) missverstanden wird, oder ob es eine Kritik in Fragen des Stils gibt, wie durch Heiberg geschehen.

Was also sind Gegenstand und Hintergrund von *Etwas über Hamann*? Ich will im Folgenden die These vertreten, dass sich Kierkegaard hier vor allem perspektivisch mit Hamann identifiziert. Er skizziert quasi einen Umriss, in den er selbst hineinwachsen will und wird. Dies erklärt einerseits warum Kierkegaard so auffällig wenig Details entfaltet. Es geht weniger um konkrete Ereignisse aus Hamanns Leben oder um einzelne Thesen seines Werkes, als vielmehr um eine bestimmte *Haltung* des Magus, so wie Kierkegaard sie wahrnimmt und als wegweisend empfindet. Dies erklärt gleichermaßen warum der erste Eindruck entsteht, Kierkegaard beschreibe seine eigene Position Er schildert *den* Hamann, an dem er sich orientiert und abarbeitet. Dieser vertritt bereits eine Lebensanschauung, zu der Kierkegaard noch auf dem Weg ist.[5] Es geht um eine konsequente Haltung, die einer bestimmten Einsicht entspringt. Die Sorge vor falschen Synthesen führt zur scharfen Betonung unüberwindbarer Differenzen zwischen zwei Weisen der Wahrnehmung einer anthropologischen Grundfrage. Um dies zu belegen, müssen wir frühere und spätere Notate Kierkegaards und seine entsprechenden Rückgriffe auf Hamann in den Blick nehmen.

Das bedeutet, dass wir die unmittelbare Arbeit an der Erschließung des kleinen Textes folglich vorerst unterbrechen müssen. Abschließend können dann einige Beobachtungen zu ausgewählten Details aus *Etwas über Hamann* dargeboten werden.

---

[5] Die beiden bekanntesten Belege für das Suchen einer Lebensanschauung in den 1830er Jahren finden sich zum einen in der berühmten Gilleleie-Aufzeichnung, in der Kierkegaard betont, es gelte eine Wahrheit zu finden für die er leben und sterben will, zum anderen im Andersenbuch. Dort wirft er seinem berühmten Zeitgenossen (mit zahlreichen nicht ausgewiesenen Anleihen beim Magus) bekanntlich vor, dass es jenem an einer Lebensanschauung fehle.

5. Der Magus schafft Freiraum

Was den ziellos vor sich hinstudierenden Dandy seit seiner ersten Lektüre von Hamanntexten – wohl im Jahr 1836 – mit dem Magus verbindet, ist die Einsicht in die *Un*vereinbarkeit von Christentum und Vernunft. Genauer: von spekulativer Philosophie und paradoxem Glauben. Es geht um die Scheidung der Geister. Wer anders als die vermittelnde und darin vernebelnde Philosophie zu unterscheiden weiß, wird diese Unvereinbarkeit streng auslegen: paradoxer Glaube steht im polemischen Gegensatz zur spekulativen Philosophie.

Was aber bedeutet »polemisch« in diesem Zusammenhang? Hamann selbst vermeidet mit wenigen Ausnahmen den Begriff der Polemik.[6] Aber Kierkegaard bringt ihn immer wieder damit in Zusammenhang. Eine eingehendere Betrachtung der frühen Journaleinträgen zeigt, dass er Hamann sogar nahezu durchgehend mit dem Begriff der Polemik charakterisiert.

Das vielleicht massivste Beispiel stammt aus dem Jahr 1837. Hier wird Hamann innerhalb weniger Zeilen gleich viermal als Polemiker gekennzeichnet.[7] Andernorts spricht Kierkegaard davon, dass die sokratische Anschauungsform der Unwissenheit bei Hamann der Demut des Christen entspricht, die dann im gleichen Atemzug als »polemische Gestalt« charakterisiert wird.[8]

Ebenfalls 1837 kommt Kierkegaard unter Zitation eines bei Hamann des Öfteren begegnenden Horazzitates zum Schluss, »die stärkste polemische Bewegung des Ironikers ist nil admirari«.[9] Weiter: die über Sokrates hinaus-

---

[6] Er unterzeichnet z.B. den Siebten hierophantischen Brief mit »Ein kleiner polemischer Korrespondent«. Aber der Terminus spielt ansonsten bei ihm keine tragende Rolle.

[7] Gemeint ist der berühmte Eintrag »Über die Kunst, Kindern Geschichten zu erzählen«, in dem er zweimal auf die »Fünf Hirtenbriefe, das Schuldrama betreffend« zu sprechen kommt. Er betont, Hamanns »allzu polemische Ironie geht hier auch zu weit: [...] Aber das liegt nun wieder in seiner ganzen Art, denn es ist gewiss nicht, weil er es selbst glaubt, sondern um die Welt zu demütigen; etwas anderes ist es, mit Sokrates – was Hamann ebenso fordert, – wie ein Kind zu fragen, aber es ist diese sonderbare Polemik, die macht, dass er die Weisheit lieber von Bileams Esel als vom weisesten Mann hören würde, lieber von einem Pharisäer wider seinen Willen als von einem Apostel oder Engel (wie er selber irgendwo sagt). Seine Polemik geht zu weit und involviert zuweilen, so scheint es mir, etwas Blasphemisches«. BB:37 in SKS 17, 122–133 (= Pap. II A 12). DSKE 1, 132–143. Eine ältere deutsche Übersetzung bei Hirsch: GW 30, 141–150.

[8] DSKE 1 DD:6

[9] DD:18 in DSKE 1, 188f. Diese Stelle aus dem ersten Buch der Horazischen Briefe begegnet bei Hamann in N II, 164,5 und öfter. Unter anderem auch in einem Brief, der für Kierkegaard auf mannigfache Art zur Quelle wurde: Er kann ihm einiges zum Thema »Brocken« entnehmen und findet dort auch jenes Zitat von den »Lügen und Romanen« die »wahrscheinlich sein müssen«, das er in den »Philosophischen Brocken« zitieren und inszenieren wird. ZH I, 358, 34 = R I, 423–429

gehende Rede von der »Verderbtheit der Natur« ist »die tiefste Polemik«.[10] Erst in Hamanns Christentum und nicht etwa schon in der sokratischen Philosophie scheint also Polemik im Vollsinn möglich. Dies wird häufig übersehen, da Kierkegaard Hamann meist und zuvörderst mit den Begriffen Ironie und Humor belegt. Die Beobachtung, dass Hamanns Ironie und Humor mit derjenigen des Sokrates in Verbindung gebracht wird, führt dann zu einer Wahrnehmung, als würde Hamann mit Sokrates quasi identifiziert. Eine genauere Analyse von Kierkegaards Sokratesbuch aus dem Jahr 1841 führt zur Einsicht, dass das verbindende zwischen den beiden Ironikern die Negativität ist. Selbsterkenntnis und Sündenerkenntnis führen gleichermaßen zum Standpunkt (oder zur Haltung) der Negativität. Inwieweit Kierkegaard aber eher die *Gemeinsamkeit* in der Haltung betont oder den *Unterschied* in der Begründung dieser Haltung (wie an der zuletzt zitierten Stelle) kann hier nicht erörtert werden. Für unseren Zusammenhang genügt die Beobachtung der jeweiligen Korrelation zwischen Polemik und Negativität.[11]

Was ist gemeint? Die zitierten ebenso wie weitere Journaleinträge erschließen sich, wenn »Polemik« nicht als willkürlicher stilistischer Einfall betrachtet wird oder gar als Ausdruck schlechter Manieren, sondern als etwas Weitergehendes. Polemik ist eine Haltung. Eine Haltung mit der den Zeitgenossen in einem eindeutigen Gestus entgegen getreten wird Es ist jener Gestus dem bei Sokrates die Ironie entspricht. Zugespitzt formuliert: Polemik ist jene Haltung, jener »leidenschaftliche Protest«, der einer bestimmten philosophischen Einsicht entspricht.[12] Jener Einsicht, dass es ein *bleibendes* Recht der Negativität gibt. Negativität behält Wert und Bedeutung entgegen allen anders gelagerten Versuchen aufklärerischer oder idealistischer Art, sie in eine höhere Synthese zu zwingen, und sie somit als zu überwindendes Durchgangsstadium zu disqualifizieren.[13]

---

10 A.a.O. 189.

11 Hingewiesen sei auf die einschlägigen Stellen, in denen Sokrates mit der Ironie, Hamann mit dem Humor identifiziert wird. Das Mißverstehen begönne, wo Humor als weniger polemisch als die Ironie betrachtet würde.

12 1846 redet Kierkegaard in der *Abschließenden unwissenschaftlichen Nachschrift* im Rahmen seiner Erörterung der Notwendigkeit der indirekten Mitteilung dort, wo er seine Bewunderung für Hamann zum Ausdruck bringt, begründend vom »leidenschaftlichen Protest eines hochbegabten Genies gegen ein System des Daseins.« Abschließende unwissenschaftliche Nachschrift (hg. EMANUEL HIRSCH), GW 16, Gütersloh 1982, 242f.

13 Kierkegaard wird nicht müde, in dieser Hinsicht die Haltung des Sokrates mit derjenigen Hamanns zu identifizieren. darin unterscheidet er sich deutlich von Hegel. Eine entsprechende Nebenbeobachtung zu Hamanns Polemik in der Wahrnehmung Kierkegaards: Nach wie vor ist unklar auf welchem Wege Kierkegaard genau mit Hamann in Berührung gekommen ist. Immer wieder wird als Möglichkeit Hegels Rezension der Rothschen Ausgabe genannt Dort hätte Kierkegaard den Hinweis auf Hamanns Rede von der geballten Faust finden können. Diese versteht Hegel allerdings nicht als hermeneutische Notwendigkeit im Sinne einer Einladung zum produktiven

Konkret: die Einsicht in die der Selbsterkenntnis sich erschließende sokratische Unwissenheit bleibt genauso unhintergehbar wie die Einsicht in das, was die christliche Tradition Sünde nennt. Der Mensch wird zum Menschen nicht kraft eigener Würdigkeit oder Vernunft, sondern er empfängt sich durch Einsicht in die Grenzen seiner Existenz. Dazu bedarf es immer und immer wieder des Aufweises dieser Grenze. Dieser Aufweis ist nur möglich durch Negativität.

Das entsprechende Bild Hamanns, das von Kierkegaard aufgegriffen wird, ist die Differenz zwischen Malerei und Bildhauerei: Malerei ist positiv indem eine Leinwand frei gestaltet werden kann Bildhauerei hingegen ist negativ, da sie den im Stein verborgen wohnenden Gegenstand durch das Abschlagen alles Überflüssigen sichtbar macht. Dies ist selbstredend der Hintergrund für Hamanns und Kierkegaards wiederholtes Betonen der bildhauerischen Tätigkeit des Sokrates.

Diese Haltung der Negativität führt dazu, »in« der eigenen Zeit im Sinne einer kritischen Zeitgenossenschaft zu leben. Dies ist etwas völlig anderes, als »für« oder »mit« der Zeit zu leben. Es geht in dieser Haltung der Negativität um die Betonung einer Unvereinbarkeit. Theologiegeschichtlich gesprochen um die Unvereinbarkeit von lutherischer Theologie und spekulativer Philosophie. Existenziell gesprochen um die Unvereinbarkeit von christlicher Existenz und bürgerlicher Wohlanständigkeit, erkenntnistheoretisch gesprochen um die Unvereinbarkeit von ungebrochenem Zutrauen in die menschliche Vernunft und Sünden(an)erkenntnis.

Genau in diesem Sinne fragt Kierkegaard, ob »nicht wie bei einer Prozession, (die gerade das Neue ist, das kommen soll) zuerst die Knüppelleute Platz machen« müssen. Negativität und Polemik schaffen den Raum, der notwendig ist, um das Neue zu empfangen, d.h. die Einsicht in die eigenen Grenzen zu gewinnen, nachdem alle scheinbaren Absicherungen und Nivellierungen dieser Grenze destruiert worden sind die. Ob man solchen »Knüppelleuten« mit Sympathie begegnet, ist eine ganz andere Frage. Verstehen wird man Ihren Auftrag selten.[14]

Verstehen (was Kierkegaard später einmal Aneignung nennen wird). Stattdessen interpretiert Hegel Hamanns Rede von der geballten Faust als stilistische Unfähigkeit. Folglich bezeichnet er Hamanns »schimpfendes Poltern« als den für ihn »gewöhnlichen« Stil. Diese Rezension stammt aus dem Jahr 1828 und wird gekürzt wieder abgedruckt 1835 in einem Band der in Kierkegaards Bibliothek nachweisbar ist. Gut zugänglich ist der Text in die G.W.F. HEGEL, Berliner Schriften (1818–1831), Hamburg 1997, 295–311. Deutlich ist: selbst wenn Hegels Rezension wirklich die Quelle für Kierkegaards Hamannlektüre ist, gelangt er hinsichtlich der Wertung gerade des Stils bzw. der Polemik sehr schnell zu einer diametral anderen Wertung als Hegel.

14 In den *Stadien auf des Lebens Weg* wird eine bemerkenswerte Verbindung zwischen der Polemik und dem Müßiggang gezogen. Das Motiv des Müßiggangs – vergleiche auch das Stichwort »Langeweile« – verbindet Hamann und Kierkegaard miteinander; *Stadien auf des Lebens Weg* (hg. EMANUEL HIRSCH), GW 15, Gütersloh 1958.

6. Negativität schafft Unverständnis

Diese polemische Haltung stößt notwendigerweise auf Unverständnis und Widerstand bei all denjenigen, die glauben, aus eigener Kraft die Grenzen der eigenen Existenz erkennen und sichern zu können. Genau diese Erfahrung reflektiert Hamann. Genau diese Reflexion macht sich Kierkegaard in CC:25 zu eigen. Diese offensichtliche Verbindung findet sich an prominenter Stelle. In der Einleitung zum ersten Band seiner Hamannausgabe zitiert Friedrich Roth aus dem entsprechenden Brief Hamanns. Die Kenntnis dieser Einleitung darf bei Kierkegaard vorausgesetzt werden. Die Hoffnung auf eine Nachwelt, die einen besser verstehen wird als die eigenen Zeitgenossen, liest sich hier folgendermaßen:

> »Man überwindet leicht das doppelte Herzeleid, von seinen Zeitverwandten nicht verstanden und dafür gemißhandelt zu werden, durch den Geschmack an den Kräften einer besseren Nachwelt.«[15]

Eben dieser zeitlose Gedanke über die Abgründe der Zeitgenossenschaft in Kierkegaards Version:

> (E)s ist recht interessant gerade in dieser Zeit zu sehen, dass doch etwas darin liegt: für eine Nachwelt zu leben und von der eigenen Zeit missverstanden zu werden.

Das Gefühl »für eine Nachwelt zu leben und von der eigenen Zeit missverstanden zu werden« erlaubt Kierkegaard eine doppelte Identifikation mit Hamann: so wie er Hamanns verständige Nachtwelt ist, so hofft er, in Hamanns Schicksal die Gewähr dafür zu finden, dass auch er selbst dereinst eine verständige Nachwelt finden wird.

Wer diesem – nebenbei bemerkt: leicht larmoyanten – Lebensgefühl frönt, erst in der Nachwelt verstanden zu werden, kann folglich nicht wie Simon Stylita exponiert *für* die Zeitgenossen (oder für die Bewunderung der Zeitgenossen) leben. Und ebenso wenig kann er einfach *mit* den Zeitgenossen wie die zahmen Gänse sein Dasein fristen, die ja bekanntlich erst in den 1850er Jahren den Höhepunkt ihrer Karriere als Bild-Spender für Kierkegaard erreichen. Stattdessen lebt er eben einsam und missverstanden in der Zeit. Ein weiteres Bild, das in die gleiche Richtung weist, findet sich in zeitlicher Nähe zu CC:25. Dort wird Hamann beschrieben als Humorist, ohne wirklichen Gesprächspartner, aber eben nicht als Eremit, der wie Simon Stylita die sichere Distanz von den Realitäten sucht, sondern mitten im Leben:

---

[15] R I, X. Zitiert wird ein Passus aus den »Kreuzzügen«, der sich dort kurz vor unserem Eingangsmotto hinsichtlich der Glücksfälle von Einflüssen findet.

»Hamann ist doch der größte und eigentliche Humorist, der echte humoristische Robinson Crusoe, nicht auf einer öden Insel, sondern im Lärm des Lebens, dessen Humor nicht ein ästhetischer Begriff ist, sondern Leben«.[16]

Statt jetzt zu entfalten, inwiefern Ironie und Humor durch das Aufbrechen von Denkgewohnheiten Urformen der Polemik sind, soll an zwei Beispielen belegt werden, dass *Etwas über Hamann* doch in den Bereich der Glücksfälle gehört, da hier der subtile Einfluss des Königsberger Knüppelmanns auf seinen Kopenhagener Leser dargestellt oder doch wenigstens angedeutet werden kann.

Kierkegaard schildert diejenigen, die statt kritischer Zeitgenossenschaft den Weg des mit-dem-Strom-Schwimmens wählen:

»eine Menschenklasse, deren Anzahl so groß ist, dass in der ganzen Gesellschaft eine Art geistiger Bauchrednerei eingetreten ist. Man hört einen verworrenen Laut; man weiß kaum, ob man selbst es ist, der da spricht, oder ein anderer, und man ist leicht versucht mit Soldin zu sagen: Rebekka, bin ich's, der redet? Sieh, auf diese Weise in der Zeit zu leben und in der Zeit zu sterben, das hat nichts besonders Ermunterndes an sich, und doch ist es ja nicht viel mehr, was den meisten Menschen bleibt, die nun einmal ihre Vernunft verpfändet haben für die Phrase: mit seiner Zeit leben.«

Wer sich der notwendigen Widerständigkeit gegenüber dem Zeitgeist zugunsten einer scheinbaren Zeitgenossenschaft entzieht, gefährdet die eigene Vernunft. Die »verpfändete Vernunft« erinnert natürlich zunächst an Luthers Rede von der »Hure Vernunft«. Ein Blick in Hamanns Schriften zeigt aber schnell, dass *er* es ist, der von seinem Kopenhagener Leser rezipiert wird. Bei der Auslegung des Deuteronomiums entfaltet der Magus, dass der Satan unsere Selbsterkenntnis verhindert, indem er – entgegen dem biblischen Gebot – sowohl den oberen als auch den unteren Mühlstein, d.h. nicht nur die sinnlichen Kräfte des Menschen, sondern auch seine Vernunft, als Pfand nimmt.[17] Kierkegaards Rede von der verpfändeten Vernunft erscheint also als genauer Reflex auf diese Auslegung: wer »für« seine Zeit leben will statt »in« seiner Zeit verfehlt seine Selbsterkenntnis und sich selbst. Er macht sich zum Gespött. Es sei denn – so die innere Logik von CC:25 – er lernt aus einer Begegnung. Vielleicht aus einer Begegnung mit einem Menschen wie dem Buchhändler Soldin und dessen geistiger Bauchrednerei.

---

[16] DD:36 in SKS 17, 234 DSKE 1, 199.

[17] Londoner Schriften, 134 »Weder der bewegl. noch unbewegl. Mühlstein durfte zum Pfand angenomm[en] werd[en];« 138: »Der Satan bemächtigt sich nicht nur unserer sinnl. Werkzeuge und untern Seelenkräfte sondern auch der Vernunft selbst. Das Leben unseren Heilandes v seine wunderbaren Curen die er that, waren mehrenteils in der Einlösung und Wiedererstattung dieses Ober und Untermühlsteines, aus deren Vereinigung die Bewegung und Bedingung unserer Natur v Lebens besteht. [...]«

> »Man hört einen verworrenen Laut; man weiß kaum, ob man selbst es ist, der da spricht, oder ein anderer, und man ist leicht versucht mit Soldin zu sagen: Rebekka, bin ich's, der redet?«

Der Buchhändler Soldin, ein Kopenhagener Original, begegnet in Kierkegaards Schriften verschiedentlich. Was hat es mit diesem Menschen auf sich, der angesichts eines Kunden der seinen Laden betritt und mit seiner Stimme und Intonation redet, nicht mehr sicher ist, ob er selbst redet? Würden wir nur die Stelle aus *Der Begriff Angst* kennen, hielten ihn wohl für einen Kauz, der sich »in die Objektivität des Geschwätzes verloren« hat. Kennten wir nur die Stelle aus der »Nachschrift«, hielten wir ihn für die Illustration eines Denkers, der nicht zu unterscheiden vermag zwischen Objektivität und Subjektivität. Als Leser des Journals CC sehen wir, dass Kierkegaard die Vielschichtigkeit dieses Charakters entfaltet, weil er (wie im unmittelbaren Umfeld von CC:25 dokumentiert) mit dem Buchhändler eine spezifische Erfahrung verbindet:

> »Jedesmal, wenn ich etwas sagen will, ist da einer, der es eben im gleichen Augenblick sagt. Es ist, als wäre ich ein Doppeldenker, und als ob mein zweites Ich mir ständig zuvorkäme oder als ob, während ich gerade so stehe und rede, alle Leute glaubten, dass es ein anderer ist, so dass ich zu Recht die Frage stellen kann, die Buchhändler Soldin seiner Frau stellte: Rebekka, bin ich's der redet?«[18]

Soldin also ist eine wunderbare Illustration dafür, dass man nur in der radikalen Subjektivität zu sich selber findet. Aber wer um Himmels willen ist jene andere Hälfte des Doppeldenkers, der Kierkegaard ständig zuvorkommt? Wer ist es, dessen Stimme der Däne kaum von seiner eigenen zu unterscheiden weiß? Es ist jener Ironiker, jener Humorist, jener Polemiker, der 25 Jahre vor Kierkegaards Geburt verstarb und der deshalb eine Generation vor diesem einiges denken und sagen konnte. was sein emsiger Kopenhagener Leser wie eine eigene Äußerung auffasste. Es ist ein Glücksfall, dass wir von diesem Einfluss Kenntnis erhalten haben. Woher wissen wir vom Einfluss jenes Königsbergers, dessen Polemik für notwendige Denkfreiräume sorgte? Kierkegaard hat für sich und die Nachwelt seinen Namen notiert: im Titel eines kleinen Textes der bei genauerer Betrachtung so merkwürdig vielleicht nicht ist, wie man auf den ersten Blick vermuten mochte.

---

[18] CC15 in DSKE 1, 165f.

Der Vorsehung hintennach sehen

Zum Thema Offenbarung und Vernunft in Lessings *Die Erziehung des Menschengeschlechts*

Edgar Thaidigsmann

Das 2. Buch Mose bietet in Kap. 33 ein dramatisches Gespräch zwischen Jahwe und Mose, der das Volk Israel durch die Wüste ins verheißene Land führen soll, dies aber nicht tun will, wenn Jahwe nicht mit- und vorangeht. In einem eindringlichen Zwiegespräch sagt Jahwe schließlich sein Mitgehen zu. Moses Verlangen nach Gewissheit hinsichtlich des Mitgehens Jahwes spitzt sich in der Bitte zu: »Lass mich deine Herrlichkeit sehen!« (V. 18) Das Kapitel endet mit dem Wort an Mose: »du darfst hinter mir hersehen; aber mein Angesicht kann man nicht sehen« (V. 23). Mose, der sich durch das direkte Sehen und Erkennen von Angesicht zu Angesicht der Absicht Gottes vergewissern will, wird auf das Hintennach-Sehen verwiesen und damit auf das aposteriorische Lesen von Zeichen und Spuren Gottes im Horizont von dessen Zusage des Mit- und Vorangehens. Im Sinne einer Hermeneutik solchen Hintennach-Sehens sind die Zeugnisse Israels von seinem Weg mit Gott und, im Zusammenhang der beiden Testamente, die Zeugnisse vom Weg Jesu und seiner Gemeinde zu verstehen. Die Theologie ist von da her als diejenige Art und Weise des Hintennach-Sehens zu verstehen, die zeigt und bedenkt, was es da zu sehen und zu erkennen gibt und darüber öffentlich Rechenschaft ablegt.

In der Aufnahme und Ausbildung historisch-kritischer Methoden im Umgang mit den biblischen Zeugnissen hat die Theologie die historische Weise des Hintennach-Sehens besonders nachdrücklich in sich aufgenommen, nicht ohne Erwartungen, dabei zu objektivierbarer Gewissheit zu kommen. Mit solchen Verfahrensweisen ist freilich erst eine, wenn auch wichtige Vorarbeit für ein Hintennach-Sehen geleistet, das auf die Zeichen und Spuren Gottes im Horizont seiner Zusage achtet. Bekanntlich wird das Leben rückwärts verstanden, vorwärts jedoch gelebt. Wie aber können die biblischen Texte rückwärts so verstanden werden, dass sie als Zeichen und Spuren des voran- und mitgehenden Gottes gelesen werden können und auch vorwärts zum Leben helfen?

Das Folgende befasst sich mit G.E. Lessings Schrift *Die Erziehung des Menschengeschlechts* unter dem Aspekt des Hintennach-Sehens und des Vorangehens Gottes in der Geschichte. Lessings Stellung in der Geistesgeschichte des 18. Jahrhunderts, dem Zeitalter der Aufklärung, macht ihn zu einem besonders interessanten Gesprächspartner der Theologie. Auch Arbeiten von Johannes von Lüpke sind dafür ein schönes Zeichen.

1. ALTES UND NEUES TESTAMENT VERSTEHEN

Wie verhalten sich die »positiven« historischen Religionen, die sich auf Offenbarung berufen, zur Vernunft, der jene so sperrig, gar als pure Unwahrheit erscheinen? Diese Frage beschäftigt Lessing in *Die Erziehung des Menschengeschlechts*[1]. Im Begriff der Vorsehung bündelt sich für ihn die planvolle Weisheit und Kraft, die sowohl die Geschichte der jüdischen und christlichen Offenbarungsreligion als auch die Vernunft bewegt. Lessing will zeigen, dass die im Alten und Neuen Testament bezeugten Offenbarungen und ihre Abfolge nicht ohne Vernunft sind, ja der Vernunft auf die Sprünge helfen. Die positiven Religionen geben Anlass und Anstoß, die Vernunft aus- und weiterzubilden. Sie muten ihr nichts wirklich Fremdes zu, sondern nur, was die Vernunft auch aus sich selber haben kann, »nur geschwinder und leichter« (§ 4), wie es zunächst heißt. Im Laufe der Geschichte ihres Werdens eignet sich die Vernunft den vernünftigen Gehalt der Offenbarungen an, unter Abstoßung der auf Äußeres verweisenden Form. Ziel der Geschichte von Offenbarung und Vernunft ist, dass die Vernunft keines Anstoßes mehr von außen bedarf und das tugendhafte Handeln aus dem eigenen »Herzen« von selbst und um seiner selbst willen kommt. Es ist das Ziel »völlige[r] Aufklärung« und »Reinigkeit des Herzens« (§ 80f). Am Übergang zu diesem Stadium scheint Lessing das eigene Zeitalter zu sehen. Doch »noch« ist nicht nur die menschliche Praxis, Lessing streift mit einem Seitenblick die Sklaverei (§ 10), skandalös. Er fragt auch nachdrücklich, ob nicht die der Vernunft so anstößigen Lehren »von der Dreieinigkeit« (§ 73), »von der Erbsünde« (§ 74) und »von der Genugtuung des Sohnes« (§ 75) Gehalte in sich bergen könnten, die die Vernunft zu ihrem Gewinn erst noch verstehen lernen müsste, statt sich hochmütig darüber zu erheben (§ 68f). »Wie« z.B., fragt Lessing, wenn »Gott in dem Verstande, in welchem endliche Dinge *eins* sind, unmöglich *eins* sein könne«? (§ 73). Das Verhältnis von Offenbarung und Vernunft ist für Lessing ein Prozess wechselseitigen Anstoßes (§ 7, § 63) und »Dienstes« (§ 37) im doppelten Sinn von Ärgernis und Anregung, der noch nicht abgeschlossen ist.

Ein einziges Mal verwendet Lessing explizit den Begriff der »ewigen Vorsehung«, jedoch an entscheidender Stelle: da, wo der Blick, der dem Gang der Geschichte von Offenbarung und Vernunft hintennach sieht, sich zur Zukunft wendet. An dieser Stelle ändert sich auch die Sprache Lessings. Vom Blick staunenden Entdeckens und begreifenden Nachzeichnens des Weges, den die

---

[1] GOTTHOLD EPHRAIM LESSING, Gesammelte Werke in zehn Bänden, hg. v. P. RILLA, Berlin 1956, Bd. 8, 590–615. Zur Entstehung der Schrift: HUGH BARR NISBET, Lessing. Eine Biographie, München 2008.

Vorsehung auf ihrem Weg zur Bildung der Vernunft mittels der Offenbarungen und des Dienstes der Vernunft an der Offenbarung bisher gegangen ist, wendet sich Lessing nun zur Anrufung der Vorsehung in einer Art philosophischem Gebet und Bekenntnis. Die Anrufung äußert sich als Aufforderung an die Vorsehung, sich selber treu zu bleiben, ähnlich alttestamentlichen Zeugen, die an Gottes Treue appellieren, sowie in einer Bitte um Bewahrung im Vertrauen zu dieser Treue. »Geh deinen unmerklichen Schritt, ewige Vorsehung! Nur lass mich dieser Unmerklichkeit wegen an dir nicht verzweifeln« (§ 91). Die Anrufung zielt auffordernd und bekräftigend auf die Vergewisserung der Treue der in der Geschichte entdeckten Vorsehung auch in der Zukunft, gerade auch angesichts ihrer Verborgenheit und scheinbarer Rückschritte, wo Anfechtung und Verzweiflung drohen. Die Anrufung endet mit der Bitte: »Laß mich an dir nicht verzweifeln, wenn selbst deine Schritte mir scheinen sollten zurück zu gehen! – Es ist nicht wahr, dass die kürzeste Linie immer die gerade ist« (§ 91).

Die Anrufung der Vorsehung setzt ihre Ansprechbarkeit voraus. Doch wenn Lessing an anderer Stelle statt von der Vorsehung von der »Natur« (§ 84, § 90) spricht, dann ist die göttliche Macht ihrer Anrufbarkeit entkleidet. So bewegt sich Lessings Verständnis der Vorsehung zwischen dem Gedanken eines planvoll handelnden Gottes, der die Menschengeschichte durch eine Offenbarungsgeschichte in pädagogisch-didaktischer Weisheit zur Vernunft und zu ihrem Ziel bringt, und dem einer schöpferischen Natur, die in ihrem Gang immanenter Notwendigkeit folgt. Auf dem Hintergrund solch zweigesichtiger Vergewisserung bekräftigt Lessing: »[...] sie wird gewiss kommen, die Zeit der Vollendung, da der Mensch [...] das Gute tun wird, weil es das Gute ist« (§ 85). Es wäre die erfüllte Zeit voll entfalteter und verwirklichter Vernunft. Der Grund, auf den sich die Vergewisserung des Ganges der Vernunft zu ihrer Vollendung hin beruft, ist der Blick zurück. Als entscheidende Anstöße zur »Erziehung des Menschengeschlechts« entschlüsselt Lessing den Offenbarungsgehalt des Alten und Neuen Testaments, der für ihn explizit freilich noch nicht über das hinausgeht, was zu seiner Zeit auch sonst als vernünftige Religion gilt, wenngleich, wie gezeigt, darüber Hinausgehendes der vielleicht möglichen Erschließung seines Sinnes noch harrt. So wehrt Lessing dem Hochmut derer, die sich für völlig aufgeklärt und wissend halten (§ 68f; § 72–75).

In Analogie zur Erziehung einzelner versteht Lessing den Weg der Menschheit als Erziehung zu Vernunft und tugendhafter Praxis, die keiner von außen kommender Mittel und unwürdiger Beweggründe mehr bedarf, die durch die Androhung von Strafen oder durch das Versprechen von Lohn im Diesseits oder im Jenseits zu gutem Handeln motivieren wollen. Der erziehende Gang der Aneignung des Offenbarten auf das Ziel aufgeklärter und moralischer Vollendung hin wird von Lessing zugleich als Weg gedacht, der von der anfänglichen Notwendigkeit poetischer »Einkleidung der abstrakten Wahrheiten« (§ 48) in Akkommodation an den kindlichen und sinnlich befangenen Verstand hin zur Erfassung abstrakter Vernunftwahrheiten führt. Wie solche

Abstraktion von allem Sinnenhaften zur Sache des »Herzens« werden soll, aus dem das Gute spontan hervorgehe, bleibt freilich offen. Doch ist die Vernunft in bleibender Weise tiefer mit der sinnenhaften Ansprechbarkeit und Erfahrung verknüpft, als es in dieser Schrift Lessings scheinen will.

2. Aufbewahrung oder Überwindung des jüdisch-christlichen Erbes in der Vernunft?

Lessings Gedanke der »Erziehung« bzw. Bildung zur Vernunft auf dem Weg über die Offenbarungen des Alten und Neuen Testaments nimmt diese im Prinzip in das Erbe der Vernunft auf. Damit verknüpft ist der Gedanke, dass auf dem Weg über die Erziehung eines besonderen Volkes, Israels und der Juden (§ 17), und über das Christentum die Menschheit zu wahrer Aufklärung und Humanität herangebildet werde. Das Judentum des Alten Testaments gilt Lessing dabei als eine durch das Neue Testament überholte Stufe, das selbst wiederum in einem Zeitalter des Geistes überholt sein wird. Im *Nathan* allerdings fügt Lessing die Offenbarungsreligion des Islam hinzu und gibt dort dem Judentum in der Gestalt des Nathan und dann dem Islam in der Gestalt Saladins einen moralischen Vorrang vor Vertretern des institutionellen Christentums.

Blickt man auf die Bibel, so ist wichtig festzuhalten, dass, trotz aller geschichtlichen Besonderheit und scheinbar partikularen Bezügen der beiden Testamente, der Horizont des Menschen und der Menschheit, sowohl in der Urgeschichte als auch hinsichtlich des Verheißenen, präsent ist. Und vom Knecht Gottes, mit dem wohl Israel gemeint ist, heißt es: »ich habe dich auch zum Licht der Heiden (sc. Völker) gemacht«. Erinnert sei auch an Mt 28,19f: »Gehet hin und machet zu Jüngern alle Völker [...] und lehret sie halten alles, was ich euch befohlen habe.« Was Jesus befohlen hat, das steht Mt 5 in der Bergpredigt mit der auf das Herz als innerstes Antriebsorgan des Menschen zugespitzten Radikalisierung der Gebote des Alten Testaments. Neutestamentlich gesehen ist die Zeit des Geistes schon angebrochen, doch gibt es auch da noch Widersprechen und Widerstand und die Notwendigkeit der Prüfung der Geister. Das bewahrt davor, eine vermeintliche geisterfüllt-tugendhafte Vollendung totalitär erzieherisch handhaben zu wollen, wie es bald nach Lessings Tod im Jakobinismus der Französischen Revolution geschehen ist. Auch Lessings Zugehörigkeit zur Freimaurerei wäre unter dem Aspekt der Verwirklichung des Geistes zu prüfen.

Im Zusammenhang von Lessings Gedanken, dass die Vernunft sich auf dem Weg ihrer Bildung den wesentlichen Gehalt der Offenbarungsreligion des Alten und Neuen Testaments aneigne, erscheint die These[2] diskussionswür-

---

[2] GUNNAR HEINSOHN, Warum Auschwitz? Hitlers Plan und die Ratlosigkeit der Nachwelt, 1995; RÜDIGER SAFRANSKI, Das Böse oder Das Drama der Freiheit, 1997, 281f.

dig, dass es im Antisemitismus und seinen katastrophalen Folgen im Kern um die Ausrottung des jüdischen Erbes nicht nur im Christentum, sondern gerade auch in der Vernunft geht. Die Juden sind für Antisemiten nicht nur der exemplarisch fremde Andere im Sinne der Herkunft. Mit ihrer bloßen Existenz sind sie Zeugen dafür, dass die Menschen immer noch und immer neu an das »es ist dir gesagt Mensch« und an die Gebote erinnert werden müssen, allen voran an das Gebot »Du sollst nicht töten!« und damit daran, dass die Vernunft in Theorie und Praxis, in »Aufklärung« und »Reinigkeit des Herzens« immer noch auf dem Wege ist. Durch Umformungen hindurch enthüllt die von Lessing mit der »ewigen Vorsehung« identifizierte »Natur« noch ein anderes Gesicht. Gegen die von ihm anvisierte »Erziehung« der Völker durch Offenbarungs- und Vernunftgeschichte berief sich der Antisemitismus des 19. und 20. Jahrhunderts auf das unbarmherzige Gesetz der Natur als Lehrmeisterin einer sozialdarwinistisch und völkisch verstandenen Geschichte. Man wird die Geschichte der Philosophie nach Lessing, aber auch die der Theologie im 19. und 20. Jahrhundert bis in die Gegenwart auch vom Streit um die, mit Lessing zu sprechen, »Erziehung« durch das »Elementarbuch« Israels, das Alte Testament und in der Folge auch um das Neue Testament verstehen müssen.

3. DER BLICK VOM HÜGEL

Lessing gibt sich nur als Herausgeber von *Die Erziehung des Menschengeschlechts*. Die fingierte Herausgeberschaft gibt einen Hinweis zum Verständnis der Schrift. Wie auch sonst will Lessing etwas zur Debatte stellen, nicht aber eine Autorität oder ein stringentes System geltend machen. Das macht schon das vorangestellte Motto aus Augustins *Soliloquien* deutlich: »All dies ist aus denselben Gründen in gewisser Hinsicht wahr, aus denen es in gewisser Hinsicht falsch ist.«[3]

Im »Vorbericht des Herausgebers«[4] spricht Lessing in einer Art Parabel von einem »Hügel«, von dem aus sich dem Verfasser in weiträumigem Blick das dann Folgende erschlossen habe. Das Bild ist ironisch gebrochen. Bescheiden wird der »Hügel« als eine Erhebung bezeichnet, von der aus der Verfasser »etwas mehr als den vorgeschriebenen Weg eines heutigen Tages zu übersehen glaubt«. Ironisch bescheiden gibt sich der Herausgeber auch hinsichtlich des Lichts, das die Aussicht erhellt und von dem Weite und Deutlichkeit des Blicks abhängen. Wohl eröffne sich dem Betrachter vom »Hügel« aus der Blick in eine »unermessliche Ferne«, die jedoch »ein sanftes Abendrot seinem Blick weder ganz verhüllt noch ganz entdeckt«. Ein Anspruch auf durchdringende Erhellung und klare Übersicht über das Ganze der Geschichte

---

3 »Haec omnia inde esse in quibusdam vera, unde in quibusdam falsa sunt.« (Erziehung [s. Anm. 1], 590).

4 LESSING, Erziehung (s. Anm. 1), 590f. Die folgenden Zitate 590.

des Menschengeschlechts sieht anders aus. Das Zeitalter der Aufklärung bemüht gern das Bild der aufgehenden Sonne als Symbol für den Aufgang der Vernunft, die dunkle Unwissenheit und Vorurteile durch ihr helles Licht vertreibt. Lessing jedoch gebraucht nicht diese hochgemute Metaphorik, sondern das Bild der sinkenden Abendsonne, die die sichtbare und auch nur geahnte Ferne in das milde und verklärende Licht eines »sanften Abendrots« taucht.

Immerhin entdeckt der Wanderer auf seinem Hügel Staunenswertes. Das Staunen darüber, dass etwas ist und nicht vielmehr nichts, ist zwar schon bei den Griechen als Anfang der Philosophie benannt. Lessing jedoch sieht den Verfasser der Schrift auf seinem Hügel vor etwas ganz anderem staunen: vor dem aller griechischen Ontologie und Metaphysik so sperrigen und widerstreitenden Gang der Geschichte. Man könnte zwar den Betrachter, so Lessing, auf seinem Hügel »wohl stehen und staunen lassen«, zumal er keinen Anspruch erhebe, »daß die Aussicht, die ihn entzücket, auch jedes andere Auge entzücken müsse«. Doch des Aufmerkens wert ist eine Entdeckung: »Wenn er aus der unermesslichen Ferne [...] nun gar einen Fingerzeig mitbrächte, um den ich oft verlegen gewesen!« Es ist dieser »Fingerzeig«[5], der die angeblich bloß autoritativ oder historisch, nicht vernünftig geltenden Offenbarungsreligionen als Stationen auf dem Weg der Vernunft zu sich selbst in ihrer Geschichte verstehen lässt. Der »Fingerzeig« wird zum hermeneutischen Schlüssel einer Deutung der Offenbarung im Alten und im Neuen Testament, die sie mit der Vernunft versöhnt. Die Aussicht vom Hügel liefert damit kein zwingendes Argument, wohl aber einen Hinweis oder Wink zum Verständnis der Bedeutung der Offenbarungsreligionen Judentum und Christentum beim Werden der Vernunft mittels der »Elementarbücher« des Alten und Neuen Testaments. Leitend für ihre vernünftige Entschlüsselung ist der auf die Menschheit übertragene Gedanke einer dem Alter und dem sich entwickelnden Verstand eines Menschen angemessenen Erziehung. Die Offenbarungsreligionen werden dadurch in eine abgestufte Folge gebracht und sowohl relativiert als auch gerechtfertigt. Dabei wird das Judentum von der fortgeschrittenen Offenbarung im Christentum überholt und abgelöst. Dieses wiederum wird von einem Zeitalter des Geistes, der realisierten Vernunft, abgelöst werden. Angesichts von Lessings Art zu denken wäre freilich auch ein anderes Verhältnis von Christentum und Judentum denkbar, kann er doch Verschiedenes nebeneinander zur gegenseitigen Befragung stehen lassen, geht es doch darum, dem Dogmatismus zu wehren. Im *Nathan* zeigt sich dann eine andere Konstellation der Offenbarungsreligionen unter Einbeziehung des Islam.

Beim Blick vom »Hügel« wird die Vernunft dessen inne, dass sie selbst geschichtlich vermittelt und die Religionen so etwas wie ihr Mutterschoß und ihre Anreger sind. Dahinter steht bei Lessing das von Leibniz philosophisch begründete Vertrauen, dass »in der besten Welt« letztlich nichts ganz unsin-

[5] Vgl. Erziehung § 46: »Einen Fingerzeig nenne ich, was schon irgend einen Keim enthält, aus welchem sich die noch zurückgehaltene Wahrheit entwickeln läßt« (§ 46).

nig sein kann, auch nicht die Religionen[6]. Der »garstig breite Graben« zwischen bloß historisch gewissen Wahrheiten und unmittelbar einleuchtenden Vernunftwahrheiten, den Lessing in *Vom Beweis des Geistes und der Kraft* (1777) aufgerissen sah, ist jetzt »so wichtig nicht mehr« (§ 59). Er wird von einer vermittelnden Brücke überspannt, die die Historizität der Offenbarungsreligionen in Zusammenhang bringt mit dem geschichtlichen Werden der Vernunft.

Der Blick vom »Hügel« in die historische Ferne ist nach Lessing nichts für einen »eilfertigen Wanderer, der nur das Nachtlager bald zu erreichen wünscht«, um sich zu bergen, ehe die Nacht einbricht. Anders gesagt: Ein Überblick im Abendlicht bloß historischen Bewusstseins könnte einen Menschen, der nur schnell eine Unterkunft sucht, unsicher machen, wo er denn in dieser verdämmernden, der Zeit ausgelieferten Weite und Zerstreutheit bleibe. Der dem Historischen nachdenkende Philosoph jedoch sistiert das Bedürfnis nach schnellem geistigem Obdach. Und doch findet das Bedürfnis nach geistiger Unterkunft Befriedigung, wenn der Betrachter auf dem Hügel dem »Fingerzeig« folgt und den in die Zukunft weisenden Zusammenhang des Gesichteten versteht. Am Ende der Freimaurergespräche *Ernst und Falk*[7], in unmittelbarer zeitlicher Nähe zur *Erziehung des Menschengeschlechts* entstanden, sagt der Freimaurer Falk zu Ernst: »Die Sonne geht unter, du mußt in die Stadt. Lebe wohl!« Darauf Ernst: »Eine andre ging mir auf. Lebe wohl!«.

Die Vernunft bedarf nach Lessing der Vermittlung zu sich selbst durch Anstöße von außen, »Offenbarungen«, die der jeweiligen Fassungskraft gemäß gegeben und verstanden werden. Umgekehrt bringt auch die Vernunft die Offenbarungsreligionen voran (§ 35f). Ob freilich die Bildungsgeschichte der Vernunft genügend erfasst ist, wenn Lessing zunächst behauptet, dass die Offenbarung nur schneller gebe, was die Vernunft auch aus sich selbst haben könne, erscheint als fraglich. Die bleibende Angewiesenheit der Vernunft auf ein sie ansprechendes Außen, das ihrer Tendenz zur Selbstabschließung durch alle aneignende Vermittlung hindurch widersteht und sie offen hält, erscheint als unterbestimmt.

Lessings Gedanke von der wohl doch noch nicht abgeschlossenen Aneignung der Gehalte der Offenbarungsreligionen durch die Vernunft ist bis heute wirksam, wenn etwa von nicht eingeholten »semantischen Gehalten« der jüdisch-christlichen Überlieferung die Rede ist, die der Vernunft zugutekommen können.[8] Bei Lessing fällt das Ende der Übersetzung und Aneignung durch die Vernunft mit der Verwirklichung der freien, spontanen und tugendhaften

---

6 »Diesen unsern Hohn, diesen unsern Unwillen, verdiente in der besten Welt nichts: und nur die Religionen sollten ihn verdienen? Gott hätte seine Hand im Spiele: nur bei unsern Irrtümern nicht?« (a.a.O., 591).

7 Werke 8 (s. Anm. 1), 570–589, 589.

8 Jürgen Habermas, Glauben und Wissen. Friedenspreisrede 2001, in: ders., Zeitdiagnosen, Frankfurt a.M. 2003, 249–262, 261.

Humanität der Menschen zusammen, einem Hoffnungsgut. Durch Anrufung der Vorsehung will er die Vernunft dafür offen halten angesichts ihres gefährdeten Weges.

4. Blick zurück und Weg nach vorn

Im Widerschein der Abendsonne historischen Denkens erschließt sich dem Blick zurück vom Hügel aus, dem »Fingerzeig« folgend, »um den ich oft verlegen gewesen!«[9], der Zusammenhang von Offenbarung und Vernunft. Was aber bringt dieser abendliche Blick für das nach vorne zu lebende Leben? Der hermeneutische Schlüssel des »Fingerzeigs« weist für Lessing auf eine kommende neue Zeit des Geistes in der Verwirklichung der Vernunft. Dann werden die Menschen das Gute nicht mehr tun aus Furcht vor Strafe oder wegen der Aussicht auf Lohn, die sich, zumal in sich selbst aufgeklärt nennenden Zeiten, gerne in die Frage kleidet: Was bringt's? Was habe ich davon?, sondern spontan aus sich selbst und um ihrer selbst willen. Der Mensch aber, der einzelne wie die ganze Menschheit, bedarf der Vermittlung zu sich selbst als eines vernünftigen Wesens durch Bildung und Verwandlung der »Bewegungsgründe zu seinen Handlungen« (§ 85), seines Geistes und Herzens. Biblisch und reformatorisch gesehen bedeutet dieses Ziel, dass das Gebotene nicht mehr als Gesetz von außen droht und verspricht, sondern lebendiger Geist in den Menschen wird, so dass sie in Freiheit von Herzen das Gute tun. Soll die Tugend, die Lessing meint, jedoch nicht selbstbezogen befangen bleiben, so muss sich der Geist der Freiheit in der Beziehung zu anderen und anderem erweisen.

Lessing versichert sich und die Leser der »Zeit eines neuen ewigen Evangeliums, die uns selbst in den Elementarbüchern des neuen Bundes versprochen wird.« (§ 86; vgl. Apk 14,6)[10]. Vom Neuen Testament her, insbesondere von Paulus her gesehen, ist die neue Zeit des Geistes kein erst noch kommendes neues Zeitalter, sondern schon mitten in der alten Zeit der Nichtvollendung mit ihren Dunkelheiten wirksam in Hoffnung und Seufzen (Röm 8), Gebet, Freimut und Tun der Liebe, in der Ausrichtung auf die Vollendung. Im Geist ist die neue Zeit inmitten der unvollkommenen Zeit und Welt wirksam durch die Kraft des ›alten‹ und immer neuen Evangeliums, das zur Freiheit und Mündigkeit beruft (vgl. Gal 4,1–7). Vor der Zeit eschatologischer Vollendung ist das Evangelium das Evangelium von Jesus Christus, an dem sich der Geist in den gefährdeten geschichtlichen Zeiten stets neu entzündet. Für Lessing wäre mit der Zeit der Vollendung alles anzueignende ›von außen‹ zum ›innen‹ des Menschen geworden. In biblischem Verständnis würde jedoch zum ›Innen‹ des Geistes auch die Freiheit gehören, das wirkliche und nicht

---

9 Lessing, Erziehung (s. Anm. 1), 590.

10 Mit Hinweis auf »gewisse Schwärmer des dreizehnten und vierzehnten Jahrhunderts« (§ 87f).

nur der Unmündigkeit geschuldete ›Außen‹ als solches sein zu lassen und anzuerkennen und in solcher Beziehung erst wirklich frei zu sein. Erst in der eschatologischen Vollendung wäre Jesus Christus dann nicht mehr Lehrer und nicht mehr der, der in Zuspruch und Widerspruch in seinem Geist mit den Menschen unterwegs ist und für sie als zur Mündigkeit berufene Wesen immer noch eintritt und eintreten muss, sondern der, der nur noch Bruder unter Brüdern und Schwestern ist.

5. Philosophisches Gebet und Bekenntnis

Welche Gewissheit kommt der Hoffnung auf Realisierung der zu sich selbst kommenden Vernunft im Sinne Lessings zu? An der Wendung des abendlichen Blicks auf die Geschichte zur Zukunft hin ändert sich, wie schon angesprochen, Lessings Sprache. Seine Gedanken im Blick darauf, was von der Vorsehung gemäß ihrem bisherigen Gang für die Zukunft zu erwarten ist, werden nun verknüpft mit einer um Vergewisserung besorgten und doch vertrauensvollen Anrufung (»Du« § 92) des »Allgütigen« (§ 82) und der »ewigen Vorsehung« (§ 91), und mit unter Aufforderungen verstecktem Bitten und der bekennenden und bekräftigenden Versicherung dessen, was »gewiss« (§ 85f) sei, verknüpft aber auch mit der Bitte um Bewahrung vor der »Lästerung«, auch nur daran denken zu wollen (§ 82.84), dass »das menschliche Geschlecht auf diese höchste Stufe der Aufklärung und Reinigkeit nie kommen« (§ 81) werde. Diese Veränderungen in Lessings Sprache zeigen an, dass es im Blick auf die Zukunft einer Haltung und Vergewisserung bedarf, die nicht nur in weiträumiger Schau und in Gedanken ihren Sitz hat, die dann nur noch in die Praxis umzusetzen wären. Lessing sieht die Vernunft, wie sie sich bisher gebildet hat, ihrer selbst und des Menschen so wenig mächtig, dass er sich veranlasst sieht, sich des Erreichens ihres Zieles durch Anrufung derjenigen göttlichen Macht zu vergewissern, die für dieses Ziel einsteht, mag diese Anrufung auch in einem gewissen »als ob« geschehen. Der göttlichen Macht der Vorsehung wendet er sich zu, um selbst in seinem Vertrauen auf ihren überraschend entdeckten »Plan« (§ 88) gestärkt zu werden. So findet er den Grund der Gewissheit in einem vielschichtigen Akt, der nicht von der Meinung geleitet ist, der Verfasser oder die Menschheit könne die erhoffte Zukunft einfach in den Griff nehmen. Auch wenn die vergewissernde und auffordernde Anrufung kaum merklich ironisch gebrochen erscheint, liegt darin doch die Anerkennung eines unverfügbar Vorangehenden, das menschliche Subjekte davor bewahrt, sich selbst zum alles umfassenden und beherrschenden aufgeklärten Erzieher-Subjekt zu ermächtigen. So bleibt Lessing in der mannigfach gebrochenen Deutlichkeit seiner Überlegungen selbst ein frag-würdiger Zeuge einer Hoffnung, für die es gilt, im Geist Jesu Christi einzustehen und für die er selbst auf eine der Vernunft kompatible Weise einstehen wollte.

Vernunftglaube und Wahrheitsgefühl

Zur Religionstheologie W.M.L. de Wettes im Anschluss an J.F. Fries*

Markus Iff

Die epochale Bedeutung des deutschen Idealismus überdeckt, dass es eine realistische Tradition innerhalb der damaligen Philosophie gibt, die anthropologisch-psychologisch orientiert ist und der Fortbildung der kantischen Transzendentalphilosophie zum absoluten Idealismus beim frühen Schelling, bei Fichte und Hegel kritisch gegenüber steht.[1]

Diese Tradition, die mit den Namen Friedrich Heinrich Jacobi (1744–1819), Jakob Friedrich Fries (1773–1843) und Wilhelm Martin Leberecht de Wette (1780–1849) verbunden ist und in Johann Gottfried Herders (1744–1803) Philosophie des Daseins einen zentralen Ausgangs- und Bezugspunkt hat, führt ihrerseits zu Systementwürfen und Welterschließungsmodellen, die ontologische, anthropologisch-psychologische, erkenntnistheoretische und religionstheologische Theorieelemente zu integrieren versuchen. Dabei sind spezifische Formationen in der Wirklichkeitserschließung, der Bestimmung von Vernunft, Glaube und Gefühl sowie der Vermittelbarkeit von Offenbarung und Vernunft entstanden, die auf die Fundamente religionstheologischer Theoriebildung durchschlagen.

W.M.L. de Wette stand in der neuesten Theologiegeschichte trotz oder gerade wegen einer Renaissance der vermittlungstheologischen Ansätze des 19. Jahrhunderts im Schatten des diese Epoche dominierenden F.D.E. Schleiermacher.[2] Trotz der großen Nähe zur Theologie Schleiermachers stellen insbesondere de Wettes Frühschriften einen eigenständigen und originellen Beitrag zur Neugestaltung christlicher Religionstheologie sowie zur Verhältnisbe-

---

* Johannes von Lüpke in Dankbarkeit gewidmet.

1 Vgl. Jan Rohls, Protestantische Theologie der Neuzeit, Bd. 1. Die Voraussetzungen und das neunzehnte Jahrhundert, Tübingen 1997, 337–342, 409–415;ders., Offenbarung, Vernunft und Religion. Ideengeschichte des Christentums, Bd. 1, Tübingen 2012, 503–508, 576–579.

2 Diese Marginalisierung de Wettes hängt vor allem mit der einflussreichen Darstellung Emanuel Hirschs (Geschichte der neuern evangelischen im Zusammenhang mit den allgemeinen Bewegungen des europäischen Denkens, Gütersloh 1964), der eine karikierende Verzeichnung de Wettes im Gegenüber zu Schleiermacher bietet (ebd., Bd. 5, 357–364).

stimmung von Religionsphilosophie und Theologie dar, was in der Forschung zunehmend gesehen und in der Theologiegeschichtsschreibung gewürdigt wird.[3]

Um diesen Beitrag soll es im Folgenden gehen. Dabei wird zunächst der Bezugsrahmen und zeitgenössische Kontext der Religionstheologie de Wettes erörtert, bevor sein Anschluss an die anthropologische Vernunftkritik sowie die religiös-ästhetische Gefühlstheorie und Welterschließung von J.F. Fries dargestellt und reflektiert wird. Abschließend gehen wir unter der Überschrift »Vernunftglaube und Wahrheitsgefühl« der Frage nach, welche Potentiale die Religionstheologie de Wettes für die gegenwärtigen Debatten um die Zugänglichkeit der Wirklichkeit sowie die Bedeutung der systematisch-theologischen Arbeit am Religionsbegriff für die gegenwärtige theologische Reflexion bereithält.

1. Zum Bezugsrahmen und zeitgenössischen Kontext de Wettes

De Wette[4] reifte in Jena zum Bibelwissenschaftler in einer Phase der Wissenschaftsgeschichte, in der es zum Aufbruch des Frühkantianismus kam, der das Selbstbewusstsein der Vernunft neu begründete.[5] Kants Schrift *Der Streit der Fakultäten* war 1798 erschienen, ein Jahr bevor de Wette sein Studium in Jena begann. Gegen die darin von Kant vorgenommene Unterordnung der biblischen Theologie unter die Philosophie hatte J.G. Herder protestiert und betont, dass Religion etwas Ursprüngliches sei. Sie werde nur als Religion verstanden, wenn sie von sich selbst her zum Verstehen komme, nicht wenn sie von der Philosophie her bestimmt und konstruiert werde.[6] De Wette wiederum hatte bereits als Schüler auf dem Gymnasium in Weimar (1796–1799) Herders ästhetische Auffassung vom Wesen der Religion und sowie dessen

---

[3] Etwa durch Jan Rohls, Liberale Romantik. Wilhelm Martin Leberecht de Wette 1780–1849, in: Friedrich Wilhelm Graf (Hg.), Profile des neuzeitlichen Protestantismus, Bd. 1. Aufklärung Idealismus Vormärz, Gütersloh 1990, 223–250.

[4] Zum zeitgenössischen Kontext der Religionstheorie de Wettes vgl. Christine Axt-Piscalar, de Wettes Religionstheorie, in: Hans-Peter Mathys/Klaus Seybold (Hg.), Wilhelm Martin Leberecht de Wette. Ein Universaltheologe des 19. Jahrhunderts (Studien zur Geschichte der Wissenschaften in Basel, N.F. 1), Basel 2001, 108–126, insbesondere: 109–118.

[5] Norbert Hinske/Erhard Lange/Horst Schröpfer (Hg.), Der Aufbruch in den Neukantianismus. Der Frühkantianismus an der Universität Jena von 1785–1800 und seine Vorgeschichte (Forschungen und Materialien zur deutschen Aufklärung Abt. II Monografien Bd. 6), Stuttgart-Bad Cannstatt 1995.

[6] Vgl. Johann Gottfried Herder, Metakritik, in: Schriften zu Literatur und Philosophie 1792–1800. Werke Bd. 8, hg. v. Hans Dietrich Irmscher (Bibliothek Deutscher Klassiker 154), Frankfurt a.M. 1998, 622–640.

Verständnis von Geschichte von dem dortigen Generalsuperintendenten aufgenommen.[7]

Mit Kants rationalistischer Ethikotheologie und Herders kulturanthropologischer Geschichtstheologie bilden somit zwei markant unterschiedliche und in Teilen gegenläufige neuzeitlich-theologische Theoriestränge den anspruchsvollen Bezugsrahmen für de Wettes Religionstheorie. Er sieht sich vor die Aufgabe gestellt, die Geschichtlichkeit der Religion und ihre vielfältigen empirischen Erscheinungen, ihre Verortung und Funktion im Ganzen der Vernunft sowie die theologische Selbstreflexion des religiösen Bewusstseins miteinander zu vermitteln. Dahinter bleiben in seinen Augen die zeitgenössischen Religionsphilosophien zurück, da sie »nichts als Moral« oder »pantheistische Ideen« in die Theologie hineintrügen.[8]

De Wette hält Kants moralphilosophische Argumentationslinie für problematisch, da dieser in seiner Religionsschrift die Geltung der Inhalte der positiven Religion des Christentums an den Maßstab der praktischen Vernunft rückbinde. Auf diesem Weg gibt er »der Sittlichkeit im Menschen ein solches Uebergewicht, dass von ihr erst die Religion ihre Begründung und Bedeutung erhalten sollte«, womit er aber »ganz das Gebiet des religiösen Gefühls im Menschen«[9] verkennt. Zudem hält er Kant vor, mit der Idee Gottes als einem notwendigen Postulat der praktischen Vernunft den Gottesbegriff in eine abstrakte Überweltlichkeit zu heben. Damit kann das Individuum von diesem Gott keinen Trost erwarten und kein religiöses Verhältnis des Einzelnen zu diesem Gott gedacht werden.[10] Dieser »Weltgott [ist] nicht der Christen Gott, der hoch über der Welt als ihr Schöpfer und Regierer thront, zu welchem, als dem liebenden Vater, das fromme Gemüth vertrauensvoll aufblickt«.[11]

Mit der kritischen Beleuchtung des kantischen Gottesbegriffs konvergiert de Wettes Kritik an Schellings spekulativer Naturphilosophie, die er als Pantheismus bezeichnet. Hier werde im Kern eine Selbstexplikation des Absoluten in der Welt behauptet und der Versuch unternommen »das Endliche und

---

[7] »Die Gedanken Herders waren das schönste, geistesmächtigste und wohl auch wirksamste Element der exegetischen Welt, in die der junge de Wette hineinwuchs.« RUDOLF SMEND, de Wettes Arbeit am Alten und Neuen Testament, in: MATHYS/SEYBOLD (Anm. 4), 14.

[8] WILHELM MARTIN L. DE WETTE, Ueber Religion und Theologie. Erläuterungen zu seinem Lehrbuch der Dogmatik (1815), 2. Aufl. Berlin 1821, 165.

[9] Ebd., 148.

[10] In seinem bereits zwei Jahre nach Beginn des Theologiestudiums 1801 veröffentlichten Aufsatz »Eine Idee über das Studium der Theologie« beleuchtet de Wette das Defizit einer moralischen Vernunftreligion kantischer Prägung und vollzieht die Abkehr vom theologischen Rationalismus hin zur ästhetischen Umformung des Religionsbegriffs. Vgl. WILHELM MARTIN L. DE WETTE, Eine Idee über das Studium der Theologie (Sommer 1801), dem Drucke übergeben und mit einer Vorrede begleitet von Adolf Stieren, Leipzig 1850.

[11] DE WETTE, Religion (s. Anm. 8), 165.

die Entstehung aller Dinge rational aus dem Unendlichen abzuleiten und apriori zu konstruieren«.[12] Ein pantheistisch geprägter Gottesbegriff hebt in de Wettes Augen aber die Grundinteressen des religiösen Bewusstseins auf, die in der Idee der Freiheit und in der Unterscheidung zwischen Gut und Böse liegen. Zudem verkennt die pantheistische Vorstellung der Selbstexplikation des Absoluten im Weltprozess, dass Natur und Geschichte keine selbstevidente Offenbarungsquellen für eine »religiösen Anschauung der Welt«[13] sind, sondern interpretationsbedürftige Medien dieser Anschauung. Hier setzt auch de Wettes Kritik an Schleiermacher an, wenn er in seiner Rezension der zweiten Auflage von Schleiermachers »Reden« zur religiösen Anschauung der Natur bemerkt: »Sollen wir da unseren Glauben an Gott suchen, so sind wir übel berathen.«[14] Einer teleologisch ausgerichteten Geschichtsbetrachtung stellt er die Kontingenz der Welt gegenüber, sodass die religiöse Leistungskraft der romantischen Naturanschauung und Geschichtsdeutung begrenzt ist.[15]

Den Religionsbegriff will de Wette »höher und umfassender« als Schleiermacher bestimmen, denn Religion ist nicht »eine einzelne Funktion und Anlage des Gemüts« und hat ihren Platz nicht »neben jenen einzelnen Thätigkeiten und Anlagen«, sondern über denselben bzw. Religion ist »die Totalität«.[16] Zur Frage ihres Ursprungs erklärt er: »Der Glaube an Gott ist uns gegeben vor aller Weltanschauung [d.h. der Betrachtung von Natur und Geschichte in ihrem großen Zusammenhang, M.I.], mit unserem Ich ist schon ein Ur-Ich gesetzt; und die äußere Welt mit der inneren in Harmonie zu setzen, Gott in der Welt zu finden, ist nur ein Geschäft, eine Folge der Religion, nicht die Religion selbst.«[17] In die Terminologie Fichtes gefasst, will de Wette zeigen, dass Religion als die eigentliche Bestimmtheit eines Ur-Ich immer schon da ist und daher philosophisch im Sich-selbst-Verstehen des Ich aufgefunden werden kann.

---

[12] Zitiert nach Rudolf Otto, Kantisch-Fries'sche Religionsphilosophie und ihre Anwendung auf die Theologie. Zur Einleitung in die Glaubenslehre für Studenten der Theologie, Tübingen 1909, 137.

[13] De Wette, Religion (s. Anm. 8), 67.

[14] Wilhelm Martin L. de Wette, Rezension von: F.D.E. Schleiermacher, Über die Religion. Reden an die Gebildeten unter ihren Verächtern, in: Jenaische Allgemeine Literatur-Zeitung Nr. 131, 5. Juni 1807, Sp. 433–440 u. Nr. 132, 6. Juni 1807, 441–448, 437.

[15] »(D)die Welt deuten und verstehen zu wollen in göttlicher Bedeutung, ist ein vergebliches Beginnen.« Ebd., 441.

[16] A.a.O., 443f.

[17] A.a.O., Sp. 441.

2. Anthropologische Vernunftkritik und religiös-ästhetische Gefühlstheorie

Im Anschluss an die Philosophie von J.F. Fries[18] kommt de Wette zu dem Urteil, dass der kritischen Philosophie Kants »der einfache klare Gedanke [fehlte], dass sie von der inneren Naturbeschreibung oder Anthropologie ausgehen müsse«.[19] Dies habe Fries mit seiner anthropologischen Wendung der Philosophie korrigiert und damit die wahre Stellung der Ideen der Religion und Ästhetik im Geistesleben des Menschen beachtet.

Schon immer war es die Zweistämmigkeit der Vernunft im Denken Kants, die die größten Herausforderung zur Verhältnisbestimmung von Vernunft und Wirklichkeit mit sich brachte. Darum wurde bekanntlich Kants dritte Kritik, die Kritik der Urteilskraft, weithin zum Bezugspunkt der nachkantischen Debatten. Die Fries'sche Philosophie zeichnet sich nun mit einer erkennbaren Konstanz seit seiner ersten Veröffentlichung im Jahre 1798[20] dadurch aus, dass sie diesen Schritt der Problemstellung nicht mitging, sondern den Anspruch erhob, einen stärker elementaren Zugang zu suchen. Dieser macht sich nicht an der Synthesis-Frage im Blick auf die Zweistämmigkeit der Vernunft fest, sondern bewegt sich im Verhältnis von Ding an sich und Erscheinung.

Die vernunftkritische Haltung der Philosophie ist in den Augen von Fries grundlegend und nicht zu umgehen. Alle unsere Anschauungsformen, unsere Verstandesbegriffe und auch die Vernunftideen sind dadurch gekennzeichnet, dass es sich rein um unser Vermögen handelt. Diese sind zu unterscheiden von dem Ding an sich als Inbegriff der Wirklichkeit, auf die sie sich zwar beziehen, aber nicht zugreifen können. Dies gilt sowohl für die endlichkeitsbezogenen Konstruktionen des Verstandes als auch für die unendlichkeitsträchtigen Entwürfe der Vernunft.

In dieser Verstandes- und Vernunftkritik gibt es allerdings ein wesentliches und zugrundeliegendes Moment, auf das Fries sein Augenmerk richtet: die Tatsache, dass es sich bei all diesen Vermögen und Vollzügen um Vorgänge des bzw. im Menschen handelt. Hinter die anthropologische Wirklichkeit, in der wir leben, kommen wir nicht zurück. Und die kritischen Aufstellungen,

---

[18] Jakob Friedrich Fries studierte und promovierte als Kant-Schüler bei Fichte in Jena und war später ordentlicher Professor für Philosophie, Mathematik und Physik in Heidelberg und Jena. Im zweiten Teil seiner Philosophiegeschichte von 1840 stellt er sich selbst als den einzig sachgerecht urteilenden Kantinaer dar. Vgl. Ders., Die Geschichte der Philosophie, Band 2 (1840), in: ders., Sämtliche Schriften, Bd. 19, hg. v. Gert König, Aalen 1969, 590–632. Dieser Abschnitt bietet eine Selbstdarstellung seiner Philosophie.

[19] De Wette, Religion (s. Anm. 8), 168.

[20] Jakob Friedrich Fries, Über das Verhältnis der empirischen Psychologie zur Metaphysik (1798), in: ders., Sämtliche Schriften, Bd. 2, hg. v. Gert König/Lutz Geldsetzer, Aalen 1982, 251–297.

die wir vornehmen, beziehen sich auf die Geltungsmomente unseres Denkens und Erkennens, unseres Sollens und Handelns, sie sind aber nicht in der Lage, die Wirklichkeit heraufzuführen, von der sie ausgehen.

Von besonderem Interesse für de Wette ist nun der sich bei Fries anschließende Gedanke, der sich aus der anthropologisch-empirischen Synthese ergibt. Offensichtlich gibt es für uns keine andere Ausgangswirklichkeit als dieses anthropologische Gegebensein unserer selbst. Das heißt aber, die anthropologische Einheit der kritisch zu untersuchenden Vernunftvermögen ist selbst der Grund jeglicher Wirklichkeitsannahme. Oder anders gesagt: Der theoretische und der praktische Weltumgang erschöpfen das Potential noch nicht, das auf diesem anthropologischen Boden präsent ist. Wenn es denn in Wissenschaft, Religion und Sittlichkeit um einen Wirklichkeitsbezug geht, zu dem es keine Alternative gibt, dann kann das Vertrauen auf diese Wirklichkeit nicht selbst das Produkt der welthaften bzw. weltbezogenen Tätigkeiten des Verstandes bzw. der Vernunft sein.

An dieser Stelle nun kommt für Fries die »Ahndung« ins Spiel, wie sie sich im Gefühl vergegenwärtigt und in Ästhetik und Religion anschaulich wird.[21] Diese »Ahndung« ist demnach gewissermaßen die Spiegelung der subjektiv-anthropologischen Synthesis ins Objektiv-Gegenständliche – allerdings mit der genauen Restriktion, dass es von dieser für die Wirklichkeit des Wirklichen einstehenden Bezugsdimension keine inhaltliche Erkenntnis geben kann. Es bleibt, so gesehen, Ding an sich. Es ist aber zugleich eines, das über seine Präferenz auf anthropologischem Boden unmittelbar da und unbezweifelbar wirklich ist. So wie die anthropologische Ausgangsbasis der kritischen Analyse nicht wegzudenken ist, so wenig ist es auch der Horizont der umfassenden Wirklichkeit, innerhalb derer unsere gesamte theoretisch-praktische Fähigkeit sich abspielt bzw. worauf sie sich bezieht.

De Wette übernimmt Fries' phänomenologisch angelegte Beschreibung menschlicher Formen des Wissens, die dieser in Wissen, Glauben und Ahnden unterscheidet.[22] Ausgangspunkt ist ein »unvertilgliches Selbstgefühl«[23] im Menschen, welches diesen über die dissonante und selbst für sein rationales Erkenntnisinteresse ungenügende Welt der Erfahrung erhebt. Dadurch eröffnet sich eine andere Sphäre, die intelligible Welt, die Gegenstand eines Vernunftglaubens ist. Dieser Vernunftglaube hat seinen Grund im Verstehen des

---

[21] »Wir wissen um das Endliche in der Natur, wir glauben an das Ewige. Aber diese Erkenntnis des Endlichen und Ewigen muss für unsere Vernunft zuletzt doch nur eine und dieselbe seyn, die Wahrheit ist nur eine, es muss die gleiche Realität des Ewigen, auch im Endlichen wiederholt werden [...]. Die Erkenntnis durch reines Gefühl nenne ich Ahndung des Ewigen im Endlichen.« Jakob Friedrich Fries, Wissen, Glauben und Ahndung (1805), in: ders., Sämtliche Schriften, Bd. 3, hg. v. Gert König/Lutz Geldsetzer, Aalen 1968, 601.

[22] Jakob Friedrich Fries, Wissen, Glauben, Ahndung, Jena 1805, neu hg. v. Leonhard Nelson, Göttingen [2]1931, 64.

[23] De Wette, Religion (s. Anm. 8), 8.

Ich und sein Gegenstand sind die religiösen Ideen: das Ewige Sein, Gott als »Urquell« des Seins, die unsterbliche Seele und die Freiheit.[24] Neben dem Glauben als »nothwendige Überzeugung aus bloßer Vernunft« ist die Ahndung »eine nothwendige Überzeugung aus bloßem Gefühl«.[25] Die Ideen des Glaubens werden durch Gefühle »in den ästhetischen Ideen der Ahndung«[26] auf die Welt der Erfahrung bezogen.

Was im Bereich des religiösen Apriori liegt, Gottesidee und Freiheit, Unsterblichkeit und Teleologie, stellt eine formale Metaphysik dar, die erst in der Anwendung auf den Reichtum religiöser Erscheinungen ihr eigentümliches Leben empfängt. Die Ahndung, die auf das Geheimnis der Religion selber hinführt, umfasst Wissen und Glauben und bringt beide miteinander in eine Konkordanz, die sich im unmittelbaren Gefühl bekundet und Urteile ergibt, die ihrer Struktur nach den ästhetischen analog sind.

Im Anschluss an Fries differenziert de Wette den Gefühlsbegriff. Zum einen sind die Gefühle intentional bestimmt und mit Vorstellungsgehalten gekoppelt. Zum anderen ordnet er den jeweiligen religiösen Ideen entsprechende Grundstimmungen zu: Begeisterung, Resignation und Andacht. Auf diesem Weg gelangt er zu einer Art »Phänomenologie der religiösen Gefühle«.[27]

3. Vernunftglaube und Wahrheitsgefühl

Mit seiner Religionstheorie im Anschluss an Fries unternimmt de Wette den Versuch, die Selbstständigkeit der Religion im Verbund der menschlichen Geistestätigkeiten zu begründen sowie den Horizont der umfassenden Wirklichkeit in den Blick zu nehmen, innerhalb derer und auf deren Hintergrund sich unsere gesamte theoretisch-praktische Tätigkeit abspielt und auf die Religion, Sittlichkeit und Wissenschaft bezogen sind. So wie die anthropologische Ausgangsbasis der kritischen Analyse nicht weg zu denken ist, ist diese Wirklichkeit über ihre Präsenz auf anthropologischem Boden unmittelbar da und unbezweifelbar wirklich.

Die Religion ist eine »eigenthümliche Ueberzeugungsweise des Menschen«,[28] die eine Wahrnehmung dieser Wirklichkeit impliziert. Sie »ergänzt und vollendet ... das Leben, indem sie über das Endliche und Unvollkommene erhebt, und das Ewige und Vollkommene, das sich der That wie der Erkennt-

---

24 »... in meinem Inneren suche ich ... für die Idee des Ewigen einen festen Gegenstand, und finde ihn in meiner unsterblichen Seele.« De Wette, Religion (s. Anm. 8), 20.

25 Fries, Wissen (s. Anm. 22), 16.

26 Ebd., 74–76.

27 Markus Buntfuss, Die Erscheinungsformen des Christentums. Zur ästhetischen Neugestaltung der Religionstheologie bei Herder, Wackenroder und de Wette (AKG 89), Berlin/New York 2004, 194. Vgl. dazu de Wette, Religion (s. Anm. 8), 61–63.

28 De Wette, Religion (s. Anm. 8), 2.

nis entzieht, im Glauben und Gefühl erfassen lehrt.«[29] Sie lässt als »religiöse Anschauung der Welt«[30] im Medium ästhetischer Gefühle das Ewige im Zeitlichen erahnen.

Der Vernunft eignet bei de Wette ein intuitiv-unmittelbares Wirklichkeitsbewusstsein. Sie ist zweipolig bestimmt, denn ihr liegen gleichermaßen eine Tätigkeit in der Ausbildung von Ideen wie ein reines untrügliches Vernehmen zugrunde. Die Vernunft ist also in der Lage, eine unmittelbare Wirklichkeitsgewissheit zu erzeugen, da neben dem Wissen als exklusive Form der theoretischen Erkenntnis bei Kant, mit dem Glauben eine zweite Form der Vernunfterkenntnis mit Fries geltend zu machen ist. Dieser Glaube ist ein Vernunftglaube, da es in ihm nicht bloß um eine subjektive Form des Wissens, sondern eine im vernünftigen Geist sicher gründende Form einer höheren Erkenntnis geht. Die Erkenntnisform des Wissens führt gar »von selbst«[31] zu einer höheren Erkenntnisweise, weil die Vernunft auf Einheit und Totalität ausgreift. Allerdings können wir »in der Erfahrungswelt die Einheit, Vollendung und Unbedingtheit nicht finden«,[32] obwohl wir diese Ideen in uns vorfinden.

Da die Vernunft in den Augen von de Wette von der Erkenntnis von Einheit und Notwendigkeit im Wesen der Dinge bestimmt wird, führt diese auf dem Weg der Reflexion zur Idee eines unendlich und absolut notwendig Absoluten. Identifiziert man mit de Wette diese Idee mit dem Gottesgedanken, ist dieser ein notwendiger Gedanke der Vernunft, womit »die spekulativen Wahrheiten, auf welche sich die Religion gründet« aus den »Grundgesetzen der menschlichen Vernunft« heraus entwickelt werden können.[33] Der Gottesgedanke steht für das Ganze und die Einheit des Wirklichen, das die Vernunft unmittelbar zu vernehmen imstande ist. Die Einheit ist aber, so de Wette, nur denkbar als Wirkung eines einheitlichen, notwendigen und außerweltlichen Grundes von Allem überhaupt, womit er sich in einem metaphysischen Denkhorizont bewegt.

Mit dem Rückgang auf die Unmittelbarkeit der Vernunft und deren basalem Intuitionsvermögen will de Wette den vermeintlichen Subjektivismus der theoretischen Vernunft bei Kant unterlaufen. Mit der Unableitbarkeit der Vernunft sind auch die vernünftigen Ideen von Freiheit, Gott, Seele als mit gleicher Ursprünglichkeit anzunehmen.[34] Diese Ideen treten in der Form eines

---

29 A.a.O., 71f.

30 A.a.O., 67.

31 A.a.O., 8.

32 A.a.O., 9.

33 »So hat die Vernunft mit der Idee Gottes den höchsten Punkt erstiegen, wo sie alle ihre Forderungen befriedigt findet, den höchsten Punkt der Einheit und Notwendigkeit im Wesen der Dinge.« DE WETTE, Religion (s. Anm. 8), 36.

34 Mit den religiösen Ideen geht die Gewissheit von deren objektiven Gültigkeit unmittelbar einher. Diese tragen sie »in sich selbst, und die Vernunft kann, ohne sich zu widersprechen, gar nicht an derselben zweifeln«. DE WETTE, Religion (s. Anm. 8), 38.

unmittelbaren Realitätsbewusstseins auf, sodass de Wettes erkenntnistheoretisches Programm Züge eines intuitiven Realismus aufweist.

Die Explikation der in der Unmittelbarkeit des Vernunftglaubens ruhenden Inhalte vollzieht sich im Medium von religiösen Ahnungen und Gefühlen. Der Aufweis der religiösen Ideen kann nicht durch ein demonstratives Schlussverfahren erreicht werden, sondern nur durch den Bezug auf das Gefühl bzw. durch Aussagen des eigenen Wahrheitsgefühls. Das religiöse Gefühl ist die Tätigkeit des menschlichen Geistes, wodurch das Unbedingte auf das Bedingte bezogen, das Unbedingte im Bedingten, das Bedingte im Licht des Unbedingten angeschaut wird. Wie Herder und Schleiermacher betont de Wette, »dass die Religion nur im Gefühl lebendig werden kann«, da dasjenige, was dem Verstand versagt ist, nämlich im Subjektiven das Objektive zu finden, dem Gefühl »verstattet«[35] ist.

De Wette unterscheidet in seiner Religionstheologie zwischen der Religion und deren Erscheinungen oder dem, was er in seiner Rezension von Schleiermachers Reden das »Geschäft« oder die »Folge« der Religion nennt. Indem er vom Wesen der Religion her denkt, bezieht er eine kritische Stellung gegenüber ihren positiven Erscheinungen, die »immer unvollkommene mißlungene Versuche seyn [müssen, M.I.], da sie Gott in der Welt und im Besonderen suchen, wo er nie zu finden seyn wird ... nur das darin offenbarte Streben ist wahr, nicht das Gefundene«.[36] Andererseits bestimmt de Wette das Verhältnis von philosophischem Religionsbegriff und geschichtlichen Erscheinungsformen des positiven Christentums so, dass in ihm das Symbolische und Ästhetische »in und mit dem Geschichtlichen gegeben, und mit dem Dogmatischen und Sittlichen innig verbunden ist.«[37] Da die Theologie in dialektischer Weise das philosophische und historische Element der Religion aufeinander beziehen muss, kommt den literarischen Quellen des Christentums ein bleibender Stellenwert und eine normative Bedeutung zu.[38]

De Wettes Religionstheologie unternimmt den Versuch der Konstruktion einer Wirklichkeit, die Religion, Wissenschaft und Sittlichkeit gleichermaßen umfasst. Die Differenzierung der Gott, Selbst und Welt erschließenden Kate-

---

35 DE WETTE, Religion (s. Anm. 8), 63f.

36 DE WETTE, Rezension F.D.E. Schleiermacher (s. Anm. 14), 445.

37 WILHELM M.L. DE WETTE, Theodor oder des Zweiflers Weihe. Bildungsgeschichte eines evangelischen Geistlichen, zwei Teile, anonym, Berlin 1822; zweite, durchgesehene, wohlfeilere Ausgabe, Berlin 1828 (hier nach der 2. Aufl. von 1828 zitiert), Bd. 1, 343.

38 Darin unterscheidet sich de Wette auch von Schleiermacher, der bekanntlich annahm, das Wesen des Christentums sei »eine Grundstimmung des religiösen Gemüthes«, die sich von allen geschichtlichen Realisierungen unterscheide, weshalb das Urchristentum nur eine kontingente Einkleidung dieses unveränderlichen Gehalts darstelle. Vgl. dazu den Brief an Fries vom 26. September 1811, Teilabdruck in: DEWETTIANA, Forschungen und Texte zu Wilhelm Marin Leberecht de Wettes Leben und Werk, hg. v. ERNST STAEHELIN, Basel 1956, 70f. Vollständig abgedruckt in: JAKOB FRIEDRICH FRIES, Sämtliche Schriften, Abt. 6, Bd. 4: Briefe I: Konvolute A–E, Aalen 1997, 604–616, 612.

gorien ist nun aber so weit fortgeschritten, dass das Modell einer solchen Einheitsweltanschauung unmöglich wird. Allerdings leistet de Wette mit seiner Religionstheologie einen nicht zu unterschätzenden Beitrag, differente Wirklichkeitszugänge in einem kommunikativen Zusammenhang zu halten.

Dies kann zum einen gelingen, wenn auf die Arbeit am Religionsbegriff für die gegenwärtige theologische Reflexion nicht verzichtet wird, auch wenn schwer erkennbar ist, wie in ein anthropologisches – und als solches ambivalentes und partikulares – Phänomen wie das von Religion und Religionen, der Gottesbezug eingezeichnet werden soll, der für die biblischen Traditionen und das Glaubensverständnis des Christentums entscheidend ist. Zum anderen scheint im Gefolge von de Wette die Entgrenzung rein subjektivitätstheoretischer oder transzendentallogischer Religionsbegründungen in Richtung auf ihre anthropologische Einbettung und die Frage nach dem Anhalt religiöser Deutungen an der Wirklichkeit geboten. Nicht zuletzt könnte eine vertiefte Auseinandersetzung mit Fries' anthropologischer Vernunftkritik und de Wettes Religionstheologie dazu beitragen, die Frage nach dem Realismus aufzunehmen,[39] die Wissenschaft und Religion gleichermaßen betrifft. Es geht beiden in aller Unterschiedenheit und auf je ihre spezifische Weise um einen Wirklichkeitsbezug, um die Frage nach der Erkennbarkeit der tatsächlichen Wirklichkeit in der begrenzten Welt der Erscheinungen, die darum mehr und anderes sind als bloßer Schein.

---

39 Vgl. dazu Markus Gabriel (Hg.), Der Neue Realismus, stw 2099, Berlin 2014.

Von der verordneten zur aufgeklärten Toleranz

Toleranzverständnis bei Theophil Lessing und Gotthold Ephraim Lessing

Rainer Rausch

»Toleranz, die von der Freiheit stammt, ist ein Himmelskind und der schönsten eines, aber die Toleranz, die nichts ist als die Umschreibung des Satzes ›alles ist schließlich ganz egal‹, die mag der Teufel holen.«[1]

1. Präludium

»Als ich ein Thema für meine Disputation vorschlagen sollte und darüber nachdachte, stieß ich auf die hochinteressante und überaus nützliche Frage, ob die Obrigkeit verschiedene Religionen dulden könne. Das ist ein Gegenstand, der einerseits in den Schulen mit Vernunftgründen, andererseits in den Staaten zu allen Zeiten mit der Schärfe des Schwertes zum Verderben ganz unschuldiger Menschen ausgefochten worden ist.«[2] Mit diesen (auch heute noch in einigen Bereichen der Erde aktuellen) Feststellungen beginnt Theophil Lessing, der Großvater von Gotthold Ephraim Lessing, seine Disputation *De Religionum tolerantia. Über die Duldung der Religionen.*[3] Und diese Überlegung zur Themenwahl gilt geringfügig abgewandelt für mich: Als ich über ein Thema für meinen Beitrag in dieser Festschrift nachgedacht habe, stieß ich auf die hochinteressante Frage, wie sich im zeitlichen Abstand von 110 Jahren das Toleranzverständnis verändert hat und ob dieses jeweils nach Fontanes Unterteilung als Himmelskind charakterisiert werden kann. Dies sei dargestellt anhand der Ausarbeitungen des Großvaters Theophil und des Enkels Gotthold Ephraim Lessing. Die vorliegende Studie steckt sich das schlichte

---

1 Theodor Fontane, Lebensweisheit, in: ders., Sämtliche Werke, hg. v. Edgar Gross, München 1955, Bd. 22, Teil 1, 907.

2 Theophil Lessing, De Religionum tolerantia. Über die Duldung der Religionen, hg. und eingeleitet von Günter Gawlick und Wolfgang Milde, Lessing-Akademie Wolfenbüttel 1991, 49.

3 Theophil Lessing verwendet die Begriffe ›*tolerantia*‹ und ›Duldung‹ in synonymer Weise.

Ziel, durch die Analyse und den Vergleich der in der Disputationsschrift des Großvaters aus dem Jahre 1669 und der 1779 veröffentlichten Ringparabel[4] des Enkels ableitbaren Toleranzaspekte beispielhaft aufzuzeigen, inwiefern die geschichtliche Entwicklung Änderungen im Toleranzverständnis zur Konsequenz hat. Ausdrücklich sei dabei der partiale Charakter dieser Untersuchung betont. Auch hier gilt übertragen das, was Theophil Lessing in These 8 des 1. Kapitels seiner Disputation aussagt: »Über beides im Einzelnen so viel, wie der enge Rahmen einer Disputationsschrift gestattet.«[5]

»Wenden wir uns jetzt, am aufgestellten Plan festhaltend, der Aufgabe zu, vor allem anderen die Streitfrage einwandfrei und sachgerecht zu formulieren.«[6]

2. THEOPHIL LESSINGS DE RELIGIONUM TOLERANTIA

2.1 Themenstellung der Disputationsschrift

Am 24. März 1669 hält Theophil Lessing, Jurastudent aus Schkeuditz in der Markgrafschaft Meißen, »mit Genehmigung der Hohen Philosophischen Fakultät an der blühenden Universität zu Leipzig« vor Professoren und Kommilitonen im Auditorium des Großen Fürstenkollegs eine in lateinischer Sprache verfasste politische Abhandlung über die Duldung der Religionen. Er unterteilt seine Prüfungsleistung nach dem Präludium in vier Kapitel: »Das erste wird die einschlägigen Begriffe bestimmen, das zweite die Streitfrage selbst feststellen, das dritte den Beweis der richtigen Ansicht erbringen und das vierte schließlich die entgegengesetzte Ansicht widerlegen.«[7] Sowohl Fragestellung als auch Ausarbeitung weisen interdisziplinären Charakter auf,[8] denn unter welchen Voraussetzungen verschiedene Religionen öffentlich (durch öffentliche Personen[9]) zu dulden und zu tolerieren seien, ist eine Frage, die auch zur Theologie[10] wie zur Philosophie[11] gezogen werden kann.[12] Die Geistesgeschichte und die

---

4 GOTTHOLD EPHRAIM LESSING, Nathan der Weise, in: DERS., Werke, hg. v. HERBERT G. GÖPFERT, Bd. II: Trauerspiele, Nathan, Dramatische Fragmente, München 1971, 276–280.

5 THEOPHIL LESSING (s. Anm. 2), Caput I, Th. 8, S. 50. Die Kapitelangabe bezieht sich auf den lateinischen Originaltext, die Seitenangabe auf die deutsche Übertragung.

6 »Denn wo die Streitfrage nicht richtig festgestellt ist, da ist der Streit darüber so weit von einer wirklichen Disputation entfernt wie ein Kampf von Knaben mit Schilf- und Rohrpfeilen von einer wirklichen Schlacht, wie Cornelius Martini sagt.« THEOPHIL LESSING (s. Anm. 2), II, 1f., S. 55.

7 THEOPHIL LESSING (s. Anm. 2), 50.

8 Auf diesen interdisziplinären Charakter der Toleranz weist Theophil Lessing schon zu Beginn hin. THEOPHIL LESSING (s. Anm. 2), I,1, 50.

9 A.a.O., I, 19–21, S. 53.

10 A.a.O., I, 2f., S. 50.

11 A.a.O., I, 5–7, S. 50.

Philosophie, die Kirchengeschichte und die Theologie, aber auch das Recht, insbesondere das Verfassungsrecht, bestimmen Bedeutungsinhalt und Ausgestaltung der Toleranz in den verschiedenen zeitlichen Epochen.

2.2 Begriffsklärungen und Regelungen der verordneten Toleranz

Bevor Theophil Lessing die Kompetenzen und Verpflichtungen der weltlichen Obrigkeit in Religionsangelegenheiten erläutert, nimmt er mit methodischer Sorgfalt Begriffsklärungen vor. Er erklärt nicht das komplexe und komplizierte Regelungssystem des Westfälischen Friedens. Er leitet ein, indem er in Abgrenzung zur wahren die falschen Religionen aufzählt. Als *falsche Religion* »außerhalb der christlichen Kirche«[13] nennt er Heiden, Mohammedaner und Juden. Als ›falsche‹ Religionen innerhalb der Kirche zählt der Protestant einerseits Häretiker (zu denen Arianer und die Pelegianer zu rechnen sind), andererseits die Katholiken, Reformierten, Sozinianer, Arminianer, Wiedertäufer, Weigelianer.[14]

Diese Klärung ist wichtig, weil das Heilige Römische Reich Deutscher Nation – wie schon sein Name ›Heiliges Reich‹ aussagt – eine theokratische und sakrale Größe ist, die die unio imperii et ecclesiae voraussetzt.[15] Die Reformation führt zur Bildung von zwei Religionsparteien, die jeweils für sich in Anspruch nehmen, mit der einen wahren, heiligen und universalen christlichen Kirche identisch zu sein. »Reich und Recht waren im evangelischen wie im katholischen Verständnis zum Schutze dieser einen, wahren Kirche Christi verpflichtet, deren göttliche Wahrheit und Unverfügbarkeit, Einheit und Katholizität beide Konfessionen gegen den Irrtum der Gegenseite verteidigen wollten.«[16] Auf Reichsebene entstehen tiefgreifende Rechtsunsicherheiten, »sonderlich von 1521 an biss auf den Westphaelischen Friden«.[17] Die Konfrontation der theologischen Bekenntnispositionen der Religionsparteien mit ihren widerstreitenden, ungelösten und unlösbaren geistlichen Konflikten und Divergenzen stürzt das Reich in einen Verfassungskonflikt. Wegen dieser Existenz-

---

12 A.a.O., I, 4, S. 50.

13 A.a.O., I, 26, S. 54

14 Ebd.

15 Martin Heckel, Parität, in: ders., Gesammelte Schriften, Bd. 1, Tübingen 1989, 128ff. mit Hinweisen auf Otto von Gierke, Das deutsche Genossenschaftsrecht, Bd. 3, Berlin 1881, 514ff. und Karl Rieker, Die rechtliche Stellung der evangelischen Kirche Deutschlands, Leipzig 1893, 9ff.; Martin Heckel, Die reichsrechtliche Bedeutung des Bekenntnisses, in: ders., Gesammelte Schriften, Bd. 2, Tübingen 1989, 752.

16 Martin Heckel, Luther und das Recht – Zur Rechtstheologie Martin Luthers und ihren Auswirkungen auf Kirche und Reich, in: NJW 1983, 2521f.

17 Johann Jacob Moser, Teutsches Staatsrecht, 4. Band, Leipzig 1768, 4. Buch 1. Cap. § 3, 330.

krise für den Bestand des Reiches selbst[18] ist die Koexistenz der beiden Religionsparteien politisch und rechtlich zu regeln. Dies gelingt erstmals wirksam im Jahre 1555. Der Augsburger Religionsfriede ist als ein in Gesetzesform übergeleiteter Vertrag[19], als Reichsverfassungsvertrag[20], zu qualifizieren.[21] § 14 statuiert das allgemeine Friedensgebot des Reichslandfriedens[22] und garantiert als pax politica[23] den reichsrechtlich zugelassenen Religionsparteien der Altgläubigen und der Augsburger Confessionsverwandten paritätisch die reichsrechtliche Existenz. Dank dieser Gleichordnung (Parität)[24] ist ein Friede erreicht, der beide Religionsparteien ungeachtet des jeweils für das eigene Bekenntnis geltend gemachten Wahrheitsanspruchs sowie der gegenseitig vorgenommenen theologischen Verurteilungen und glaubensbedingten Verwerfungen dazu verpflichtet, die jeweils andere Religionspartei zu tolerieren.

Die im Augsburger Religionsfrieden getroffenen konfessionspolitischen Bestimmungen mit dem abgesicherten, gleichberechtigten Nebeneinander der Religionsparteien werden im Friedensvertrag von Münster und Osnabrück anno 1648 bestätigt,[25] aber erweiternd modifiziert. Die den Reformierten bis

---

[18] Vgl. Bernd Moeller, Das Reich und die Kirche in der frühen Reformationszeit, in: Bernhard Lohse/Otto Hermann Pesch (Hg.), Das Augsburger Bekenntnis von 1530 damals und heute, München 1980, 25.

[19] Während die Bekenntnisformulierung dazu beiträgt, die abgeschlossene Bekenntnisbildung zu manifestieren und hierdurch den Glauben zu klären, dienen die Verträge im Konfessionellen Zeitalter der Klärung und Fortbildung des Rechts. Vgl. Martin Heckel, Deutschland im Konfessionellen Zeitalter, Deutsche Geschichte 5, Göttingen 1983, 234.

[20] Vgl. zur Rechtsnatur des Augsburger Religionsfriedens Martin Heckel, Autonomia und Pacis Compositio, in: ders., Gesammelte Schriften, Bd. 1, Tübingen 1989, 66f., der anhand von Belegstellen nachweist, dass die Publizistik die Qualifizierung des Augsburger Religionsfriedens als Vertrag oder Gesetz nicht einheitlich vornimmt.

[21] Vgl. Heckel, Parität (s. Anm. 15), 226.

[22] § 14 Augsburger Religionsfriede, in: Arno Buschmann, Kaiser und Reich. Verfassungsgeschichte des Heiligen Römischen Reiches Deutscher Nation vom Beginn des 12. Jahrhunderts bis zum Jahre 1806 in Dokumenten, Baden-Baden 1997, 223.

[23] Henricus Andreas Cranius, De Pace Religionis in Romano Imperio servanda (1709) pars 2 probl. 5 rechte Sp., 247: »Ad Religiosam Pacificationis huius observantiam omni iure obstrictam esse non solum iure divino, sed etiam humano Gratium ac civili Iure, quia lex naturalis pacta servare iubet.«

[24] Das Reich hat durch diese Gleichordnung beider Religionsparteien eine Entwicklung vollzogen, die von dem früheren System der konfessionellen und reichsrechtlichen Einheit bei religiöser Geschlossenheit zu einem System der reichsrechtlichen Einheit bei religiöser Geschiedenheit geführt hat. Vgl. Martin Heckel, Itio in partes, in: ders., Ges. Schriften, Bd. 2, Tübingen 1989, 702.

[25] Der Inhalt des Augsburger Religionsfriedens wird ausdrücklich in Art. V § 1 IPO im Jahr 1648 bestätigt. Vgl. Heckel, Die reichsrechtliche Bedeutung des Bekenntnisses (s. Anm. 15), 749, insb. Anm. 27; Bernd Kremer, Der Westfälische Friede in der Deutung der Aufklärung. Zur Entwicklung des Verfassungsverständnisses im Heiligen

dahin versagt gebliebene politische Anerkennung ist reichsrechtlich durchgesetzt worden.[26] »Weil nun im teutschen Reich die drei[27] Religionen des Reichs in gleichem Grad des Rechts gesetzlich recipirt worden sind, doch so, daß durch das ganze Reichsterritorium, und also auch in allen und jeden teutschen Landen keine andere Religion weder recipirt noch toleriert werden solle, so erhellet hieraus, 1. daß das teutsche Reich ein gemischtes sey, und drei herschende Religionen habe, II. daß in der Sphäre des Reichsrechts Reichstoleranz überhaupt unmöglich ist, und III. zwischen den Reichsreligionen kein Unterschied nach Recht und Gnade, Reception und Toleranz, stat findet.«[28]

Aus den Vorgaben des Reichs im Hinblick auf die zugelassenen Bekenntnisse ergeben sich die Kompetenzen der Obrigkeit[29] in Religionsangelegenheiten. Diese erfreut sich als ein Glied der Kirche derselben Segnungen wie die Untertanen,[30] hat aber als das über die Menschen gesetzte Haupt des Staates[31] eine Sonderstellung, die »Aufsicht über das Kirchenregiment, weshalb die Obrigkeit denn auch gewöhnlich als ›Hüterin beider Gesetzestafeln‹ und vom Heiligen Geist als ›Amme der Kirche‹ bezeichnet wird.«[32] Diese Funktion umfasst nicht die Aufgabe und Befugnis, seelsorgerliche und priesterliche Aufgaben wahrzunehmen,[33] Gleichgültigkeit gegenüber der Religion walten zu lassen,[34] den Synkretismus (die ›Religionsmengerei‹)[35] einzuführen oder nach Belieben über den Glauben zu entscheiden. Auch ist es untersagt, gar eine neue Religion zu begründen und zu verbreiten,[36] mehreren Bekenntnissen zugleich anzugehören[37] oder Religionsfreiheit[38] zuzulassen oder zu gewähren.[39] Theophil Les-

---

Römischen Reich Deutscher Nation vom konfessionellen Zeitalter bis ins späte 18. Jahrhundert, Jus Ecclesiasticum 37, Tübingen1989, 7.

26 Ihre verfassungsmäßige Rechtsstellung als Untergruppe der Augsburgischen Konfession wird in IPO Art. VII 1 IPO (Westfälischer Friede) geregelt. Vgl. KARL ZEUMER, Quellensammlung zur Geschichte der Deutschen Reichsverfassung in Mittelalter und Neuzeit, Tübingen 1913, 415.

27 Johann Christian Majer nimmt 1773 diese Dreiteilung vor und zählt die Reformierten als eigenständige Konfession. JOHANN CHRISTIAN MAJER, Teutsches Geistliches Staatsrecht, Lemgo 1773, 1. Theil 1. Cap. § 21, 45 und § 22, 47.

28 A.a.O., 1. Theil 1. Cap. § 21, 45.

29 »Das Wort ›Obrigkeit‹ wird in vielfältig verschiedenen Bedeutungen gebraucht und bezeichnet bald material und konkret eine Person, die Herrschaft ausübt, bald formal und abstrakt die Herrschaft selbst.« THEOPHIL LESSING (s. Anm. 2), I, 9, S. 51.

30 A.a.O., I, 11, S. 51

31 A.a.O., I, 12, S. 52.

32 Vgl. zu diesem schon von Philipp Melanchthon verwendeten Begriff JOHANNES HECKEL, Cura religionis. Jus in sacra. Jus circa sacra, Darmstadt 1962, 6ff. Zu ›Amme der Kirche‹ vgl. Jesaja 49,23. THEOPHIL LESSING, (s. Anm. 2), I, 11, S. 51.

33 THEOPHIL LESSING (s. Anm. 2), II, 6, S. 56.

34 A.a.O., II, 5, S. 56.

35 A.a.O., II, 4, S. 56.

36 A.a.O., II, 7, S. 56.

37 A.a.O., II, 8, S. 57.

sing übernimmt insoweit die protestantische, auf Philipp Melanchthon zurückgehende Position, die Johann Christian Majer wie folgt erläutert: »Der Landesherr bestimmt vermöge dieses ihm zukommenden Vorrechts zwar das Religionswesen im Land, aber nicht die Lehrsätze selbst; er ist und kan Reformator des Landes seyn; aber darum wird er nicht zugleich Stifter der Religion selbst.«[40] Die *cura religionis* umfasst die Aufgabe, der vorgegebenen christlichen Wahrheit unter den reichsrechtlichen Rahmenbedingungen zur Geltung zu verhelfen.[41] Infolge dieser kirchenregimentlichen Aufgabe ist Toleranz im Sinne von Gleichgültigkeit nicht möglich.[42]

Von der Wahrheit oder Falschheit einer Religion ist deren verfassungsrechtlich geregelte öffentliche Duldung[43] zu unterscheiden. Während im Augsburger Religionsfrieden das landesherrliche Kirchenregiment mit der Entscheidungsbefugnis über den Bekenntnisstand, dem ius reformandi[44] (veranschaulicht am Prinzip »*cuius regio – eius religio*«[45]) reichsrechtlich festgelegt ist, regiert seit dem Westfälischen Frieden nicht nur Fürstenwille, sondern auch der Kalender im Hinblick auf Bekenntnis und Kultus.[46] Der Landesherr hat je nach Bekenntnisstand des Jahres 1624 auch anderskonfessionelle Untertanen in seinem Territorium zu dulden. Unabhängig von dieser Sachlage 1624 hat der Landesherr zumindest Hausandachten zu tolerieren (Art. V § 37 IPO).

---

38 A.a.O., II, 9, S. 57.

39 Theophil Lessing führt 1 Kön 18,21 und Luk 11,23 als Belegstellen für die Bekenntnistreue an. Vgl. a.a.O., II, 10, S. 58.

40 MAJER (s. Anm. 27), 2. Theil 4. Cap. § 46, 164.

41 Diese Wahrheitsgewissheit resultiert aus dem Verständnis des Evangeliums, wie es in den reformatorischen Bekenntnissen erläutert wird.

42 Das wäre dann die Toleranz, die nach Fontanes Unterscheidung der Teufel holen mag. THEODOR FONTANE (s. Anm. 1).

43 THEOPHIL LESSING (s. Anm. 2), I, 22, S. 53.

44 §§ 15, 16, in: ZEUMER (s. Anm. 26), 344f. Vgl. CHRISTOPH LEHMANN, De Pace Religionis, Acta Publica et Originalia, Frankfurt a.M. 1709, 49, und MARTIN HECKEL, Zu den Anfängen der Religionsfreiheit im Konfessionellen Zeitalter, in: DERS., Gesammelte Schriften Bd. 5, Tübingen 2004, 90.

45 Die Bedeutung der von dem Greifswalder Professor der Rechtswissenschaften Joachim Stephani formulierten und 1598 erstmals veröffentlichten Formel »cuius regio – eius religio« darf nicht so missverstanden werden, als gäbe es eine generelle Befugnis des Landesherrn, in seinem Territorium nach Gutdünken schalten und walten zu können. Vgl. ERNST FEIL, Religio, Bd. 2: Die Geschichte eines neuzeitlichen Grundbegriffes zwischen Reformation und Rationalismus (ca. 1540–1620), FKDG 70, Göttingen 1997, 210.

46 MAJER (s. Anm. 27), 2. Theil 4. Cap. § 58, 194; FRITZ DICKMANN, Der Westfälische Frieden, Münster 1998, 444ff.

Dieses Regelungssystem der differenzierten und differenzierenden verfassungsrechtlich verordneten und verorteten Toleranz[47] betont Identität und Kontinuität bezüglich der Einheit der *respublica christiana*.

2.3 Nachweise für die Richtigkeit und Plausibilität der verordneten Toleranz

Wie soll sich die Obrigkeit im Hinblick auf anderskonfessionelle Untertanen verhalten? Theophil Lessing fragt: »Soll die Obrigkeit die Untertanen, die einer anderen Religion angehören als sie selbst, durch Drangsalierung, Vertreibung, Krieg, Schwert und Hinrichtung entweder ausrotten und vernichten oder sie zu ihrer eigenen Religion herüberziehen? Oder soll sie sie vielmehr um des öffentlichen Friedens willen dulden, zumal wenn das die Reichskonstitutionen vorsehen oder wenn Gefahr und Unglück droht?«

Theophil Lessing beweist Grund, Umfang und Ausmaß der reichsrechtlich verordneten öffentlichen Duldung verschiedener Religionen[48] in syllogistischer Form.[49] Bei dieser Nachweisform folgt aus der Zustimmung zu den Prämissen die Zustimmung zu der Konklusion. Die Prämissen bei Theophil Lessing sind die Unantastbarkeit des Völkerrechts und die Zugehörigkeit der Religionen zum Völkerrecht. Das Völkerrecht umfasst den alten Sprachgebrauch des Naturrechts, der nicht für alle Lebewesen gilt, sondern dem Menschen als Vernunftwesen eigentümlich ist.[50] Der Dreisatz lautet: »Alles, was zum Völkerrecht gehört, muss geduldet werden. Nun gehören die Religionen zum Völkerrecht. Also müssen die Religionen geduldet werden.«[51]

Ein weiterer Nachweis erfolgt durch den Verweis auf die präventiven Wirkungen der reichsrechtlichen Toleranz. Unter Hinweis auf die verheerenden Folgen von Verfolgungen[52] und der Religionskriege[53] warnt Theophil Lessing vor erneuten militärischen Kämpfen und unterstreicht die friedensstiftende Wirkung[54] der verordneten Toleranz: »Wenn mehr Ruhe und Frieden an den Orten herrscht, wo verschiedene Religionen geduldet werden, als an de-

---

[47] Ausführlich zu diesen detaillierten Regelungen RAINER RAUSCH, Staatskirchenrechtliche Wechselwirkungen der Bekenntnisfragen im Konfessionellen Zeitalter und der Beziehungen zwischen Staat und Kirche zur Zeit des Kulturkampfes im Vergleich zu deren aktuellen Bezügen, Hannover 2012, 123–152.

[48] THEOPHIL LESSING (s. Anm. 2), I, 22, S. 53.

[49] A.a.O., III, 1–12, S. 56f.

[50] GÜNTER GAWLICK, Zum ideengeschichtlichen Kontext der Schrift, in: Theophil Lessing (s. Anm. 2), 71.

[51] A.a.O., III, 2, S. 58, mit weiterer Beweisführung in den Thesen 3 und 4.

[52] »Verfolgungen sind gewiß nichts anderes als der Zündstoff der grausamsten und verhängnisvollsten Kriege, durch welche schon die blühendsten Gegenden und Provinzen in Schutt und Asche gelegt worden sind.« THEOPHIL LESSING (s. Anm. 2), III, 10, S. 60.

[53] A.a.O., III, 11f., S. 60.

[54] A.a.O., III, 9, S. 60.

nen, wo sie unterdrückt werden, so folgt, dass Duldung zu gewähren ist.«[55] Auch wenn dieser Erfahrungsbeweis plausibel ist, ist er nicht zwingend.

2.4 Duldung der Irrenden, nicht der Unruhestifter

Mögliche Gegenargumente widerlegt Theophil Lessing, indem er diese argumentativ ausführlich dar- und widerlegt. Unter Hinweis auf Belegstellen des Alten Testaments (Dtn 13 und 18) legt er dar, dass bereits zur Zeit des Alten Testaments verschiedene Religionen nicht geduldet waren.[56] Hierbei ist zwischen Unruhestiftern – gegen die notfalls mit aller gebührenden Strenge vorzugehen[57] ist – und Irrenden[58] zu unterscheiden. Letztere sind zu dulden, zumal sie keine Unruhe stiften und die staatlichen Gesetze achten.[59] Die Toleranz begründet Theophil Lessing damit, dass der Glaube »eine Sache des Überzeugens, nicht des Befehlens ist«.[60] Toleranz ist demzufolge keine vorübergehende Haltung, bis die Andersgläubigen bekehrt worden sind.

Lessing fordert religiöse Toleranz ohne Ausnahmen, aber nicht ohne Bedingungen. Die Duldung soll sich nur auf diejenigen unter den Anhängern anderer Religionen erstrecken, die Zurückhaltung üben und die staatlichen Gesetze loyal befolgen. Die Unruhestifter hingegen sind, wie bereits der Jurist Theodor Reinkingk gefordert hat, zu bestrafen, insbesondere wenn die Unruhestifter zu Gewalt aufrufen oder diese gebrauchen. Wenn allerdings die Unruhestifter nicht mit Waffengewalt vertrieben werden können, sind vorübergehend Kompromisse erforderlich.[61]

Weiter ist zwischen Duldung und Anerkennung[62] zu unterscheiden mit der Konsequenz, dass die Auffassung Irrender zwar zu tolerieren, hingegen nicht anzuerkennen ist, denn »Gott straft diejenigen, die Verkehrtes billigen, nicht diejenigen, die es dulden.«[63] Da es um die theologische Wahrheit, Einheit und Absolutheit des eigenen Glaubens geht, darf es keine über die reichsrechtlich angeordneten hinausgehenden Kompromisse und Konzessionen und keine Verfälschung der theologischen Wahrheits- und der daraus resultierenden Rechtsverpflichtung durch die jeweils andere Konfession geben. Daher ist die Duldung des Irrtums das in rechtlicher Hinsicht äußerst mögliche Zugeständnis.

---

[55] A.a.O., III, 5, S. 59, mit weiterer Beweisführung in den Thesen 6, 7 und 8.
[56] A.a.O., IV, 1–15, S. 60–62.
[57] A.a.O., IV, 6, S. 62.
[58] A.a.O., IV, 5, S. 61.
[59] Vgl. A.a.O., IV, 7, S. 62: »Irrende hingegen, die zwar verkehrte Anschauungen hegen, aber keine Unruhe stiften und die staatlichen Gesetze achten, sind zu dulden.«
[60] Ebd.
[61] Vgl. GÜNTER GAWLICK, Zum ideengeschichtlichen Kontext (s. Anm. 50), 69.
[62] THEOPHIL LESSING (s. Anm. 2), IV, 7, S. 62.
[63] A.a.O., IV, 13, S. 64.

> »Wir müssen eine innere Spannung tragen [...]; allmählich löst sie sich vielleicht und es wird uns eine neue Offenbarung.«[64]

3. Zum Toleranzverständnis der Ringparabel

3.1 Veränderung des Zeitgeistes durch die Aufklärung

Das von Theophil Lessing dargelegte Toleranzverständnis dient dazu, einen weiteren, künftigen Religionskrieg zu verhindern. Folge der Erinnerung an die Gräuel des leidenschaftlich geführten Dreißigjährigen Krieges sind tiefgreifende Veränderungen im Rechts- und Staatsverständnis. Das Recht wird nach Hugo Grotius und Samuel von Pufendorf nunmehr nicht mehr mit der Glaubenswahrheit des jeweils von der reichsrechtlich zugelassenen Religionspartei vertretenen Bekenntnisses begründet. Das seit dem Augsburger Religionsfrieden herrschende Prinzip ›*cuius regio – eius religio*‹ ist selbst trotz der im Westfälischen Frieden fixierten Einschränkungen und Ausnahmen in der Aufklärungszeit, dem Zeitalter der Vernunft, nicht mehr einleuchtend. Ebenso ist unbefriedigend, dass das Verfassungsrecht zwar die christlichen Konfessionen, jedoch nicht die kleinen Sekten und schon gar nicht Juden und Muslime schützt. Die Regelungen des Westfälischen Friedens werden zwar weiterhin eingehalten und befolgt, verlieren jedoch zunehmend Akzeptanz.

Kennzeichnend ist inzwischen die Aufforderung, sich seines eigenen Verstandes zu bedienen. Das Denken und Handeln des Menschen sollte nicht fremdbestimmt, sondern durch vernünftige Entscheidungen bestimmt sein. Der Staat sollte nur noch für den weltlichen Frieden sorgen, der für den Wohlstand der Untertanen notwendig ist.

3.2 Lessings Toleranzauffassung – verpackt in einer Parabel

Gotthold Ephraim Lessing beschäftigt sich in seinem Ideendrama mit der Frage, wie Dialog und Toleranz im Raum der Religionen möglich sind, wenn diese je für sich beanspruchen, *wahr* zu sein.[65] Um der Zensur zu entgehen, wählt er die literarische Form der Parabel. Die erzählte Geschichte – das, was der Text eigentlich meint und was sich auf eine andere Situation übertragen lässt – hat der Leser zu entschlüsseln.

---

[64] Paul Olaf Bodding, Lebensweisheit des von 1865 bis 1938 lebenden norwegischen Missionars.

[65] Christopher Spehr weist hin auf den keineswegs vollständigen bibliographischen Überblick zum Toleranzschrifttum 1695–1790 bei Harald Schultze, Lessings Toleranzbegriff. Eine theologische Studie, FSÖTh 20, Göttingen 1969, 131–172. Ausführlich zu ›Toleranz und Aufklärung‹: Christopher Spehr, Religionspolitische Toleranzmaßnahmen und populäre Toleranzdiskurse im Zeitalter der Aufklärung, in: Albrecht Lindemann/Rainer Rausch/Christopher Spehr (Hg.), Toleranz und Wahrheit, ANHALT[ER]KENNTNISSE 1, Hannover 2014, 63–85.

3.3 Inhalt der Ringparabel

Am Schauplatz des Geschehens, in Jerusalem – an diesem heiligen Pilgerort treffen alle drei Weltreligionen aufeinander – antwortet Nathan auf die Frage, welche Religion er für die wahre halte, mit folgender Parabel:[66] Ein Mann besitzt einen einzigartigen Ring, der über die magische Kraft verfügt, seinen Träger vor Gott und den Menschen angenehm zu machen. Da der Mann drei Söhne hat, lässt er von dem Ring täuschend ähnliche Kopien anfertigen. Doch nur einer der Ringe – sie verkörpern den jüdischen, christlichen und moslemischen Glauben – besitzt wundertätige Kraft. Der Vater stirbt; die Söhne erben jeweils einen Ring. Jeder Sohn behauptet, den echten Ring zu besitzen. Ein Richter soll entscheiden, welcher Ring echt ist. Der Streit zwischen den Religionen soll juristisch entschieden werden.

3.4 Erweis des wahren Rings

Der Richter ist nicht in der Lage, den echten Ring zu erkennen. Als Beurteilungsmaßstab kann nicht das Selbstverständnis der jeweiligen Religion im Hinblick auf die Übereinstimmung mit der wahren Kirche dienen. Als rettende Idee weist der Richter darauf hin, der echte Ring habe die besondere Kraft, »vor Gott und Menschen angenehm zu machen«. Jeder der Söhne – so der Richter – könne auf diese Weise die Wunderkraft seines Ringes selbst hervorrufen. Jeder Ringträger solle bestrebt sein, diese Wirkung herbeizuführen. Lessing verlagert den Streit um die wahre Religion auf die Ebene des Wettstreits zwischen den Religionen um das Gute. Es ist das persönliche Verhalten, das darüber entscheidet, wer vor Gott und den Menschen wohlgefällig ist. Welcher Ring der echte sei, welche Religion die wahre ist, zeigt sich im Handeln der Angehörigen der Religion, die Wert und Wahrheit ihres Glaubens nachzuweisen haben.[67] Im juristischen Vokabular gesprochen erfolgt hierdurch eine Umkehr der Beweislast. Während bislang der Ring unbestritten als echt und mit besonderer Kraft versehen gilt, sollen nun die Söhne – die Religionen – den Echtheitsbeweis antreten, der aber nicht durch die Befolgung von Dogmen evident wird. »Die Religion wird zur Moralität. Vornehmste Aufgabe der Kirche oder religiösen Institutionen sollte es daher sein, die Moral der Menschen zu entwickeln. [...] In der Person des Nathans wird diese Erziehung zu reiner Moralität auf Grund der Vernunft vorgeführt.«[68] Dieses aufgeklärte Gottesverständnis ist der Ausgangspunkt für Lessings Vergleich der Religionen und seine Einschätzung, dass eine ›vernünftige‹, theoretisch abgesicherte Gotteserkenntnis möglich sei. Dies entspricht der Weisheit Nathans.

---

[66] GOTTHOLD EPHRAIM LESSING (s. Anm. 5), 276–280.

[67] NORBERT WASZEK, Deutungslinien der Toleranz bei Lessing, in: PIERRE BÜHLER/ MYRIAM BIENENSTOCK (Hg.), Religiöse Toleranz heute – und gestern, Freiburg i.Br. 2011, 37, 53.

[68] SPEHR (s. Anm. 65), 64 Anm. 3.

3.5 Bereitschaft zur Verständigung und Verträglichkeit

Lessing hat diesen Titel seines Dramas bewusst gewählt. Es heißt nicht ›Nathan der Menschliche‹, ›Nathan der Jude‹, oder ›Nathan der Gläubige‹. ›Weise‹ steht für aufgeklärt, denn nur ein aufgeklärter Mensch mit Vernunft kann so tolerant sein, wie Nathan es ist. Ohne dass ein einziges Mal in der Ringparabel der Begriff ›Toleranz‹ als Substantiv erwähnt wird,[69] kreiert Lessing ein neues Verständnis der Toleranz. Es kommt nicht mehr darauf an, dass es nur einen echten Ring gibt. Dies hat zur Konsequenz, dass jede von mehreren Religionen durch das Ethos der Humanität zur wahren Religion werden kann. Jede Religion wird in diesem Sinn gleich gültig, ohne dass Religion gleichgültig wird. Lessing begründet Toleranz in vernunftethischer Hinsicht und legt das Fundament für die mit der Würde des Menschen gegebene Glaubens- und Gewissensfreiheit. Rechtlich werden diese Grundrechte allerdings erst im 20. Jahrhundert realisiert.

3.6 Toleranz gegenüber Andersgläubigen und Andersdenkenden unter Wahrung der eigenen Auffassung

Mit der Ringparabel wirbt Gotthold Ephraim Lessing für Toleranz gegenüber Andersgläubigen. Die Aufforderung, sich bei Menschen angenehm zu machen, bezieht sich auch auf Menschen, die der eigenen Religion nicht angehören. Der Absolutheitsanspruch jeder Religion wird aufgelöst und hierdurch Toleranz gegenüber den drei Offenbarungsreligionen begründet. Dies impliziert, dass das Selbstverständnis der jeweiligen Religion erkundet und verstanden wird. Lessing geht es nicht etwa um die Auflösung aller Religion in einen ›abstrakten Humanismus‹, nicht um die religiöse Neutralisierung zwischen Judentum, Christentum und Islam, sondern um die Wahrung des jeweiligen Selbstverständnisses. Diese ethische Haltung/Praxis[70] respektiert die historische und aktuelle Verschiedenheit von Religionen.

Toleranz erfordert nicht das Aufgeben der eigenen Auffassung, Haltung und eigener Wertevorstellungen. Die Angehörigen der drei Religionen behalten in *Nathan der Weise* ihren Glauben. Der eigene Glaube wird aber als Selbstverpflichtung und nicht als Forderung an andere verstanden. Das ist engagierte Toleranz, nicht aus Gleichgültigkeit gegenüber der Wahrheit, son-

---

[69] Lediglich die Aussage »Der tolerante Schwätzer ist entdeckt« kommt in dem Drama vor, als sich der Templer bei Saladin darüber beklagt, dass Nathan ihm nicht die Hand Rechas geben will. WASZEK (s. Anm. 67), 37, 53f.

[70] Johannes von Lüpke weist darauf hin, dass die Religionen gehalten sind, »unter je besonderen geschichtlichen Bedingungen die ihnen zuteil gewordene Liebe anzunehmen und aus diesem Glauben heraus Liebe zu üben.« JOHANNES VON LÜPKE, Tugend des Glaubens, der Hoffnung und der Liebe. Lessings Toleranzverständnis im Kontext der Aufklärung, in: ANDREA BIELER/HENNING WROGEMANN (Hg.), Was heißt hier Toleranz? Interdisziplinäre Zugänge, Veröffentlichungen der Kirchlichen Hochschule Wuppertal/Bethel 15, Neukirchen-Vluyn 2014, 44f.

dern – soweit es das Christentum betrifft – aus der Verbindlichkeit der christlichen Nächstenliebe.

3.7 Forderung nach Anerkennung anstelle von Toleranz

Toleranz umfasst Respekt, der nicht das Schema der Über- und Unterordnung kennt zwischen denen, die Toleranz üben, und denjenigen, welchen sie gewährt wird. Daher kann man insoweit von einer hierarchisch-asymmetrischen Deutungslogik von Toleranz sprechen.[71] Diesen Anerkennungsaspekt würdigt Johann Wolfgang von Goethe, wenn er über Lessings *Nathan* schreibt: »Möge das darin angesprochene göttliche Duldungs- und Schonungsgefühl der Nation heilig und wert bleiben.«[72] Goethe interpretiert dies anno 1809 wie folgt: »Toleranz sollte eigentlich nur eine vorübergehende Gesinnung sein: Sie muss zur Anerkennung führen. Dulden heißt beleidigen.«[73] Gotthold Ephraim Lessing hat in der Ringparabel den Gedanken der Toleranz so entwickelt, dass er auch vorbereitend für die nächste Generation als Appell für Anerkennung verstanden werden kann.

3.8 Toleranz unter Verzicht auf die Wahrheitsgewissheit?

Lessing vertritt die skeptisch-relativistische Ansicht, dass der wahre Ring verloren sein könnte. Dieser Zweifel an der Erkennbarkeit des wahren Glaubens hat zur Konsequenz, dass der Toleranzgedanke nicht mehr mit Wahrheitsgewissheit verbunden sein muss. Lessing hierzu: »Nicht die Wahrheit, in deren Besitz irgendein Mensch ist, oder zu sein vermeinet, sondern die aufrichtige Mühe, die er angewandt hat, hinter die Wahrheit zu kommen, macht den Wert des Menschen. Denn nicht durch den Besitz, sondern durch die Nachforschung der Wahrheit erweitern sich seine Kräfte.«[74]

Wilfried Härle zieht hieraus die Schlussfolgerung, dass die Frage nach der religiösen Wahrheit zwar den Ausgangspunkt der Ringparabel bilde, deren Fortgang jedoch zeige, dass die vom Richter empfohlene vernunftethische Praxis der Liebe einer Überprüfung des Wahrheitsgehalts der Religionen nicht standhalte. In Folge der »Verabschiedung der religiösen Wahrheitsfrage« wird

---

[71] HARTMUT KRESS, Religionsfreiheit und Toleranz als Leitbild: Kulturelle Grundlagen – sozial- und rechtsethische Problemstellungen, in: DERS. (Hg.), Religionsfreiheit als Leitbild. Staatskirchenrecht in Deutschland und Europa im Prozess der Reform, Münster 2004, 21–58, hier 37.

[72] BIRGIT HIMMELSEHER, Das Weimarer Hoftheater unter Goethes Leitung, Kunstanspruch und Kulturpolitik im Konflikt, Berlin 2010, 82.

[73] JOHANN WOLFGANG VON GOETHE, Maximen und Reflexionen, in: DERS., Werke, hg. v. ERICH TRUNZ, Bd. 12, Hamburg 1981/1998, 385 Nr. 151.

[74] GOTTHOLD EPHRAIM LESSING, Eine Duplik, in: DERS., Werke, hg. v. HERBERT G. GÖPFERT, Bd. VIII: Theologiekritische Schriften III, München 1978, 32f., zitiert nach SPEHR (s. Anm. 65), 84.

auch »der Toleranzgedanke Schritt für Schritt verabschiedet«,[75] weil sich Toleranz losgelöst von der Wahrheit auf die Anerkennung reduziere. Nach dieser Auffassung ist die von Goethe geforderte Anerkennung bereits vollzogen.

Friedrich Weber stellt fest: »In der Weise, in der Toleranz sich ablöst von der Wahrheitsgewissheit, löst sie sich selber auf. Damit bin ich bei dem Schluss, dass zwischen Wahrheitsgewissheit und Toleranz kein Gegensatz, sondern im Gegenteil, ein notwendiger Zusammenhang besteht.«[76] Diesen Zusammenhang bei Lessing zeigt Johannes von Lüpke auf,[77] indem er die Ringparabel im Hinblick auf deren Toleranzaussagen als religiöse Frage auslegt. Gottes Toleranz und die Verheißung des Heiligen Geistes sind hier die Stichworte.[78] »Der neuzeitliche Toleranzgedanke, wie er in Lessings Dichtung klassisch zum Ausdruck gekommen ist, kann als säkularisierte Fassung der Pfingstgeschichte verstanden werden.«[79]

> »Die ›lichtbringenden‹ Lehren der Aufklärung wären den Zeitgenossen [des 17. Jahrhunderts] noch luciferisch erschienen.«[80]

4. Gemeinsamkeiten und Unterschiede im Toleranzverständnis des Theophil und des Gotthold Ephraim Lessing

4.1 Zulässigkeit eines Vergleichs der beiden Toleranzverständnisse

Günter Gawlick rät von einem Vergleich zwischen den Toleranzauffassungen von Großvater Theophil und Enkel Gotthold Ephraim ab, denn bedingt durch den 110-jährigen zeitlichen Abstand zwischen lutherischer Orthodoxie und aufgeklärter Humanität ist festzustellen: »Der geistige Horizont der beiden

---

75 Wilfried Härle, Die Wahrheitsgewissheit des christlichen Glaubens und die Wahrheitsansprüche anderer Religionen; Wahrheitsgewissheit als Bedingung von Toleranz; Religiöse Wurzeln der Toleranz und Intoleranz aus evangelischer Sicht, in: ders., Spurensuche nach Gott, Studien zur Fundamentaltheologie und Gotteslehre Berlin/New York, 2008, 122f., zitiert nach von Lüpke (s. Anm. 70), 38.

76 Friedrich Weber, Über die Grenzen von Lessings Toleranzbegriff in der Ringparabel, Kritische Würdigung, S. 8f. 3.b). Vortrag in der Lessing-Akademie zu Wolfenbüttel am 10. Oktober 2006 und am 13. Dezember 2007 in der Herzog-August-Bibliothek zu Wolfenbüttel, www.landeskirche-braunschweig.de/.../Toleranzbegriff_neu.pdf. [Letzter Zugriff 30. 12. 2015]

77 Vgl. von Lüpke (s. Anm. 70), 39–50.

78 Vgl. a.a.O., 47–50.

79 A.a.O., 50.

80 Vgl. Martin Heckel, Zur Historiographie des Westfälischen Friedens. Die Bedeutung des Werkes von Fritz Dickmann für die deutsche Verfassungs- und Kirchenrechtsgeschichte, in: ders., Gesammelte Schriften, Bd. 1, Tübingen 1989, 492.

Schriften ist total verschieden.«[81] Dennoch lässt sich bei diesem Vergleich die Entwicklung der Toleranz aufzeigen.

»Dissensiones siquidem in Religione per se non afferunt mutationes in Respublica.«[82]

4.2 Sacrum Imperium und Rechtstreue

Theophil Lessing fordert in Konformität mit dem damaligen Reichsrecht, dass nur die Angehörigen anderer reichsrechtlich zugelassener Religionen (als Irrende) geduldet werden dürfen, Anhänger der Sekten oder Mischreligionen hingegen weder zu billigen noch anzuerkennen sind. Theophil stellt die Regelungen des Westfälischen Friedens nicht in Frage, Gotthold entwickelt sein Toleranzverständnis losgelöst von den bestehenden Rechtsgrundlagen, fordert aber keine Abkehr von diesen.

»Nein und abermals Nein, da nicht mehrere Religionen gleichzeitig wahr sein können.«[83]

4.3 Anzahl der wahren Religionen im Staat

Während für Theophil Lessing das Reichsverständnis, das Rechtsdenken und auch der Kirchenbegriff theologisch durch die *unio imperii et ecclesiae* bestimmt sind, ist es für Gotthold Ephraim Lessing durch den Verzicht auf diese Einheit vorstellbar, dass das Reich mit verschiedenen – christlichen und nichtchristlichen – Religionen auf Dauer existieren kann und wird und sich die Toleranz auf diese erstreckt. »Mit der Entwicklung des Toleranzbegriffes von der passiven Duldung zur aktiven Anerkennung war im Zeitalter der Aufklärung in Deutschland eine Offenheit für andere Konfessionen und Religionen möglich geworden, welche Kirche und Theologie vor bis dahin unbekannte Herausforderungen stellte.«[84]

»Liebe die Wahrheit /aber verzeihe den Irrtum.
Voltaire 1694–1778[85]«

4.4 Wahrheitsgewissheit

Der Gedanke, sämtliche Religionen zu dulden, kommt erst im Zeitalter der Aufklärung auf. Bis dahin wird implizit vorausgesetzt, über die Wahrheit und folgerichtig auch über die Falschheit der wahren christlichen Lehre Gewissheit zu haben. So ist es für Theophil Lessing selbstverständlich, dass die Be-

---

81 Günter Gawlick, Zum ideengeschichtlichen Kontext (s. Anm. 50), 65 f.

82 Johannes Müterus, De pacificatione religionis (1615), in: Arum Vol. II disc. 11 quaestio 1 n. 3, 437.

83 Theophil Lessing (s. Anm. 2), II, 8, S. 57.

84 Spehr (s. Anm. 65), 85.

85 Inschrift der Metalltafel im Zugangsbereich des Berliner Collège Voltaire.

kenntnisse der Reformation den christlichen Glauben richtig auslegen. Ein Verzicht auf die Wahrheitsgewissheit des eigenen Bekenntnisses, die Preisgabe der Überzeugung der Richtigkeit des eigenen Glaubens kommt weder für diejenigen in Betracht, die die Duldung gewähren, noch für diejenigen, die die reichsrechtliche Duldung erfahren.

Während nach Theophil Lessing die falschen Religionen[86] um der Aufrechterhaltung der öffentlichen Ordnung und um des Friedens willen zu tolerieren sind, kann sich Gotthold Ephraim eine Diversifizierung der heilsgeschichtlichen Wahrheiten vorstellen.

> »Gerade dieß zeigt den höchsten Mangel der Religion an, wenn man andern die freye Wahl der Religion raubt.«[87]

4.5 Religionsfreiheit

Theophil Lessing hält fest:, Dass »es der Obrigkeit zukommt, einem jeden, der von irgendwoher zugelaufen ist, Religionsfreiheit zu gewähren, was durchaus zu verneinen und zurückzuweisen ist, aus Gründen, die teils der Heiligen Schrift,[88] teils der politischen Literatur[89] zu entnehmen sind.«[90] Religionsfreiheit[91] durch die Wahl einer der verschiedenen Religionen ist danach zu missbilligen und nicht vorstellbar. Die Suche nach Wahrheit impliziert auch die Wahl der Zugehörigkeit zu einer Kirche. Insofern kann in dem Toleranzverständnis des Enkels Gotthold Ephraim ein weiterer Schritt auf dem Weg zur Religionsfreiheit gesehen werden.

> »Jeder spürt den tiefen Ernst, mit dem ein junger Mann, der die Spuren des Dreißigjährigen Krieges vor Augen hat, aus der Geschichte lernen will und ein Konzept entwickelt, wie ein Religionskrieg künftig zu vermeiden ist.«[92]

---

[86] Siehe Theophil Lessing (s. Anm. 2), I, 26, S. 54.

[87] Über die christliche Toleranz. Ein Buch für Priester und Mönche. Franckfurt und Leipzig 1784, 19.

[88] Als Belegstelle werden angeführt: 1 Kön 18,21: »Wie lange wollt ihr noch auf beiden Seiten hinken? Wenn Jehovah euer Gott ist, so folgt ihm; wenn aber Baal, so folgt diesem« und Lk 11,23: »Wer nicht mit mir ist, der ist gegen mich, und wer nicht mit mir sammelt, der zerstreuet.« Theophil Lessing (s. Anm. 2), II, 10, S. 57.

[89] »Aus der politischen Literatur können wir sowohl die ungeheure Gefahr der Verführung als auch die Zänkereien und Gehässigkeiten anführen, die wir zwischen den verschiedenen Religionsparteien oft zum Ausbruch kommen sehen.« A.a.O., II, 11, S. 58.

[90] A.a.O., II, 9, S. 58.

[91] A.a.O., II, 8–11, S. 57.

[92] Günter Gawlick (s. Anm. 50), 66.

4.6 Friedensstiftende Funktion der Toleranz

Die Legitimation der Toleranz bei Theophil Lessing ist in dem friedlichen Nebeneinander der christlichen Kirchen zu sehen. Toleranz wird zu einer Frage des Miteinanders der Menschen, die friedensstiftende Wirkung entfaltet.[93]

Hier ist eine grundlegende Gemeinsamkeit der Toleranzauffassungen von Großvater und Enkel festzustellen. Unverzichtbare Voraussetzung für ein gedeihliches, verständnisvolles, zumindest erträgliches und geregeltes Miteinander und Zusammenleben von verschiedenen divergierenden religiösen Auffassungen ist Toleranz. Bis heute wird ›Nathan der Weise‹ als Beispiel für eine Haltung gelebter Toleranz gewürdigt, die sich angesichts aktueller gesellschaftlicher Probleme immer wieder neu bewähren muss. Toleranz ist insoweit auch als ein in die Zukunft gerichteter Appell zu verstehen, »Religionskonflikte und -kriege zu entschärfen, deren Ursachen auf dem Forum der Vernunft ihre Legitimität verlieren.«[94]

»Wissenschaft und Menschheit können nur unter dem Schutze
der Toleranz gedeihen.
Wo keine Wahrheit, ist keine Toleranz.«[95]

5. Postludium

Anhand der Toleranzverständnisse von Theophil und Gotthold Ephraim Lessing lässt sich zeigen, wie mit den grundlegenden Regelungswerken des Augsburger Religionsfriedens und des Westfälischen Friedens beginnend eine Entwicklung verläuft, die zu einer dauerhaften anderen Aufgabenverteilung des Staates im Hinblick auf religiöse Angelegenheiten geführt hat. Der Staat erhält insoweit eine vermittelnde Funktion, indem er zunächst Toleranz verordnet, dann aber Toleranz selbst gewährt.

Auch macht der Vergleich aufmerksam auf Schritte auf dem Wege zur heutigen Anerkennung des Grundrechts der Glaubens- und Gewissensfreiheit mit der Konsequenz, dass der Staat die Glaubensüberzeugungen seiner Bürger toleriert.

Insofern sind sowohl die verordnete als auch die aufgeklärte der Toleranz zuzuordnen, die nach Theodor Fontanes Toleranzkriterium als »ein Himmelskind und der schönsten eines« gewürdigt werden darf.[96]

---

93 Theophil Lessing (s. Anm. 2), III, 9, S. 60.

94 Markus Pohlmeyer, Lessing, »Nathan« und die Toleranz: philosophisch-theologische Utopie in literarischer Gestalt!?, Münster 2007, 4.

95 Ludwig Feuerbach, Pierre Bayle, nach seinen für die Geschichte der Philosophie und Menschheit interessantesten Momenten dargestellt, Leipzig 1838, 161.

96 Theodor Fontane (s. Anm. 1).

Zwischen Bonn und Barmen

Zwei theologische Lesarten des Böckenförde-Diktums

Volker Stümke

Im Jahr 1967 formulierte Ernst-Wolfgang Böckenförde, der damalige Professor für öffentliches Recht, Verfassungs- und Rechtsgeschichte sowie Rechtsphilosophie in Heidelberg, sein inzwischen berühmt gewordenes Diktum, mit dem er unter Christen für die Bonner Demokratie warb[1]: »Der freiheitliche, säkularisierte Staat lebt von Voraussetzungen, die er selbst nicht garantieren kann. Das ist das große Wagnis, das er, um der Freiheit willen, eingegangen ist. Als freiheitlicher Staat kann er einerseits nur bestehen, wenn sich die Freiheit, die er seinen Bürgern gewährt, von innen her, aus der moralischen Substanz des einzelnen und der Homogenität der Gesellschaft, reguliert. Andererseits kann er diese inneren Regulierungskräfte nicht von sich aus, das heißt mit den Mitteln des Rechtszwanges und autoritativen Gebots, zu garantieren suchen, ohne seine Freiheitlichkeit aufzugeben und – auf säkularisierter Ebene – in jenen Totalitätsanspruch zurückzufallen, aus dem er in den konfessionellen Bürgerkriegen herausgeführt hat«.[2] Ein Gespräch zwischen Johannes von Lüpke und mir in Wittenberg im März 2015 fortführend möchte ich einige Implikationen dieses Votums für die evangelische Kirche skizzieren. Näherhin hatte Johannes von Lüpke den Barmer Impuls, der in Kap. 2.b) dargelegt wird, in die politischen Debatten eingetragen, während ich die herkömmliche politische Lesart der Bonner Demokratie [Kap. 2.a)] wiederholte. Und auch hier zeigte sich, dass die Lesart meines Lehrers eine Erweiterung und Vertiefung der Problemlage in sich trug. Auf diesem Hintergrund stellen sich zwei grundlegende Fragen, die den Aufsatz gliedern werden.

---

[1] Vgl. Hermann-Josef Grosse Kracht, Fünfzig Jahre Böckenförde-Theorem. Eine bundesrepublikanische Bekenntnisformel im Streit der Interpretationen, in: ders./Klaus Grosse Kracht (Hg.), Religion – Recht – Republik. Studien zur Ernst-Wolfgang Böckenförde, Paderborn 2014, 155–183, 158f.

[2] Ernst-Wolfgang Böckenförde, Die Entstehung des Staates als Vorgang der Säkularisation, in: ders., Recht, Staat, Freiheit. Studien zur Rechtsphilosophie, Staatstheorie und Verfassungsgeschichte. Erweiterte Ausgabe, Frankfurt a.M. 2006, 92–114, 113.

1. Die Kirche als Unterstützerin des freiheitlichen säkularisierten Staates

Will die evangelische Kirche, den liberalen Staat unterstützend, dazu beitragen, diese Voraussetzungen zu erhalten? Böckenförde warb dafür, dass die katholischen Christen ihre Distanz zum liberalen Staat verringern und sich für die freiheitliche demokratische Grundordnung der BRD engagieren sollten. Und das setzt voraus, dass »die Christen diesen Staat in seiner Weltlichkeit nicht länger als etwas Fremdes, ihrem Glauben Feindliches erkennen, sondern als die Chance der Freiheit, die zu erhalten und zu realisieren auch ihre Aufgabe ist«.[3] Nicht der Klerus, sondern die christlichen Laien werden angesprochen – bereits damit folgt Böckenförde (durchaus kirchenkritisch) dem »Ethos der Demokratie«, das einen Zugang »von unten her« vorgibt.[4] Und die Freiheit ist das ethische Gut, dessen Erhalt und Verwirklichung von den Christen durch ihr politisches Engagement befördert werden soll. Diesen Einsichten kann sich auch eine evangelische Ethik anschließen.

Allerdings steht diese Bejahung der liberalen Demokratie, die sich in der evangelischen Kirche nach 1945 dann auch durchgesetzt hat,[5] in einer gewissen Spannung zu den Grundfunktionen des Staates, wie sie in prominenten Ethiken zu finden ist. Zwei Beispiele: Emil Brunner hat in seiner Sozialethik von 1943, die als Beitrag für eine »Vorbereitung einer Nachkriegsordnung« die christlichen Grundsätze unter dem Leitbegriff der Gerechtigkeit zur Sprache bringen wollte, »vier Stufen der staatlichen Gerechtigkeit« differenziert. An erster Stelle stehe das staatliche Gewaltmonopol, gefolgt von Gesetzen als einer verlässlichen und sich selbst bindenden Struktur des Rechtsstaates, die dann drittens zudem gerecht sein und insbesondere die Menschenrechte akzeptieren sollten. Die vierte Stufe markiere die Demokratie als gerechte Machtverteilung im Staat, aber sie könne durchaus »die schlechteste aller Ordnungen sein – dann nämlich, wenn das Volk für sie nicht reif ist, wenn die gesellschaftlichen Verhältnisse so zerrüttet sind, dass nur ein zentraler starker Wille, eine ›starke Hand‹ imstande ist, die offene oder latente gesellschaftliche Anarchie zu bändigen«.[6] Eine ähnliche Stufung findet sich in der aktuellen Ethik Arnulf von Schelihas, der ebenfalls das staatliche Gewaltmonopol an oberste Stelle rückt, gefolgt von der Rechtsstaatlichkeit und hernach von De-

---

3 Böckenförde, Recht (s. Anm. 2), 114.

4 Ernst-Wolfgang Böckenförde, Das Ethos der modernen Demokratie und die Kirche, in: ders., Kirche und christlicher Glaube in den Herausforderungen der Zeit. Beiträge zur politisch-theologischen Verfassungsgeschichte 1957–2002, Berlin ²2007, 9–25, 10f.

5 Vgl. Arnulf von Scheliha, Protestantische Ethik des Politischen, Tübingen 2013, 197–218.

6 Emil Brunner, Gerechtigkeit. Eine Lehre von den Grundgesetzen der Gesellschaftsordnung, Zürich ³1981, 233–240; Zitate: V [Einleitung von Werner Kägi], 233 und 237.

mokratie und Gewaltenteilung. Dementsprechend »ist es auch ethisch legitim, in einem autoritären Staat zu leben, in ihm das Ethos der christlichen Religion zur Geltung zu bringen und auf diese Weise sukzessive und kontextrelativ auf eine umfassende Realisierung von Freiheit und Gerechtigkeit hinzuwirken«.[7]

Diese Relativierung einer freiheitlich demokratischen Ordnung ließe sich jedoch als Vorbehalt gegenüber einem liberalen Staat missverstehen, so dass die gerechte Verteilung der Macht und die Partizipation möglichst aller an den politischen Entscheidungen ein Luxusgut wäre. Priorität habe der starke Staat – und dementsprechend müsste sich das Engagement der Christen vor allem auf den Machterhalt der »Obrigkeit« fokussieren. Aber diesen Rückfall in obrigkeitliches Denken hatten beide Theologen nicht im Sinn. Vielmehr skizzieren sie ein Entwicklungsschema, das den demokratischen und liberalen Rechtsstaat als klares Ziel anvisiert, das aber aus den geschichtlichen Erfahrungen – seien es die des Zweiten Weltkrieges, seien es die zusammenbrechender Staaten – nicht nur mögliche, sondern leider auch reale Rückschritte auf dem Weg hin zu dem wünschenswerten Zustand einbezieht. Zwar wirkt diese Stufung (insbesondere bei Brunner) zu starr; eine Berücksichtigung gesellschaftlicher Kräfte und globaler Verkettungen würde eine stärkere Vernetzung der genannten rechtsethischen Errungenschaften ermöglichen, die dann nicht mehr Stufen, sondern eher Pfeiler wären. Dass jedoch der Staatsgewalt eine grundlegende Rolle zuzubilligen ist, hatte bereits Martin Luther im Blick: »Was behält sie [die weltliche Obrigkeit], wenn sie die Gewalt verloren hat«?[8] Das staatliche Gewaltmonopol ist demnach die Grundlage, auf der allein ein liberales, rechtsstaatliches und demokratisches Gemeinwesen errichtet werden kann – aber eben möglichst auch soll.

Dieser Lesart folgend müsste sich das politische Engagement der Christen in einem liberalen Staat sogar noch steigern, gilt es doch, eine Spitzenposition zu erhalten, weil alle vier ethischen Kriterien erfüllt sind. Und dass es sich um einen solchen Zustand handelt, lässt sich durch den Hinweis auf den (Religions-) Frieden und auf die (Religions-) Freiheit inhaltlich untermauern: Seit den Konfessionskriegen ist die individuelle freie Religionsausübung ohne diese beiden Bedingungen zumindest in Europa nicht mehr zu realisieren. Ein Staat, der im Rahmen seiner Ordnung einen Freiraum zur Religionsausübung schafft und freihält, verdient demzufolge die Unterstützung der Christen, weil sie davon profitieren – sowohl individuell wie als Kirche, sofern die Ausübung »frei-gegeben« wird, also die persönliche Teilnahme nicht mehr staatlich vorgeschrieben und die Durchführung an die jeweilige Religionsgemeinschaft

---

7 von Scheliha (s. Anm. 5), 324–330, Zitat: 328. Dass Brunners Kriterium der Gerechtigkeit wegfällt, hängt daran, dass von Scheliha Gerechtigkeit vor allem prozedural verstanden hat.

8 WA 18, 305, 8 (Vermahnung zum Frieden auf die zwölf Artikel der Bauernschaft in Schwaben von 1525).

delegiert wird.[9] Diese Zurückhaltung bei den inhaltlichen Bestimmungen bei gleichzeitiger Aufrechterhaltung einer Rechtsordnung ist ein Merkmal des liberalen Staates, der sich damit, wie es vor allem Joachim Ritter herausstrich, von der Gesellschaft abhebt und ihr einen eigenen Gestaltungsfreiraum eröffnet.[10]

Folglich dient die Unterstützung des Staates durch die Kirche und die Christen nicht nur der Beständigkeit des liberalen Staates, sondern auch der Selbstprofilierung der Kirche als einer gesellschaftlich aktiven und relevant werdenden Kraft.[11] Aber nicht nur für Christen, sondern auch für andere Religionen wie für Atheisten oder Religionsfreie hält der liberale Staat diesen Freiraum bereit: Religionsfreiheit ist ein Menschenrecht. Weiß sich die Kirche normativ verpflichtet, der Stadt (und ihrer unterschiedlichen Bewohner) Bestes zu suchen (Jer 29,7), dann wird sie nicht nur wegen der eigenen Vorteile, sondern auch mit Blick auf die anderen Mitbewohner der Polis den liberalen Staat erhalten wollen.

2. Wie kann die Kirche diese Unterstützung erbringen?

Wie kann die Kirche diese Unterstützung erbringen? Um diese Folgefrage zu beantworten, muss zunächst präzisiert werden, warum der liberale Staat das nur durch externe Hilfe Erreichbare nicht selbst hervorbringen kann und welche Unterstützung er infolge dessen benötigt. Böckenförde rekurriert auf die politische Freiheit als zentrale Errungenschaft, aber ihre politische Gewährleistung und damit ihre gesellschaftliche Realität hänge daran, dass die Staatsbürger von sich aus die Freiheiten aller respektierten und dementsprechend auch den politischen Ausgleich zwischen den Freiheitsansprüchen der Bürger akzeptierten und die entsprechenden Gesetze befolgten. Loyalität (als moralische Tugend) und der Konsens (als Homogenität) seien demnach für den liberalen Staat unverzichtbar, aber nicht ohne Begrenzung der staatsbürgerlichen Freiheit durch den Staat erreichbar, während gesellschaftliche Kräfte hier eigene Ressourcen geltend machen können – auf freiwilliger Basis,

9 Vgl. Ernst-Wolfgang Böckenförde, Der säkularisierte, religionsneutrale Staat als sittliche Idee – Die Reinigung des Glaubens durch die Vernunft, in: ders., Wissenschaft, Politik, Verfassungsgericht, Berlin 2011, 84–93, Zitat: 86.

10 Vgl. Jens Hacke, Philosophie der Bürgerlichkeit. Die liberalkonservative Begründung der Bundesrepublik, Göttingen 2006, 161–166. Zum Einfluss von Ritter auf Böckenförde vgl. auch Klaus Grosse Kracht, Unterwegs zum Staat. Ernst-Wolfgang Böckenförde auf dem Weg durch die intellektuelle Topographie der frühen Bundesrepublik 1949–1964, in: Grosse Kracht (s. Anm. 1), 11–40, 26–34.

11 Vgl. Böckenförde, Wissenschaft (s. Anm. 9), 431.

weil sie den Menschen nicht als Staatsbürger verpflichten, sondern als Mitglied beeinflussen und beanspruchen würden.[12]

Böckenfördes Analyse der Sollbruchstelle des liberalen Staates und ihrer Kompensation durch gesellschaftliche Kräfte (wie die Kirchen) hat zwei kritische Rückfragen provoziert. Hartmut Kreß unterstellt ihm einen »kirchlich-apologetischen Akzent«, der darin bestehe, dass sowohl die Rede von der Homogenität [im Eingangszitat] wie der Aufruf an die katholischen Christen zum politischen Engagement eine Subsumtion der Politik unter die katholische Deutungshoheit befördere.[13] Jedoch meint Homogenität für Böckenförde keineswegs die Berufung auf das christliche Abendland und seine Werte, vielmehr spricht er im Anschluss an die Sozialdemokraten Hermann Heller und Adolf Arndt von der »Einigkeit über das Unabstimmbare«, die ein plurales »wir« meint, das die Interessenkämpfe keineswegs harmonisiert, wohl aber zivilisiert bzw. zähmt.[14] Es geht also um den »sense of belonging«[15] und korrespondierend um ein »demokratisches Ethos«[16], das vom Staat durchaus unterstützt, aber eben nicht garantiert werden könne.[17]

Demgegenüber fragt Jürgen Habermas, ob nicht der Staatsbürger von sich aus ein eigenes politisches Ethos entwickeln und profilieren könne, das aus der demokratischen Partizipation selbst erwachse und nicht auf externe Unterstützungen angewiesen sei – die man natürlich nicht ablehnen sollte, die aber nicht unabdingbar seien.[18] Dem kann Böckenförde insoweit zustimmen,

---

[12] Vgl. BÖCKENFÖRDE, Recht (s. Anm. 2), 229–233 und Wissenschaft (s. Anm. 9), 117–119.

[13] HARTMUT KRESS, Das Böckenförde-Diktum – im modernen Pluralismus noch zeitgemäß?, in: Humanismus aktuell. Hefte für Kultur und Weltanschauung Heft 22: Humanismus und Böckenförde-Diktum, Berlin 2008, 7–19; Zitat: 8.

[14] BÖCKENFÖRDE, Recht (s. Anm. 2), 165–169; Zitat: 167; dazu KLAUS GROSSE KRACHT (s. Anm. 1), 32–34.

[15] ERNST-WOLFGANG BÖCKENFÖRDE, Stellungnahme; in: Ethica 16 (2008), 369–371, 370.

[16] DIRK LÜDDECKE, Gegenstrebige Fügungen der Demokratie. Überlegungen zum historisch-institutionellen und ordo-sozialliberalen Demokratieverständnis Ernst-Wolfgang Böckenfördes, in: REINHARD MEHRING/MARTIN OTTO (Hg.), Voraussetzungen und Garantien des Staates. Ernst Wolfgang Böckenfördes Staatsverständnis, Baden-Baden 2014, 119–144, 138.

[17] Vgl. BÖCKENFÖRDE, Wissenschaft (s. Anm. 9), 472–477. An dieser Stelle gibt es eine inhaltliche Nähe zu MICHAEL SANDEL, Moral und Politik. Wie wir das Richtige tun, Berlin 2015, 95: »Denn trotz seiner Attraktivität fehlen dem liberalen Konzept von Freiheit die staatsbürgerlichen Ressourcen, um den Gedanken der Selbstverwaltung zu stärken. Die Philosophie der öffentlichen Angelegenheiten, mit der wir leben, kann die versprochene politische Freiheit nicht gewährleisten, weil sie nicht dazu imstande ist, den Gemeinsinn und das staatsbürgerliche Engagement zu wecken, die diese Freiheit erfordert«. Auch der kommunitaristische Denker ist also nicht gegen das liberale Paradigma eingestellt, aber er ist wie Böckenförde skeptisch gegenüber dessen Ausstrahlungskraft.

[18] Vgl. JÜRGEN HABERMAS, Vorpolitische Grundlagen des demokratischen Rechtsstaates?, in: JÜRGEN HABERMAS/JOSEPH RATZINGER, Dialektik der Säkularisierung. Über Vernunft und Religion, Freiburg i.Br. 2005, 15–37.

als dass sein Diktum keineswegs der Kirche ein Zuliefermonopol zubilligt. Denn weder dürfe der liberale Staat ein solches Monopol zulassen – er wäre sonst eben nicht mehr liberal und religionsneutral. Noch könne die Kirche den Erfolg garantieren – denn der Glaube steht nicht in ihrer Verfügungsgewalt.[19] Allerdings beharrt Böckenförde darauf, dass eine Demokratie »von unten« her aufgebaut sein müsse, so dass die innere Unterstützung des liberalen Staates durch die Staatsbürger geleistet werden müsse – und die werden faktisch durch unterschiedliche gesellschaftliche Kräfte beeinflusst, was auch normativ einem liberalen Staat entspreche. Das von Habermas betonte eigene »Ethos der Demokratie« wäre demnach ein möglicher Baustein, dürfe aber nicht der einzige werden.[20]

a) Die Unterstützung des liberalen Staates durch die Kirche als einer gesellschaftlichen Kraft wäre demzufolge fokussiert auf die staatsbürgerliche Loyalität der Christen einerseits sowie auf deren Mitarbeit in den demokratischen Gremien andererseits, die insbesondere Sachkenntnis und die Bereitschaft, Kompromisse zu akzeptieren, erfordert.[21] Hier kann die evangelische Kirche, der (wie dargelegt) an einem stabilen liberalen Staat gelegen ist, durchaus unterstützend wirken, denn in der lutherischen Tradition sind sowohl der Obrigkeitsgehorsam wie das Berufsethos klar verankert.[22] Warum diese beiden Impulse Luthers weiterführend sind, soll im Folgenden vorgestellt werden.

Dass der Christ gemäß Röm 13 der weltlichen Obrigkeit Gehorsam schuldig sei, wird von Luther durch die Zweiregimentenlehre plausibiliert, die drei weiterführende Impulse bietet: Die weltliche Obrigkeit sei erstens von Gott eingesetzt, um für Frieden, Recht und Ordnung zu sorgen und verdiene deshalb die Unterstützung der Christen. Zwar ist hier noch nicht von Freiheit und Demokratie die Rede, so dass ethische Transformationsprozesse unabdingbar sind. Aber es kann daran angeknüpft werden, dass für Luther die Obrigkeit Loyalität verdient – als eine weltliche Instanz, die nicht an religiösen, sondern an politischen Zielen gemessen wird. Weder das Seelenheil noch der himmlische Friede, sondern das friedliche und geordnete Zusammenleben von Christen und Nichtchristen ist die politische Aufgabe der Obrigkeit, für die sie die

---

19 Vgl. HERMANN-JOSEF GROSSE KRACHT (s. Anm. 1), 160–166.

20 Vgl. BÖCKENFÖRDE, Kirche (s. Anm. 4), 9–18; Zitate: 11 und 10.

21 Vgl. BÖCKENFÖRDE, Kirche (s. Anm. 4), 290–294 in Abgrenzung zu einem statischen Denken in der katholischen Tradition, das vom Naturrecht her meint, politische Kontroversen entscheiden zu können – ohne dass man sich auf die konkreten Differenzen einzulassen hätte, so dass man zumeist bei allgemeinen und nichtssagenden Formulierungen stecken blieb, die aber mit einem starken normativen Anspruch vorgetragen wurden.

22 Vgl. zum Folgenden VOLKER STÜMKE, Frieden, Recht, Ordnung – Luthers Impulse für ein gegenwärtiges Staatsverständnis; in: ROCHUS LEONHARDT/ARNULF VON SCHELIHA (Hg.), Hier stehe ich, ich kann nicht anders! Zu Martin Luthers Staatsverständnis, Baden-Baden 2015, 215–241.

Unterstützung der Christen verdient. Und diese Aufgabe hat die Obrigkeit zweitens nicht von der Kirche oder den Christen erhalten, so dass sie auch nicht als Aufpasser oder Schiedsgericht fungieren dürfen, vielmehr wurde die Obrigkeit direkt von Gott eingesetzt und ist dementsprechend ihm verantwortlich. Diese Verantwortlichkeit muss ebenfalls in der Demokratie deutlich modifiziert werden – aber es bleibt dabei, dass es jedenfalls nicht kirchliche Instanzen sind, vor denen die Obrigkeit ihre weltlichen Tätigkeiten genehmigen lassen muss. Schließlich gilt für Luther drittens, dass der Christ Gott mehr gehorchen muss als den Menschen und auch als den politischen Herrschern. Aber hierbei geht es um den Widerstand und nicht um politische Differenzen. Solche Differenzen müssen politisch gelöst und auch ausgehalten werden – und dabei bietet eine Demokratie weitaus mehr Möglichkeiten als ein lutherischer Obrigkeitsstaat, so dass auch hier Luthers Anregungen modifiziert werden müssen. Seine Pointe jedoch, dass ein christlich motivierter Widerstand nicht politische Vorstellungen, sondern eine Vorgabe Gottes namhaft machen muss, die zudem mit der Vorgabe aus Röm 13 abzugleichen ist, steht gegen eine christliche Verweigerungshaltung gegenüber weltlicher Politik und weist die Christen vielmehr an, auf dem Feld der Politik »weltlich« zu agieren und zu argumentieren.

Weil diese Loyalitätsbekundung zum Untertanengehorsam tendiert, ist es notwendig, Luthers Berufsverständnis zu ergänzen: Der von der Sorge um sein Seelenheil befreite Christ kann in den unterschiedlichen Berufen und gesellschaftlichen Feldern sich als Christ und damit für die Nächstenliebe engagieren. Luther hat diese Betätigungsfelder noch eng mit der Dreiständelehre verknüpft, die es in einer offenen Gesellschaft nicht mehr gibt. Aber der Impuls, dass der Christ sich ohne religiösen Vorbehalt in den weltlichen Berufen (und eben nicht primär im kirchlichen Feld) engagieren darf und dass seine guten Werke weder für das eigene Seelenheil noch als Einschmeicheln bei Gott, sondern allein für das Wohlergehen der Nächsten vollbracht werden, impliziert ein Plädoyer auch für das politische Engagement in einer Demokratie, die ja Frieden und Freiheit befördert und damit den Nächsten dienlich ist. Dieses politische Engagement zum Wohlergehen der Nächsten umfasst sowohl kirchliche Tätigkeitsfelder in der Öffentlichkeit (bspw. in der Diakonie), die vom liberalen Staat akzeptiert werden, wie persönlichen Einsatz von Christen in vielen Berufen. Dass der Nächste dabei nicht mehr nur personal gedacht wird, sondern auf den Feldern der Politik oder der Wirtschaft im Plural begegnet, erleichtert die Bereitschaft der Christen zur Mitarbeit in der Polis. Zudem plausibiliert dieser Plural die Notwendigkeit der politischen Suche nach Ausgleichsmöglichkeiten und die Akzeptanz von Kompromissen.

Allerdings sind sowohl die Loyalität wie die Bereitschaft zur politischen Teilhabe Luther folgend Früchte der Rechtfertigung des Christen allein aus Glauben und allein durch Jesus Christus. Es ist die Aufgabe des geistlichen Regiments, mit den Mitteln des Wortes dem Menschen die Versöhnung mit

Gott zuzusprechen und ihm die Vergebung seiner Sünden zuzusagen.[23] Es ist Gott, der durch seine Zusage den Menschen Glaube und Freiheit eröffnet. Das Wort als Mittel meint dabei sowohl die Bibel als normative Grundlage wie den Aktionsmodus der Kirche (sine vi, sed verbo) – und in beiden Lesarten verweist es zurück auf die Kraft des göttlichen Geistes, über den die Kirche nicht verfügt. Daher kann sie auch, wie Böckenförde zu Recht betont hat, den politischen Erfolg ihrer Verkündigung nicht garantieren. Ohne die Botschaft von der Gnade Gottes hängen die Forderungen nach Loyalität und Mitarbeit in der Luft, nur als Implikationen des Evangeliums haben sie unterstützenden Effekt für den liberalen Staat.

b) Schon diese Rückbindung an das Evangelium verdeutlicht, dass weder die Kirche noch die Christen zu Dienstlingen des Staates depravieren. Die Kirche ist als eigenständige Größe und nicht als Ideologieministerium aufgestellt. Dementsprechend kann sie sich mit der Verkündigung des Wortes Gottes nicht nur an die Christen, sondern auch an den Staat richten. Dass der Staat von Gott eingesetzt und mit klaren Vorgaben, die er eigenständig umzusetzen hat, ausgestattet worden ist, sollte ihm gesagt werden: »Die Schrift sagt uns, dass der Staat nach göttlicher Anordnung die Aufgabe hat, in der noch nicht erlösten Welt, in der auch die Kirche steht, nach dem Maß menschlicher Einsicht und menschlichen Vermögens unter Androhung und Ausübung von Gewalt für Recht und Frieden zu sorgen« (Barmen V).[24] Nicht die Kirche selbst, sondern Gott durch sein biblisches Wort normiert den Staat, indem er ihm eine weltlich unverzichtbare Aufgabe zuweist.[25] Und indem die Kirche dies zur Sprache bringt, dokumentiert sie nicht nur ihre eigene normative Bindung an Gott und sein Wort, sondern verdeutlicht zugleich, dass sie nicht die politische Vollmacht oder auch nur Oberaufsicht über den Staat beansprucht. Ob der liberale Staat diese Vorgaben beherzigt und wie er sie »religionsneutral« in politische und rechtliche Formen übersetzt, liegt nicht im Machtbereich der Kirche.

Zumindest gibt die Kirche mit dieser Ankündigung dem liberalen Staat drei Anregungen zu bedenken: Indem sie dem Staat erstens klare Aufgaben zuweist, mahnt sie ihn zur Selbstbeschränkung: »Wir verwerfen die falsche Lehre, als solle und könne der Staat über seinen besonderen Auftrag hinaus

---

[23] Diesen Rückbezug der Kirche auf das Evangelium betont auch Böckenförde, Kirche (s. Anm. 4), 253–257.

[24] Die Vereinbarkeit der Barmer Theologischen Erklärung mit der lutherischen Zweiregimentenlehre mit Blick auf die Verhältnisbestimmung von Kirche und Staat haben sehr klar herausgestellt: Wilfried Joest/Johannes von Lüpke, Dogmatik II: Der Weg Gottes mit dem Menschen, Göttingen [5]2012, 243–250.

[25] Vgl. zum Folgenden Johannes von Lüpke, Göttliche Anordnung und menschliche Verantwortung. Zur Bedeutung der Barmer Theologischen Erklärung für die politische Ethik, in: Martin Büscher/Siegfried Kreuzer/Theodora Beer (Hg.), Glaube und Politik. Interdisziplinäre Zugänge zur Mitgestaltung öffentlichen Lebens, Veröffentlichungen der Kirchlichen Hochschule Wuppertal/Bethel 16, Neukirchen-Vluyn 2015, 185–201.

die einzige und totale Ordnung menschlichen Lebens werden« (ebd.). Dass man in Barmen nur die Kirche und nicht auch andere gesellschaftliche Bereiche als »Jenseits« des Staates benannte, muss moniert werden, ändert aber nichts an der grundlegend richtigen Einsicht: dem Protest gegen einen totalen oder totalitären Staat. Zweitens wird mit dem Rekurs auf Gott eine Selbstüberhebung des Staates ausgeschlossen; der Staat ist keine absolute Größe, sondern bezogen auf Gott und damit relativ. Dieser Bezug konkretisiert sich in den Staatsfunktionen, für Recht und Frieden zu sorgen, so dass eine säkulare Lesart nicht ausgeschlossen wird – auch wenn die Kirche in Treue gegen Gott diese Lesart nicht selbst vortragen sollte. Das verweist bereits auf die dritte Anregung: Dem Staat wird jenseits dieser Vorgaben ein klarer Handlungsfreiraum zugesprochen, in dem er nach weltlichen, näherhin: menschlichen Maßstäben und Vollzügen agieren soll. Und es wird dabei nicht normiert, was »menschlich« genau heißt – schon hier beginnt der politische Diskurs, an dem sich Böckenförde folgend die Christen beteiligen sollen.[26] So wie der liberale Staat die Religion frei-gegeben hat, so wird auch er selbst von kirchlicher Bevormundung frei-gestellt, denn eine Vorgabe Gottes ist für die Kirche bindend.

Aber, so könnte man im Anschluss an die Kritik von Habermas einwenden, kann sich der liberale Staat diese Anregungen nicht selbst ins Stammbuch schreiben? Schließlich hat sich der liberale Staat selbst an das Recht gebunden und Verfahren etabliert, die eine Mitarbeit gesellschaftlicher Kräfte ermöglichen – auf dem Hintergrund genau der Gefahren, die Barmen V anspricht. Sofern diese Anfrage darlegt, dass nicht nur die Kirche solche Anregungen formulieren kann, dass es also kein Abhängigkeitsverhältnis des Staates von der Kirche gibt noch geben soll, ist ihr zuzustimmen. Solche externen Anregungen aber generell zu untersagen, wäre kontraproduktiv, weil es zur Selbstüberhebung des Staates führen könnte. Zudem darf sich zumindest der liberale Staat die religiöse Fundierung dieser Anregung nicht selbst geben, denn dann wäre er nicht mehr liberal und religionsneutral. Dahinter steht die grundlegendere Einsicht in die Perspektivität menschlicher Einsicht: Auch ein liberaler Staat hat seinen »toten Winkel«, auf den ihn andere Beobachter mit einem veränderten Blickwinkel (wie die Kirche) effektiver aufmerksam machen können.

c) Die Kirche unterstützt den liberalen Staat also, indem sie einerseits Loyalität und Mitarbeit der Christen einfordert und indem sie andererseits dem Staat von Gott als ihrer normativen Instanz her ein klares und dennoch offenes Aufgabenprofil vorstellt, in dem seine Stellung und seine Funktionen anerkannt werden. Hinzu tritt schließlich als dritte Unterstützungsleistung, dass sie sich auch selbst als eine gesellschaftliche Institution in den liberalen Staat integriert. Das besagt zum einen, dass sie sich auch institutionell enga-

---

26 Vgl. Böckenförde, Recht (s. Anm. 2), 139–142 und Wissenschaft (s. Anm. 9) 46–52.

giert und gesellschaftliche Verantwortung übernimmt.[27] Zum anderen unterstützt die Kirche den liberalen Staat, indem sie ihre Mitarbeit nicht selbst verabsolutiert, sondern sich als eine gesellschaftliche Größe versteht und darstellt, die andere gesellschaftliche Protagonisten neben sich akzeptiert. Die Kirche distanziert sich mit dieser Selbstrelativierung von jedem Fundamentalismus. Das verhindert aber nicht, dass sie dabei ihr eigenes Profil ausbildet; im Gegenteil: gerade als ein Teilhaber im liberalen Staat sollte sie auf das Wort verweisen, von dem her sie sich versteht und die Weisheit suchen, die aus diesem Wort Gottes erwachsen kann.

[27] Dabei spricht konzeptionell nichts dagegen, dass die Kirche sich neben den prominenten Einsatzbereichen der Diakonie und der Bildung auch auf anderen Feldern einbringt. Allerdings könnte organisatorisch die Gefahr bestehen, dass sie sich verzettelt.

»Eher geht eine Camel durch ein Nadelöhr ...«

Theodizeemotive im globalisierten Kapitalismus

Carl-Friedrich Geyer

Die griffige Formel, die als Titel dieses kurzen Beitrags gewählt wurde, ist ein karikierend-verfremdetes Schriftzitat (Mt 19,24) und stammt aus einem 1991 erschienenen Buch, das sich nicht auf die Seite der Theodizeekritik, sondern auf die des schlechthin Affirmativen schlägt.[1] Im Ausgang von Hegel, Feuerbach und Marx wird darin die klassische Religionskritik als Transformationsversuch transzendenter Inhalte in innerweltliche Utopien zu einem Szenarium jener entgötterten Welt stilisiert, die dennoch nach neuen Göttern ruft; ihre Theophanie soll sich in einem Glauben ohne Transzendenz *ereignen*. Für den Autor stellt sie sich konsequenterweise in der Trivialreligion der Werbung dar, die uns apologetisch als die Verwirklichung des Himmels auf Erden, der Glücksutopien der Religionskritik seit Hegel also, offeriert wird. Der neue weltliche Gott ist der Markenartikel, den es in der Werbung permanent zu rechtfertigen gilt. Er ist allerdings nur unter Theodizeebedingungen zu haben.

War in der klassischen Theodizee Gott von dem Vorwurf zu entlasten, an all dem Schuld zu sein, was als sinnwidrig und leidvoll – soziologisch gesprochen als Dysfunktionalität – erlitten wurde, so steht der im Markenartikel präsente neue Gott, der Inbegriff des irdischen Paradieses, ständig unter der Beweislast, sich als die Unüberbietbarkeit der Erfüllung dieser Sehnsüchte zu erweisen. Die Marke verkörpert sich in gottähnlicher Sichselbstgleichheit: »Ich bin, die ich bin«. Wurden die klassischen Theodizeeprozesse seit Leibniz als Affirmation einer »bestmöglichen aller Welten« oder als die Kritik an ihr von Philosophen thematisiert und demonstriert, so sind es nunmehr die Werbetexter, die um die ›Marke‹ herum Trivialutopien inszenieren, die mit dem liturgischen Dienst einer Priesterschaft verglichen werden können, die den Marken-Göttern die ›Gemeinde‹, nunmehr ›Zielgruppe‹ genannt, zuführen. Auch hier ist, ganz wie in der überlieferten Religion, der ›Kult‹ das Bindeglied,

[1] Oskar Cöster, »Ad«Age – der Himmel auf Erden: eine Theodizee der Werbung, Hamburg 1991.

jetzt ›gesellschaftlicher Kitt‹ geheißen, der die Gemeinde emotional auf den ›neuen Gott‹ einschwört.[2]

Die linke, an Hegel und Marx orientierte Kritik hat diesen Zusammenhäng ihrerseits bereits viel früher und gründlicher zu ihrem Thema gemacht, wenn auch gerade nicht aus affirmativer Perspektive. Anders als Max Weber,[3] der im Kapitalismus »ein religiös bedingtes Gebilde« sah, nannte ihn Walter Benjamin in seinem Fragment »Kapitalismus als Religion« offen eine »essentiell religiöse Erscheinung«.[4] Danach dient der Kapitalismus den gleichen Bedürfnissen wie die Religion; gleich ihr erstrebt er die Befriedigung der Sorgen und Qualen des in der Endlichkeit gefangenen Menschen. Im Unterschied zur christlichen Religion kennt der Kapitalismus jedoch weder Dogmatik noch Theologie. Er ist eine reine Kultreligion, die einem puren Utilitarismus die notwendige religiöse Färbung verleiht. Wie in den primitiven Religionen findet er seine Wesensbestimmung ausschließlich im Vollzug und lädt die Dinge, nämlich Produkte und Waren und damit letztlich das Geld als den Inbegriff immanenter Glücksverheißungen, mit religiöser Bedeutsamkeit auf. Er erschöpft sich, um ein Wort von Marx aufzugreifen, im »Warenfetischismus«. Anders als die Religion kennt er auch keine heiligen Zeiten und Orte, sondern vollzieht sich pausenlos in der Produktion und Konsumption der Waren. Dieses »Stets-Neue« und trotzdem »Immer-Gleiche« fokussiert Benjamin auf das Zentrum alles Religiösen, auf den Zusammenhang von Schuld, Erlösung, Gnade und Glaube, um die Doppelbödigkeit des Schuldbegriffs und den Differenzpunkt zum Christentum zu markieren. Er nennt den Kult des Kapitalismus »verschuldend«, denn »der Kapitalismus ist vermutlich der erste Fall eines nicht entsühnenden, sondern verschuldenden Kultus. Ein ungeheures Schuldbewusstsein, das sich nicht zu entsühnen weiß, greift zum Kultus, um in ihm diese Schuld gerade nicht zu entsühnen, sondern universal zu machen, dem Bewusstsein einzuhämmern und endlich und vor allem Gott selbst in diese

---

[2] Bereits vor fast einem halben Jahrhundert, als Begriffe wie globalisierter Kapitalismus und ›Marktgottheiten‹ noch eher vage Zukunftsbilder waren, bemerkt Andrew Greeley im Blick auf den Kult des ›heiligen Autos‹, man bräuchte »nur die jährliche Automobilausstellung zu besuchen, um darin eine höchst ritualisierte religiöse Manifestation zu erkennen. Die Farben, die Lichter, die Musik, der Kniefall der Anbeter, die Gegenwart der Tempelpriesterinnen (der Mannequins), der Pomp und der Luxus, die Geldverschwendung, die kompakte Menschenmenge – das alles wäre in einer anderen Kultur ein authentischer Gottesdienst [...]. Und in diesem Augenblick des jahreszeitlichen Zyklus erhalten die Hohen Priester des Kults – die Autohändler – eine neue Bedeutung, während eine ängstliche Menschenmenge ungeduldig der Heraufkunft einer neuen Form des Heils harrt«. Andrew Greeley, Symbols and Rituals in the Modern World, in: The Critic, XII (1961), 24.

[3] Vgl. dazu: Max Weber, Die protestantische Ethik und der »Geist« des Kapitalismus [1904/05; 1920], in: ders., Schriften 1894, ²1922, hg. v. Dirk Kaesler, Stuttgart 2002, 150–226.

[4] Walter Benjamin, Gesammelte Schriften, hg. v. R. Tiedemann und H. Schweppenhäuser, Frankfurt a.M. 1991, Band VI, 100–103.

Schuld einzubegreifen«. Wenn das Höchste selber in den Zusammenhang von Schuld und Verschuldung verstrickt ist, dann ist Schuld nicht nur Schuld: Wenn sie selbst Gott umgreift, muss sie niemandem mehr zugerechnet werden[5] und verhilft zu einem dauernd ›guten Gewissen‹. Deshalb gilt das Interesse des Kapitalismus der Fortdauer der Schuld, denn seine Fortexistenz hängt am steten Anwachsen des Schuldenbergs. Um das zu begreifen, genügt schon der Blick in den Wirtschaftsteil einer Tageszeitung. Hätte der Kapitalismus eine Dogmatik,[6] wäre es die der Erklärung dieses Zusammenhangs wie der seltsamen Wege und Umwege, die diese fortdauernde Verschuldung nehmen. Bei den offensichtlichen Erklärungsdefiziten derartiger Konstrukte und ihrem schleichenden Plausibilitätsverlust soll dann die herbeizitierte Theodizeeanalogie greifen.

In der Theologie ist seit der Patristik der Begriff der »Heilsökonomie« geläufig – die heute eher undifferenzierte Rede von einer »Heilsgeschichte« vermittelt nur ein diffuses Verständnis dessen, was einmal damit gemeint war. So nennt die in die Frühzeit zurückreichende Liturgie von der Weihnachtsoktav (1. Januar) die Menschwerdung Gottes ein »*Admirabile commercium*« und die frühchristliche Theologie formulierte ihre Kategorien selbstverständlich in der Auseinandersetzung mit jenen lebensweltlichen Vorgaben, die gleich unserer Wirklichkeit vornehmlich ökonomisch imprägniert waren. Kategorien des Wirtschaftslebens werden zu »God-terms«.[7] Die frühen soteriologischen Formeln entwickelten sich parallel zu den ökonomischen Strukturen. Die Beschreibung der Erlösungsnotwendigkeit, auf die Christus die Antwort sein soll, steht ganz in Übereinstimmung mit den herrschenden ökonomisch Bedingungen (›*salvatio*‹, ›*redemptio*‹ etc.). Auch die spätere Satisfaktions- und Sühneopfertheologie (»Loskauf«, »Kompensation«) mit ihren unübersehbar ökonomistischen Konnotationen ist eine Variante supernaturalistischer Ökodizee und steht im gegenwärtigen theologischen Diskurs zu recht in der Kritik. Zugleich hat das Christentum spätestens seit dem ausgehenden vierten Jahrhundert durch die schrittweise Identifikation mit der imperialen Reichspolitik den Herzen der Menschen eine »culpabilisation« (Jean Delumeau) eingezeichnet, die à la longue dem gegenwärtig die Herrschaft

---

5 Man denke hier beispielsweise an die »*felix culpa*« aus dem *Exsultet* der Osternachtliturgie, die bekanntlich in der »Theodizee« von Leibniz eine bedeutsame Rolle spielt, vor allem in der Auseinandersetzung mit Pierre Bayle.

6 Es sei in diesem Zusammenhang an die schöne Kurzformel, mit der Hans Blumenberg die christliche Dogmatik beschrieben hat, erinnert, nämlich als der Erklärung der Umwege, welche die Gottheit bei der Exekution ihres Heilsplans zu gehen gezwungen ist. Man braucht daher nur den Begriff »Heilsplan« durch solche wie »Kapitalströme«, »Derivate« etc. zu ersetzen: schon spricht man über den »Warenfetischismus«.

7 Diesen Begriff prägte Jochen Hörich in seiner globalisierungskritischen Analyse: Kopf oder Zahl. Die Poesie des Geldes, Frankfurt a.M. 1996, 200f. Es sei hier davon abgesehen, den gegenwärtigen Umgang der Kirchen mit dem auch dort an Dominanz gewinnenden »God-term« Geld zu kommentieren.

beanspruchenden »Marktgott« das Feld bereitet hat. Die Möglichkeit der Vergebung verkehrt sich in die Ermöglichung des Schlimmsten, der Prolongation der Schuld.

Wie sich die Religion das Ökonomische anverwandelt und als Lösung der darin enthaltenen Widersprüche präsentiert, so okkupiert der globale Kapitalismus die christliche Terminologie, um mit ihr die eigenen Heilsversprechen zu plausibilisieren. Es ist nur konsequent, dass sie sich auf längere Sicht ebenso wie die Religion, die sich im Laufe von Theologie- und Dogmengeschichte am Ende notwendig in die Netze der Theodizeeproblematik verstrickt findet, nach vergleichbarer Rechtfertigung giert, trifft doch auf jeden Gott zu, dass er ›über Leichen geht‹. Beide sehen sich am Ende in ihrer Forderung nach rationaler Rechtfertigung des jeweiligen Glaubensgutes vor der Schein-Alternative: Entschuldung versus Verschuldung, Fülle des Lebens aus Gott versus Knappheit des Geldes.[8] Selbstverständlich sind sowohl »Gott« wie auch »Geld« nicht mehr als extreme Verdichtungen umfassenderer Symbolgefüge, virtuelle Größen und gewissermaßen nur »Projektionsflächen«, die, obzwar »da«, nicht in ontologisch-verdinglichter Weise »existieren«.[9] Beide können ihrer Rechtfertigungsbedürftigkeit nur durch Theodizeeanalogie aufhelfen. Sie sind auf die Philosophie verwiesen, ungeachtet der unendlichen Glaubens- und Vertrauensfähigkeit der einfachen Gläubigen bzw. der schlichten Konsumenten. Es ist kein Zufall, dass man im Kontext der herrschenden Globlasierungsapologetik explizit von einer »Ökodizee«[10] als der Rechtfertigung der versagenden Marktmechanismen spricht, wobei wie in jeder Religion auch das Marktsystem für die Verlierer besondere Heilsversprechen bereithält, freilich nur unter den Bedingungen eines Verhaltens gemäß den Gesetzen des Marktes. Angesichts des »Misslingens aller Theodizeeversuche« (Kant), auch der für Werbezwecke in Anspruch genommenen, weitet sich die Theodizeefrage, will man an diesem Terminus[11] unbedingt festhalten, über den engen Horizont von Leiden und Bösem auf die

---

[8] Vgl. dazu: Thomas Ruster, Der verwechselbare Gott. Theologie nach der Entflechtung von Christentum und Religion, QD 81, Freiburg i.Br. 2000, 124ff. und 202ff.

[9] Vgl. zu dieser Problematik: Jean-Luc Marion, Gott ohne Sein, Paderborn 2014. Auch das Geld, so Thomas G. Langohr (Altäre des Geldes, in: CiC 11/2015, 121) besteht lediglich »aus seiner Kommunikation ... In den Tabernakeln der Kirchen ruhte – ebenso wie in den Rechnern und Tresoren der Gegenwart – das Nichts, allenfalls symbolisch fassbar als die Hostie, vergleichbar mit dem Geldschein unserer Tage. Mit äußerstem Nachdruck bemühte man sich damals, die Realpräsenz Gottes in den eucharistischen Gaben zu behaupten und zu verteidigen. Ketzern erging es übel. So wird auch heute die Realpräsenz des Geldes, sein Wert, verzweifelt verteidigt. Aber letzten Endes muss geglaubt werden.«

[10] Vgl. Joseph Vogl, Das Gespenst des Kapitals, Zürich 2010. Dazu: Hanno Pahl/Jan Sparsam (Hg.), Wirtschaftswissenschaft als Oikodizee. Diskussionen im Anschluss an Joseph Vogls Gespenst des Kapitals, Wiesbaden 2013. Aus dogmenhistorischer Sicht 222–238.

[11] Zum Ganzen vgl. umfassend: Carl-Friedrich Geyer, Die Theodizee. Diskurs, Dokumentation, Transformation, Wiesbaden 1992.

Gottesfrage selber aus. Es geht gar nicht um die Frage nach diesem oder jenem Übel, sondern um die Problematik der Sinnhaftigkeit einer wie immer begründbaren »Gottesrede« überhaupt.[12] Allenfalls von Ferne problematisieren die klassischen Theodizeediskussionen seit Bayle und Leibniz – noch dazu mit unzulänglichen Mitteln – das Nicht-Selbstverständliche unserer konkreten Lebensbedingungen und zwingen vielfach zu Vorentscheidungen, die man »ideologisch« nennen möchte. Sie treffen auf eine metaphysische Rätselhaftigkeit der Welt, der nichts so sehr widerspricht wie die Hybris der Theodizee der Neuzeit, die quasi-wissenschaftlich auf absoluten Wahrheiten insistiert, die sich mit ihren simplen Paradigmen nicht einlösen lassen. Das hat jedoch nicht zu ihrer definiten Ablösung geführt, wie das Einwandern der entsprechenden Topoi von der Rechtfertigung in Kontexte zeigt, die mit der traditionellen Theodizee nur noch auf assoziative Weise das affirmative Anliegen teilen, etwa wenn in unserem Falle die Werbung das Erbe von Religion und Philosophie angetreten hat und eine zeittypische Trivialreligion ohne Transzendenz etabliert, einschließlich einer Religionskritik, die im Gegenzug ihrerseits erneut eine Apologetik erforderlich macht. Sie hat nicht nur unbesehen den philosophisch und theologisch obsolet gewordenen Theodizeesinn beerbt,[13] sondern lenkt auch die gleiche Kritik auf sich, mit der die klassischen Theodizeeversuche sich schon auseinanderzusetzen hatten. So ist das Theodizeesyndrom primär ein »Gottesmissverständnis«, denn es versucht, Gott in eine Welt *secundum hominem* einzubinden, berechenbar zu machen und ihn gerade darin zu verfehlen. Der Krypto-Atheismus sogenannter Theodizeen – je »frömmer«, desto gottloser – wäre ein lohnendes Thema. Man darf mit Gabriel Marcel gewiss feststellen, dass nur der, welcher die potentielle Energie zum Atheismus in sich trägt – »La theodicee, c'est atheisme« – fähig und willens

---

12 So ist meines Erachtens auch Paul Valery zu verstehen, der bemerkte: »Gott hat es vorgezogen, seinen einzigen Sohn zugrunde gehen zu lassen, statt eindeutig und klar mit uns zu reden. Er hat uns nicht wie vernünftige, intelligente Wesen behandelt, die zur Kritik fähig sind, - sondern wie Gaffer vor der Schaubude eines Taschenspielers. Was für den Menschen am wichtigsten ist, sollte also zugleich am unklarsten sein? Sollte es für die Bedürfnisse der zeitlichen Existenz Sinne und Mechanismen der Unterbrechung, Kombination und Fixierung geben und für die des ewigen Lebens lauter Lücken, Rätsel und Widersprüche? [...] Gäbe es einen Gott, ich lebte nur für ihn – wie viel Wissenslust, wie viel Leidenschaft würde ein derart großes Wesen in mir wecken – was wäre noch des Erkennens wert außer ihm? Freilich, wenn es einen gäbe, würde ich ihn wahrnehmen, ihn gewissermaßen fühlen, doch ich fühle nichts. [...] Der Gott der *Schöpfungsgeschichte* ergeht sich in seinem Garten. Der Gott des Thomas von Aquin ist ein System aus abstrakten Worten. Der Gott Pascals, weniger theologisch, besteht ganz aus Strenge und, vielleicht, Liebe. Mir scheint, dass er bei diesen Gelehrten das ewige Schweigen kompensiert, wie in einer Gleichung.« (Cahiers, Band 2 [Buch Theta], Frankfurt a.M. 1988, 498ff.

13 Vgl. dazu: Langohr (s. Anm. 9): »Der Gedanke einer weisen Vorsehung, wie ihn die Bibel kennt, wanderte von der Theologie in den Bereich der politischen Ökonomie ab.«

ist, eine Theodizee zur konstruieren.[14] Diese Skepsis kann man unbesehen auf die trivialen Nachfolger und ihre »God-terms« übertragen. Verfolgt man die Theodizeeambitionen der Neuzeit, die sich im Deutschen Idealismus, vor allem bei Fichte und Hegel, zur Geschichtsphilosophie ausweiten, bis an ihr Ende, dann springt der atheistische Impetus unmittelbar ins Auge

In der zur Geschichtsphilosophie aufgeblähten Theodizee gelingt die vollständige Entlastung Gottes nur deshalb, weil nun nicht mehr Gott, sondern der Mensch der Täter ist. Gott ist nur unter der Bedingung schuldlos, dass es ihn nicht gibt. Das Feld der Geschichte ist das Feld der Zurechenbarkeit alles Dysfunktionalen an den Menschen, der – Marx betont es immer wieder – seine Geschichte selber macht. Die Vollendungseuphorie, die sich mit dem Geschichtsprozess verbindet, erfährt ihre Peripetie am Ende des zwanzigsten Jahrhunderts, das nach dem Verschwinden des Ost-West-Gegensatzes jede Geschichte an ihr Ende gekommen sieht.[15] Freilich steht auch diese in der perfekten Welt des Konsumismus und des Immer-Gleichen unter Rechtfertigungszwang: in der Theodizee der Werbung erfährt die klassische Theodizee ihre Reprise. In beiden Fällen geht es selbstredend nicht ohne Götter; die Abkehr vom »Gott der Fülle« erzwingt die Wiederkehr des Gottes als eines bloßen »Terms«. Diese Verlaufsfigur erinnert fatal an den »ungeheuren Spruch« den Goethe als Kurzformel der Mythos benannt hat: »Nihil contra Deum nisi Deus ipse« – Gegen Gott hilft nur ein (anderer) Gott, sei es auch als seine Karikatur.[16] Angesichts der Theomachie, die aus diesem Spruch redet, hilft aus dem bloßen ›*quid pro quo*‹ alter und neuer Theodizeeanstrengungen nur eine erneute Evidenz jenseits arbiträr gewordener heiliger Texte und simplen Werbegeplappers heraus. Dies setzt freilich Erfahrungen voraus, die in einer erstarrt-traditionalistischen Religion ebenso wenig aufscheinen können wie im alltäglichen Konsumismus, dessen Theodizee ja nur deshalb möglich war,

---

[14] Georges Minois, Geschichte des Atheismus: Von den Anfängen bis zur Gegenwart, Weimar 2000, 84 (Original: Paris 1998). Man begegnet diesem Argument bereits in der frühen Kirche. Nach Tertullian sind es die Häretiker und Philosophen, die nach der Ursache des Bösen fragen: »Eadem materia apud haereticos et philosophos volutatur; iidem retractatus implicantur: Unde malum et qua re? Unde homo et quomodo? Et quod maxime Valentinus proposuit: Unde Deus?« (De praescriptionibus §7 [=Migne PL II,22]).

[15] Vgl. Francis Fukuyama, Das Ende der Geschichte, München 1992. Nach Fukuyama kommt nach der globalen Durchsetzung von parlamentarischer Demokratie und liberaler Marktwirtschaft, welche alle menschlichen Bedürfnisse umfassend befriedigen, die Geschichte zum Stillstand. *Ereignisse* im ausgezeichneten Sinne sind nicht mehr möglich. Angesichts der offensichtlichen Dissonanzen, die aus diesem Modell sprechen (soziale Ungleichheiten etc.), trübte sich der euphorische Blick Fukuyamas sehr schnell; zehn Jahre später erschien der resignative Widerruf: Das Ende des Menschen, Stuttgart 2002.

[16] Vgl. dazu: Hans Blumenberg, Arbeit am Mythos, Frankfurt a.M. 1979, 567ff. (»Lesarten des ›ungeheuren Spruchs‹«). Der Spruch bezieht sich ursprünglich auf Prometheus, der sich im Kampf gegen die Götter selbst zum Gott macht.

weil sie in den traditionellen philosophischen Theodizeeanstrengungen auf ein affines Gottesbild traf, einen verwandten »Gott-term«. In seiner Überdeterminiertheit als Karikatur offenbart er das Ende eines Religionsverständnisses, das nur noch als Fossil und Artefakt auf Dauer gestellt scheint. Es bedürfte also, soll diese Erstarrung aufgebrochen werden, einzig jener *»ver-rückten«* Perspektive, von der Adorno im 153. Aphorismus der *Minima Moralia* spricht. Jenseits von »Marktreligion« und »*Sacrum commercium*«, wäre eine negative Theodizee, soll der Begriff denn nicht aufgegeben werden, nur im Modus der Verweigerung der Zustimmung möglich, als Dissens gegenüber dem, was *faktisch* ist.

Luther und reformatorische Theologie

Sapientia Dei passiva

Luthers Predigt über Mt 11,25–30 vom 24. Februar 1517

Hellmut Zschoch

1. Vorbemerkung: sapientia Dei, qua nos sapientes facit

In seinem vielzitierten Rückblick auf den Entstehungszusammenhang seiner theologischen Grundeinsicht erzählt Luther im Jahr 1545, er habe, nachdem ihm der passive Sinn der paulinischen Rede von der Gerechtigkeit Gottes aufgegangen sei, diese Einsicht bei einem Durchgang durch die Bibel an anderen Gottesaussagen bestätigt gefunden: »*Discurrebam deinde per scripturas ... et colligebam etiam in aliis vocabulis analogiam, ut opus Dei, id est, quod operatur in nobis Deus, virtus Dei, qua nos potentes facit, sapientia Dei, qua nos sapientes facit, fortitudo Dei, salus Dei, gloria Dei.*«[1] Unter den biblischen Analogien zur Gerechtigkeit Gottes nennt er also auch die »Weisheit Gottes, durch die er uns weise macht«. Von der göttlichen Weisheit zu reden, heißt demnach, vom menschlichen Weise-Werden zu reden; göttliche und menschliche Weisheit sind in einer unumkehrbaren Bewegungsrichtung miteinander verbunden.

Als Beispiel dafür, wie Luther die Einsicht in die Verbindung von göttlicher und menschlicher Weisheit in theologische Rede umsetzt – und wie dabei das Ganze seiner Anschauung vom Christsein Gestalt gewinnt – betrachte ich Luther als Prediger eines einschlägigen Evangelientextes, der Perikope Mt 11,25–30, die mit Jesu Lobpreis einsetzt, dass der Vater »solches den Weisen und Klugen verborgen ... und ... es den Unmündigen offenbart« habe, in der dann vom Erkennen des Sohnes und des Vaters die Rede ist und die mit dem Ruf an die Mühseligen und Beladenen schließt, zu Jesus zu kommen, sein sanftes Joch und seine leichte Last auf sich zu nehmen und von ihm zu lernen.

Valentin Ernst Löscher (1673–1749) hat 1720 eine Sammlung früher Lutherpredigten publiziert.[2] Unter ihnen findet sich eine auf den Tag des Apos-

---

1 WA 54, 186,10–13; LDStA 1, 507,12–16: »Ich ging danach durch die ganze Schrift ... und sammelte auch in anderen Wortverbindungen eine Entsprechung, etwa Werk Gottes, das heißt, was Gott in uns wirkt, Kraft Gottes, mit der er uns kräftig macht, Weisheit Gottes, mit der uns weise macht, Stärke Gottes, Heil Gottes, Herrlichkeit Gottes.«

2 S. WA 1, 18f.

tels Matthias, den 24. Februar, im Jahr 1517 datierte Predigt über die genannte Perikope, die letzte Einleitungspredigt zu den 1518 in überarbeiteter Gestalt veröffentlichten Predigten über den Dekalog.[3] Wie die zur gleichen Zeit entstandene Auslegung der Bußpsalmen[4] ist die Predigt Ausdruck der sich formenden theologischen Gesamtanschauung Luthers vor Ausbruch des öffentlichen Streits.

2. VERBERGEN UND OFFENBAREN

Die Predigt ist dominiert von der Auslegung des die Perikope eröffnenden Verses Mt 11,25 mit seiner Gegenüberstellung von »Weisen und Verständigen«, vor denen Gott seine Botschaft verbirgt, und »Unmündigen«, denen er sie offenbart. Damit steht die Frage nach dem Wesen der *sapientes* und nach der Bedeutung der *sapientia* im Zentrum der Auslegung. Diese Frage lässt sich freilich für Luther nicht auf der reinen Begriffsebene angehen, sondern nur unter Beachtung der göttlichen Handlungsweise, in die der Begriff der Weisheit in den Worten Jesu eingebunden ist. Das zeigt bereits der erste Satz der Predigt, der die Gegenüberstellung im Objekt der göttlichen (Nicht-) Offenbarung verschiebt zur fundamentalen Differenz menschlicher und göttlicher Mitteilung: »Der Mensch verbirgt das Seine, um es zu leugnen, Gott verbirgt das Seine, um es zu offenbaren.«[5] Diese paradoxe Verwirrung der Begriffe »verbergen« und »offenbaren« belässt dem Verbergen keine eigene Qualität in der göttlichen Selbstmitteilung, sondern ordnet es ganz dem Offenbaren unter: Gott ist stets der Offenbarende; was Jesus Verbergen nennt, bezeichnet die Didaktik der göttlichen Offenbarung, die an der Aufnahmefähigkeit der Adressaten orientiert ist: »Er verbirgt es nämlich vor den Weisen und Großen, damit sie erniedrigt werden und zu Unwissenden werden und er es auf diese Weise den Unmündigen offenbart.«[6] Verbergen als Modus des göttlichen Offenbarens ist also ein performativer Akt, der die Adressaten der Botschaft erst herstellt, indem er ihr Selbstbild und ihre Erwartungshaltung destruiert: Gott »macht durch sein Verbergen nichts anderes, als dass er die Hindernisse für die Offenbarung aus dem Weg räumt, den Hochmut nämlich.«[7] Wenn es aber darum geht, dass die »Weisen« zu »Unmündigen« werden, stellt sich die Frage in ganzer Schärfe: Wer sind die Weisen, von denen Jesus redet? – und was ergibt

[3] WA 1, 138–141; die Dekalogpredigten: a.a.O., (394) 398–521.

[4] WA 1, (154) 158–220. Zur Rede von der Weisheit Gottes in der Reihung mit anderen Heilsbegriffen s. a.a.O., 219,30–32.

[5] WA 1, 138,13f.: *»Homo abscondit sua ut neget, Deus abscondit sua ut revelet.«*

[6] A.a.O., 138,14f.: *»Abscondit enim sapientibus et magnis, ut humilientur et insipientes fiant, et sic parvulis revelet«.*

[7] A.a.O., 138,17f.: *»sua absconsione nihil aliud facit quam ut impedimenta revelationis tollat, i.e. superbiam«.*

sich daraus für den Inhalt der verborgen-offenbaren Gottesbotschaft? Das sind die Leitfragen für die Predigt.

3. Wer sind die Weisen?

Der Frage nach den Weisen nähert Luther sich im Stil einer theologischen Begriffsdefinition, die er dann – präzise argumentierend – in die begriffliche Verwirrung und damit ad absurdum führt. Er setzt mit dem Verweis auf eine *communis opinio* ein: Die von Jesus gemeinten Weisen sind die, die sich dafür halten, es aber nicht sind.[8] Die simple Unterscheidung von Weise-Sein und Sich-für-weise-Halten funktioniert aber nur, indem die Definierenden ihr eigenes Weise-Sein nicht in Frage stellen, sondern es zum Maßstab der Unterscheidung erheben – und sich damit bequem davon dispensieren, zu den von Jesus gemeinten Weisen zu gehören. Mit diesem von Luther als gefährlich eingestuften Verständnis landen sie letztlich in der Nähe jener *superbia*, von der sie sich eigentlich abgrenzen wollen.[9] Weise-Sein und Sich-für-weise-Halten lassen sich, so führt Luther vor, nicht so einfach auseinanderhalten. Insofern ist festzuhalten, dass die von Jesus bezeichneten Weisen tatsächlich über Weisheit und Einsicht verfügen: »Weise sind diejenigen, die etwas wissen, insbesondere in der auf Gott bezogenen Weisheit und in der Theologie.«[10] Bei ihnen decken sich das Weise-Sein und das Sich-für-weise-Halten. Gerade die Inhaber der theologischen Deutungshoheit müssen sich daher als die von Jesus Gemeinten verstehen. Luther zieht die Argumentationsschraube aber noch eine weitere Umdrehung an: Wenn die Selbstwahrnehmung ausschlaggebend ist, müssten im Umkehrschluss diejenigen, die sich selbst nicht für weise halten, als wahrhaft Weise anzusehen sein – und damit diejenigen, die nicht über Weisheit verfügen, »sondern töricht sind und denen es an Weisheit und Einsicht mangelt, die sich ohne jegliche Verstellung des Herzens für ganz leer und für völlig unwissend halten.«[11] Dann aber sind sie gar keine *sapientes*, weil sie über keine Art von Weisheit verfügen, weder weise sind noch sich für weise halten. Sie sind vielmehr *insipientes*, die aber durch die ihnen eigene negative – und aus Luthers Sicht sowohl wahre als im Blick auf Gott einzig mögliche – Selbstwahrnehmung in eine besondere Dynamik zur Weisheit geraten: Das wahrgenommene Weisheitsdefizit lässt sich positiv beschreiben

---

8 A.a.O., 138,20f.: *»passim respondetur, quod sapientes et intelligentes sint, qui sibi videntur tales et vere non sunt.«*

9 Vgl. a.a.O., 138,23–26: *»Haec enim glossa sic sonat, quasi aliqui sint sapientes, alii sibi videantur tantum, quae est periculosa intelligentia, proxima superbiae istisque propria, qui eiusmodi sapientes sunt.«*

10 A.a.O., 138,26f.: *»Sapientes isti sunt, quicunque quodcunque sapiunt, maxime in sapientia Dei et sacra Scriptura.«*

11 A.a.O., 138,29–31: *»hi sunt non qui sapientiam habent, sed stulti et egentes sapientia et intelligentia, videntes sine omni fictione cordis se vacuos esse et prorsus nihil scire.«*

als Weisheitsdurst – und damit landet Luther beim Paradox der Torheit als wahrer Weisheit: »Diese wahrhaftigen Toren, die nach Weisheit dürsten: Sie sind in Wahrheit Weise.«[12] Im Unterschied zu denen, die sich – ob berechtigt oder nicht – für weise halten, kommen diese unwissenden Weisen bei Jesus auf der Seite der »Unmündigen« zu stehen, die aufnahmebereit für die göttliche Botschaft sind. Die tatsächlichen oder vermeintlichen Weisen hingegen sind »nicht unwissend, nicht leer, nicht hungrig nach Weisheit, nicht unmündig«.[13] 1 Kor 3,18 heranziehend fasst Luther seine den Weisheitsbegriff letztlich nicht klärende, sondern fachgerecht auflösende Erörterung zusammen, indem er das Paradox als die »wahre Botschaft«[14] herausstellt: »Der Tor ist der Weise, und der Weise ist der Tor.«[15] Er erläutert das Paradox, indem er Selbstverhältnis und Gottesverhältnis ins Spiel bringt und eigene und fremde Weisheit unterscheidet: Der Weise ist töricht durch seine ihm eigene Weisheit, der Tor weise durch eine »fremde Weisheit«, nämlich die Weisheit Gottes, die dieser ihm zurechnet.[16] Hier erscheint die *sapientia Dei* als Modus des göttlichen Handelns: Als *aliena sapientia* rechnet sie dem sich seiner Unwissenheit bewussten und damit *coram deo* törichten Menschen diese seine *humilitas* als wahre Weisheit an. Unter Verwendung von Ausdrucksformen einer Theologie der Mystik wie der »Leere« und dem »Dürsten« und »Hungern« und anknüpfend an die zeitgenössische Hochschätzung der demütigen Selbsterniedrigung – für Luther handelt es sich freilich streng genommen nicht um Erniedrigung, sondern um die realistische Wahrnehmung der faktischen Niedrigkeit – redet Luther hier im Horizont der Weisheit davon, wie der Mensch zu dem Adressaten wird, dem die göttliche Botschaft gilt: durch Anrechnung einer fremden Weisheit – die Analogie zur angerechneten Gerechtigkeit Gottes ist nicht zu überhören.

Während demnach die wahrhaft Weisen, die Toren also, sich der Weisheit Gottes anvertrauen, pochen die nach Weltmaßstäben Weisen – gerade auch in Gestalt kirchlicher Lehre[17] – auf ihr Eigenes: auf ihre fromme Absicht (*pia intentio*), auf die gesunde Vernunft (*recta ratio*) und auf die natürliche Klugheit (*prudentia naturalis*) und sperren sich damit gegen die göttliche Didaktik, die sie zu Toren und so zu Hörern des Evangeliums machen will.[18]

Mit dieser Wendung seiner paradoxen Begriffsklärung in die religiöse Anthropologie schließt Luther den ersten Teil seiner Auslegung, um sich im zweiten der Frage nach dem Inhalt der verborgen-offenbaren göttlichen Bot-

[12] A.a.O., 138,31–139,1: »*Hi, inquam, vere insipientes sed sapientiam sitientes, ipsi sunt sapientes vere.*«

[13] A.a.O., 139,3: »*non insipientes, non vacui, non esurientes sapientiam, non parvuli.*«

[14] A.a.O., 139,6: »*vera enunciatio*«.

[15] A.a.O., 139,6f.: »*Stultus est sapiens, et sapiens est stultus*«.

[16] A.a.O., 139,7f.: »*Stultus scilicet sua sapientia et stultus aliena, i.e. Dei ... imputantis.*«

[17] S. a.a.O., 139,17f.: »*quae nunc per omnia pulpita resonant et iactantur*«.

[18] S. a.a.O., 139,14–20.

schaft zuzuwenden, der in dem einleitenden Vers 25 ja nur durch das kryptische »das« (*ea* – Luther übersetzt später »solches«) bezeichnet ist.

4. Was wird den Weisen verborgen – und den Unmündigen offenbart?

Der Inhalt des Verborgenen ist – Luther folgt der Aussage in Vers 27 – die gegenseitige exklusive Kenntnis des Vaters und des Sohnes, Gottes und Christi.[19] In diese Exklusivität versuchen die »Weisen« – Luther stellt ihnen hier die »Heiligen« an die Seite – vergeblich einzudringen: Sowohl der Vater wie der Sohn bleiben ihnen verborgen.[20] Die Rede von der innergöttlichen *cognitio* versteht Luther gerade nicht als Ansporn zum intellektuellen Vordringen in den Raum dieser Erkenntnis, sondern als grundsätzliche Absage an die Möglichkeit menschlichen Erkennens im Blick auf das göttliche Wesen und Wirken.

Bleibt dann überhaupt Raum für menschliche Gotteserkenntnis? Wie lässt sich in diesem Horizont von Gott reden, von seiner Weisheit, seiner Gerechtigkeit, seiner Wahrheit, seiner Kraft? »Ist uns alles genommen und nichts übriggelassen?«[21], fragt Luther, und gelangt zu der Antwort: Ja, so ist es.[22] Denn Weisheit, Gerechtigkeit, Weisheit und Kraft Gottes – die Verwandtschaft dieser Begriffsreihe zu der in dem eingangs zitierten Rückblick liegt auf der Hand – sind »nicht in uns, sondern in Christus, außerhalb von uns in Gott.«[23] Die Gotteserkenntnis entfällt als eigene Möglichkeit des Menschen, und erst indem der Mensch sich seines prinzipiellen Ausgeschlossenseins vom aktiven Erkennen bewusst ist und es akzeptiert, konstituiert er sich neu als möglicher passiver Empfänger von Gotteserkenntnis als Offenbarung. Zu der Reihe der göttlichen Qualitäten bildet der Ausleger die Gegenreihe der menschlichen Selbstwahrnehmung, die der realen Situation des Menschen *coram deo* entspricht: »So werden wir also zu Unmündigen, Toren, Sündern, Lügnern, Schwachen und Nichtigen, während Christus alles gegeben wird.«[24]

Gott in Christus als den zu erkennen, der dem ebenso erkenntnis- wie rechtfertigungs- und handlungsunfähigen Menschen sich selbst mitteilt und ihm sein Eigenes als das dem Menschen Fremde zurechnet – das ist die ganze Gotteserkenntnis, die das Leben eines Christenmenschen erfüllt und trägt.

---

19 A.a.O., 139,27f.: *»cognitio Dei et Christi, Patris et Filii, haec sunt abscondita«.*

20 S. die Fortsetzung des Zitats aus der vorigen Anm., a.a.O., 139,28: *»in quae impingunt maxime sapientes et sancti«.* Vergeblich, s. a.a.O., 139,32f.: *»sapientes, quia haec abscondita, nec Patrem nec Filium cognoscunt.«*

21 A.a.O., 139,33f.: *»Ergo omnia nobis ablata et nihil nobis relictum?«* Luther fährt fort: *»Ubi ergo est sapientia? Ubi iustitia? Ubi veritas? Ubi virtus?«* (a.a.O., 34f.).

22 A.a.O., 140,6: *»Ita sane.«*

23 A.a.O., 139,35: *»Non in nobis, sed in Christo, extra nos in Deo.«*

24 A.a.O., 139,36f.: *»Ergo sic parvuli, stulti, peccatores, mendaces, infirmi, vani facti sumus, dum omnia Christo dantur.«*

Hier geht es nicht um ein arkanes Offenbarungswissen, das denen zuteilwird, die sich mit hinreichender Radikalitität zu geeigneten Offenbarungsgefäßen formen. Vielmehr geht es darum, dass Menschen sich auf diese völlig asymmetrische Gottesbeziehung in Christus einlassen und darin die einzige ihnen zugängliche und zugleich vollständige und heilvolle Gotteserkenntnis gewinnen. Luther verwendet nicht den Begriff *fides*, aber der Sache nach ist hier alles gesagt, was fortan den Glauben zum Leitbegriff seiner Theologie – und zum Inbegriff einer Weisheit *sub contrario* – macht. Ganz unmittelbar scheint sich der in Luthers spätem Rückblick nachgezeichnete Erkenntnisprozess hier zu spiegeln: »Wisst, dass der Vater uns aus seiner Barmherzigkeit die Gerechtigkeit seines Sohnes zurechnet, d.h. seine eigene, denn die Gerechtigkeit des Vaters und des Sohnes ist dieselbe, dasselbe Leben, dieselbe Kraft – uns gegeben.«[25] Die wahre Weisheit der Christen besteht in genau dieser Wahrnehmung Gottes als des reinen Gebers und des Menschen als des reinen Empfängers.

Dagegen erhebt sich nun der Spott der vermeintlich Weisen, denen diese Einsicht verborgen bleibt und die deshalb an deren Effektivität zweifeln: »Lasst uns keine guten Werke verrichten«, lässt Luther sie sagen, »lasst uns vielmehr Böses tun, damit Gutes entsteht. Wenn wir durch eine Gerechtigkeit, die von außen kommt, und allein aus Gottes Barmherzigkeit gerecht sind – dann lasst uns müßig gehen, da ja doch unsere Werke nichts beitragen und auch unsere Weisheit nichts gilt.«[26] Die Weisheit dieser Spötter ist für Luther Ausdruck des verfehlten Versuchs, Gotteserkenntnis und Gottesbeziehung auf menschliche Eigenaktivität aufzubauen. Dabei verkennen sie die Größe der göttlichen Gabe: Sie besteht nämlich darin, dass die Distanz zwischen Gott und Mensch in Christus geschlossen wird: Christus selbst ist diese Gabe, und seine Aktivität macht jede Sorge um den Ertrag eines *extra nos* gegründeten Christenlebens hinfällig: »Weil ... er [sc. der, in dem die Weisheit – und damit Christus – offenbar geworden ist] nicht länger selbst lebt, sondern Christus in ihm lebt, muss man nicht fürchten, Christus sei müßig. Vielmehr ist er höchst tätig – und das ganz sanft und leicht, wo jene mit ihrer Weisheit und Gerechtigkeit sich abarbeiten, schwitzen und beladen sind mit lauter Mühe – und das vergeblich.«[27]

---

[25] A.a.O., 140,10–12: *»scite, quod Pater misericordia sua nobis reputet iustitiam Filii sui, i.e. suam ipsius, quia eadem est iustitia Patris et Filii, eadem vita, virtus nobis donata.«*

[26] A.a.O., 140,14–16: *»,Non operemur bona, faciamus mala, ut bona veniant. Si extranea iustitia et Dei sola misericordia iusti sumus, otiosi simus, siquidem nostra opera nihil sunt nec sapientia aliquid est'.«*

[27] A.a.O., 140,19–23: *»quod non sint otiosi, in quibus sapientia Christus revelata est, et qui non iam ipse sed Christus in eo vivit, non est metuendum, ne Christus sit otiosus, Imo actuosissimus est, et id ipsum cum omni suavitate et facilitate, ubi illi sua sapientia et iustitia laborant, sudant, onerantur mira miseria et frustra.«*

5. Weisheit und Busse

Die zuletzt zitierten Sätze leiten dazu über, dass Luther im letzten Teil der Predigt den christlichen Lebensvollzug in den Blick nimmt: Die »Weisen«, denen die Gotteserkenntnis verborgen ist, weil sie – durch ihre Weisheit daran gehindert – nicht zu erkennen vermögen, dass »die Gnade und Barmherzigkeit Gottes uns in Christus umsonst gegeben und die Verdienste Christi uns zugerechnet sind«,[28] verpassen den ihnen geltenden Ruf Jesu und die Einladung unter sein Joch in Mt 11,28–30: Im werkhaften Streben nach eigener Gerechtigkeit – Luther bezeichnet sie hier auch als *iustitiarii*, also etwa »Gerechtigkeitsstreber« – vermehren sie ihre Sünde und die Unruhe ihres Gewissens.[29]

Das zeigt sich für Luther konkret an einer Bußgesinnung, die den Kern der Sünde gar nicht in Angriff nimmt, sondern diese durch die Abarbeitung von Sündenstrafen letztlich überspielt und so das »große Kreuz« zu vermeiden sucht, das darin besteht, zu Christus zu kommen und sich selbst zu verlassen.[30] Dieses Kreuz ist es, das sich denen, die es auf sich nehmen, als Christi sanftes Joch erweisen wird. Heftigster Ausdruck dieser verfehlten Bußgesinnung der »Weisen« sind für Luther die Ablässe, die die Christen in Sicherheit hüllen statt ihnen die Liebe zu Strafe und Kreuz[31] als leichte Last Christi ans Herz zu legen und sie zu einer realistischen Selbstwahrnehmung als Unmündige und Sünder – und damit zu wahrer Gottesgemeinschaft – anzuleiten.[32]

Luther schließt die Predigt mit Klagerufen auf die eigene Zeit und ihre trügerische religiöse Sicherheit. Auch dabei geht es im Kern nicht um die veräußerlichte Bußgesinnung, um die irreführende Ablasspraxis oder um einzelne kirchliche Missstände. Sondern um die Verfehlung des Gottesverhältnisses in seinem Grund, in der Erkenntnis des menschlichen Unvermögens als Voraussetzung für die heilsame Erkenntnis des sich in Christus mit all dem Seinen gebenden Gottes. Diese Einsicht gewinnt Luther – unverkennbar analog zu seinem Ringen um das Verständnis der *iustitia* – am Begriff der *sapientia* als Auslegung der Rede von den »Weisen«, denen genau diese Erkenntnis aufgrund ihrer Selbstkonstituiertheit verborgen bleibt, und von den »Unmündigen«, denen sie zugänglich wird, weil sie eben diese Selbstkonstitu-

---

28 A.a.O., 140,29f.: *»gratiam et misericordiam Dei in Christo nobis gratis datam et merita Christi nobis imputata.«*

29 A.a.O., 141,1f.: *»peccatum magis augetur nostra iustitia et operibus, non alleviatur nec securatur conscientia, sed magis affligitur per illam.«*

30 A.a.O., 141,11f.: *»Venire enim ad Christum et exire de se ipso est magna crux, quam nemo magis horret quam qui suis operibus peccata purgare quaerunt.«*

31 Vgl. a.a.O., 141,27: *»potius populus ad poenam amandam esset exhortandus et crucem amplectandam.«* Vgl. in den Ablassthesen vom Oktober 1517 die Thesen 40, 93 und 94 (WA 1, 235,16f.; 238,16–19).

32 Vgl. a.a.O., 141,32–34: *»Nam non per indulgentias, sed per mititatem et humilitatem hic dicit [Dominus] inveniri requiem animarum.«*

iertheit aufgeben und sich in Christus alles schenken lassen, nicht zuletzt Weisheit.

6. Ausblick: Predigten zwischen 1523 und 1546

Weitere Predigten Luthers über Mt 11,25–30 haben sich aus den Jahren 1523, 1525, 1527 und 1546 erhalten,[33] auch diese alle nicht in einer von Luther selbst autorisierten Fassung. In keiner dieser Predigten stellt Luther den Begriff der *sapientia* so deutlich ins Zentrum wie 1517; einige Akzentuierungen seien hier aber angedeutet:

1. Durchweg nimmt der Prediger die 1517 gewonnenen Einsichten auf und führt sie weiter. 1523 qualifiziert Luther die Entgegensetzung von Weltweisheit und göttlicher Weisheit als »wahrhaftige evangelische Predigt«, weil sie Distanz herstellt zu »unserem Glauben«, der sich auf Werke stützt, und dazu auffordert, »den Glauben zu empfinden, den Christus in uns bereitet hat«.[34] Der hier eingeführte Glaube ist die Gott entsprechende Weisheit, indem er sich ganz als Werk Christi versteht und nicht den belohnenden, sondern den erbarmenden Gott erkennt.[35]

2. Immer deutlicher identifiziert Luther die von Jesus gemeinten »Weisen« mit seinen kirchlichen und theologischen Gegnern. Das sind zum einen die Vertreter des päpstlichen Kirchenwesens und seines geistlichen Standes. In deren Ablehnung des Evangeliums[36] erkennt Luther den Unwillen, zu Toren zu werden und Christus als *salvator* und *servator* zu erkennen.[37] 1527 sieht er sie dadurch gekennzeichnet, dass sie auch »ynn Gőtlichen dingen und geistlichen sachen«[38] auf ihre eigene Klugheit bauen und Gott nicht als Helfer der Hilflosen erkennen,[39] zugleich aber abseits von Christus Hilfe suchen: »ym Kloster,

[33] 1) Predigt vom 24. Februar 1523, überliefert in der Nachschrift durch Georg Rörer: WA 11,28–30; 2) Predigt vom 5. Februar 1525, Nachschrift Rörer: WA 17 I, 38–45; 3) Predigt vom 10. Februar 1527, im gleichen Jahr gedruckt, 1528 von Stephan Roth in seine Winterpostille aufgenommen: WA 23, (679) 682–695; 4) Luthers letzte Predigt am 15. Februar 1546 in Eisleben, postum gedruckt: WA 51, (XIVf.) 187–194. Unberücksichtigt lasse ich ein Predigtbruchstück, das möglicherweise einer Lutherpredigt von 1528 zugeordnet werden kann (WA 28, 29f.) und die in Veit Dietrichs Hauspostille von 1544 überlieferte Predigt (WA 52, 617–624), bei der – wie durchweg in der Hauspostille – fraglich ist, wie hoch der Luther-Anteil am Text ist.

[34] WA 11, 28,20–22: *»Haec vera est praedicatio Evangelica, opera nostra nihil esse, recedendum a fide nostra, sed huc veniendum tamdiu, usque sentiamus fidem, quam Christus in nobis fecit«.*

[35] S. a.a.O., 29,15.

[36] S. a.a.O., 28,24–26.

[37] S. a.a.O., 28,13f.; 30,14.

[38] WA 23, 684,6f.

[39] S. a.a.O., 684,2f.

zu Rom, zum heiligen grab odder anderwo ynn seinen wercken«.[40] 1525, im Horizont der Auseinandersetzung mit Erasmus, polemisiert Luther gegen die Behauptung des freien menschlichen Willens im Gottesverhältnis – für ihn Ausdruck fehlender wahrer, nicht der eigenen menschlichen Weisheit entspringender Gotteserkenntnis.[41] Sie verdunkelt damit die wahre Erkenntnis Gottes als dessen, dem in seiner Zuwendung zum Menschen »die Sünde nichts ausmacht«.[42] Letztlich ist der Weise der sich seiner Angewiesenheit Bewusste, der um die sich ihm entgegenstreckende Hand Gottes bittet.[43] Ab 1527 ist die andere Front der Gegner deutlich. In der Tradition der Ketzer der alten Zeit – Luther nennt Arianer und Pelagianer[44] – sind es nun die »Schwärmer« und »Sakramentierer«,[45] die sich durch ihre Selbstbezogenheit und ihren Starrsinn wie mit einer »eiserne[n] mauer fůr yhren augen« von Gottes Weisheit scheiden. Luther stellt sich demgegenüber – nicht zuletzt mit seinem Abendmahlsverständnis – auf die Seite der »geringen, albern und unmůndigen«.[46] 1546 tadelt Luther dann auch in den Versuchen, über Formelkompromisse zu einer Heilung des kirchlichen Bruchs zu gelangen, die verfehlte Absicht, aus eigener Klugheit heraus Gott »sein Gőttliches wort meistern« zu wollen[47] – und sich nicht der Anleitung durch dieses Wort zu überlassen.

3. Alle Predigten über Mt 11,25–30 – von 1517 bis 1546 – durchzieht als roter Faden die Einsicht, dass in Christus die Weisheit Gottes denen zugeeignet wird, die ihr Vertrauen ganz auf den gebenden Gott setzen und sich durch ihn als Unmündige, Toren und Sünder verwandeln lassen zu Menschen, die *sola fide* töricht und weise zugleich sind, indem sie Christus erkennen als den »ort, wo ich Gott und alle ding finde«.[48] 1546 fasst Luther zusammen: »Aber ich wil an den Christum gleuben, der ist mein HERR, den mich Gott hat heissen hőren und von jm lernen, was rechte, Gőttliche weisheit und klugheit sey.«[49]

---

[40] A.a.O., 690,11f.

[41] WA 17 I, 41,19–42,5: »*Quando excecamur et in peccata cadimus, potes dicere de libero arbitrio: non est liberum arbitrium,* es ist wol ein beschisner. *Quae humanae vires? Hic vides patrem revelare, ubi hic non revelat, merae sunt tenebrae, si dat, habes, si non, nihil effities tuis viribus, i.e. tua voluntas est,* es ghet also zu, ibi nymbt Christus *omne humanum meritum«.*

[42] Vgl. a.a.O., 42,7: »*Si in multis peccatis sum,* da leyt got nicht an.«

[43] S. a.a.O., 44,16f.

[44] S. WA 23, 684,34; WA 51, 188,13f.

[45] S. WA 23, 684,34. Vgl. zu den Schwärmern auch a.a.O., 683,15–17; 685,16–20.

[46] A.a.O., 685,5.

[47] WA 51, 190,23–25: »Solcher Exempel haben wir selb viel erfaren in kurtzer zeit, das solche Klüglinge sich unterstanden einigung oder reformation anzurichten, dadurch in der Christlichen kirchen einigkeit würde«.

[48] WA 23, 688,18f.

[49] WA 51, 191,36–38.

Gratia Christi

Die theologische Begründung des Ablasses durch Jacobus Latomus in der Kontroverse mit Martin Luther[1]

Hannegreth Grundmann

Jacobus Latomus veröffentlichte als Dekan der Theologischen Fakultät Löwen 1521 eine Vorlesung, die er im Sommer 1520 gehalten hatte. Mit ihr gab er eine Begründung (*Ratio*) für die Verurteilung bestimmter Sätze Luthers durch die Löwener Theologen. Die *Ratio* war »die erste anti-lutherische Schrift in den Niederlanden«[2].

In seiner Protestation zum Augsburger Verhör hatte Martin Luther im August 1518 darum gebeten, dass die vier Universitäten Basel, Freiburg, Löwen oder Paris seine Ablassthesen anhand der Heiligen Schrift und der Kirchenväter prüfen. Als Doktor der Theologie hatte er 1517 mit der Veröffentlichung seiner Thesen zu einer Disputation eingeladen. Da Rom jedoch einen Ketzerprozess gegen ihn eröffnete, war eine Disputation mit ihm verboten. Cajetan hatte den Auftrag, Luthers Widerruf in Augsburg entgegenzunehmen oder den Widerspenstigen abzuführen. Luther widerrief nicht und Cajetan ließ ihn ziehen. Er konnte und musste zu der Zeit aus kirchenpolitischen Gründen Rücksicht nehmen auf Luthers Landesherrn, Kurfürst Friedrich den Weisen. Nach dem Verhör verlangte dieser eine wissenschaftliche Untersuchung von Luthers Sätzen.

1. Die Errores Excerpti

Den Löwener Theologen lag eine um den Sermon von der Vorbereitung auf die Eucharistie erweiterte Ausgabe der Lutherschriften vom Oktober 1518 vor. Rund 500 Seiten! Daraus entnahmen Sie die Sätze Luthers, die ihrer Meinung nach nicht mit der katholischen Lehre vereinbar wären. So entstanden ihre *Errores Excerpti*, die Exzerpte der Irrtümer Luthers.[3] Teile der Exzerpte tau-

---

[1] Hannegreth Grundmann, Gratia Christi. Die theologische Begründung des Ablasses durch Jacobus Latomus in der Kontroverse mit Martin Luther, Münster 2012.

[2] Joseph E. Vercruysse, Jacobus Latomus und Martin Luther. Einführendes zu einer Kontroverse (1977), in: Gregorianum 64, 1983, 515–538, 522.

[3] Errores excerpti ex probationibus et declarationibus conclusionum Martini Luther ordinis fratrum Heremitarum sancti Augustini, in: Acta Wormaciensia, Vatikanisches

chen später in den Schriften der Löwener und in der Bannandrohungsbulle auf, stärker als bisher in der Forschung angenommen.

Die fünfte Ablassresolution[4] hat in den Excerpti eine besondere Stellung. Die Löwener führen Sätze daraus in ihren ersten beiden Artikeln an. Dabei handelt es sich um den Anlass von Luthers Ablasskritik: seine Kritik am Plenarablass. Des Weiteren kritisieren sie Luthers Auffassung über die Bedeutung des Glaubens beim Empfang des Sakramentes (Resolution 7), seine Auffassung, dass es keine vollkommene Reue in diesem Leben geben könne (Art. 4), Äußerungen über das Fegefeuer aus seiner Erläuterung zur 18. Ablassthese und aus Luthers Antwort an Silvester Prierias. Hier schlussfolgern sie, dass die Auffassung Luthers in der Konsequenz zu einer Leugnung des Fegefeuers führen würde.

In den *Excerpti* behandeln sie die 58. Ablassresolution Luthers ebenso wie die siebente. Beide waren in Augsburg Gegenstand der Auseinandersetzung mit Luther: seine Kritik an der Auffassung des *thesaurus ecclesiae* als Schatz der Ablässe mit dem Satz »jedes gute Werk aufs Beste getan ist lässliche Sünde«. Daraus folgert Luther: Die Heiligen haben keine überschüssigen guten Werke, weil ein rein gutes Werk unmöglich sei und sie die Gebote nicht auf vollkommene Weise in diesem Leben erfüllen können.

Cajetan hatte in Augsburg hinsichtlich der 58. Ablassresolution die Autorität des Papstes betont. Dieser habe gemäß der Bulle Unigenitus von 1343 die Macht, aus dem *thesaurus ecclesiae* auszuteilen. Im Rahmen des Prozesses gegen Luther wurde die Frage nach der Autorität des Papstes entscheidend. Würde Luther diese leugnen, könnte er als Ketzer verurteilt werden.

Anders als Eck in der Leipziger Disputation oder die Kölner Theologen in ihrer Verurteilung stellen jedoch die Löwener die Frage nach der Autorität des Papstes zurück. Den Löwenern ging es in erster Linie um theologische Grundsatzfragen.

Sie sandten ihre Exzerpte zu ihrem ehemaligen Kollegen, Adrian von Utrecht, nun Bischof von Tortosa in Spanien und Kardinal, der 1521 unter dem Namen Hadrian VI. Papst wurde. Dieser hatte sie 1520 mit nach Rom genommen, als er dort an der Fertigstellung der Bulle *Exsurge domine* gegen Luther beteiligt war.

Im Februar 1519 hatten die Löwener ihre Exzerpte zu ihrer Schwesterfakultät nach Köln geschickt mit der Bitte, sie zu prüfen. Löwener und Kölner Theologen fuhren dann im April oder Mai 1519 nach Koblenz zu Kardinal Cajetan. Dort hatten sie ihm die Exzerpte vorgelegt, mit denen sie verschiedene Meinungen Luthers als »ketzerisch« qualifizierten. Dazu sagte Cajetan: »Irrtümer sind es wohl, aber keine Ketzereien.« Sie sollten »väterlich« mit

---

Geheimarchiv, Rom, Arm. LXIV, 17f., 264–267, in: Paul Kalkoff, Forschungen zu Luthers römischem Prozess, Bibl. des Königlich Preuss. Hist. Instituts in Rom, Bd. 2, Rom 1905, 188–203.

[4] WA 1, 534, 19ff.

Luther umgehen. Bereits in seinem Bericht vom 30. September 1518 hatte er eine rücksichtsvolle Unterscheidung innerhalb der Lehren Luthers gefordert, ob sie ketzerisch seien, ärgerlich oder nur für fromme Ohren anstößig. Das forderte er bis in die letzten Verhandlungen zur Aufstellung der Bannbulle. Doch dort wurde diese Unterscheidung nicht vorgenommen, sondern Ecks Vorschlag gefolgt, Luthers Sätze »*in genere*« zu verurteilen, um zu einem schnellen Abschluss zu gelangen.

Erst nachdem der Inquisitor Jacob von Hoogstraten im Oktober 1519 aus Köln in Löwen angekommen war, kam es am 7. November 1519 zur Verurteilung von Sätzen Luthers durch die Löwener, zur *Condemnatio doctrinalis.*[5]

Die Kölner hatten sich mit Hilfe der Frobenausgabe und der Excerpti, die ihnen die Löwener geschickt hatten, mit Luthers Lehre beschäftigt und im August 1519 eine lehrmäßige Verurteilung Luthers verfasst. Im Februar 1520 wurden die Löwener und Kölner Verurteilungen bei Dirk Martens in Löwen herausgegeben. Der Brief von Adrian von Utrecht vom 4. Dezember 1519 wurde ihnen vorangestellt.

2. Die Condemnatio

Die *Condemnatio* erscheint mir als eine übersichtliche und verkürzte Form der exzerpierten Irrtümer.[6] Darüber hinaus nimmt sie noch weitere Schriften Luthers hinzu. Wie bereits ihr Titel zu erkennen gibt, ist sie eine lehrmäßige Verdammung der Lehre Luthers. So betont Latomus, dass sie die Lehre Luthers und nicht seine Person verurteilt hätten.

In ihrer *Condemnatio* setzen die Löwener thematische Schwerpunkte. Anders als ihre Exzerpte beginnen sie nun mit der Verurteilung des Satzes »jedes gute Werk auf's Beste getan, ist läßliche Sünde«. Die 58. Resolution bekommt in den ersten beiden Artikeln eine herausragende Stellung. Des Weiteren sind Luthers Kritik am Plenarablass aus der fünften und 20. Ablassresolution, seine Auffassung der *fides* aus der siebenten und seine Äußerungen über das Fegefeuer aus der 18. Ablassresolution zu nennen.

3. Die Ratio

Im Sommer 1520 bietet Jacobus Latomus ein Ferienkolleg an. Er hält eine Vorlesung, um die Verurteilung der Löwener in allen Punkten ausführlich zu erklären. Erasmus berichtet in einem Brief davon, wie lächerlich es in der

---

5 Facultatis theologiae Lovaniensis doctrinalis condemnatio doctrinae Martini Lutheri, WA 6, 175, 11 – 178, 23.

6 Im Gegensatz zu Karel Blockx, der meint, die Condemnatio sei größtenteils unabhängig von den Excerpti verfasst worden. Vgl. Karel Blockx, De Veroordeling van Maarten Luther door de theologische Faculteit te Leuven in 1519, Brüssel 1958.

theologischen Welt aufgenommen worden sei, dass die Löwener Luthers Lehre ohne Begründung verurteilt hätten. Im Sommer hätten sie nun damit begonnen, eine Begründung abzugeben. Erasmus hatte die Löwener Theologen ermahnt, Luthers Lehre auf Grund der Heiligen Schrift sachlich zu widerlegen. Das würde auf die Gebildeten mehr Eindruck machen als die Verurteilung der Sätze ohne Begründung.[7]

Eigentlich sei solch eine Begründung nicht nötig, sagt Latomus, und Luther solle sich schämen, so etwas in seiner Antwort auf die Kölner und Löwener Verurteilungen zu verlangen. Latomus sei zum Teil durch Verleumdungen von Feinden und zum Teil auf Bitten von Freunden dazu gedrängt worden, weil sie wissen wollten, was sie den Feinden auf ihre Vorwürfe antworten sollten. Er sagt, ihm gehe es um das Seelenheil seiner Studenten. Sie sollten zugerüstet werden, Luther und seinen Anhängern gegenüber theologisch argumentieren zu können.

3.1 Zum Aufbau und Inhalt der Ratio

Latomus geht nicht einfach nur an der Condemnatio der Löwener entlang und stellt ihren dritten Artikel ans Ende, wie der Aufbau der *Ratio* bisher in der Forschung kurz beschrieben wurde. Latomus nimmt weitere Umstellungen vor und baut eigenständig Abschnitte ein, in denen er Problemanzeigen ausführt, einzelne Themen vertieft, und sogar Exkurse zur Ablass- und Bußgeschichte bietet. Insgesamt gibt er eine theologische Begründung des Ablasses, bindet ihn an das Bußsakrament und macht dessen Wirksamkeit am Priesteramt fest.

Die Besprechung von Sätzen Luthers aus der 58. Resolution bildet den Rahmen der *Ratio*. Die Begründung des Kirchenschatzes, an dem der Ablass Anteil gewährt, steht und fällt mit der Entgegnung auf Luthers Satz, dass die Heiligen keine überschüssigen guten Werke besäßen, die in einem solchen Schatz gesammelt werden könnten. Während dieser Schatz Ziel- und Endpunkt der *Ratio* ist, beginnt sie mit einer ausführlichen Begründung, dass ein rein gutes Werk ohne Sünde möglich sei. Latomus verwendet mehr Lutherschriften, als die Löwener es in ihrer Verurteilung taten und lässt sogar noch *De captivitate* aus dem Frühjahr 1520 in sein Widmungsschreiben einfließen und aus derselben Zeit die Antwort Luthers auf die Verurteilung der Löwener.[8] Außerdem geht er auf die Schrift Luthers *Confitendi ratio*[9] ein.

---

[7] Vgl. PAUL KALKOFF, Die Anfänge der Gegenreformation in den Niederlanden, Halle 1903, 81 u. 107 Anm. 40: Acta Acad. Lov. (opp. var. arg. IV, 310ff. und in dem Schreiben an Rosemund vom 18. Okt., Er. opp. III, col. 585ff.), a.a.O., 84.

[8] MARTIN LUTHER, De captivitate Babylonica ecclesiae praeludium. 1520, WA 6, (484) 497–573, und DERS., Condemnatio doctrinalis librorum M. Lutheri per quosdam magistros nostros Lovanienses et Colonienses facta. Responsio Lutheriana ad eandem damnationem, 1520, WA 6, (170) 174–180, 181–195.

[9] WA 6, (154) 157–169.

Die Ratio lässt sich in folgende drei Teile gliedern: Das gute Werk, das Bußsakrament und die Ablässe, gesammelt im Schatz der Verdienste Christi und der Heiligen.

3.2 Erster Hauptteil: Das gute Werk

Im ersten Hauptteil geht Latomus ausführlich auf den Satz ein, dass jedes gute Werk auf's Beste getan lässliche Sünde sei, und zieht dazu Luthers Erläuterung zur zweiten Leipziger Conclusio heran. Dabei bespricht er jedes Argument und alle Schrift- und Kirchenväterzitate, auf die sich Luther beruft, wie es in dem Titel der Ratio heißt: »Ratio ex sacris literis, & veteribus tractatoribus«. Der Titel ist gewissermaßen schon Programm: Latomus will beweisen, dass Luther die Zitate verdrehe und er sich zu Unrecht auf die Autorität der Heiligen Schrift und der Kirchenväter berufe. Damit entzieht er Luther die Grundlage seines Widerspruchsrechts.[10] Indem Latomus Luthers Argumentationsmethode von innen her aushöhlt, will er Luthers Hauptargument im römischen Prozess entkräften. Er berief sich in Augsburg und später in Worms auf sein an bestimmte Autoritäten gebundenes Gewissen. Er hätte das Recht, Lehren der Kirche zu kritisieren, wenn sie der Heiligen Schrift und den Kirchenvätern widersprächen. Und als Doktor der Theologie sähe er das als seine Pflicht an.

»Sünde« wird zum zentralen Thema dieses ersten Teils: Wenn die *concupiscentia*, die Begierde, Sünde ist, so Luther, dann ist es nicht möglich, ein rein gutes Werk zu vollbringen.

In seiner Schrift *Von den guten Werken* von 1520, bezeichnet Luther die Frage nach der Möglichkeit eines rein guten Werkes als Hauptstreitfrage zwischen ihm und den Römern. In der *Ratio* finden wir nun eine sehr umfangreiche Besprechung dieses Themas, indem Latomus der Reihe nach jedes Argument Luthers vornimmt.

3.2.1 Luthers Auffassung vom guten Werk

In neun Argumenten führt Luther Schriftbelege und Kirchenväterzitate an, um zu beweisen, dass ein rein gutes Werk unmöglich sei, weil ein Mensch nach der Taufe immer noch die *concupiscentia*, die Begierde, in sich habe. Diese sei Sünde, weil sie dem Gesetz Gottes widerstreite.

Die Frage nach der Erfüllbarkeit des ersten Gebotes wird zur zentralen Frage im ersten Hauptteil, denn daran entscheidet sich die Möglichkeit eines rein guten Werkes. Nach Luther ist es einem Menschen nicht möglich, Gott von ganzem Herzen aus eigenen Kräften zu lieben. Die »Krankheit« der concupiscentia werde erst durch die Gnade im Glauben Jesu Christi (*per gratiam in fide Iesu Christi*) geheilt. Und so vertritt Luther die radikale Auffassung: »Alle Söhne Adams sind Götzendiener und Schuldige am ersten Gebot.«

---

[10] Vgl. Kurt-Victor Selge, Normen der Christenheit im Streit um Ablass und Kirchenautorität 1518–1521, Teil 1: Das Jahr 1518, masch., Heidelberg 1968.

Diese von den Löwenern verurteilte These bespricht Latomus im zweiten Teil der Ratio. Er wundert sich, wie Luther die *gratia Christi* lehren könne, und gleichzeitig meine, das erste Gebot könne nicht erfüllt werden. Schließlich werde die Gnade durch Taufe und Buße verliehen und dadurch sei es möglich, den göttlichen Geboten zu gehorchen.

Als Schlussargument dafür, dass jedes gute Werk Sünde sei, führt Luther das Herrengebet an. Er sagt, das Herrengebet unterrichte die Seele besser über den freien Willen, die Gnade und die Sünde als alle Bücher der neueren Theologen. Die Bitte »Dein Wille geschehe« weise darauf hin, dass der Mensch kein liberum arbitrium, kein freies Entscheidungsvermögen, habe.

Das Fazit Luthers ist: Die Gebote werden nicht durch das Handeln des Menschen, sondern von Gott durch seine Vergebung erfüllt.

3.2.2 Latomus' Auffassung vom guten Werk

Latomus stellt die am häufigsten zitierte Bibelstelle im ersten Hauptteil an den Anfang. In 1. Joh 1,8 heißt es: »Wenn wir sagen, wir haben keine Sünde, ist die Wahrheit nicht in uns.« Latomus geht es dabei um die Frage, wie dieser Satz zu verstehen ist, wenn beides gilt: Der Gläubige ist nicht ohne Sünde und kann gleichzeitig gute Werke ohne Sünde vollbringen? Latomus sagt, dem Menschen hafte die concupiscentia nach der Taufe an, doch sei sie an sich nicht Sünde. Erst wenn der Mensch mit seinem freien Entscheidungsvermögen der Bewegung der Begierde zustimme, sei es Sünde. Schließlich müsse der Mensch verantwortlich gemacht werden für sein Handeln, damit er entsprechend dafür bestraft werden könne, wie es Gottes Gerechtigkeit verlange.

Er meint, wenn in der Heiligen Schrift von Sünde gesprochen werde, dann von der Sünde als Tat oder Verhalten, wodurch das Geschöpf den Schöpfergott beleidige. Daneben gebe es noch drei andere Weisen, wie in der Heiligen Schrift der Sündenbegriff verwendet werde: Die Ursache der Sünde (Origenes und Ambrosius führen dafür den Teufel an, Augustin den motus concupiscentiae), die zweite Weise, Sünde zu verstehen, sei ihre Wirkung als Strafe, nämlich die *concupiscentia* oder die Sterblichkeit als durch die Sünde verschuldete Strafe und die dritte Weise das Opfer, das für die Sünde dargebracht wurde, sogar Christus selbst.

Für Latomus ist die hauptsächliche Definition von Sünde in der Heiligen Schrift die Zustimmung zu einer unerlaubten Sache. Es sei möglich, zeitweise ohne Sünde zu sein. (Ein Beispiel sei die Kollektensammlung des Paulus für Jerusalem.)

Im Tauf- und Bußsakrament samt Eucharistie bekomme der Mensch die Gnadenhilfe, die dem liberum arbitrium helfe, die rechte Entscheidung zu treffen und nicht dem motus concupiscentiae zu folgen. Die *gratia Christi* werde in die *mens*, den oberen Teil der Seele, eingegossen.

Er weist gleich in seiner umfassenden Problemanzeige, die er dem ersten Hauptteil voranstellt, darauf hin, dass es einen guten Willen gebe, der nicht Sünde sei, sondern Gottes Gabe. Dieser gute Wille ermögliche es, ohne Sünde zu sein. Hier führt er Lk 2,14 an, »Friede auf Erden den Menschen, die guten Willens sind«, und bindet damit die Inkarnation Christi in die Tugendlehre ein: Mit Hilfe der Gnade Christi sei es möglich, die wahren Tugenden zu besitzen.

Seine Auffassung lässt sich folgendermaßen zusammenfassen: Gott ist gerecht und gut. Er hätte die Gebote nicht gegeben, wenn der Mensch sie nicht erfüllen könnte. Wenn das liberum arbitrium dafür ausreichen würde, wäre die Gnade Gottes nicht nötig gewesen. Gott verlangt nichts Unmögliches. Ein rein gutes Werk ist also möglich.

3.3 Zweiter Hauptteil: Das Bußsakrament

Den zweiten Hauptteil der Ratio widmet Latomus Luthers Kritik am Bußsakrament in seinen drei Teilen, der *contritio*, *confessio* und *satisfactio*. Luther lehnt die Dreiteilung ab, weil sie nicht schriftgemäß sei und beginnt seine Ablassthesen mit der Beschreibung der Umkehr als lebenslanger Buße.

3.3.1 Contritio

Bevor Latomus an den Artikeln entlanggeht, die von den Löwenern verurteilt worden waren, fügt er Vorbemerkungen zur *contritio* ein. Die Auseinandersetzung darum, was die wahre Buße sei, steht in diesem Abschnitt im Vordergrund. Luther stellt heraus, dass niemand sich auf seine eigene Reue verlassen könne, sondern allein auf Gottes Barmherzigkeit.

Beide sehen die wahre Reue als Geschenk Gottes, doch ist für Latomus der Beginn der Reue, die *attritio*, aus eigenen Kräften möglich. Diese Umkehr aus eigenen Kräften, die er unvollkommene Reue nennt, werde im Sakrament der Versöhnung oder Absolution durch die charitas zur vollkommenen Reue. Die charitas verwandelt die *attritio* in *contritio*. Insofern kann er sagen, die wahre Reue sei ein Geschenk Gottes.

Auch können beide sagen, die wahre Buße habe ihren Ursprung in der Liebe zur Gerechtigkeit, in der Gottesliebe (*amor Dei*). Doch nach Latomus müsse zunächst die Furcht vor der Strafe da sein, die durch die charitas in die Liebe zur Gerechtigkeit verwandelt werde.

Im Gegensatz zu Latomus vertritt Luther die Auffassung, nicht nur die Reue sei für den Getauften aus eigenen Kräften unmöglich, sondern auch der Wunsch nach Vergebung.

3.3.2 Fides

Eine weitere Auseinandersetzung findet statt über den Stellenwert des Glaubens innerhalb des Bußgeschehens. Nach Latomus sei der Glaube an die Sündenvergebung nicht notwendig zur Rechtfertigung. Bei Luther hingegen bekommt der Glaube eine zentrale Bedeutung. Luther verlagert die Wirkmächtigkeit der Sündenvergebung vom Priesteramt auf den Zuspruch der Sündenvergebung, auf die *promissio*, das lebendige, Glauben schaffende Wort Christi. »Tantum habes, quantum credis«, formuliert er in seinem Bußsermon und an anderen Stellen.

Bei Luther hängt die Gewissheit der Sündenvergebung am Glauben an das Absolutionswort, während Latomus sie am Amt des Priesters festmacht.

3.3.3 *Confessio*

Hinsichtlich der Gewissensprüfung in der Beichte ist für Luther klar, dass nicht alle Todsünden gebeichtet werden müssen, weil man nicht alle kennen könne, gebeichtet werden müssten nur offenbare Sünden. Latomus meint hingegen, der Vergebung könne man sich nur sicher sein, wenn alle Sünden, auch die geheimen, bekannt würden. Er wehrt sich gegen Luthers Vorwurf, die geheime Beichte sei eine menschliche Einrichtung, indem er die Buße in ihrer Entwicklung von der Alten Kirche an beschreibt. Dort gab es die feierliche Buße, die einmal im Jahr geschah, die öffentliche Buße für öffentliche Verbrechen und die geheime Buße für alle Sünden. Dies seien die drei Formen der sakramentalen Buße.

Die lebenslange Buße der lässlichen Sünden beschreibt er als nicht sakramentale Buße.

Der Hauptunterschied im Bußverständnis beider Theologen liegt in einer unterschiedlichen Schwerpunktsetzung innerhalb der Wirkmächtigkeit der Sündenvergebung. Bei Latomus liegt sie im Priesteramt und der Disposition des Poenitenten, bei Luther im Glauben an das wirkmächtige Wort der Sündenvergebung.

3.3.4 *Satisfactio*

Den letzten Teil des Bußsakramentes, die *satisfactio*, Genugtuung, lehnt Luther grundsätzlich ab, schließlich sei in der Heiligen Schrift keine sakramentale *satisfactio* für die Sünden gefordert.

Im Einzelnen wendet er sich gegen unterschiedliche Strafarten und spricht, wenn überhaupt, dann nur von der evangelischen Strafe, eine Art geistliche Buße, die man gern auf sich nehme. Diese lässt Latomus wiederum nicht gelten.

Luther spricht sich dagegen aus, dass es nach Vergebung der Schuld noch eine der göttlichen Gerechtigkeit geschuldete Strafe gebe, und wenn es sie gäbe, könnte sie nicht vom Priester oder einem Menschen aufgehoben werden. Diese Auffassung richtet sich gegen den Plenarablass.

Außerdem weist Latomus darauf hin, dass dann niemand mehr im Fegefeuer wäre, um für die Todsünden bestraft zu werden, weil er keiner Strafe mehr schuldig sei.

3.3.5 *Purgatorium*

Luther ist der Auffassung, vom *purgatorium* könne man nicht als von einem bestimmten Ort sprechen und kritisiert in Resolution 18, dass es eine Stätte zur Bezahlung der Strafen sein soll. Vielmehr sagt er, Furcht und Schrecken seien des Fegefeuers Pein und Qual und beruft sich dabei auf Predigten von Johannes Tauler. »Am Tor zur Hölle stehen« bedeute so viel wie »der Verzweiflung nahe sein«.

Wenn man aber die Vorstellung vom Fegefeuer vertrete, müsse man auch sagen, die Liebe werde dort vermehrt (*augmentum charitatis*), denn die vollkommene Liebe treibe die Furcht aus. Und es gelte, die Seelen sündigen ohne

Unterlass im Fegefeuer, weil sie sich vor der Strafe fürchten und Ruhe suchen.

Luther ist sich der Radikalität seiner Kritik durchaus bewusst und erwähnt in seiner fünften Ablassresolution, dass er keine assertiones, feste Behauptungen, aufstellt, sondern disputieren möchte.

Latomus erkennt, dass es um Grundsatzfragen geht. Er begründet die Existenz des Fegefeuers und erklärt die Unterscheidung von *culpa* und *poena*.

Gottes Gerechtigkeit verlange die entsprechende Genugtuung für die Sünden. Tägliche leichte Sünden würden durch das Vaterunser getilgt. Verbrechen der Tat durch die sakramentliche Buße vergeben und im Fegefeuer bestraft. Nachdem das Leben durch Barmherzigkeit zum Besseren gewendet sei, also nach Eingießen der *charitas* in die mens, könne Gott mit Almosen für begangene Sünden versöhnt werden. Mit Fasten, Gebeten und Almosen sei ein Loskauf von der Strafe möglich. Die Vergebung der Sünde in der Buße führe zur Befreiung von der Strafe im göttlichen Gericht, wenn Gott es so wolle. Die Souveränität Gottes müsse gewährleistet sein.

3.3.6 culpa et poena

Die Unterscheidung von *culpa* und *poena* ist grundlegend für den Ablass. Die Vergebung der Schuld, die aus lässlichen Sünden entstanden ist, geschehe auf Grund der contritio bevor die Strafe aufgehoben oder ermäßigt sei. Die Reue ordne den Willen neu, so dass es nun möglich sei, sich von den Strafen durch Fasten, Almosen und Gebete loszukaufen.

Der Unterscheidung von Schuld und Strafe entspricht die Unterscheidung von *misericordia* und *iustitia Dei.* Auf Grund der Barmherzigkeit Gottes werde die Schuld im Bußsakrament vergeben. Durch die *charitas* werde der Poenitent in die Lage versetzt, gute Werke für begangene Sünden zu vollbringen. Auf diese Weise leiste er der Gerechtigkeit Gottes für die auferlegten Strafen genüge.

3.4 Dritter Hauptteil: Der vollkommene Ablass

Im dritten und letzten Teil der Ratio kommt Latomus nun »endlich«, wie er sagt, zu Luthers Ablasskritik in seiner 20. und fünften Ablassresolution.

In diesem Abschnitt spricht er unter anderem über die Vollmachten der Priester und des Papstes hinsichtlich des Bindens und Lösens, über die Teilhabe (*participatio*) an den Früchten der fremden Gerechtigkeit und über die Exkommunikation.

Latomus hat den dritten Artikel der Löwener Condemnatio ans Ende gestellt, weil dieser der Zielpunkt seiner Auseinandersetzung mit Luther ist: Luthers Kritik am Plenarablass, wie er in den Ablasskampagnen zur Finanzierung des Petersdoms ausgeteilt und auch im Plenarablass an Allerheiligen in der Wittenberger Schlosskirche angeboten wurde.

Hinsichtlich des Plenarablasses waren drei Punkte umstritten: Erstreckt sich die Vergebungsvollmacht des Papstes jurisdiktionell oder fürbittweise ins Fegefeuer? Bezieht sich die vollständige Sündenvergebung von Schuld und

Strafe nur auf die kanonischen Strafen oder auch auf die nach Vergebung der Schuld noch übriggebliebenen zeitlichen Strafen als Folge der schuldhaften Verletzung der Ehre Gottes bzw. seiner Gerechtigkeit? Und konnte drittens der Papst seine Vergebungsvollmacht auf die Priester übertragen?

Als Luther seine Kritik am Plenarablass äußerte, war dieser noch nicht lehramtlich festgeschrieben. Das geschah erst mit dem Dekret *Cum postquam* über den vollkommenen Ablass im November 1518 in Folge des Augsburger Verhörs.

Luther verwendet in Resolution 20 eine allgemein übliche Ablassdefinition, ohne selbst die Auffassung der Möglichkeit eines Ablass überhaupt zu teilen, da seine Kritik an der satisfactio grundsätzlicher Art ist. Er stellt den Plenarablass auf den Prüfstand. Dabei geht es um die Frage, ob der Ablass (*venia*) nur Erlass (*relaxatio*) der kanonischen Strafe sei oder auch der nach Vergebung der Schuld und ewigen Strafe noch übriggebliebenen Strafen.

Latomus begegnet Luther mit einer Darstellung, wie sich der Ablass im Laufe der Zeit entwickelt hat. Er könne nicht nur auf den Erlass kanonischer Strafen bezogen werden, sondern habe sich auch zum Erlass der übriggebliebenen Strafen entwickelt, d.h. der Strafen, die nach Vergebung der Schuld und ewigen Strafe noch übriggeblieben waren.

Dass es einen Schatz der Verdienste Christi und der Heiligen gebe, begründet Latomus mit der Möglichkeit rein guter Werke. Da die Heiligen kaum oder keine Sünden begehen, besitzen sie überschüssige gute Werke, derer sie als Satisfaktionsleistungen für sich selbst nicht bedürfen. Die überschüssigen guten Werke werden in dem Schatz gesammelt, an dem andere Gläubige durch den Ablass Anteil bekommen können. Damit begegnet er Luthers Satz aus der 58. Resolution, die Heiligen hätten nichts im Überfluss, woran sie Anteil geben könnten.

Die Resolution 58 bildet den Rahmen der Ratio, hatte Latomus doch im ersten Teil ausführlich die Möglichkeit eines rein guten Werkes begründet. Luther kritisierte die Lehre vom Kirchenschatz in ihrem Kern und damit die Begründung des Ablasses, wie sie seit Alexander von Hales (1245) (bzw. seinen Schülern) vorgenommen wurde und bei Thomas von Aquin ihren Abschluss fand.

Latomus unterscheidet den Schatz der Heiligen von dem der Verdienste Christi. Nur Christus habe mit seinen Verdiensten für die Ursprungssünde Genugtuung geleistet. Daraus geschehe die Vergebung der aus der Ursprungssünde entstandenen *culpa*. Christus habe die *prima gratia*. Durch den Ablass werde daran Anteil gegeben.

Durch die überschüssigen guten Werke der Heiligen könne dann die poena ermäßigt oder erlassen werden.

4. Die theologische Grundlage der Auseinandersetzung um den Ablass

Die *gratia Christi* ist der theologische Topos, der der Auseinandersetzung um den Ablass zugrunde liegt. Mit Hilfe der *gratia Christi* begründet Latomus den Ablass theologisch. Demgegenüber liegt der Ablasskritik Luthers sein Gnadenverständnis zugrunde.

Latomus und Luther verstehen, wenn sie von »gratia Christi« sprechen, jeweils etwas anderes darunter. Bei Latomus wird die eingegossene *gratia* zum *donum*. Luther betont ihre bleibende Externität. Dass er Gnade als favor versteht, betont Luther im *Antilatomus* und Latomus führt das in seiner Schrift 1525 gegen Luther aus.[11]

Für Latomus besteht die *gratia Christi* aus der überfließenden Gnade des Hauptes Christus auf die Glieder an seinem Leib, in der heiligmachenden Gnade. Wenn der thesaurus ecclesiae und seine Zueignung thematisiert werden, dann steht die substantielle Auffassung des *caput-corpus* Aspektes der gratia Christi zur Debatte, also die Auffassung von der überfließenden Gnade. Luther hingegen versteht Gnade ausschließlich als Sündenvergebung in dem Sinne, dass die Sünde um Christi willen nicht angerechnet wird.

In seiner Antwort auf die Verurteilung seiner Lehre durch die beiden Fakultäten bringt Luther selbst zum Ausdruck, was die systematisch-theologische Interpretation der *Ratio* ergeben hat. Er sagt, die Löwener Scotisten und Kölner Thomisten verständen nichts von der *gratia Christi*, ja sie »wüten« gegen die Gnade Christi.[12]

---

[11] Iacobus Latomus, Iacobi Latomi theologiae professoris Responsio ad Lutherum, in: ders., De Primatu Romani Pontificis adversus Lutherum. Eiusdem Responsio ad Elleboron Joannis Oecolampadii. Eiusdem Responsio ad Lutherum, Michael Hillenius excudebat Anno M.D.XXVI. Mense Maio. Antuerpi(a)e, Bl. t3v–x5v, in: Bibliotheca Reformatoria Neerlandica, Bd. III, De oudste Roomse Bestruders van Luther, hg. v. F. Pijper, 's-Gravenhage 1905, 113–195.

[12] Vgl. WA 6, 193, 4–7.

Martin Luther: Friedenstheologie im Angesicht des Krieges

Wider den Aufruhr, Die Packschen Händel, Die Wurzener Fehde

Manfred Schulze

1. Einleitung

Luther wird regelmäßig mit konkreten politischen Problemen und Gefahren befasst, die sowohl grundsätzliche Stellungnahmen als auch situationsbedingte Gutachten und Ratschläge erfordern.[1] Er schreibt eine erste politisch grundsätzliche Stellungnahme im Jahre 1522 zur Frage der Volksgewalt und nimmt 1528 Stellung zur obrigkeitlichen Gewalt anlässlich der sogenannten Packschen Händel, die politisch wie militärisch die Gefährdungen der Reformation überdeutlich machen. Auch unter den reformatorischen Reichsständen herrscht nicht verlässlicher Friede, vornehmlich nicht in Sachsen, als Kurfürst Johann Friedrich und Herzog Moritz, beide der Reformation anhängig, im Jahre 1542 um das Städtchen Wurzen in bitteren Streit gerieten und gegeneinander aufzogen.

2. Die Warnung vor dem Aufruhr

Die politisch Verantwortlichen und mit ihnen auch Luther haben die Gefahr erkennen müssen, dass der Kaiser und das Reichsregiment in Nürnberg nicht

---

1 Siehe dazu die Übersicht von Eike Wolgast, Die Wittenberger Theologie und die Politik der evangelischen Stände. Studien zu Luthers Gutachten in politischen Fragen, Quellen und Forschungen zur Reformationsgeschichte, Bd. 47, Gütersloh 1977; Hermann Kunst, Evangelischer Glaube und politische Verantwortung. Martin Luther als politischer Berater seiner Landesherrn und seine Teilnahme an den Fragen des öffentlichen Lebens, Stuttgart ^{2}1979; Siegfried Bräuer, Luthers Beziehungen zu den Bauern; Günther Wartenberg, Luthers Beziehungen zu den sächsischen Fürsten, in: Leben und Werk Martin Luthers von 1526 bis 1546. Festgabe zu seinem 500. Geburtstag, Bd. 1, Göttingen 1983, 457–472; 549–571; Luther nach 1530. Theologie, Kirche und Politik – Luther after 1530. Theology, Church and Politics. Lutherjahrbuch 71 (2004); Volker Stümke, Das Friedensverständnis Martin Luthers. Grundlagen und Anwendungsbereiche seiner politischen Ethik, Stuttgart 2007; Siegrid Westphal, Die lutherische Obrigkeitslehre und ihre politischen Folgen in der Reformationszeit, in: Luther, Zeitschrift der Luthergesellschaft 86 (2015), 85–97.

ruhig zusehen werden, wie die Kursachsen die Reichsacht über Luther und seine Anhänger ignorieren.[2] Anfang Dezember 1521 hatte Luther von der Wartburg aus seine Stadt Wittenberg heimlich besucht und die Unruhen dort in der Sache billigend, in der Form aber missbilligend, zur Kenntnis genommen.[3] Und dennoch bedarf es keines obrigkeitlichen Eingreifens, schrieb Luther im März 1522 an Kurfürst Friedrich: »In dieser Sache soll und kann das Schwert nichts raten oder helfen; hier muss Gott allein schaffen, ohne alles menschliche Sorgen und Zutun«.[4]

Schon im Januar 1522 erschien Luthers Mahnung an alle Christen, sich zu hüten vor Aufruhr und Empörung.[5] Er macht deutlich, dass die Versuchung gegeben ist, mit ›Pflegeln und Kolben dreinzuschlagen‹ angesichts der tyrannischen Pfaffen, die nun den Volkszorn fürchten.[6] Diese Angst gehört zur Strafe, wie Gott sie angekündigt hat: »›Der Himmel ist eisern, die Erde ist ehern [Dtn. 28,23]‹. Es hilft kein Bitten mehr«.[7]

Es gibt die Gottesstrafe, es gibt Christus den Richter, der öffentlich vor aller Welt die antichristlichen Schandtaten zu Schanden machen und am jüngsten Tag zerstören wird. Das geschieht öffentlich, aber nicht mit Gewalt, denn mit Gewalt wirkt Christus nicht.[8] Die übliche Auffassung, die man mit Luther verbindet, lautet: Abwarten, sich fügen, auf die Obrigkeit hören. Tatsächlich warnt Luther vor dem Aufruhr, propagiert aber nicht die Gefügigkeit, sondern die Aufklärung – die ist nötig auch gegenüber der Obrigkeit. Diese steht in der Pflicht, dem Strafhandeln Gottes zuvorzukommen. Dazu beruft sich Luther auf biblische Beispiele, etwa auf dieses: Als Strafe für die Verehrung des ›Goldenen Kalbes‹ ließ Moses vorsorglich dreitausend Menschen töten (Ex 32,28). Die Anleitung zur Anwendung folgt auf dem Fuße: Es bedarf des Hauens und Stechens gegen die Pfaffen nicht, sondern es genügt vollauf, wenn die Obrigkeit die Verdrehung des Evangeliums verbietet und die Einhaltung ihrer Gebote kontrolliert.[9]

---

[2] Mit Mandat vom 20. Januar 1522 hat das Reichsregiment die Stände und damit auch den sächsischen Kurfürsten aufgefordert, die hergebrachte Ordnung der Kirche zu wahren. Vgl. Karl Pallas, Briefe und Akten zur Visitationsreise des Bischofs Johannes VII. von Meißen im Kurfürstentum Sachsen, in: ARG 5 (1907/08), 217–312, 238f.

[3] Zu Luthers Reaktionen auf die Wittenberger Vorgänge siehe Martin Brecht, Martin Luther, Bd. 2: Ordnung und Abgrenzung der Reformation 1521–1532, Stuttgart 1986, 30–53.

[4] Luther auf der Rückreise von der Wartburg nach Wittenberg an Kurfürst Friedrich von Sachsen, Borna, 5. März 1522. WAB 2, Nr. 455, 455,80–456,82.

[5] Eine treue Vermahnung zu allen Christen, sich zu hüten vor Aufruhr und Empörung. Wittenberg, 1522. WA 8, 676–687.

[6] Vgl. WA 8, 676,17f.

[7] A.a.O., 677,16f.

[8] Vgl. a.a.O., 678,4–24.

[9] Vgl. a.a.O., 680,9–15.

Dass der Aufruhr losbricht, hält Luther für unwahrscheinlich. Es sind die Gegner, die das Schreckgespenst der Gewalt an die Wand malen. Allen wird eingeschärft: Die Eindämmung des Antichrist ist Gottes Sache, und Gott lässt sich seine Sache und Strafe nicht aus der Hand nehmen.[10]

Angenommen, der Aufruhr bricht los, dann ist dieser nicht schweigend oder billigend hinzunehmen; vielmehr gilt die dringende Warnung: »...auffruhr hat keyn vornunfft und gehet gemeynicklich mehr ubir die unschuldigen...«. Kein Aufruhr ist recht, »wie rechte sach er ymer haben mag.« Die Gewalt steht der Obrigkeit zu, und zwar als Monopol, denn sie soll die Bösen strafen und die Frommen schützen. Im Aufruhr aber geht das Recht unter.[11] Die Frage nach dem eigenen Unrecht ist im Aufruhr nur eine lästige Quisquilie angesichts des behaupteten eigenen Rechts, das die Gewalt rechtfertigen soll. Dagegen stellt sich Luther in eigener Person: »Ich halt und wills alletzeyt halten mit dem teyl, das auffruhr leydet, wie unrechte sach es ymer habe, und wydder seyn dem teyll, das auffruhr macht, wie rechte sach es ymmer habe, darumb das auffruhr nit kan on unschuldig blutt oder schaden ergehen.«[12]

Der übelste aller ›guten‹ Gründe für den Aufruhr ist die Gewalt für das Evangelium. Das ist eine Eingebung des Teufels.[13] Dreierlei ist gegen den Teufel von Nöten: In Buße ist zu erkennen, worin die eigene Sünde besteht.[14] Nötig ist ferner die bewusste neue Hinwendung zu Gott: Wir sollen ihn demütig bitten, dass er die Mächte der Unwahrheit – konkret die Papstgewalt – niederhält.[15] Das dritte ist, selber als Mund des Geistes zu Zeugen der Wahrheit zu werden.[16] Die Wahrheit zu bekennen und zu verbreiten ist politisches Handeln im Dienste des Evangeliums. Gottes Wirken aber mit Menschengewalt durchsetzen zu wollen, ist eine Perversion der Wahrheit.

3. Die Packschen Händel

Gewalt erscheint als naheliegendes Mittel, um auf wirksame Weise Probleme zu lösen, die sich anders scheinbar nicht lösen lassen. Selbst legitime Obrigkeiten sind geneigt, den Landfrieden des Reiches zu brechen, den der Wormser Reichstag des Jahres 1495 ausdrücklich bestätigt hatte.[17] Die sogenannten Packschen Händel des Jahres 1528 sind ein Beispiel für die Gefahr, wenn obrigkeitliche Gewalten der Versuchung erliegen, gegen das Friedensrecht

---

10 Vgl. a.a.O., 680,1ff.

11 A.a.O., 680,18–27.

12 A.a.O., 680,32–35.

13 Vgl. a.a.O., 681,6ff.

14 Vgl. a.a.O., 682,14–23.

15 Vgl. a.a.O., 682,23–30.

16 Vgl. a.a.O., 682,31 – 683,17.

17 Ewiger Landfriede, Worms, 7. August 1495, in: Deutsche Reichstagsakten, Mittlere Reihe Bd. 5,I,1, 359–373.

des Reiches zu den Waffen zu greifen, um Probleme zu lösen oder Gefahren auszuschalten.

Der religiöse Dissens im ›*Sacrum Imperium Romanum*‹ hat die Bereitschaft wachsen lassen, sich der neuen Lehre auch mit Gewalt zu widersetzen. Derjenige, der mit wachsender Sorge das Bedrohungspotential wahrnahm, war Landgraf Philipp von Hessen, zunächst angesichts des altgläubigen Dessauer Bundes vom Juli 1525 gegen die Bauernaufstände und deren angebliche Wurzel, die lutherische Ketzerei.[18] Anfang Oktober 1525 wendete sich Philipp in Erwartung des Reichstages 1526 an den sächsischen Kurfürsten Johann, um Beschlüssen zu wehren, die sich gegen das Wort Gottes richten.[19] Auf den 14. November 1525 waren Vertreter der Domkapitel, die zum Erzbistum Mainz gehörten, nach Mainz gerufen worden, um über die Ausrottung der Ketzerei zu beschließen. Die Bedrohung schien offenkundig, so dass sich der Landgraf und der Kurfürst auf ein Verteidigungsbündnis einigten, das im Februar oder März 1526 in Torgau beschlossen wurde.[20] Im Januar 1528 ist Landgraf Philipp erneut alarmiert angesichts eines Treffens altgläubiger Fürsten und Bischöfe mit Erzherzog Ferdinand in Breslau, von dem der herzoglich-sächsische Rat Dr. Otto von Pack[21] bei einem Besuch in Kassel dunkle Andeutungen machte. Otto von Pack, Vizekanzler am Dresdener Hof, weiß über die Interna der Politik Herzog Georgs Bescheid. Glaubhaft war deshalb seine Mitteilung, es gäbe ›Praktiken‹ gegen den Kurfürsten von Sachsen und den Landgrafen selber. Pack versprach, das Vertragsoriginal der ›Praktik‹ dem Landgrafen vorzulegen. Im Februar 1528 wollte Philipp in Dresden das versprochene Original heimlich einsehen, erhielt aber nur eine Kopie, die Philipp durch seinen Sekretär abschreiben ließ.[22]

---

18 Abschied zu Dessau, 19. Juli 1525, in: FELICIAN GESS, Akten und Briefe zur Kirchenpolitik Herzog Georgs von Sachsen, Bd. 2: 1525–1527, Leipzig, Berlin 1917 [Köln 1985], 353,7f.

19 Werbung des Landgrafen von Hessen an den Kurfürsten Johann von Sachsen, Kassel, Donnerstag nach Michaelis, in: CHRISTOPH VON ROMMEL, Philipp der Großmüthige, Landgraf von Hessen, Bd. 3, Giessen 1830, 10–13. Auszug in deutscher Originalversion bei HANS J. HILLERBRAND, Landgrave Philipp of Hesse 1504–1567. Religion and Politics in the Reformation, Saint Louis 1967, 9 Anm. 21.

20 Mitglieder des Bundes sind: Herzöge Heinrich V. von Mecklenburg-Schwerin, Albrecht VII. von Mecklenburg-Güstrow, Albrecht I. von Brandenburg-Ansbach, Ernst und Franz von Braunschweig-Lüneburg, Fürst Wolfgang von Anhalt-Dessau, Graf Albrecht VII. von Mansfeld, die Stadt Magdeburg sowie Landgraf Philipp und Kurfürst Johann.

21 Zu Otto von Pack siehe die Übersicht von GABRIELE HAUG-MORITZ, Art. Pack, Otto von, in: Neue Deutsche Biographie 19 (1999), 751f.

22 Vgl. KURT DÜLFER, Die Packschen Händel. Darstellung und Quellen, Veröffentlichungen der Historischen Kommission für Hessen und Waldeck, Bd. 24,3, Teil 1: Darstellung; Teil 2: Quellen, Marburg 1958; Teil 2, Nr. 47, 46–54: Kopie des Breslauer Vertrages, mit späteren Bemerkungen des sächsischen Kanzlers Simon Pistoris, welche die Kopie als Fälschung belegen sollen.

Der Landgraf erfährt folgendes: Eine stattliche Reihe von Fürsten und Bischöfen, angeführt von Erzherzog Ferdinand, hat sich gegen die Stände der Reformation zusammengetan.[23] Die Bundesfürsten werden dem Erzherzog die Macht in Ungarn sichern,[24] dann wird der Kurfürst von Sachsen aufgefordert, die Ketzerei auszurotten und wird im Weigerungsfall angegriffen. Danach ist Philipp von Hessen anzugehen, der, wenn er nicht Gehorsam leistet, ebenfalls mit Krieg überzogen wird.[25] Der Landgraf hielt die Kopie für gänzlich glaubwürdig nach Gehalt und Gestalt, obwohl er das versprochene Original nie erhalten hat.

Kurfürst Johann wird informiert und lässt sich überzeugen, so dass die beiden Betroffenen am 9. März 1528 in Weimar einen Vertrag eingehen, der sich nicht mit der Defensive begnügt, sondern den Präventivschlag als Akt der Notwehr vorsieht.[26] Alle intensiv betriebenen Kriegsvorbereitungen blieben aber durch ein Problem belastet: Wo bleibt das Original des Breslauer Vertrages?

Bereits kurz nach dem Abschluss der Weimarer Übereinkunft schaltet Kurfürst Johann seine Wittenberger Autoritäten ein. Luther reagiert heftig: Er lehnt den Präventivschlag nicht nur ab, sondern droht sogar, das Land zu verlassen, wenn der Krieg tatsächlich begonnen wird.[27] Diese Position bedurfte einer schriftlichen Ausführung, die Luther, in die Residenz nach Torgau gerufen, auch niederschrieb.[28] Er bezweifelt in keiner Weise die Richtigkeit der Informationen, und daraus ergibt sich, dass der Fürst schuldig ist, seine Untertanen zu schützen. Luther erkennt in den Beschlüssen der Breslauer »Mordfürsten«[29] den Plan eines Aufruhrs gegen Kaiser und Reich.[30] Dagegen

---

[23] Bündnispartner sind: Erzherzog Ferdinand, die Kurfürsten Albrecht von Mainz und Joachim I. von Brandenburg, Erzbischof Matthäus Lang (Salzburg), die Bischöfe Wigand von Bamberg und Conrad von Würzburg, die Herzöge Georg von Sachsen, Wilhelm und Ludwig von Bayern. Vgl. DÜLFER (s. Anm. 22), Teil 2: Quellen, 47.

[24] Die Königswahl in Ungarn war als Doppelwahl politisch wie militärisch umkämpft: Gewählt wurde am 10. November 1526 Johann Szapolyai, am 17. Dezember der Schwager des verstorbenen Ungarnkönigs Ludwig, Erzherzog Ferdinand, der am 3. November 1527 gekrönt wurde.

[25] Vgl. DÜLFER (s. Anm. 22), Teil 2, 49 (Kurfürstentum Sachsen), 51 (Landgrafschaft Hessen).

[26] Vgl DÜLFER (s. Anm. 22), Teil 1: Darstellung, 74ff.

[27] Diese Drohung ist indirekt überliefert durch den Hinweis Luthers in einem Brief an den Kurfürsten vom 1. (2?) Mai 1528: Ich – Martin Luther – habe »fur E.c.f.g. zu Aldenburg bedingt, das wir [scil. Luther, Bugenhagen, Jonas, Melanchthon] E.c.f.g. land meyden unnd unß weg thon musten umb des Evangelii willen, auff das nicht auff das selbige unschuldige wort Gottes aller solcher unglympff [Schimpf] mit gutem scheyn falle«. Weimar, Luther und Melanchthon an Kurfürst Johann. WAB 4, Nr. 1258, 449,56–59.

[28] MARTIN LUTHER, Gutachten vom 28. Mai 1528 an die Adresse des Kanzlers Gregor Brück, WAB 4, Nr. 1246, 421–424.

[29] WAB 4, 422,17

[30] Vgl. 422,48 – 423,55

ist Abwehrbereitschaft mittels diplomatischer Aktionen und militärischer Rüstungen geboten.

Aber: Der Präventivschlag ist verboten. Die Grundlage für das Verbot ist die Rechtsweisung Jesu: ›Wer das Schwert nimmt, wird durch das Schwert umkommen‹ (Mt 26,52).[31] Dazu treten der Zweifel am Beweismittel – an der Kopie – und der Hinweis auf die nicht vollzogene Tat. Am Ende stehen die Breslauer Fürsten als Unschuldige da, die Weimarer Verbündeten aber als Schuldige. »Keine größere Schande könnte dem Evangelium geschehen, denn hieraus würde nicht ein Bauernaufstand, sondern ein Fürstenaufruhr entzündet, der Deutschland zu Boden werfen könnte«.[32]

Für Luther gilt das Gottesrecht, das nicht entrücktes Himmelsrecht ist, sondern anzuwendendes Erdenrecht gegen das Wüten des Satans. Dieses Recht ist nicht übervernünftig, sondern wird als Weisung der höchsten Vernunft verstanden, der die menschliche Vernunft im Dienste des Friedens sich anschließen muss und kann.[33]

Kurfürst Johann hat sich überzeugen lassen, Landgraf Philipp aber nicht; er verfasste ein Gegengutachten: Es kann nicht sein, dass wir warten, bis das Haus brennt. ›Dem Schaden zuvorkommen‹, ist seine Argumentationslinie, um den Präventivschlag als legitimes Mittel der Notwehr zu rechtfertigen.[34] Es ist eine dramatische, brandgefährliche Situation, in die sich die führenden reformatorischen Reichsstände und ihre Theologen hineingestoßen sehen. Darin kommen die beiden Gutachter, Luther und Philipp, überein, dass die Obrigkeiten zu Schutz und Vorsorge verpflichtet sind. Aber wie?

Neue Verhandlungen führten in Weimar am 30. April 1528 zu einem Ergänzungsabkommen, dass vor Beginn eines Angriffs versucht werden sollte, mit diplomatischen Mitteln »fride und Versicherung« zu erreichen.[35] Damit war der Überraschungsschlag vom Tisch.

Diesen Ergänzungsvertrag haben Luther und Melanchthon mit einem neuen, in Weimar erstellten Gutachten unterstützt,[36] dessen biblische Rechtsweisungen[37] zu der Devise zusammengefasst werden: Gott gibt keine Gnade »den ungedultigen und kriegsgyrigen«.[38] Das Argument, dem Schaden zuvorzukommen, beantworten die Gutachter mit einer Unterscheidung: Wehren und Strafen sind zweierlei. Wehren soll man mit Mitteln der Diplomatie, mit

---

31 423,66f.

32 423,84–86.

33 Vgl. zusammenfassend Stümke (s. Anm. 1), 95f.

34 Landgraf Philipp an Kurfürst Johann, Gutachten vom 12. April 1528, WAB 4, Nr. 1246 I, 426,22–25.

35 Dülfer (s. Anm. 22), Teil 1, 105.

36 Luther und Melanchthon, Gutachten, Weimar, etwa am 28. April 1528, WAB 4, Nr. 1246 II, 431ff.

37 Vgl. WAB 4, 431,11ff.

38 WAB 4, 432,19f.

Rat und Recht. Strafen aber soll man erst, wenn die Tat geschehen oder öffentlich im Werk ist.[39]

Der Krieg wurde verhütet, der Landgraf aber blieb von der Wahrhaftigkeit Ottos von Pack überzeugt. Das Sachproblem sind jedoch nicht Enthüllungen oder Fälschungen, sondern die Frage, wie man Bedrohungspotentiale realistisch einschätzt und sachgemäß mit diesen umgeht.

4. DIE ›WURZENER FEHDE‹

Die ›Wurzener Fehde‹ vom Jahr 1542[40] ist ein Fall von Sorglosigkeit, Engstirnigkeit und Rechthaberei. Der Anlass war eine für das Reich ausgeschriebene Türkensteuer, die laut Landtagsbeschluss auch im Kurfürstentum in Kraft gesetzt wurde.[41] Zum kursächsischen Steuergebiet gehörten nach Auffassung des Kurfürsten Johann Friedrich auch Gebiete des Hochstifts Meißen, so dass der Bischof aufgefordert wurde, die entsprechenden Erträge der ernestinischen Regierung auszuhändigen. Der Bischof aber weigerte sich mit dem Hinweis, dass er seine Steuern gemäß dem Mandat des Speyrer Reichstags entrichten werde.[42] Das bedeutet: Der Bischof besteht auf dem Anspruch der Reichsunmittelbarkeit seiner weltlichen Herrschaft.

Der Streit um Reichsstandschaft, Schutz- und Herrschaftsrechte über die sächsischen Bistümer wurde schon seit längerem geführt, und zwar gemeinsam von beiden Linien der Wettiner. Jetzt, im Jahre 1542, nahm Kurfürst Johann Friedrich[43] die Gelegenheit der Steuerfrage erneut zum Anlass, die sächsischen Ansprüche gegenüber Meißen durchzusetzen. In der Nacht zum 22. März 1542 ließ er überraschend und einseitig, ohne Absprache mit Herzog Moritz, das meißnische Städtchen Wurzen an der Mulde (heute Landkreis Leipzig) mit Reitern und Knechten besetzen.[44] Der Dresdner Herzog sah in der

---

[39] Vgl. 432,33–36.

[40] Zur Wurzener Fehde siehe: CARL AUGUST H. BURKHARDT, Die Wurzener Fehde, in: Archiv für sächsische Geschichte 3 (1865), 235–240 (zeitgenössischer Bericht zur Besetzung Wurzens); 4 (1866), 57–81; GEORG MENTZ, Johann Friedrich der Großmütige 1503–1554 (Beiträge zur neueren Geschichte Thüringens, Bd. 1 und 2), Bd. 2: Vom Regierungsantritt bis zum Beginn des Schmalkaldischen Krieges, Jena 1908, 500ff; GÜNTER WARTENBERG, Martin Luther und Moritz von Sachsen, in: Lutherjahrbuch 42 (1975), 52–70, 57–62, dort weitere Literatur.

[41] Beschluss des Landtages vom 22. Januar 1542, WAB 10, Nr. 3727 samt Beilage, 17f.

[42] Vgl. Politische Korrespondenz des Herzogs und Kurfürsten Moritz von Sachsen, hg. v. ERICH BRANDENBURG, Bd. 1. Leipzig 1900 [Berlin 1982], 343f.

[43] Zu Kurfürst Johann Friedrich siehe: VOLKER LEPPIN u.a. (Hg.), Studien zu Johann Friedrich: Johann Friedrich I. – der lutherische Kurfürst (SVRG 204), Gütersloh 2006 – ohne Bezug zur Wurzener Fehde.

[44] Siehe den Bericht des Amtmanns von Oschatz an Herzog Moritz, 24. März 1542. Politische Korrespondenz, Bd. 1, 360f.

Besetzung Wurzens eine Bedrohung und war nicht gewillt, den Vetter Johann Friedrich gewähren zu lassen. Moritz weigert sich, den Übergang über die Mulde bei Wurzen und die Passtraße nach Leipzig der ernestinischen Kontrolle auszuliefern.[45]

Beide Herzogtümer stehen sich binnen kürzester Zeit, vom 22. März bis zum 4. April 1542, kriegsbereit gegenüber. Glücklicherweise gibt es Philipp, den Landgrafen von Hessen, Schwiegervater des Herzogs[46] und zusammen mit Kurfürst Johann Friedrich der Führer des Schmalkaldischen Bundes. Obwohl Moritz nicht dem Bunde angehörte,[47] ist Philipp der Berufene und Geeignete, im Streit zu vermitteln. Er bricht am 3. April 1542 zur Schlichtung nach Sachsen auf.

Am 7. April hat Luther von der dramatisch zugespitzten Lage erfahren und sofort zur Feder gegriffen: Er verfasste einen offenen Brief an die beiden Fürsten und an alle Verantwortlichen in Politik und Militär.[48] Der Aufruf gipfelte in der Forderung nach Ungehorsam samt Desertation und sollte ab dem 8. April 1542 in beiden Heeren verteilt werden.[49] Von Herzog Moritz hat Luther wenig gehalten,[50] doch lässt der Aufruf nichts von der Abneigung gegen den Albertinerherzog spüren. Der Friedensaufruf an alle Verantwortlichen richtet sich schiedsrichterlich so unparteiisch wie unmissverständlich an beide Seiten. Jeder ist zum Frieden verpflichtet, niemand soll sein eigener Richter sein![51]

Das sind für Luther Rechtsstandards, die auch für politische Konflikte in Geltung stehen. Anders als in geistlichen Dingen ist in Weltangelegenheiten

---

45 Vgl. Politische Korrespondenz 1 (s. Anm. 42), 372f [4].

46 Zu Herzog Moritz siehe die Darstellung von KARLHEINZ BLASCHKE, Moritz von Sachsen. Ein Reformationsfürst der zweiten Generation (Persönlichkeit und Geschichte, Bd. 113), Göttingen1983. Ebenfalls: KARLHEINZ BLASCHKE (Hg.), Moritz von Sachsen – Ein Fürst der Reformationszeit zwischen Territorium und Reich. Internationales wissenschaftliches Kolloquium vom 26. bis 28 Juni 2003 in Freiberg (Sachsen) (Quellen und Forschungen zur sächsischen Geschichte, Bd. 29), Stuttgart 2007.

47 Zur unabhängigen Politik des Herzogs Moritz siehe SIMON ISSLEIB, Moritz von Sachsen als evangelischer Fürst. 1541–1553, in: DERS., Aufsätze und Beiträge zu Kurfürst Moritz von Sachsen (1877–1907), Bd. 2 (Mitteldeutsche Forschungen, Bd. 8/II), Köln 1989, 993–1205, S.1000, 1018, 1026.

48 Sendbrief Luthers, Wittenberg, 7. April 1542, WAB 10, Nr. 3733, 32–37.

49 Vgl. WAB 10, Nr.3733, Einleitung, 31f; ebenfalls Luthers Brief an Kanzler Gregor Brück vom 8. April 1542; a.a.O., Nr. 3734, 37f.

50 Vgl. GÜNTHER WARTENBERG, Luthers Beziehungen zu den sächsischen Fürsten, in: Leben und Werk Martin Luthers (s. Anm. 1), 549–571, 571. Siehe auch Luthers Briefe an Gregor Brück vom 8. April 1542 und vom 12. April; WAB 10, Nr. 3734 und Nr. 3740.

51 Vgl. WAB 10, 33,35ff, 48f.

niemand sein eigener Richter.[52] Es sind Rechtsinstanzen zur Streitschlichtung vorhanden,[53] Friedensstiftung ist also möglich.

Warum schaltet sich Luther als Geistlicher in diesen weltlichen Fall ein? Er begreift die weltlichen Aufgaben der geistlichen Gewalt in seinem Aufruf folgendermaßen: Prediger sollen für die weltliche Gewalt Sorge tragen im Gebet vor Gott wider die Urgewalt des Teufels.[54] Ferner gehört zur geistlichen Gewalt, Gottes Wort und Befehl anzuzeigen, zu trösten die Betrübten, zu mahnen die Angefochtenen und zu schrecken die Halsstarrigen.[55] Die Verantwortung der Kirche, wird, wo nötig, auch politisch.

Die Seligpreisung der Friedfertigen (Mt 5, 9) hat Luther als Fluch fortgeschrieben: »Verflucht sind die Friedenshasser, denn sie müssen Teufelskinder heißen!« Gottes Weisung gilt allen, Hoch und Niedrig,[56] und deshalb kommt beiden Streitparteien die Pflicht zu, Frieden und Recht anzubieten.

Falls ein Teil zu den Waffen greift, spricht Luther zunächst für sich: Wenngleich der angreifende Teil alles Recht für sich hätte, so halte ich es doch mit jenem Teil, der »Recht und Frieden anbietet und leiden kann und begehrt«.[57] Das entspricht dem, was er 1522 bereits öffentlich gemacht hat. Dem Fluch Gottes entkommt nur, wer den Kampf verweigert, denn einen geleisteten Eid zum Unrecht einzuhalten, »ist wider Gott und Recht«.[58]

Als Luther erfahren hatte, dass Philipp von Hessen mit Vermittlungsgesprächen begonnen habe, sah er von einer Veröffentlichung unter den Soldaten der Streitparteien ab und begnügte sich, sein Manuskript und damit seine Position dem Altkanzler Gregor Brück († 1557) und damit der kursächsischen Politik zu übermitteln.

Mit Datum vom 10. April 1542 ist es dem unermüdlichen Landgrafen gelungen, die Streitparteien durch einen Friedensvertrag, den ›Oschatzer Vertrag‹, auseinander und wieder zueinander zu bringen.[59] Das gegenseitige Misstrauen allerdings ist geblieben.

---

52 Vgl. a.a.O., 33,54–34,62.

53 A.a.O., 34,65–69.

54 A.a.O., 32,4–14.

55 Vgl. a.a.O., 32,15–17.

56 Vgl. a.a.O., 33,28–34.

57 A.a.O., 35,125–129.

58 A.a.O., 36,157–163. Eine vorzügliche Darstellung zu Luthers Lehren vom Krieg mit einem Überblick über die Tradition bietet Karl Dietrich Erdmann, Luther über den gerechten und ungerechten Krieg. Berichte aus den Sitzungen der Joachim Jungius-Gesellschaft der Wissenschaften e.V., Hamburg 1 (1982/83), Heft 5, Hamburg 1984.

59 Friedensvertrag zwischen Kurfürst Johann Friedrich und Herzog Moritz, Politische Korrespondenz 1 (s. Anm. 42), 407–411.

5. ZUSAMMENFASSUNG

Die politischen Äußerungen des jungen Luther gleichen in überraschender Weise denen des alten Luther: Er rechnet mit der Präsenz des in der Geschichte handelnden, strafenden und schützenden Gottes und befindet sich damit im Einklang mit der Auffassung seiner Zeit. Ferner veranschlagt er die Präsenz des Teufels, der stärker denn je in dieser Endzeit der erneuten Verbreitung des Evangeliums versucht, Chaos in der Welt anzurichten und auf diese Weise das Evangelium ad absurdum zu führen. Die apokalyptische Zeitsicht teilt Luther mit vielen seiner Zeitgenossen. Das Eigentümliche bei ihm sind aber seine Handlungsprinzipien angesichts der endzeitlichen Teufelswut: Wir werden den Teufel nicht mit Gewalt angehen, das Evangelium deshalb niemals mit Waffen durchsetzen und niemals das Werk Gottes mit dem Schwert in unsere Hand nehmen. Dennoch werden wir nicht stille stehen. Es gilt vielmehr zu allen Zeiten und in diesen Zeiten ganz besonders die Aufgabe des Bekennens mit Wort und Schrift und gewaltloser Tat. Das Zweite ist das Gebet, dass Gott sein Werk vollführe, das wir nicht tun können und sollen, und das dritte ist die Kontrolle der Gewalt durch die besonnene, kluge Politik der Friedenssicherung nach innen und außen. Dazu gehören der Rechtsweg und der Verhandlungsweg. In seinem Gutachten vom Jahre 1525 zu den Forderungen der Bauern hat Luther getreu seinen Grundsätzen auf Verhandlung und Vermittlung gedrängt.[60] Im Anhang zur dritten Wittenberger Auflage dieses Gutachtens - »...Auch widder die reubischen und mördisschen rotten der andern bawren[61] – hat er den Aufruhr der Müntzer-Bauern ebenfalls getreu seinen Prinzipien strikt verurteilt und von der Obrigkeit den Einsatz der Waffen gefordert. Daran ist nichts zu kritisieren; doch das Problem ist, dass Luther selber im Zorn die Kontrolle verloren und den Eindruck erweckt hat, die Obrigkeit verfüge über das Recht der gnadenlosen Gewalt. Seine Schrift gegen die mörderischen Rotten lehrt nicht die Abschaffung des obrigkeitlichen Gewaltmonopols, sondern *ex negativo* dessen Kontrolle im Dienste des Friedens. Gott will den Frieden und diesen zu schaffen ist möglich.

---

[60] Ermahnung zum Frieden auf die zwölf Artikel der Bauerschaft in Schwaben, Wittenberg 1525. WA 18, 279–334, vor allem 332,36–333,26.

[61] WA 18, 344–361.

Gottes Geist als Lebendigmacher

Im Gespräch mit Calvin über einen existenziellen Aspekt der Kirche

Matthias Freudenberg

In seiner auf der Grundlage des Werkes von Wilfried Joest neu konzipierten und lehrreichen Dogmatik schreibt Johannes von Lüpke zum Wirken von Gottes Geist: »Durch den einen Geist werden Menschen mit dem einen Christus verbunden, sodass er in ihnen zur Veränderung und Erneuerung ihres Lebens mächtig wird.«[1] Was hier zum Neuwerden der Menschen in der Kraft des Heiligen Geistes gesagt wird, lässt sich auf ihre Gemeinschaft als *communio sanctorum* in der Kirche übertragen. Wer nach den Begründungsstrukturen und (Über-)Lebensprinzipien der Kirche Ausschau hält, findet diese insbesondere in der Person und im Wirken des Geistes. Nur mit der Wahrnehmung seiner Wirklichkeit und gegenwärtigen Wirksamkeit lässt sich eine angemessene Vorstellung von der Kirche entwickeln. Statt bei ekklesiologischen Fragen allein der äußeren Gestalt, der Ordnung sowie den Funktionen und Aufgaben der Kirche Beachtung zu schenken, muss auch ihre Begründung und Existenz im Heiligen Geist verdeutlicht werden. Das ist nicht zuletzt wegen der in den Kirchen zu Tage tretenden spirituellen Defizite erforderlich. Gelegentlich hat es den Anschein, als ob insbesondere den evangelischen Kirchen die Einsicht in die Präsenz des Gottesgeistes in dem Maße verloren geht, in dem in ihnen – oft in oberflächlicher Weise – Spiritualität inszeniert bzw. eingefordert wird. Spiritualität im Sinne einer emotional aufgeladenen Atmosphäre ist aber noch kein Indikator dafür, dass die Kirchen sich der Präsenz des Gottesgeistes bewusst sind und das kirchliche Leben von ihm her gestalten.

1. Der wirksame Gottesgeist

Es geht folglich darum, die Bereitschaft und Fähigkeit zu gewinnen, das Wirken des Geistes und seine Gegenwart in den Kirchen theologisch neu zu wür-

[1] Wilfried Joest/Johannes von Lüpke, Dogmatik II: Der Weg Gottes mit dem Menschen, Göttingen [5]2012, 173; vgl. Johannes von Lüpke, Was macht die Kirche zur Kirche? Grundlagen evangelischen Kirchenverständnisses, in: Hellmut Zschoch (Hg.), Kirche – dem Evangelium Strukturen geben. Theologische Beiträge aus Wissenschaft und Praxis, Neukirchen-Vluyn 2009, 28–44.

digen.[2] Wenn den Kirchen von den Pfingstkirchen, den neopentekostalen Bewegungen und den charismatischen Gemeinschaften Geistlosigkeit vorgeworfen wird, muss das differenziert und präzisiert werden. Statt pauschal von Geistlosigkeit zu sprechen sollte man eher von *Geistvergessenheit* reden.[3] Darum ist es umso wichtiger, dass sich die Kirchen den Kraftzuwachs, den sie selber dem Gottesgeist verdanken, nachhaltig bewusst machen und ihm ihre Aufmerksamkeit widmen. Sofern die Diagnose einer Geistvergessenheit der Kirchen zutrifft, liegt es auf der Hand, sich um eine Achtsamkeit auf den Gottesgeist zu bemühen, die eine Wahrnehmungshilfe für jene Kraft bietet, aus der heraus die Kirchen existieren.

Damit wird nicht in Abrede gestellt, dass die Ekklesiologie neben den pneumatologischen wesentlich christologische Begründungsstrukturen hat. Die erste *Berner These* (1528) bringt zur Sprache, dass Jesus Christus das einzige Haupt der Kirche ist und diese aus dem Wort Gottes geboren ist und in ihm bleibt.[4] Diesen Gedanken greift die erste These der *Barmer Theologischen Erklärung* (1934) auf, indem sie Jesus Christus als »das eine Wort Gottes, das wir zu hören, dem wir im Leben und im Sterben zu vertrauen und zu gehorchen haben« bezeichnet.[5] Nicht in Konkurrenz zum christologischen Grund, sondern komplementär dazu – nämlich um das Aktualisierungsmoment der Begründung der Kirche hervorzuheben – hat die Wirksamkeit des Gottesgeistes in und an der Kirche eine zentrale und zugleich noch unausgeschöpfte Bedeutung.

In diesem Zusammenhang ist an ein Charakteristikum des Geistes zu erinnern, nämlich seine Beschreibung als Lebendigmacher, als Leben spendende Kraft, als Kraft der Aufweckung und Auferstehung. Einschlägige Bibeltexte verweisen auf die Dimension des Geistes, Leben zu schenken und zu erneuern. In ihnen wird Gottes Geist als göttlicher Atem, als von Gott ausgehender Lebenshauch, als belebender Wind oder Sturm verstanden. Er schwebt wie Atem bzw. Wind zu Anfang der Schöpfung über der Tiefe, als Himmel und Erde geschaffen wurden (Gen 1,2). Durch Gottes Wort bzw. den Geisthauch seines Mundes wird die gesamte Schöpfung ins Leben gerufen (Ps 33,6). Ohne Gottes Geisthauch gibt es kein Leben. Der Atem Gottes teilt sich der Schöpfung mit und ruft das Geschaffene ins Leben. Gott bläst dem Menschen den Lebensatem ein, und es entsteht ein lebendiger Mensch (Gen 2,7). Jeder Mensch lebt zu jeder Zeit davon, dass der Atem Gottes in ihm Leben wirkt. In Ps 104,30 heißt es zum Leben schaffenden Wesen des Gottesgeistes: »Du sen-

---

[2] Vgl. MATTHIAS FREUDENBERG, The Holy Spirit as Life-Giver: Theological Reflections on a Reformed Ecclesiology, in: Reformed World 65/1 (2015), 21–30.

[3] Vgl. ULRICH H.J. KÖRTNER, Die Gemeinschaft des Heiligen Geistes. Zur Lehre vom Heiligen Geist und der Kirche, Neukirchen-Vluyn 1999, 22.

[4] Reformierte Bekenntnisschriften. Eine Auswahl von den Anfängen bis zur Gegenwart, hg. v. GEORG PLASGER/MATTHIAS FREUDENBERG, Göttingen 2005, 24.

[5] Reformierte Bekenntnisschriften, a.a.O., 243.

dest aus deinen Atem, so werden sie [sc. die Kreaturen] geschaffen, und du machst neu die Gestalt der Erde«. Der Theologe Matthias Jorissen, dem wir die deutsche Bereimung des Genfer Psalters verdanken, hat das in diese sprachliche Form gegossen: »Was Atem hat und Leben, hat's von Dir./ Drum harrt es Dein und schaut hinauf zu Dir./ [...]/ Doch bläsest Du den Geist des Lebens ein,/ so wird der Staub auch wieder lebend sein.«[6] Nach Jes 42,5 gibt der Schöpfer der Erde den Menschen »den Atem und den Geist denen, die auf ihr gehen«. Vom Menschen heißt es in Hi 33,4: »Der Geist Gottes hat mich gemacht, und der Atem des Allmächtigen hat mir das Leben gegeben«. Gottes Geist wirkt Leben schaffend, so dass die Schöpfung und die Erhaltung der Welt als eine schöpferische Beatmung des Geschaffenen durch den Hauch Gottes erscheinen. Der Geist schafft Leben, er erhält am Leben, er weckt Erstarrtes zu neuem Leben auf, er macht das Tote und Erstorbene lebendig.

Was für die Schöpfung als Ganze gilt, das trifft auch auf die durch das Elend der Sünde an den Tod verlorene Welt zu, die Gott mit sich versöhnt hat. In Joh 6,63 findet sich die Pointe der gesamtbiblischen Geistlehre: »Der Geist ist's, der da lebendig macht«. Gottes Geist macht lebendig – oder es ist nicht Gottes Geist (2 Kor 3,6). Gottes in Jesus Christus wirksamer Geist führt in die Freiheit (2 Kor 3,17). Und nach 1 Kor 15,45 wird in Aufnahme von Gen 2,7 der Auferstehungsleib Jesu Christi vom lebendig machenden Geist durchwirkt. Es wiederholt sich, nun am Ende der Zeit, der Vorgang der Einhauchung des Lebensatems in den Menschen. Darum ist die Bitte um das Kommen des Geistes letztlich eine Bitte um Leben. So wie Gottes Geist Jesus von den Toten auferweckt hat, werden auch die sterblichen Leiber der Menschen auferweckt werden (Röm 8,11).

Das Bekenntnis von Nizäa-Konstantinopel (381) hat diese gesamtbiblischen Zusammenhänge aufgegriffen, als es darum ging, den einfachen Satz des Nizänischen Glaubensbekenntnisses (325) (»Wir glauben an den Heiligen Geist«) zu ergänzen: »Wir glauben an den Heiligen Geist, der Herr ist und lebendig macht [...]« (*et in Spiritum Sanctum, Dominum et vivificantem*). Dieser Hinweis auf das lebendig machende Wesen des Geistes wirkt sich auch auf seinen Kontext aus und lässt sich weit über das einzelne Individuum hinaus auf die im Bekenntnis sodann thematisierte Kirche beziehen. Gottes Geist macht lebendig: nicht nur die Schöpfung, sondern auch die Kirche. Aus diesem Grund fand die Bitte um wahres und erfülltes Leben in der Gemeinschaft mit Jesus Christus Eingang in das Pfingstlied der Kirche: »Komm, o komm, du Geist des Lebens,/ wahrer Gott von Ewigkeit,/ deine Kraft sei nicht vergebens,/ sie erfüll uns jederzeit« (EG 134,1). Martin Luther deutet den Gedanken an, dass der Heilige Geist das ist, »womit der Vater durch Christus und in

---

[6] Die Psalmen Davids in Reime gesetzt durch Matthias Jorissen nach der Ausgabe von 1818, mit einer Einleitung v. Michael Lohrer, Rödingen 2006, 327.

Christus alles wirkt und lebendig macht«.[7] Wie es scheint, führt er diesen Gedanken nicht systematisch durch und macht ihn für die Ekklesiologie nicht explizit fruchtbar. Gleichwohl zeigt er immer wieder auf, dass der Geist den Glaubenden von Jesus Christus gegeben wird, um sie mit sich und dem Vater zu verbinden und um sich selber ihnen zu vergegenwärtigen. Auf dem christlichen Weg ist der Geist von fundamentaler Bedeutung, indem er Menschen zu Jesus Christus bringt und sie ihm gleichzeitig macht. Entsprechend heißt es im *Großen Katechismus* (1529): »Denn weder du noch ich könnten jemals etwas von Christus wissen oder an ihn glauben und ihn zum Herrn bekommen, wenn es uns nicht vom Heiligen Geist durch die Predigt des Evangeliums angeboten [...] würde.«[8] Gottes Geist stärkt die Menschen im Glauben, tröstet sie, macht sie lebendig und heiligt sie.[9] Nach den *Operationes in Psalmos* (1519–1521) ist es das Wort, das – mit dem Geist verbunden – Menschen lebendig macht, wie auch sonst Luther das Leben der Kirche primär mit der Verkündigung des Wortes und weniger explizit mit dem Wirken des Geistes in Verbindung bringt.[10] Die Gründe dafür dürften in der durch das Auftreten spiritualistischer Gemeinschaften genährten Befürchtung gelegen haben, dass der Geist vom Wort gelöst und zu einer selbstständigen, unkontrollierbaren Größe werden könnte.

2. Geistreiche Kirche

Johannes Calvin folgte Luther in der Überzeugung, dass die Sammlung der Glaubenden in der Kirche, ihr Trost und ihre Heiligung sich dem Zusammenwirken von Geist *und* Wort im Hören auf das Evangelium und in der Feier der Sakramente verdanken. Gemeinsam mit Luther haben er und die von ihm geprägte reformierte Theologie im Anschluss an die altkirchliche Lehre von der Trinität Gottes hervorgehoben, dass der Heilige Geist ebenso Gott ist wie der Sohn und der Vater. Als Geist des Vaters und des Sohnes kommt ihm eine besondere Wirksamkeit zu, die Calvin als Gottes »Kraft und Wirksamkeit im Handeln« umschreibt.[11] Dem Buch III seiner *Institutio christianae religionis*

---

[7] Martin Luther, Kurze Form der Zehn Gebote, des Glaubens und des Vaterunsers (1520), WA 7, 218,31.

[8] BSELK, 1058 (sprachlich modernisiert); vgl. auch die entsprechende Formulierung Luthers im *Kleinen Katechismus* von 1529, BSELK, 872.

[9] Vgl. BSELK, 872.

[10] WA 5, 477f.: »[...] nec enim alio quopiam quam verbo suo vivificat, gignit, alit, educat, exercet, protegit, servat et triumphat in aeternam vitam«; vgl. WA 7, 721: »tota vita et substantia Ecclesiae est in verbo dei«.

[11] Johannes Calvin, Institutio (1559) I,13,18; Übers.: Unterricht in der christlichen Religion, nach der letzten Ausgabe von 1559, übers. u. bearb. v. Otto Weber, im Auftrag des Reformierten Bundes neu hg. v. Matthias Freudenberg, Neukirchen-Vluyn 2008, 75.

(1559), das sich dem Wirken des Geistes zuwendet, gab er die Überschrift: »Auf welche Weise wir der Gnade Christi teilhaftig werden, was für Früchte uns daraus erwachsen und was für Wirkungen sich daraus ergeben«.[12] Der Heilige Geist ermöglicht die Teilhabe an Jesu Christi Gaben. Diese Teilhabe ist den Glaubenden, aber insbesondere auch ihrer Gemeinschaft in der Kirche zugesagt. Deutlicher als es Luther getan hat, bezieht Calvin das lebendig machende Wirken des Geistes auf die Kirche. Nach ihm nimmt der Geist jene Aufgabe, Menschen mit Jesus Christus zu verbinden und dessen Werk zu ihnen zu bringen, auf äußerst dynamische Weise wahr: Der »Heilige Geist ist das Band, durch das uns Christus wirksam mit sich verbindet«, was als ein ekklesiologischer Hinweis zu verstehen ist.[13]

Das primäre Werk des Geistes besteht zunächst einmal darin, Menschen den Glauben zu schenken. Calvin schreibt: »Denn er führt uns allein durch den Glauben an das Licht des Evangeliums heran.«[14] Im Anschluss daran charakterisiert er den Glauben als eine »feste und gewisse Erkenntnis des göttlichen Wohlwollens gegen uns, die [...] durch den Heiligen Geist unserem Verstand geoffenbart und in unserem Herzen versiegelt wird«.[15] Ein solcher Glaube erkennt Gott als gütigen Vater an, der es mit seinen Kindern gut meint und gut macht. In der durch den Geist ermöglichten Gemeinschaft mit Jesus Christus geschehen einerseits die Sündenvergebung und andererseits die Wiedergeburt. Im Hintergrund steht die Einsicht, dass der Mensch als Sünder von sich aus nicht in der Lage ist, sich Gott zuzuwenden. Er muss über seinen Zustand der Verlorenheit unterrichtet und zu der Erkenntnis gebracht werden, dass Jesus Christus seine Gerechtigkeit ist. Der Glaube ist insofern eine Erkenntnis, dass der Geist dem Menschen etwas bezeugt, was sein Verstand sonst nicht fassen kann. Er erhält Auskunft darüber, was Jesus Christus für ihn bewirkt hat, indem er von außen her dazu erleuchtet wird, Jesu Christi Heilswirken zu erkennen. Zu dieser Erkenntnis leitet Gott selber an, indem er als Heiliger Geist im Menschen das Vertrauen weckt, sich ganz und gar in der Gerechtigkeit Jesu Christi zu bergen und sich von ihr beschenken zu lassen. Insofern ist der Glaube kein frommes Werk des Menschen oder eine von ihm zu ergreifende eigene Möglichkeit, sondern ein Geschenk, das auf seinen Geber verweist.

Calvin präzisiert diesen Gedanken durch den Hinweis, dass der Heilige Geist verborgen am Werk ist. Weder sind das Wirken des Geistes noch sein Werk, der Glaube, äußerlich und direkt erkennbar, identifizierbar oder nachprüfbar. Das ist deshalb von Bedeutung, weil es in der späteren reformierten Frömmigkeitsgeschichte Versuche gegeben hat, den Glauben zu objektivieren, ihn zu einer Eigenschaft oder einem Besitz des Menschen zu erklären und

---

12 Calvin, Institutio (1559) III (Überschrift); Übers.: Unterricht, a.a.O., 287.
13 Calvin, Institutio (1559) III,1,1; Übers.: Unterricht, a.a.O., 289.
14 Calvin, Institutio (1559) III,1,4; Übers.: Unterricht, a.a.O., 291.
15 Calvin, Institutio (1559) III,2,7; Übers.: Unterricht, a.a.O., 296.

sich mittels eines Rückschlusses aus der eigenen Lebensgeschichte (*Syllogismus practicus*) über das Wirken des Geistes, den Glauben und das Erwähltsein Gewissheit zu verschaffen. Calvin denkt anders. Zwar lebt der Christ im Glauben und praktiziert ihn, aber der Glaube ist ebenso wie seine Verursachung unverfügbar. Der Geist weht, wo er will (vgl. Joh 3,8), und hat Anteil an der Freiheit des dreieinigen Gottes.

Wenn im Glauben durch Wirkung des Geistes sich die Gemeinschaft zwischen den Glaubenden und Jesus Christus realisiert, dann weist das in doppelter Weise über sich hinaus. *Erstens* wirkt Gott durch den Geist nicht nur im einzelnen Glaubenden, sondern auch in den Kirchen als der Gemeinschaft der Glaubenden. In ihnen leitet Gott die Seinen und verbindet sie mit Jesus Christus und untereinander durch die Predigt und die Sakramente. *Zweitens* weist die Gemeinschaft zwischen den Glaubenden bzw. der Kirche und Jesus Christus weit über sich hinaus gleichsam in himmlische Sphären. Die vollendete Gemeinschaft mit Jesus Christus ereignet sich in der Verherrlichung in Gottes Reich, auf das die Glaubenden sich schon heute ausrichten, indem sie über das verheißene künftige Leben nachdenken (*meditatio futurae vitae*) und ihr ganzes Leben darauf ausrichten (*sursum corda*).[16] Den bereits gesetzten Anfang des neuen Lebens, das noch auf Vollendung wartet, beschreibt Calvin als Wieder- bzw. Neugeburt, in welcher der Heilige Geist den Menschen zu einem neuen Geschöpf macht. Im *Genfer Katechismus* (1542/45) schreibt er in den Fragen 89 und 90: »So wie Gott uns durch den Sohn erlöst und gerettet hat, gibt er uns nun durch den Geist Anteil an dieser Erlösung und diesem Heil. Wie geschieht dies? Da das Blut Christi unsere Reinigung bewirkt, müssen unsere Gewissen durch den Geist damit besprengt und abgewaschen werden.«[17] An anderer Stelle heißt es über den Geist: »Aber daß er seine Kraft in alles ergießt und dadurch allen Dingen Wesen, Leben und Bewegung verleiht, das ist offenkundig göttlich. Und wenn weiterhin die Wiedergeburt zu unvergänglichem Leben höher und viel erhabener ist als alles gegenwärtige Wachsen und Werden, wie muß man dann über den Geist urteilen, aus dessen Kraft solches Leben hervorgeht?«[18] Durch den lebendig machenden Geist gelangen Menschen zur Gemeinschaft mit Gott, und Calvin legt im Gefälle seiner Argumentation Wert darauf, dass damit nicht allein eine Aussage über das Individuum erfolgt, sondern immer schon an die Gemeinschaft der Glaubenden – die Kirche – zu denken ist.

Das lebendig machende Wesen des Geistes teilt sich so mit, dass Menschen von ihm ergriffen und in ihrem Leben neu ausgerichtet werden. Weder sie noch die Kirche kommen jemals in den Besitz des Geistes. Vielmehr sind sie dauerhaft auf seine Verheißung angewiesen. In Frage 91 des *Genfer Katechismus* zeigt Calvin die Kraft des Gottesgeistes auf, der in der Gemeinschaft

---

16 Vgl. Calvin, Institutio (1559) III,9; Übers.: Unterricht, a.a.O., 389–393.
17 Reformierte Bekenntnisschriften (s. Anm. 4), 72.
18 Calvin, Institutio (1559) I,13,14; Übers.: Unterricht (s. Anm. 11), 73.

der Glaubenden lebendig ist: »Der Geist Gottes, der in unseren Herzen wohnt, bewirkt, dass wir die Kraft Christi fühlen. Dass wir Christi Wohltaten mit dem Verstand erfassen, wird von der Erleuchtung durch den Heiligen Geist bewirkt; seine Überzeugungskraft bewirkt, dass sie in unseren Herzen versiegelt werden. Er allein schafft dafür in uns Raum. Er bewirkt unsere Wiedergeburt und macht uns zu neuen Geschöpfen. Alle uns in Christus dargereichten Gaben empfangen wir also durch die Kraft des Geistes.«[19] Zu diesen Gaben zählt auch die Wohltat, dass die Glaubenden als Gemeinschaft der Glaubenden, als Kirche, existieren und sich gegenseitig an den ihnen verliehenen Gaben Anteil geben. In diesem Sinne ist die in den Fragen 54 und 55 des *Heidelberger Katechismus* (1563) beschriebene Kraft des Geistes zu verstehen: Der Sohn Gottes versammelt, schützt und erhält durch seinen Geist und sein Wort eine auserwählte Gemeinde zum ewigen Leben, in welcher der einzelne Christ ein »lebendiges Glied« ist und bleiben wird. In dieser Gemeinschaft der Heiligen »soll jeder seine Gaben willig und mit Freuden zum Wohl und Heil der anderen gebrauchen«.[20]

Calvin zeigt zudem die Reichweite der durch den Geist gewirkten Lebenserneuerung auf. Die Glaubenden leben in der ihnen vom Geist bekräftigten Gewissheit, dass sie Gottes Neuschöpfung sind, wiedergeboren zu einer lebendigen Hoffnung: »Wir können also auf keine Weise zu Christus kommen, ohne daß uns der Geist Gottes zieht; werden wir von ihm gezogen, so werden wir aber auch nach Verstand und Herz weit über das erhoben, was wir aus uns selber erfassen können.«[21] Ferner erkennen die Glaubenden in der Wirkung des Geistes, dass weder die Kirche noch die Welt geistlos sind und bleiben müssen. Im Gegenteil: In seiner lebendig machenden Kraft bezeugt der Geist den Glaubenden und den Kirchen, dass die Herrschaft Jesu Christi sich gegen alle Anstürme der zerstörerischen Kräfte von Lieblosigkeit, Friedlosigkeit und Hoffnungslosigkeit durchsetzt. Diese Zuversicht gewinnt der Glaubende freilich oftmals gegen den Augenschein. Er bewährt seine Zuversicht darin, dass er der Wirklichkeit des Bösen und den »herrenlosen Gewalten«[22] keine ewige Bedeutung zumisst, sondern sie als einen gerichteten und vergehenden Schatten sieht. Ein solches tätiges Vertrauen in den Glaubenden zu wecken und es zugleich in den Kirchen zu verankern, ist das Werk des Heiligen Geistes. In seiner Kraft können Menschen in der Gemeinschaft mit Jesus Christus in Wahrheit menschlich leben. Ein Seitenstück zu Calvins Bekenntnis zur Leben schaffenden Wirksamkeit des Geistes finden wir in Artikel 12 des *Schottischen Bekenntnisses* (1560): »Von Natur sind wir so sehr in der

---

[19] Reformierte Bekenntnisschriften (s. Anm. 4), 73.

[20] A.a.O., 166.

[21] Calvin, Institutio (1559) III,2,34; Übers.: Unterricht (s. Anm. 11), 314f.

[22] Vgl. Karl Barth, Das christliche Leben. Die Kirchliche Dogmatik IV/4. Fragmente aus dem Nachlaß. Vorlesungen 1959–1961, hg. v. Hans-Anton Drewes/Eberhard Jüngel, Karl Barth-Gesamtausgabe, Abt. II, Zürich 1976, 363–399.

Gewalt des Todes [...], wenn nicht der Geist Gottes die Toten zum Leben ruft, die Finsternis von den Augen unseres Geistes vertreibt und die trotzigen Herzen beugt, dass wir seinem heiligen Willen gehorchen.«[23]

3. GEISTESGEGENWART IN DER ÉGLISE DU DÉSERT

Was bedeutet die dem Geist zugeschriebene lebendig machende Wirkung für die Ekklesiologie? Die ekklesiologische Dimension der Pneumatologie hat Karl Barth unter der Überschrift »Der Heilige Geist und die Versammlung der christlichen Gemeinde« so formuliert: »Der Heilige Geist ist die erweckende Macht, in der sich Jesus Christus seinen Leib, d.h. seine eigene irdisch-geschichtliche Existenzform, die eine, heilige, allgemeine, apostolische Kirche geschaffen hat und fort und fort erneuert. Sie ist die Christenheit, d.h. die Versammlung der Gemeinde derer, die durch ihn [...] jetzt schon zu einem neuen Leben unter dem in seinem Tod vollzogenen und in seiner Auferweckung von den Toten offenbarten göttlichen Urteil willig und bereit gemacht sind. So ist sie die vorläufige Darstellung der ganzen in ihm gerechtfertigten Menschenwelt.«[24] In Weiterführung dieses Gedankens heißt es über die Kirche: »Sie lebt von der erweckenden Macht des Heiligen Geistes. Etwas Anderes als eine église du désert, etwas Besseres als ein Wanderzelt wie die biblische Stiftshütte kann sie in der Welt nicht sein wollen.«[25]

Eine bescheidene – da ihr Zentrum nicht in sich selber suchende – église du désert, die sich zugleich in theologisch legitimer Weise unbescheiden dazu bekennt, dass der Gottesgeist in ihr gegenwärtig ist und sie lebendig macht: *das* ist Kirche. Ob sie sich dessen zu jeder Zeit und an jedem Ort bewusst ist? Noch bevor wir sie, zu Recht oder zu Unrecht, Kirche bzw. Institution der Freiheit nennen, können wir der Geistvergessenheit entgegenwirken und sie allen anderen funktionalen Zuschreibungen voran als Kirche Jesu Christi bzw. als Kirche seines in ihr gegenwärtigen und wirksamen Geistes ansehen.

Im Hervorheben der Geistesgegenwart in der Kirche wird ein insbesondere für die reformierte Ekklesiologie charakteristisches Anliegen deutlich. Sie beschreibt das Wesen und die Existenz der Kirche vorzugsweise in eschatologischen Kategorien. Zum *einen* lebt die Kirche in einer Spannung hin zur Vollendung in Gottes Reich und legt gegenwärtig von ihrer Zukunft, die zugleich ihre Begrenzung ist, bekennend Zeugnis ab. Zum *anderen* versteht die Kirche sich selber als auferweckte und zum Leben gerufene Gemeinschaft der Glaubenden. Auf diese Weise wird die Auferweckung zu einer Kategorie der Begründung der Kirche und zugleich zu einem (Über-)Lebensprinzip ihrer Gegenwart. Der in der Kraft des Geistes die Kirche auferweckende Herr der

23 Reformierte Bekenntnisschriften (s. Anm. 4), 133.
24 KARL BARTH, Die Kirchliche Dogmatik IV/1, Zollikon-Zürich 1953, 718.
25 BARTH, Kirchliche Dogmatik IV/1, a.a.O., 738.

Kirche ist ihr gegenwärtig, gleichzeitig und ihr Zeitgenosse. Das gilt es wahrzunehmen und damit einer geläufigen (Selbst-)Wahrnehmungsschwäche der Kirche zu begegnen. Ihr weit verbreitetes Selbstmissverständnis lautet, dass die Kräfte begrenzt, wenn nicht sogar erschöpft sind. Dem setzt die sich vom Geist Gottes her verstehende Kirche die Einsicht entgegen, dass nicht nur eine Ruhe im Volk Gottes (Hebr 4,9), sondern vor allem die Leben stiftende Kraft in ihr am Werk und noch nicht versiegt ist. Das deutet auch die dritte These der *Barmer Theologischen Erklärung* mit ihrem Hinweis auf den Geist an: »Die christliche Kirche ist die Gemeinde von Brüdern [und Schwestern], in der Jesus Christus in Wort und Sakrament durch den Heiligen Geist als der Herr gegenwärtig handelt.«[26]

Der Gesichtspunkt, dass Jesus Christus in Wort und Sakrament durch den Heiligen Geist am Werk ist, stößt die Tür zu Calvins pneumatologischem Abendmahlsverständnis auf. Er macht darauf aufmerksam, dass die zum Abendmahl versammelte Gemeinde durch die »verborgene Macht des Heiligen Geistes« mit dem leiblich abwesenden, aber geistlich anwesenden Christus in einen heilsamen und das Leben und den Glauben stärkenden Kontakt kommt: »Wir wollen bedenken, wie weit die verborgene Kraft des Heiligen Geistes über alle unsere Sinne hinausragt, und wie töricht es wäre, ihre Unermeßlichkeit nach unserem Maß messen zu wollen. Was also unser Verstand nicht begreift, das soll der Glaube erfassen: was räumlich getrennt ist, das wird vom Heiligen Geist in Wahrheit geeint.«[27] Zeichenhaft in Brot und Wein zum Ausdruck gebracht, verdichtet sich im Abendmahl der lebendig machende Charakter von Gottes Geist. Er macht Jesus Christus als den Einladenden und Mitfeiernden gegenwärtig und zum Zeitgenossen. In der Feier des Abendmahls nimmt die *communio sanctorum* auf besonders anschauliche Weise Gestalt an. Wir verdanken Calvin den Hinweis darauf, dass das Wesen des Abendmahls in einer wirklichen und zum Leben erweckenden geistlichen Präsenz Jesu Christi besteht.

Indem Christen auf die Gegenwart des Geistes vertrauen, fragen sie konsequenterweise: Wozu sind wir berufen? Was ist unsere Mission? Solche Fragen richten sich auf die kirchliche Identität, die mehr umfasst als die eigene Selbstbehauptung in der Vielfalt der Kirchen und Konfessionen. Es geht um das Nachdenken darüber, wofür die Kirchen stehen. Diese Frage lässt sich nicht allein phänomenologisch im Blick auf ihr Erscheinungsbild beantworten. Auch lässt sich die eigene konfessionelle Identität nicht nur an bestimmten Traditionen und kirchlichen Ausdrucksformen festmachen, sondern muss sich immer wieder neu ereignen. Identität steht nicht fest, sondern ereignet sich, indem sich die Kirchen in das Wirken von Gottes Geist verwickeln und von ihm antreiben lassen, um aus dieser Kraft heraus zu existieren. Identität er-

---

26 Reformierte Bekenntnisschriften, (s. Anm. 4), 243.

27 Calvin, Institutio (1559) IV,17,10; Übers.: Unterricht, (s. Anm. 11), 771f.

eignet sich als ein Selbstwerdungsprozess – als ein Werden, zu dem Gott den Kirchen Zeit und Raum und vor allem seinen Geist gibt.

Eine hoffnungsvolle Orientierung für das Kirche-Werden der Kirchen hat Calvin gegeben, indem er die Kirchen in der Kategorie der Auferweckung und des gegenwärtigen Lebendigwerdens beschreibt: »Obwohl die Kirche zur Zeit kaum zu unterscheiden ist von einem toten oder doch invaliden Mann, so darf man doch nicht verzweifeln, denn auf einmal richtet der Herr die Seinen auf, wie wenn er Tote aus dem Grabe erweckt. [...] Das Leben der Kirche ist nicht ohne Auferstehung, mehr noch, nicht ohne viele Auferstehungen.«[28] Dazu sei noch eine ökumenische Anmerkung gegeben. Im Dialog zwischen der *World Communion of Reformed Churches* und den Pfingstkirchen (2001–2011) wurde neben der Benennung vielfältiger Unterschiede im Verständnis des Heiligen Geistes und seines Wirkens als gemeinsame Überzeugung u.a. dessen lebendig machender Charakter festgehalten: »Nevertheless, awareness of the vivifying presence of the Holy Spirit is often more apparent in Pentecostal worship than in Reformed worship. Many Reformed Christians acknowledge the need for greater openness to the Holy Spirit, recovering a neglected feature of worship in Reformed congregations.«[29] Auf dem Hintergrund des Defizits, dem Gottesgeist bislang zu wenig Beachtung geschenkt zu haben, kommt es darauf an, diesen in seiner Eigenschaft als lebendig machende Kraft sowohl in der theologischen Begründung der Ekklesiologie als auch im praktischen Leben der Kirchen neu Raum zu geben.

Gottes Geist, über den Luther singend sagt, er sei »ein lebend Brunn, Lieb und Feu'r« (EG 126,2), macht einzelne Menschen und die Kirchen lebendig. Sie befinden sich in einer Bewegung der steten Lebendigwerdung. Unter dem Vorzeichen des Geistes hat das Leben im Glauben und in der Gemeinschaft der Glaubenden Verheißung und Zukunft. Menschen nehmen das Wirken von Gottes lebendig machendem Geist wahr und verleihen ihm predigend, lehrend, feiernd, singend, betend und handelnd Ausdruck. In einem solchen Prozess werden die Kirchen sich selber als eine vom Geist inspirierte *communio sanctorum* (wieder)entdecken und nach außen Lebendigkeit ausstrahlen. Dabei setzen Menschen, die mit dem lebendig machenden Geist in Berührung gekommen sind, alles daran, dass ihre Teilhabe an Jesu Christi Wohltaten auch die Weitergabe und gegenseitige Partizipation der geschenkten Gaben umfasst. Gerade in der einander mitgeteilten Gabenvielfalt zeigen sich die beiden zentralen Eigenschaften des Geistes: Er ist gegenwärtig und er macht lebendig. Weil er ein Heilmittel gegen die Verdunkelungen des Lebens ist, wirbt Paulus darum, in diesem Geist zu leben: »Wenn wir im Geist leben, wollen wir uns auch am Geist ausrichten« (Gal 5,25, Zürcher Bibel).

---

28 Johannes Calvin, Kommentar zu Micha 4,6, CO 43, 353.

29 Report of the Reformed – Pentecostal Dialogue: Experience in christian faith and life. Worship, Discipleship, Discernment, Community, and Justice, in: Reformed World 63/1 (2013), 2–44, hier 9.

Protestantismus, Interkulturalität und Moderne

Beobachtungen zu kulturell-religiösen Transformationsprozessen seit dem 19. Jahrhundert

Henning Wrogemann

Der neuzeitliche Protestantismus hat einerseits bedeutende Transformationsprozesse durchlaufen, er hat andererseits maßgebliche Impulse für Transformationsprozesse in anderen Kulturen und Religionen gegeben. Was aber ist unter Protestantismus zu verstehen, welche Transformationsprozesse sind gemeint und wie ist der Begriff der Moderne zu fassen? Diesen Fragen nachzugehen ist von bleibender Bedeutung, da im globalen Diskurs mit dem Verständnis der Moderne auch erhebliche Machtansprüche verbunden werden.

1. Welcher Protestantismus?

Zunächst ist festzuhalten, dass der Begriff Protestantismus im Singular nicht unproblematisch ist. Eher müsste man von *Protestantismen* sprechen. Grundsätzlich ist Friedrich Schleiermachers Unterscheidung weiterhin hilfreich, der zufolge im Protestantismus das Verhältnis des Glaubenden zur Kirche *über seine Christusbeziehung* läuft, im Katholizismus demgegenüber des Verhältnis des Glaubenden zu Christus *über seine Kirchenbeziehung*. Der Protestantismus hat ohne Frage starke Individualisierungsschübe hervorgebracht, wenn auch teils mit erheblicher zeitlicher Verzögerung gegenüber den Anfängen.[1] So gesehen wurde er zu einer treibenden Kraft der Moderne. Nach Friedrich Wilhelm Graf steht am »Anfang aller modernen Individualisierungsschübe [...] jene religiöse Subjektivitätskultur, die im reformatorischen Protest Martin Luthers begründet ist.«[2]

Den verschiedenen Protestantismen sind ungeachtet der großen Unterschiede stark vereinfachend gesagt folgende Charakteristika eigen: Es geht erstens um die unmittelbare Christusbeziehung (*solus Christus*), die zweitens durch das göttliche Wort vermittelt wird (*verbo solo*). Dadurch wird drittens

---

1 Thomas Kaufmann, Geschichte der Reformation, Frankfurt a.M. 2009.

2 Friedrich Wilhelm Graf, Der Protestantismus, in: Hans Joas/K. Wiegandt (Hg.), Säkularisierung und die Weltreligionen, Frankfurt a.M. 2007, 78–124, 99.

die individuelle Gewissheit des rechtfertigenden Glaubens (*sola gratia*) ermöglicht. Es geht viertens um die Hochschätzung der Bibel als einzig verbindlicher Norm christlichen Glaubens und Lebens (*sola scriptura*) sowie fünftens um das Priestertum aller Gläubigen, welches sich sechstens in der Alltäglichkeit des weltlichen Berufslebens bewährt. Weiter ergab sich daraus eine Rationalisierung der eigenen Lebenspraxis. Es ist leicht zu sehen, dass verschiedene Protestantismen Prozesse begünstigt haben, die man als Modernisierung bezeichnen kann. Aus missions- und religionswissenschaftlicher Sicht mögen grob schematisierend zwei große Strömungen unterschieden werden, nämlich erstens der *modernitätsfreundliche liberale Protestantismus* sowie zweitens der eher *modernitätskritische konservative Protestantismus*. Beide Strömungen haben, ob bewusst oder unbewusst, in je eigener Weise Modernisierungsprozesse angestoßen oder forciert.

1.1 Liberaler Protestantismus

Als modern-liberalen Protestantismus kann man – wiederum sehr vereinfachend – jene Richtung bezeichnen, die die Aufklärungskritik an Religionen allgemein und dem Christentum im Besonderen offensiv aufgegriffen hat. Als deutscher Theologe/Theologin denkt man hier an Namen angefangen von Friedrich Schleiermacher bis hin zu Ernst Troeltsch oder Adolf von Harnack. Der moderne Protestantismus dieser Art kann als Versuch gesehen werden, den christlichen Glauben gegen vielfältige Kritik zu behaupten, was in der zweiten Hälfte des 19. Jahrhunderts bei nicht wenigen Vertretern zu der These führte, die abendländische Zivilisation verdanke sich wesentlich ihren christlichen Grundlagen. Grundsätzlich ist ein zivilisatorischer und später ethnologischer Evolutionismus weit verbreitet, der in der abendländischen Zivilisation die höchste Vollendung menschlicher Kulturen erblickte.[3]

Geistige Grundlage dieser Zivilisation sei vor allem die christliche Tradition. Dazu gehöre etwa der Glaube an den einen Schöpfergott, welcher es ermögliche, die Welt als reine Schöpfung wissenschaftlich zu untersuchen, sodann zweitens der Glaube als unmittelbares Gottesverhältnis. Der Mensch ist nur Gott und seinem eigenen Gewissen verpflichtet. Damit wurde die Kritik an religiösen Hierarchien verbunden sowie die Fähigkeit selbständigen Urteilens begründet. Drittens wurde eine aktive Weltzuwendung als Spezifikum der christlichen Religion und Kultur behauptet, in der sich das neue Gottesbewusstsein Ausdruck verschaffe. Das Profil dieser Geltungsansprüche sollte, wie zu zeigen sein wird, später für interkulturelle wie interreligiöse Interaktionen eine bedeutende Rolle spielen.[4]

---

[3] HANS-JOACHIM KOLOSS, Der ethnologische Evolutionismus im 19. Jahrhundert. Darstellung und Kritik seiner theoretischen Grundlagen, Zeitschrift für Ethnologie 111 (1986), 15–28.

[4] Vgl. die apologetische Aufnahme solche Geltungsansprüche unter Pkt. 2.1.

1.2 Konservativer Protestantismus

Indes muss missionswissenschaftlich darauf hingewiesen werden, dass derjenige Protestantismus, welcher zur treibenden Kraft der missionarischen Bewegungen wurde, allgemein von sehr viel konservativerer Prägung war. Die meisten der europäischen Missionare stammten aus ländlichen Gebieten und einfachen Verhältnissen.[5] Seit dem frühen 19. Jahrhundert war ein neuer Typ von Organisation entstanden, die so genannten Missionsgesellschaften, so dass über die Jahre zunächst Hunderte und bald Tausende von protestantischen Missionarinnen und Missionaren in verschiedenen Gebieten der Erde Missionsstationen begründeten.[6] Hier kam weniger das Gedankengut eines liberalen Protestantismus zum Zuge, vielmehr fanden durch diese Initiativen moderne technische und wissenschaftliche Innovationen in Gebieten vor allem Afrikas und Asiens Verbreitung.

Missionen begründeten Missionsstationen, die sowohl durch Missionsfarmen (mit oft neuen Anbaumethoden) als auch durch Missionshandel finanziert wurden. Zu nennen ist weiter der moderne missionsärztliche Dienst. Sozialdiakonische Impulse und Aktivitäten waren sehr oft ein wesentlicher Bestandteil missionarischen Wirkens und wurden von vielen Einheimischen als geradezu paradigmatisch für die Arbeit der Missionen wahrgenommen. Sehr bedeutend war darüber hinaus das *Schulwesen*. Schulen waren eine der Säulen der protestantischen Missionen, denn jeder Christ sollte die Bibel nach Möglichkeit in seiner eigenen Sprache lesen können. Viele protestantische Missionare unternahmen daher Sprachforschungen unter den Völkern, unter denen sie lebten. Oft kam es zur Verschriftlichung lokaler Sprachen und deren oraler Traditionen. In den Schulen wurden meist lokale Sprachen ebenso wie Verkehrssprachen (Englisch, Französisch) unterrichtet. Modernisierung fand in vielen Gebieten Afrikas und Asiens damit zunächst über Bildung statt. In vielen Kolonialgebieten insbesondere im Sub-saharischen Afrika stellten christliche Missionen (vor allem protestantische) den wichtigsten Bildungsfaktor dar.[7] Jedes Gebiet und Land wäre gesondert zu betrachten. In Japan etwa wurden Ende des 19. und Anfang des 20. Jahrhunderts christliche Ein-

---

[5] KLAUS HOCK, Art. Modernisierung. V. Missionstheologisch, in: RGG^4, Bd. 5, Tübingen 2002, Sp. 1383–1384, 1384.

[6] Vgl. HORST GRÜNDER, Christliche Heilsbotschaft und weltliche Macht. Studien zum Verhältnis von Mission und Kolonialismus, Gesammelte Aufsätze, Europa-Übersee 14, Münster 2004; THORSTEN ALTENA, »Ein Häuflein Christen mitten in der Heidenwelt des dunklen Erdteils«. Zum Selbst- und Fremdverständnis protestantischer Missionare im kolonialen Afrika 1884–1918, Internationale Hochschulschriften 395, Münster 2003.

[7] Vgl. CHRISTEL ADICK, Grundstruktur und Organisation von Missionsschulen in den Etappen der Expansion des modernen Weltsystems, in: ARTUR BOGNER u.a. (Hg.), Weltmission und religiöse Organisationen. Protestantische Missionsgesellschaften im 19. und 20. Jahrhundert, Religion in der Gesellschaft 16, Würzburg 2004, 459–482, 476f.; BOB W. WHITE, Talk about School: education and the colonial project in French and British Africa (1860–1960), in: Comparative Education 32 (1996), 9–25.

richtungen zu einem wichtigen Faktor der Vermittlung westlicher Bildung. Auf dem indischen Subkontinent waren Missionen nach Klaus Koschorke »bis etwa 1900 [...] die Hauptträger des höheren Schulwesens in Indien«.[8]

Neben den Schulen spielte auch die *publizistische Arbeit* eine große Rolle. Es wurden Missionsberichte verfasst und in Europa bei den Unterstützerkreisen verteilt, es wurden nicht selten Quellentexte anderer Religionstraditionen (zum Beispiel der buddhistische Pali-Kanon) erforscht, gesammelt, ediert und verbreitet. Die seit etwa der Mitte des 19. Jahrhunderts einsetzende religionswissenschaftliche Arbeit tat ein Übriges, um religiöse Quellenschriften, etwa der Hindu-Traditionen, der buddhistischen Traditionen und anderer nicht nur etwa ins Englische zu übersetzen, sondern diese Übersetzungen auch zu edieren, zu publizieren und damit (religionsgeschichtlich gesehen erstmalig!) einer breiten Leserschaft zugänglich zu machen. Diese Aktivitäten, zu denen protestantische Missionen eine besondere Affinität hatten, sollten später von großer Bedeutung für die interkulturellen und interreligiösen Interaktionen werden.

Wenn man für den Bereich europäischer Präsenz im kolonialen Kontext Afrikas und Asiens des 19. und frühen 20. Jahrhunderts von protestantischen Einflüssen spricht, so erscheint es demnach geraten, einerseits zwischen solchen *geistigen Gehalten* zu unterscheiden, die sich dem Liberalen Protestantismus verdanken, und andererseits solchen missionarischen *Aktivitäten*, die mehrheitlich von eher konservativen (also nicht liberal denkenden) Christen/innen vorangetrieben wurden. Eine *Verbindung beider Linien* kann partiell im Schulwesen, insbesondere im höheren Schulwesen (wo es dieses gab, so besonders in Asien: Indien, Japan, China usw.) gesehen werden.

2. Welche Art von Transformationen?

Während der Kolonialära kam es zum Aufbau eines an westlichen Standards orientierten Schulwesens besonders von Primarschulen, aber auch höherer Bildungsinstitutionen. In diesen Institutionen wurden lokale Eliten herangebildet, die durch die Inhalte westlicher Wissenschaft wesentlich geprägt wurden. Ihre Aneignungsprozesse sind jedoch vielfach zugleich Aufnahme westlicher Inhalte und als Widerstand gegen westliches Hegemonialstreben zu verstehen. Reformdenker entwickelten neue Identitätszuschreibungen, die gegen westliche Stilisierungen des Eigenen wie des Fremden gerichtet waren. Diese Selbstzuschreibungen sind indes in vielerlei Hinsicht als *Spiegelungen westlicher Fremdzuschreibungen* zu verstehen.

---

[8] Klaus Koschorke, Der indische Subkontinent, in: Karl Müller/Werner Ustorf (Hg.), Einleitung in die Missionsgeschichte. Tradition, Situation und Dynamik, Theologische Wissenschaft 18, Stuttgart u.a. 1995, 104–120, hier: 110–111.

In der zweiten Hälfte des 19. Jahrhunderts reklamierten westliche Intellektuelle die geistigen Grundlagen von Aufklärung und Moderne mehr und mehr für den Westen und betonten gleichzeitig die Differenz zwischen dem Eigenen und dem Fremden, was in postkolonialer Perspektive als *Othering* bezeichnet wird. Einige grundlegende Thesen lauteten, dass (1.) Europa als eine *aktive Kultur* zu charakterisieren sei, wohingegen der Islamischen Welt ebenso wie der Asiatischen Welt ein eher passives Wesen unterstellt wurde. Die Kultur Europas sei (2.) eine *rational-wissenschaftliche Kultur*. Dem wurde der angebliche Irrationalismus nicht nur der afrikanischen (als ›*primitiv*‹ bezeichneten) Traditionen, sondern auch des Volksislam und volksreligiöser Traditionen etwa unter Hindus und Buddhisten gegenübergestellt. Ein wichtiger Bestandteil westlicher Kultur wurde (3.) in der *Freiheit des Geistes* gesehen. Andere Kulturen und Religionen wurde unterstellt, sich entweder blind religiösen Autoritäten wie Sufi-Meistern oder Priesterhierarchien zu unterwerfen (man erkennt hier deutlich auch die protestantische Spitze gegen den römischen Katholizismus) oder aber an starren religiösen Gesetzen und Bräuchen festhalten, welche gesellschaftliche Entwicklungen und damit modernen Fortschritt blockieren. Nicht zuletzt wurde Europa (4.) als eine sittlich und ethisch hochstehende Kultur verstanden, der mit dem Begriff *the whiteman's burden* die Aufgabe zufalle, die Segnungen nicht nur der Technik und Wissenschaft, sondern auch des ethischen Handelns weltweit auszubreiten und andere Kulturen daran teilhaben zu lassen. Damit war eine Rechtfertigung der kolonialen Machtübernahme oft direkt verbunden. *Diese Positionierungen sollten für die interkulturellen und interreligiösen Austausch- und Adaptionsprozesse von nicht zu unterschätzender Bedeutung werden.*

2.1 Aneignung moderner Deutungsmuster

Im Folgenden seien einige Reformdenker aus der buddhistischen, der hinduistischen und der islamischen Religionsformation genannt. Buddhistische Reformer wie *Dharmapalā* (1864–1933) in Sri Lanka oder *Daisetz T. Suzuki* (1870–1966) und *Nishida Kitarō* (1870–1945) in Japan reagierten auf die von westlichen Intellektuellen exklusiv reklamierte Moderne ähnlich wie die islamischen Reformer *Ǧamāl ad-Dīn al-Afghānī* (1838–1898), *Muḥammad Abduh* (1849–1905) und *Rashid Riḍa* (1865–1935) oder neohinduistische Reformer wie *Swami Vivekananda* (1863–1902) oder *Sarvepalli Radhakrishnan* (1888–1975).

Sie alle gaben *erstens* im Blick auf ihre eigenen religiösen Gegenwartstraditionen die im kolonialen Diskurs attestierten Missstände zu. Sie räumten also deren Rückständigkeit, Irrationalität und Weltabgewandtheit ein. Sie verwiesen indes *zweitens* darauf, dass die eigene *ursprüngliche* Religion (also der ursprüngliche Buddhismus, Islam oder Hinduismus) ihrem *Wesen* nach anders als die *gegenwärtige* Gestalt der eigenen Religion sei. Ihrem Wesen nach sei die eigene Religion nämlich ebenso rational wie wissenschaftlich, ebenso ethisch wie sozial, ebenso modern wie humanistisch. Damit wurde die je eigene Religion der christlich-westlichen Zivilisation gegenüber zunächst als ebenbürtig behauptet. Man müsse nur, so die weiterführende These, zu diesem ursprünglichen Buddhismus, diesem ursprünglichen Islam oder Hinduismus zurückkehren, um zu einer echten Modernisierung und Entwicklung zu gelangen und gleichzeitig die eigenen spirituellen Grundlagen wieder zu gewinnen.

Westliche Hegemonialansprüche werden damit von den Reformern gespiegelt, denn es werden Standards westlicher Wissenschaft und Aufklärungsphilosophie aufgegriffen sowie Ideen idealistischen und romantischen Denkens.[9] Die Standards verdanken sich jenem Wissensdiskurs, wie er an den neuen Bildungsinstitutionen (Missionsschulen, Universitäten usw.) gepflegt, das heißt gelehrt, studiert und diskutiert wurde. Daraus entstanden Reformbewegungen, die man später als Neo-Buddhismus, Reform-Hinduismus und islamische Salafiyya bezeichnet hat. Man spricht nicht von Ungefähr von einem ›protestantischen Buddhismus‹ oder aber einem ›protestantischen Islam‹.

Wesentliche Elemente dieser neuen Positionierungen sind etwa: (1.) die aufklärerischen Ideale der Rationalität, der Freiheit und des Selbstdenkens. (2.) Aus dem romantischen Denken stammt der *Wesensbegriff* von Religion und Kultur als eines je individuellen und überzeitlichen kulturell-religiösen Kontinuums. (3.) Der Gedanke einer kulturell-religiösen *Evolution* wird in verschiedenem Maße aufgegriffen. (4.) Die Stilisierung von *Weltreligionen* (ein hegemoniales Konzept) wird übernommen und jeweils für die eigene Religion reklamiert. (5.) Der Rekurs auf *die unmittelbare religiöse Erfahrung* wird gegen religiöse Hierarchien ebenso wie gegen säkularistische Theoriebildung in Anschlag gebracht. (6.) Die klassische Idee des *reinen Anfangs* wird verwendet und mit den genannten Konzepten (Rationalität, Freiheit, Selbstdenken, Evolution, Wesensbegriff, Weltreligion, unmittelbare Erfahrung) zum Konstrukt einer eigenen ursprünglichen und reinen religiösen Identität verdichtet. (7.) Die zeitlich sehr alte eigene religiöse Identität, die als ursprüngliche, eigentliche und reine Identität behauptet wird, ist aus religions- und kulturwissenschaftlicher Perspektive damit als ein eminent modernes Phänomen und in dieser Gestalt als *invented tradition*, als erfundene Tradition, zu verstehen.

2.2 Die Aneignung von technischen Innovationen

Es spielen in der Frage von Transformationsprozessen jedoch auch Medien eine besondere Rolle, wie etwa die Übersetzungs-, Edierungs- und Forschungsarbeiten westlicher Missionare und Orientalisten. Diese Schriften wurden von einheimischen Eliten rezipiert und haben wiederum bedeutende Rückwirkungen auf westliche Rezipienten gehabt. Die Bedeutung der Zugänglichmachung und Verbreitung von Heiligen Schriften in englischer Übersetzung kann nicht hoch genug veranschlagt werden. Zu solchen Medien gehören indes auch die erst im 20. Jahrhundert entstehenden buddhistischen

---

9 Vgl. Henning Wrogemann, Theologie Interreligiöser Beziehungen. Lehrbuch Interkulturelle Theologie/Missionswissenschaft, Band 3, Gütersloh 2015, 313–328.

Meditationszentren für Laien, besonders im städtischen Bereich sowie Bildungseinrichtungen wie Universitäten oder aber spezifisch religiöse Bildungseinrichtungen wie etwa buddhistische Sonntagsschulen, die organisatorisch nach dem Vorbild christlicher Sonntagsschulen gestaltet wurden.

Am bedeutsamsten wurden indes *neue religiöse Organisationen*, oft durch Menschen begründet, die nicht zum traditionell-religiösen Gelehrten- oder Mönchsstand gehörten. Diese Zusammenhänge können hier nur summarisch angedeutet werden. Islamische Organisationen wie die *Muslimbruderschaft* in Ägypten, die *Muhammadiyya* in Indonesien und andere übernahmen straffe Organisationsstrukturen, formalisierte Ausbildung, neue Curricula und vieles mehr. Ähnlich verhält es sich bei neobuddhistischen Organisationen wie etwa *Sarvodaya* in Sri Lanka.[10]

3. ZUM MODERNEDISKURS DES 19. UND 20. JAHRHUNDERTS

Protestantische Präsenzen in außereuropäischen Gebieten wirkten demnach als ein wichtiger Faktor von Modernisierung und Moderne. Indes muss sogleich gefragt werden, wie dieser Begriff genau zu verstehen ist. Der Begriff der Moderne wird im Deutschen als Epochenbegriff für die *späte* Neuzeit verwendet. Wichtig ist seine besondere Signatur, denn es geht bei dem Begriff der Moderne um nichts weniger als eine Kluft, die zwischen Altem und Modernem festgestellt wird.[11] Etwa in der Zeit zwischen 1770 und 1850 wird in europäischen Gesellschaften ›das Alte‹ zunehmend als etwas verstanden, das zugunsten ›des Modernen‹ überwunden werden muss, weil ›das Moderne‹ schlicht als besser gilt. War noch in früherer Zeit die Orientierung an der normativen Vergangenheit (der Tradition) ein selbstverständlicher Zug des Geisteslebens, so wird nun das jeweils Moderne als das im Vergleich zum Vergangenen Überlegene und darum Erstrebenswerte verstanden. Der Modernebegriff der Neuzeit beinhaltet das Versprechen einer besseren Zukunft.

Dieses neue Zeitbewusstsein der Moderne ist jedoch ambivalent: Wenn das, was heute neu und also modern ist, morgen schon veraltet zu sein droht, was bleibt dann noch verlässlich? *Welche Traditionen dürfen angesichts des permanenten Wandels noch Autorität beanspruchen*? Gerade weil das Neue und also Moderne in Form von wissenschaftlichen und technischen Innovationen dazu führt, dass auch hergebrachte gesellschaftliche und individuelle Lebensformen, Werte und Institutionen an Einfluss und Überzeugungskraft verlieren, bringt die Moderne mit der Zukunftsverheißung (nach dem Motto: ›Alles wird besser‹) zugleich die *Krise* mit sich (nach dem Motto: ›Nichts gilt mehr‹).

---

[10] Vgl. GUDRUN LÖWNER, Religion und Entwicklung in Sri Lanka, Erlangen 1999.

[11] Vgl. GÜNTER FIGAL, Art. Moderne/Modernität, in: RGG^4, Bd. 5, Tübingen 2002, Sp. 1376–1378.

Wie aber stehen westliche Moderne und die Auswirkungen europäischer Expansion in außereuropäischen Kontexten in Beziehung zueinander?

3.1 Westliche und globale Moderne

Die Signatur der Moderne ist der Bruch. Was aber ist heute mit Moderne gemeint?[12] Hier geht es um wichtige Geltungsansprüche, etwa in der Frage, ob die Moderne ausschließlich dem Westen zuzuordnen ist. Würde dies indes nicht dauerhaft ein Prä des modernen Westens gegenüber anderen Kulturformationen voraussetzen? Hegemoniale Geltungsansprüche sind dabei unübersehbar. Wie also sind diese Zusammenhänge im Zeitalter der Globalisierung zu denken? Gehen wir zunächst fünf Modernebegriffe durch.

(1) Entwicklung. Das *modernetheoretische Entwicklungsmodell* denkt im Schema von Zentrum und Peripherie: Der industrialisierte Westen ist modern, der Rest der Welt muss die Entwicklungsphasen des Westens nachvollziehen.[13] Es geht um eine Art Aufholjagd. Nachahmung bedeutet Entwicklung. Für die Religionen wurde dabei mit einer globalen Säkularisierung gerechnet. Diese These erscheint aus heutiger Sicht jedoch als überzogen.

(2) Dependenz. Ebenso monolinear argumentierte das vor allem in Lateinamerika entwickelte *modernetheoretische Dependenzmodell*, das die Rückständigkeit anderer Gesellschaften nicht auf deren kulturelle Unterlegenheit, sondern fast ausschließlich auf die westlich-wirtschaftlich-politische Hegemonie zurückführte. Damit aber erscheinen Gesellschaften des Südens hauptsächlich in der Opferperspektive. Beide Modernemodelle (Entwicklung, Dependenz) sind monolinear und ordnen die Moderne dem Westen zu. Moderne wird dabei indes grundsätzlich positiv gewertet.

(3) Halbe Moderne. Mit dem Diskurs um die *Postmoderne* in den 1980er und 1990er Jahren indes wurde das Augenmerk auf die negativen Begleiterscheinungen von Modernisierungsprozessen gelenkt. Moderne als einheitliches Projekt wurde fraglich. Manche sprachen von *Post-Moderne*, andere von *Spät-Moderne*. Für andere Kulturen wurde, etwa im Blick auf islamische Gesellschaften, von einer *halben Moderne* oder einer nur *technischen Moderne* gesprochen. Maßstab blieb damit auch hier die westliche Moderne, was wissenschaftliches Weltbild, Individualisierung, gesellschaftliche Differenzierung, Demokratie und Menschenrechte einschloss. Die These lautet, dass in etlichen Gesellschaften allein die technische Moderne adaptiert werde, wohingegen Prozesse von Säkularisierung und Individualisierung weit weniger zum Zuge kommen.

(4) Postkoloniale Moderne. Später wurde im Zusammenhang des *postkolonialen Diskurses* jedoch die enge Verbindung von Moderne und westlicher

---

[12] Vgl. ROBERT W. HEFNER, Multiple Modernities: Christianity, Islam, and Hinduism in a Globalizing Age, in: Annual Review of Anthropology 27 (1998), 83–104.

[13] PETER GESCHIERE u.a., Introduction, in: DIES. (Hg.), Readings in Modernity in Africa, Bloomington u.a. 2008, 1–7, hier: 3.

Zivilisation deutlich relativiert. Die amerikanische Ostasienwissenschaftlerin Tani E. Barlow etwa privilegiert den Begriff einer *kolonialen Moderne* (engl. *colonial modernity*). Damit werden global-monolineare Erklärungsmuster aufgegeben. Vielmehr sind je nach Gebiet und Kontexten verschiedene Formen von Moderne zu unterscheiden, bei denen die lokalen Akteure aktiv als mitgestaltend gesehen werden. Moderne ist dann für außerwestliche Gebiete nicht Bedrohung von außen, nicht Verlust von Traditionen, nicht von außen induzierte Verwestlichung, sondern aktiv-kreative Übernahme von Neuem und Anderem durch lokale Akteure im Zusammenspiel mit kolonialer, *semi*kolonialer oder postkolonialer Präsenz sowie im Zusammenhang komplexer Bedingungsfaktoren.[14]

(5) Multiple Modernities. Der israelische Soziologe Shmuel Eisenstadt spricht demgegenüber von *multiple modernities*, zu Deutsch: *multiplen Modernen.*[15] Indes wird bei Eisenstadt ein Kontinent wie Afrika kaum gewürdigt. Die kolonialen Diskursformationen werden allgemein unterbestimmt.

Afrikawissenschaftler wie Peter Geschiere oder Birgit Meyer insistieren demgegenüber auf der Rede von *einer* Moderne, aber multiplen Verlaufsformen (engl. *multiple trajectories*) der Moderne. Der Grund: Moderne hat immer mit einer zeitlichen Differenz zu tun und immer mit dem Wir und Sie: Wer heute modern sein will, grenzt sich gegen alte Traditionen ab. Moderne ist daher nach wie vor ein Wertbegriff. Die Rede von verschiedenen Modernen dagegen verunklart diesen Aspekt und blendet damit kritische Aspekte aus.[16] In vielen Gesellschaften Afrikas und Asiens wollen Menschen modern sein, sie streben verschiedene Aspekte von Weiterentwicklung an.

3.2 Multiple Verlaufsformen der Moderne?

Es wird deutlich, dass gegenüber dem monolinearen ein interkulturelles und postkoloniales Verständnis von Moderne durchaus hilfreich ist. Dabei sind indes verschiedene Aspekte deutlich zu unterscheiden, nämlich erstens die *technische Moderne*, die vielerorts allgemein übernommen wird (Computer, Mobiltelefon, Internet usw.). Zweitens geht es um die *naturwissenschaftlich-weltanschaulichen Grundlagen* der Aufklärungsphilosophie, die in Gesellschaften oft nur *sektoral* übernommen werden, so etwa in naturwissenschaftlich-technischen Ausbildungsgängen. Drittens ist *gesellschaftlich* und wiederum allgemein nach Moderne zu fragen im Sinne der *Logik von Weltbildern*. Sind diese primär kausal, oder aber auch final orientiert? Viertens ist nach *gesell-*

---

[14] TANI E. BARLOW, Introduction: On ›Colonial Modernity‹, in: DIES. (Hg.), Formations of Colonial Modernity in East Asia, Durham/London 1997, 1–20.

[15] Vgl. SHMUEL N. EISENSTADT, Die Vielfalt der Moderne: Ein Blick zurück auf die ersten Überlegungen zu den »Multiple Modernities«, in: RÜDIGER HOHLS u.a. (Hg.), Europa und die Europäer. Quellen und Essays zur modernen europäischen Geschichte, Stuttgart 2005, 169–172.

[16] »We insist that at both the analytical and the empirical level, ›modernity‹ is usually a way of defining *inequality* in temporal terms«. GESCHIERE u.a, Introduction (s. Anm. 13), 5.

schaftlichen Rahmenbedingungen wie Demokratie, Rechtstaatlichkeit, Freiheit usw. zu fragen. Vielfach kommen diese Charakteristika moderner Gesellschaften aus verschiedenen Gründen nicht zum Zuge.

4. AUSBLICK

Das Fach Interkulturelle Theologie/Religionswissenschaft macht deskriptiv religions- und kulturwissenschaftlich darauf aufmerksam, dass auf den ersten Blick nicht als modern eingestufte Wahrnehmungsmuster, Vorstellungen und Handlungen durchaus als Antwort auf moderne Herausforderungen verstanden werden können. Sie sind per definitionem nicht modern im Sinne der rational-kausalen Deutungsmuster der Aufklärung, sie sind indes dennoch Modernisierungsfaktoren, insofern sie etwa zur allgemeinen Tendenz kapitalistisch-individueller Marktorientierung beitragen. Die Diskussion um den Modernebegriff wird weitergehen und interkulturell wie interreligiös strittig bleiben. Dabei wird es unabdingbar sein, essentialistische Denkmuster zu durchschauen und Geltungsansprüche als solche kenntlich zu machen.

Autorenverzeichnis

Achermann, Eric, Dr. phil., geb. 1962, ist o. Professor für Neuere Deutsche Literatur an der Westfälischen Wilhems-Universität Münster.

Bayer, Oswald, Dr. theol., geb. 1939, ist Professor em. für Systemantische Theologie an der Eberhard-Karls-Universität Tübingen.

Brouwer, Christian, Dr. theol., geb. 1979, ist Pastor der evangelisch-lutherischen St.-Dionysius Kirchengemeinde und an der Evangelischen Akademie Loccum.

Burbach, Christiane, Dr. theol., geb. 1948, ist Professorin em. für Praktische Theologie an der Hochschule Hannover, Studiengang Religionspädagogik.

Büscher, Martin, Dr. rer. pol.., geb. 1957, ist o. Professor für Wirtschaftswissenschaften/ Wirtschafts- und Unternehmensethik an der Kirchlichen Hochschule Wuppertal/Bethel.

Dahlgrün, Corinna, Dr. theol., geb. 1957, ist o. Professorin für Praktische Theologie an der Friedrich-Schiller-Universität Jena.

Freudenberg, Matthias, Dr. theol., geb. 1962, ist Landespfarrer bei der Evangelischen Studierendengemeinde Saarbrücken und apl. Professor für Systematische Theologie an der Kirchlichen Hochschule Wuppertal/Bethel.

Geyer, Carl-Friedrich, Dr. phil. geb. 1949, ist Prof. em. und Lehrbeauftragter für Philosophie an der Kirchlichen Hochschule Wuppertal/Bethel.

Graubner, Hans, Dr. phil., geb. 1936, ist Akademischer Direktor i.R. am Seminar für Deutsche Philologie an der Universität Göttingen.

Grundmann, Christoffer-Hinrich., Dr. theol., geb. 1950, ist Professor für Religion an the Healing Arts an der Valpariso University in Valpariso, Indiana (USA)

Grundmann, Hannegreth, Dr. theol., geb. 1967, ist Pastorin und Pressesprecherin des Evaneglisch-lutherischen Sprengels Ostfriesland-Ems

Hofmann, Beate, Dr. theol., geb. 1963, ist o. Professorin für Diakoniewissenschaft und Diakoniemanagement für Kirchliche Hochschule Wuppertal/Bethel.

Iff, Markus, Dr. theol., geb. 1964, ist Professor für Systematische Theologie an der Theologischen Hochschule Ewersbach.

Kannemann, David, geb. 1988, ist Wissenschaftlicher Assistent am Lehrstuhl für Systematische Theologie an der Kirchlichen Hochschule Wuppertal/Bethel.

Karrer, Martin, Dr. theol., geb. 1954, ist o. Professor für Neues Testament an der Kirchlichen Hochschule Wuppertal/Bethel.

Klappert, Bertold, Dr. theol., geb. 1939, ist Professor em. für Systematische Theologie an der Kirchlichen Hochschule Wuppertal/Bethel.

KLESSMANN, Michael, Dr. Dr. theol. h.c., geb. 1943, ist Professor em. für Praktische Theologie an der Kirchlichen Hochschule Wuppertal/Bethel.

KNUTH, Hans-Christian, Dr. Dr. theol. h.c., geb. 1940, ist Bischof i. R. des Sprengels Schleswig der Nordelbischen Evangelisch-lutherischen Kirche und Präsident der Lutherakademie Sondershausen-Ratzeburg.

KREUZER, Johann, Dr. phil., geb. 1954, ist o. Professor für Geschichte der Philosophie an der Carl-von-Ossietzky-Universität Oldenburg, Leiter der Adorno-Forschungsstelle und des Hannah-Arendt-Forschugnszentrums in Oldenburg.

KREUZER, Siegfried, Dr. theol., geb. 1949, ist Professor em. für Altes Testament an der Kirchlichen Hochschule Wuppertal/Bethel

LEINER, Martin, Dr. theol., geb. 1960, ist o. Professor für Systematische Theologie und Ehtik an der Friedrich-Schiller-Universität Jena.

RAUSCH, Rainer, Dr. iur., geb. 1954, ist Oberkirchenrat der Evangelischen Kirche in Anhalts, Lehrbeauftragter für Kirchenrecht an der Universität Rostock und der Friedrich-Schiller-Universität Jena sowie Geschäftsführer der Lutherakademie Sondershausen-Ratzeburg.

RUDDAT, Günter, Dr. theol., geb. 1947, ist Professor em. für Praktische Theologie an der Kirchlichen Hochschule Wuppertal/Bethel.

SCHULZE, Manfred, Dr. theol., geb. 1945, ist Professor em. für Kirchengeschichte an der Kirchlichen Hochschule Wuppertal/Bethel.

VON SOOSTEN, Joachim, Dr. theol., geb. 1957, ist Privatdozent für Systematische Theologie an der Kirchlichen Hochschule Wuppertal/Bethel.

STEFFES, Harald, geb. 1967, ist Studienleiter »Reformation und Moderne« der Stadtakademie Düsseldorf.

STÜMKE, Volker, Dr. theol., geb. 1960, ist Dozent für Evangelische Sozialethik an der Führungsakademine der Bundeswehr Hamburg und apl. Professor. für Systematische Theologie an der Kirchlichen Hochschule Wuppertal/Bethel.

THAIDIGSMANN, Edgar, Dr. theol., geb. 1941, ist Professor em. für Evangelische Theologie/Religionspädagogik an der Pädagogischen Hochschule Weingarten.

VOGELSANG, Frank, Dipl.-Ing. Dr. theol., geb. 1963, ist Direktor der Evangelischen Akademie im Rheinland.

VOUGA, François, Dr. Dr. theol. h.c., geb. 1948, ist Professor em. für Neues Testament an der Kirchlichen Hochschule Wuppertal/Bethel.

WROGEMANN, Henning, Dr. theol., geb. 1964, ist o. Professor für Missions- und Religionswissenschaft und Ökumenik an der Kirchlichen Hochschule Wuppertal/Bethel.

ZSCHOCH, Hellmut, Dr. theol., geb. 1957, ist o. Professor für Kirchengeschichte an der Kirchlichen Hochschule Wuppertal/Bethel.